철학과
포스트철학

철학과
포스트철학

초판인쇄   2019년 9월 1일
초판발행   2019년 9월 1일

지은이   오용득
펴낸이   채종준
펴낸곳   한국학술정보㈜
주소   경기도 파주시 회동길 230(문발동)
전화   031) 908-3181(대표)
팩스   031) 908-3189
홈페이지   http://ebook.kstudy.com
전자우편   출판사업부   publish@kstudy.com
등록   제일산-115호(2000. 6. 19)

ISBN   978-89-268-9563-4 93160

철학과
포스트철학

오용득 지음

차례

제1부 철학과 그 문제들

제1부

철학과 그 문제들

1장

지혜를 사랑하는 것으로서의 철학

1. 철학이란 지혜를 사랑하는 것이다

'철학(哲學)'이라는 말은 서양의 어떤 말을 번역한 한자어 단어로서, 그 어원은 늦어도 기원전 5세기 이전에는 성립되어 있었던 그리스어 'φιλοσοφία (philosophia)'[1])에까지 거슬러 올라간다. '철학'이라는 한자어 번역어는 19세기 후반 일본인 니시 아마네(西周)가 처음으로 제안한 것인데, 일본은 물론 19-20세기 서양문물의 수용과정에서 일본의 영향을 크게 받은 우리나라에도 안착하여 오늘날까지 통용되고 있다.

19-20세기에 일본이 서양에서 수용한 각종 학문의 명칭과 의미를 이해하던 통상적인 방법을 적용하면, '철학'이라는 한자어 단어는 '사리에 밝음(哲)을 연구하는 학문(學)'을 의미하는 것으로 이해된다. 이는 '수학(數學)'이 '수와 계산법(數)에 대해 연구하는 학문'으로, '역사학(歷史學)'이 '과거에 일어난 사건(歷)과 그것에 대한 기록(史)에 대해 연구하는 학문'으로, '법학(法學)'이 '법에 대해 연구하는 학문'으로 이해되는 것과 같다.

그런데 오늘날 일본의 국어사전 『다이지린(大辭林)』이나 우리나라의 『표준국어대사전』에 등재된 '철학'의 의미는 '사리에 밝음을 연구하는 학문'이 아니라 '세계와 인생의 근본 원리를 연구하는 학문'으로 규정되어 있다.

---

1) 이 저서에는 그리스어 단어들이 종종 등장한다. 그러나 α, β, γ 등과 같은 그리스어 문자는 대부분의 독자에게 익숙하지 않을 것이므로 앞으로는 a, b, c 등과 같은 로마자로 바꾸어 표기할 것이다.

① 世界・人生などの根本原理を追求する学問(세계 및 인생에서의 근본 원리를 추구하는 학문).
② 各人の経験に基づく人生観や世界観(각자의 경험에 기초한 인생관이나 세계관). また′物事を統一的に把握する理念(또는 사물을 통일적으로 파악하는 이념).[2]

① 인간과 세계에 대한 근본 원리와 삶의 본질 따위를 연구하는 학문.
② 자신의 경험에서 얻은 인생관, 세계관, 신조 따위를 이르는 말.[3]

물론 "사리에 밝다"라는 것과 "세계와 인생의 근본 원리를 잘 이해하다"라는 것은 일맥상통한다. 따라서 '철학'이라는 조어(造語) 자체는 큰 무리가 없어 보인다. 그러나 여기에는 다른 하나의 심각한 문제가 내재해 있다. 그것은 어떤 종류의 '학문'을 의미하는 '철학'이라는 번역어가 그 원어인 그리스어 philosophia의 의미를 '있는 그대로' 드러내지 않는다는 것이다. 실제로 '사랑하다'를 뜻하는 동사 philein에서 파생된 형용사 philos(사랑하는)를 다시 명사화한 philos(사랑하는 것)와 '지혜'—결코 '지식'이 아니다—를 뜻하는 명사 sophia가 결합하여 만들어진 philosophia라는 말은 '지혜를 사랑하는 것'이라는 의미를 가지고 있는데, 확실히 여기에는 '지식을 추구하는 것'을 뜻하는 '학문'이라는 의미가 포함되어 있지 않다. 그렇다면 어떤 종류의 '학문'을 지칭하는 '철학'이라는 단어는 어떤 종류의 '학문'을 지칭하는 것으로 보이지 않는 philosophia의 번역어로는 그렇게 적합하지 않다고 주장할 수 있는 것이다.

그러나 다른 측면에서는 '철학'이라는 단어가 완전히 부적합한 번역어라고 할 수 없다는 주장도 가능하다. 예컨대 고대에 성립된 그리스어 philosophia에서 비롯된 영어 philosophy, 독어 Philosophie, 불어 philosophie 등과 같은 단어들이 오늘날에는 어떤 종류의 학문을 지시하는 말로 규정되어 어휘사전에 등재되어 있다는 사실을 그 근거로 들 수 있다.

---

2) https://dictionary.goo.ne.jp/
3) http://stdweb2.korean.go.kr/

① the study of the nature and meaning of the universe and of human life(세계와 인간 삶의 본성과 의미에 대한 연구).

② a particular set or system of beliefs resulting from the search for knowledge about life and the universe(삶과 세계에 관한 지식 탐구의 결과로 형성된 특정한 신념이나 신념 체계).

③ a set of beliefs or an attitude to life that guides somebody's behaviour(어떤 사람의 행동을 이끄는 신념들이나 생활 태도).[4]

① Streben nach Erkenntnis über den Sinn des Lebens, das Wesen der Welt und die Stellung des Menschen in der Welt; Lehre, Wissenschaft von der Erkenntnis des Sinns des Lebens, der Welt und der Stellung des Menschen in der Welt(삶의 의미, 세계의 본질, 세계 안에서의 인간의 지위에 대해 인식하려고 하는 것, 즉 삶의 의미, 세계, 세계 안에서의 인간의 지위에 대해 인식하려는 학설, 학문).

② persönliche Art und Weise, das Leben und die Dinge zu betrachten(삶이나 사물을 탐구하는 개인적인 방법).[5]

① Ensemble de conceptions portant sur les principes des êtres et des choses, sur le rôle de l'homme dans l'univers, sur Dieu, sur l'histoire et, de façon générale, sur tous les grands problèmes de la métaphysique(존재와 사물의 원리, 세계 안에서의 인간의 역할, 신, 역사에 대해서, 통상적으로 말하면 형이상학의 주요 문제들 전체에 대해서 품고 있는 일체의 생각들).

② Système d'idées qui se propose de dégager les principes fondamentaux d'une discipline(한 영역의 근본 원리로부터 도출되는 관념들의 체계).

③ Manière de voir, de comprendre, d'interpréter le monde, les choses de la vie, qui guide le comportement(세계나 사물을 보고 이해하고 해석하는 관점으로서, 행동을 주도하는 것).[6]

이 인용문들은 위에서부터 각각 영어 옥스퍼드(Oxford)사전, 독어 두덴(Duden)사전, 불어 라루스(Lalousse)사전의 philosophia에 해당하는 항목에 수록된 주요 내용이다. 여기서 볼 수 있듯이 오늘날 유럽의 주요 언어권에서 philosophia에 해당하는 단어들은 모두 어떤 종류의 학문으로 규정되어 있다. 여기서 우리는 '철학'이라는 말을 philosophia에 해당하는

오늘날 유럽의 단어들과 비교하면 의미상 거의 차이가 나지 않는다는 것을 확인할 수 있다. 이러한 점에서 '철학'이라는 단어는 상당히 적합한 번역어라고도 볼 수 있다.

지금까지의 논의에 따르면, '철학'은 고대 그리스어 philosophia의 번역어로서는 다소 부적합하지만, 오늘날 유럽 각국에서 통용되는 philosophy, Philosophie, philosophie 등과 같은 단어들의 번역어로서는 상당히 적합하다고 할 수 있다. 그렇다면 우리는 '철학'이라는 말을 어떻게 이해해야 할까?

사실상 이것은 번역과 관련된 문제가 아니다. 오히려 이 문제의 핵심은 오늘날 유럽 각국에서 통용되는 philosophy, Philosophie, philosophie 등과 같은 단어들의 중심적 의미가 얼핏 보아도 '지혜를 사랑하는 것'이라는 philosophia의 원초적 의미와는 거리가 멀어 보인다는 점이다. 여기에는 고대 그리스에서 philosophia라는 말이 성립된 이래 어떤 이유로든 그 의미가 확장되거나 변경되었다는 주장이 함축되어 있는데, 그러한 의미의 확장 내지 변경이 왜 일어났는지를 해명한다면 오늘날 우리가 '철학'이라는 말을 어떻게 이해해야 할지도 분명해질 것이다. (이어지는 논의를 통해서 이 문제가 해명되겠지만, 여기서는 일단 '철학'이라는 말을 그리스어 philosophia와 거기서 유래하는 현대 유럽어 단어들을 포괄하는 번역어로 사용할 것이다.)

철학이라는 말의 의미가 어떤 이유로 확장되거나 변경되었는지를 알아보기 위해서는 어쨌든 philosophia의 원초적 의미에 대한 분석에서 출발할 수밖에 없을 것이다. 앞에서 언급했듯이 philosophia의 문자적 의미는 '지혜를 사랑하는 것'이다. 이미 널리 알려진 말이기 때문에 그렇게 낯설게 느껴지지는 않지만, 우리말 어법에서는 지혜를 사랑한다는 것이 다소 어색해 보인다. 문법적으로는 그렇지 않다고 하더라도 실제의 언어 사용에서는 지혜가 사랑의 대상이라고 여겨지는 일은 드물기 때문이다.

그렇다면 이 경우에 '사랑하다'는 것은 어떤 의미일까? 앞에서 보았듯이 고대 그리스어에서는 philein이라는 동사가 사용되었다. philein의 기본적인 뜻은 '사랑하다', '~하는 것을 좋아하다'이므로 우리말의 '사랑하다'와 특별히 다를 것이 없다. 그러나 이 말의 명사형 philia나 philos는 philein의 좀 더 구체적인 의미를 추측할 수 있는 단서가 된다.

통상적으로 erōs가 '연인들 사이의 사랑'을 뜻하고 agapē가 '혈육들 사이의 사랑'을 뜻하는 것과 비교하여 philia는 '친구들 사이의 사랑'을 뜻하는 말이다. 이 때문에 philein에서 파생된 형용사 philos가 다시 명사화된 philos는 '사랑하는 사람'을 뜻하지만, 더 구체적으로는 '친구'를 뜻하는 것이다. 아리스토텔레스는 인간이란 본성적으로 정치공동체를 통해서 살아가는 존재인 까닭에 인간으로서 존재하기 위해서는 반드시 정치공동체의 동료가 될 친구가 있어야 한다고 보았다.[7] 이러한 아리스토텔레스의 관점에서 보면, 친구를 가지는 것은 한 사람이 인간으로서 존재하기 위한 필수적인 조건이다. 굳이 아리스토텔레스를 참조하지 않더라도 친구가 없이는 누구도 세상에서 생존할 수조차 없다는 것을 우리는 이미 잘 알고 있다. 그러므로 만약 친구가 없다면 반드시 친구를 구해야 한다. 이러한 점에서 유추한다면 philein은 "친구를 구하다."라는 의미를 함축하며, 여기서 한 단계 더 나아가면 "반드시 가져야 할 것을 구하다."라는 의미로 확장될 수 있을 것이다.

이와 같이 philein이 반드시 가져야 할 것을 구한다는 의미의 '사랑하다'를 뜻한다면, '지혜를 사랑하는 것'이라는 의미를 가지는 'philosophia'에는 지혜가 인간 삶의 필수적인 조건이라는 것, 따라서 지혜가 없다면

---

7) Cf. Aristotle, H. Rackham(tr.), *The Nicomachean Ethics,* (Massachusetts: Harvard Univ. Press, 1934), 1169b 3.

반드시 구해야 할 것이라는 의미가 내포되어 있다고 볼 수 있다. 결국 지혜를 사랑하는 것으로서의 철학은 우리가 지혜를 가지기 위해 애쓰는 것, 지혜롭게 되고자 하는 것이라고 할 수 있다.

2. 지혜란 좋은 선택을 할 수 있는 능력이다

지혜를 사랑하는 것으로서의 철학의 의미를 좀 더 분명하게 이해하기 위해서는 또한 '지혜'가 무엇인지 알아야 한다. 지혜에 해당하는 그리스어 sophia의 원초적인 의미는 "[수공이나 기예에서의] 능숙함(skill in handicraft and art)"이다. 간단하게 말해서 그것은 '어떤 일을 잘 처리할 수 있는 능력'이라고 할 수 있다. 이는 '지혜'와 바꾸어 쓸 수 있는 우리말 '슬기'에 "사리를 바르게 판별하고 일을 잘 처리해나가는 능력"이란 의미가 있다는 것과도 통한다.

그런데 어떤 일을 '잘 처리한다'는 것은 어떤 것인가? 예컨대 어떤 도구를 제작하는 수공 작업(일)은 일정한 과정을 통해서 이루어지는 것이고, 그 과정은 매 순간의 선택을 필요로 하는 것이다. 따라서 수공 작업에서 일을 잘 처리한다는 것은 그 일의 진행 과정에서 마주치는 매번의 선택에서 항상 그 일을 완수하기에 적합한 선택을 한다는 것이다. '~하기에 적합한'이라는 말은 좀 더 일반적으로는 '~하기에 좋은'이라는 말로 표현될 수 있다. 이러한 점에서 지혜는 '좋은 선택을 할 수 있는 능력' 혹은 '좋은 것을 선택할 수 있는 능력'이라고 할 수 있다.

그렇다면 지혜를 사랑하는 것으로서의 철학은 "좋은 선택을 할 수 있는 능력을 갖고자 하는 것"이라고 할 수 있다. 여기서 우리는 철학이 어떤 실천적인 활동이라는 데 주의할 필요가 있다. 이 때문에 우리는 우선 '철학'이라는 명사보다도 '철학하다'라는 동사에 더 주목해야 한다. 고대 그리스어에 이미 philosophein이라는 동사가 있었으며, 이것이 라틴어 philosophor를 거쳐 현대의 주요 서양 언어들로 전승되었는데, 영어 philosophize, 불어 philosopher, 독어 philosophieren 등이 그것이다. 물론 '철학하다'라는 동사의 근본적인 의미는 이미 "phileō sophia(나는 지혜를 사랑한다)."라는 문구 속에 들어 있다. 결국 '철학한다'는 것은 우리가 지혜롭게 되고자 실천한다는 것, 말하자면 우리가 좋은 선택을 할 수 있는 능력을 가지기 위해 애쓴다는 것이다.

그런데 이 규정에서 두 가지의 새로운 문제가 파생한다. 하나는 좋다는 것이 어떤 것인가 하는 문제이고, 다른 하나는 저 규정이 우리 인간에게는 좋은 선택을 할 수 있는 능력이 [적어도 현재로서는] 없다는 것, 즉 '인간의 지혜 없음'을 함축하는데 그것이 사실인가 하는 문제이다. 전자의 문제에 대해서는 나중에 따로 논의할 것이니 잠시 접어두고 우선 후자의 문제부터 생각해보자.

2.1. 지혜 없음을 자각하는 사람만이 지혜를 사랑할 수 있다

우리는 삶의 매 순간 어떤 것을 선택해야 할 상황에 마주친다. 인간이라면 누구나 모든 선택 상황에서 항상 좋은 선택을 하기 바랄 것이다. 그럼에도 우리는 매번 좋은 선택을 하지는 못할 것이다. 좋지 않은 선택을 했다고 판단될 때 대체로 우리는 그 선택에 대해 후회하고 자책할 것이다. 실제로 우리는 우리 자신이 선택한 것에 대해 후회하고 자책하는 경우가 적지 않다는 것을 잘 알고 있다. 이는 곧 좋은 선택을 하는 것이 우리 인간에게는 그만큼 어렵다는 것을 의미한다.

그런데 여기서 우리가 다시 생각해봐야 할 다른 한 가지 사안이 있다. 우리가 나쁜 선택에 대해 '자책'한다는 것은 그 나쁜 선택의 책임이 다름 아닌 우리 자신에게 있다고 생각한다는 것이다. 이것은 우리가 스스로 좋은 선택을 할 수 있는 능력이 없거나 부족하다고 생각한다는 것을 의미한다. 이것이 바로 '인간의 지혜 없음'에 대한 자각이다.

이와 같이 스스로 지혜롭지 못하다는 것을 자각하는 사람이라면 누구라도 지혜롭게 되기를 바랄 것이다. 이것은 확실히 철학하기를 위한 필수적인 조건이다. 그러나 그것이 철학하기의 '진정한' 필요조건이라고 할 수는 없다. 왜냐하면, 사람들이 스스로 지혜롭지 못하다는 것을 자각한다고 하더라도 그 사람들 모두가 철학하기를 시도할 것이라고 단언할 수는 없기 때문이다.

여기에는 두 가지 이유가 있다. 하나는 인간을 '지혜롭지 못한 자'로 자각한다고 하더라도 그것이 '현재뿐만 아니라 앞으로도 영원히 지혜롭게 될 수 없는 자'를 의미하는 것인지 아니면 '현재로서는 지혜롭지 않지만 앞으로는 지혜롭게 될 수도 있는 자'를 의미하는 것인지 확정할 수 없다는 것이다. 만약 후자의 경우라면 철학을 하는 것이 유의미하겠지만 전자의 경우라면 철학을 할 이유가 없을 것이다. 그뿐만 아니라 우리가 이 두 가지 중에 어느 것이 옳은지를 판정하는 것 자체도 쉽지 않다. 현재까지의 인간만 보고 판정하기도 쉽지 않겠지만, 미래에는 인간이 어떻게 바뀔지 모르기 때문에 미래의 인간까지 고려하면 인간이 '영원히 지혜롭지 못한 자'인지 아니면 '현재는 지혜롭지 못하지만 나중에는 지혜롭게 될 수 있는 자'인지 확정하기가 거의 불가능한 것이다. 그렇다면 현재 스스로 지혜롭지 않다는 것을 자각하는 사람이라고 해서 그가 반드시 철학하기를 시도할 것이라고 예상할 수는 없는 것이다.

다른 하나는 실제로 중요한 선택을 할 때 스스로 선택하지 않고 그 선택을 신(神)에게 맡기는 사람들이 있다는 것이다. 자신의 선택을 신에게 맡기는 이른바 신탁(神託, oracle)을 하는 사람들은 기본적으로 '지혜로운 자'로서의 신의 실존을 믿을 것이다. 그러나 더 중요한 것은 신탁을 하는 사람들도 인간이 지혜롭지 못하다는 것을 자각한다는 점이다. 그러한 자 각이 없다면 애초부터 신탁을 할 필요가 없었을 것이기 때문이다. 어쨌든 신탁을 하는 사람들이 있다는 사실은 사람들이 스스로 지혜롭지 못하다 는 것을 자각한다고 해서 모두가 반드시 철학하기를 추구하는 것은 아니 라는 것을 드러낸다.

그렇다면 철학하기를 위한 진정한 필요조건은 무엇인가? 이를 해명하기 위해서 다음과 같은 네 가지 유형의 사람들을 분류해보자.

① 인간을 '영원히 지혜롭지 않은 자'로 이해하고, 지혜로운 자로서의 신의 실존을 믿는 사람.
② 인간을 '영원히 지혜롭지 않은 자'로 이해하고, 지혜로운 자로서의 신의 실존을 믿지 않는 사람.
③ 인간을 '지혜롭게 될 수 있는 자'로 이해하고, 지혜로운 자로서의 신의 실존을 믿는 사람.
④ 인간을 '지혜롭게 될 수 있는 자'로 이해하고, 지혜로운 자로서의 신의 실존을 믿지 않는 사람.

지혜를 사랑하는 것으로서 철학을 할 수 있는 첫 번째의 조건은 인간 을 '현재로서는 지혜롭지 않지만 앞으로는 지혜로울 수 있는 자'로 이해 하는 것이다. 왜냐하면 인간을 '영원히 지혜롭지 않은 자'로 이해하는 사 람이라면 애초부터 철학이 무의미한 일이기 때문이다. 따라서 철학을 할 준비가 되어 있는 사람들은 우선 ③과 ④의 부류이다.

그런데 ③의 경우에는 스스로 지혜롭게 되기 위해 노력할 수는 있지만, 만약 신탁이 '쉬운 길'이라고 생각된다면 스스로 지혜롭게 되기 위해서 애쓰지 않을 수도 있다. 왜냐하면 이런 사람들이 신탁이라는 쉬운 길을

버리고 철학하기라는 어려운 길을 선택할 이유는 없을 것이기 때문이다. 그러나 ③의 부류에 속하는 사람들도 신탁이 결코 쉬운 길이 아니라고 생각한다면 차선책으로 철학을 할 수밖에 없을 것이다. 이런 사람들은 '지혜롭게 될 수는 있지만 아직은 지혜로운 자라고 할 수는 없는 자'로서의 인간과 '지혜로운 자'로서의 신을 개념적으로 구별하여 인간이 신보다 더 좋은 선택을 할 수는 없다고 생각한다고 하더라도 신탁을 어려운 길이라고 본다면 스스로 지혜롭게 되기를 시도할 수밖에 없는 것이다. 이 경우 최선의 결과는 인간이 신과 합일하거나 자신 속에 심겨 있는 신적인 능력을 계발함으로써 신과 같이 지혜롭게 되는 것이다. 결국 ③의 부류에 속하는 사람들은 신탁을 쉬운 길이라고 생각하느냐 어려운 길이라고 생각하느냐에 따라 철학을 할 준비가 되어 있거나 되어 있지 않다고 할 수 있을 것이다.

반면, ④의 부류에 속하는 사람들은 신의 실존을 믿지 않기 때문에 어떤 경우에도 신탁을 하지 않을 것이고, 비록 좋은 선택이 아닐지라도 스스로 선택할 수밖에 없다고 생각할 것이다. 그리고 이들은 자신이 현재로서는 지혜롭지 않지만 앞으로는 지혜롭게 될 수도 있다고 믿기 때문에 어떻게 하면 지금보다 더 지혜롭게 될 수 있을지 계속 고민하고, 실제로 더 지혜롭게 되기 위해 노력할 것이다.

요컨대 철학을 하기 위해서 우리는 먼저 우리 자신이 지혜롭지 않음을 자각해야 한다. 이것이 이른바 '무지(無智)의 지(知)'이다. 여기서 필자가 '無知의 知'라고 쓰지 않은 것을 두고 실수라고 오해해서는 안 된다. 이것은 델포이의 아폴론 신전 한쪽 머릿돌에 새겨져 있던 "너 자신을 알라 (gnōthi seauton)!"라는 경구의 의미를 어떻게 해석할 것이냐의 문제이기도 하다. 우선 널리 알려져 있듯이 저 경구를 소크라테스와 연관 지어 "네가 아무것도 모른다는 것을 알라!"라는 의미로 해석한다면, 이는 '지식 없음'에 대한 자각이라는 의미로 '無知의 知'라고 할 수 있다. 그러나 저 경구를 신전에 드나드는 사람들에게 근신을 주문하는 말로 이해하여 "네가 신이 아니라 인간임을 알라!"[8]라는 의미로 해석한다면, 이는 지혜로운 자로서의 신과 대비되는 지혜롭지 못한 자로서의 인간에 대한 자각이라는 의미로 '無智의 知'라고 할 수 있다.

우리의 논지에서는 후자의 해석이 더 적합하기에 '無智의 知'라고 썼다. 그러나 이 경우에도 '無智'는 인간이 '영원히 지혜롭지 않다는 것'이 아니라 '현재로서는 지혜롭지 않지만 앞으로는 지혜롭게 될 수 있다는 것'을 함축하는 것이어야 한다. 이것이 바로 철학하기를 위한 '진정한' 필요조건이라고 할 수 있다. 그렇다면 이제 구체적으로 어떻게 철학할 것인가 하는 문제가 남는다. 우리는 어떻게 지혜롭게 될 것인가? 우리는 어떻게 스스로 좋은 선택을 할 수 있는 능력을 갖출 수 있는가?

2.2. 한 가지 접근법: 지식을 가지면 지혜롭게 될 수 있다

좋은 선택을 하기 위한 조건 중의 하나는 어떤 것을 선택한 다음에 일이 어떻게 진행될 것인지를 예상하는 능력을 기르는 것이다. 간단히 말해서 이것은 미래를 예상하는 능력인데, 이런 능력이 있는 사람이 나쁜 선택을 하는 일은 거의 없을 것이다. 예컨대 오후부터 밤까지 비가 올 것을 알고 있는 사람이 아침에 집을 나설 때 우산을 챙기지 않는 경우는 거의 없을 것이며, A팀과 B팀의 경기에서 A팀이 승리할 것을 알고 있는 사람이 B팀이 승리한다는 데 내기를 거는 경우도 거의 없을 것이다.

그런데 우리는 미래를 예상할 수 있는 능력을 어떻게 기를 수 있을까?

---

8) H.-G. Gadamer, "Das Erbe Hegels", <Hans-Georg Gadamer Gesammelte Werke> Bd. 4, (Tübingen: J. C. B. Mohr, 1987), p. 473.

위의 예에서처럼, 우리는 오후부터 밤까지 비가 오리라는 것이나 A팀과 B팀의 경기에서 A팀이 승리하리라는 것을 어떻게 미리 알 수 있을까?

미래를 잘 예상하기 위해서는 우선 그 일과 관련된 사항을 많이 그리고 정확하게 알아야 한다. 오후의 기상을 예상하기 위해서는 구름, 바람, 기압 등에 대해 알아야 한다. 또 경기에서 어느 팀이 승리할 것인지를 예상하기 위해서는 이번 시즌 양 팀의 성적(총 성적, 상대 전적, 최근 성적, 경기 장소에 따른 성적, 성적 변화추이 등), 각 팀의 특수한 상황, 주요 선수들의 컨디션 등에 관해 알아야 한다.

그럼에도 불구하고 예상이 틀리는 일은 적지 않다. 그것은 우리가 정확하게 예상하기 위해서 반드시 알아야 할 것들에 대해 모두 알지 못했기 때문이다. 예컨대 기온이 섭씨 영도 이하로 떨어질 때 곧 물이 얼 것이라고 예상하는 것은 누구에게도 어렵지 않다. 이것은 한 가지 사항, 즉 기온과 물의 분자 상태 사이의 상관관계만 알아도 정확하게 예상할 수 있는 일이다. 그러나 손가락으로 튕겨 올린 동전이 바닥에 떨어져 멈추었을 때 그 동전의 어느 면이 위로 향해 있을지를 예상하기 위해서는 훨씬 많은 사항을 알아야 한다. 동전의 모양과 무게, 동전을 튕겨 올릴 때 손가락의 위치와 힘, 동전이 튕겨 올라가는 방향, 동전이 떨어질 바닥의 상태, 그 장소의 공기 상태 등에 대해 알아야 한다. 그러나 이 모든 사항에 대해 알기가 어렵기 때문에, 그리고 그밖에 더 알아야 할 것이 무엇인지를 모를 수 있기 때문에 우리는 그 동전의 최종 상태가 어떨지를 정확하게 예상할 수 없는 것이다.

이처럼 미래를 정확하게 예상할 수 없는 경우가 많다고 하더라도, 이제 우리는 미래를 예상하기 위해 반드시 알아야 할 것들에 대해 모두 안다면 그 미래를 정확하게 예상할 수 있다는 한 가지 사실만큼은 알게 되었다. 예전에는 신의 영역으로 돌렸던 일들을 이제는 신을 개입시키지 않더라도 설명할 수 있게 된 것이다. 이처럼 인간이 미래를 예상하고 좋은 선택을 하기 위해서 신에게 물어보는 것(신탁)이 아니라 스스로 지식을 쌓아야 한다고 생각하게 되었을 때, 비로소 철학하는 일이 시작되었다.

이런 점에서 좋은 선택을 할 수 있는 능력을 기르는 일, 지혜를 사랑하는 일로서의 '철학하기'는 곧 '지식을 쌓는 일'과 밀접한 연관을 가지게 된다. 여기서 지식이란 무엇인가, 우리는 어떻게 지식을 쌓을 수 있는가 하는 문제들이 제기된다. 이 문제들에 대한 논의는 다음 장에서 별도로 다룰 것이므로 여기서는 일단 접어두기로 한다.

3. 좋은 선택에서 좋다는 것은 어떤 것인가?

3.1. 좋다는 판정은 쉽지 않다

지식을 쌓는다면 우리는 확실히 좋은 선택을 할 수 있을 것이다. 그런데 선택의 상황은 계속 이어지기 때문에 한 번의 선택에서 좋은 선택을 했다고 하더라도 그 선택의 결과 때문에 오히려 나쁜 일이 생기는 경우가 있다. 우선 중국의 옛 책 『회남자(淮南子)』에 수록되어 있는 유명한 새옹지마(塞翁之馬) 이야기를 보자.

> 변방에 점을 잘 치는 한 노인이 살고 있었다. 이 노인의 말이 어느 날 이유 없이 국경을 넘어 이웃 나라로 달아나고 말았다. 마을 사람들이 모두 위로하자, 노인이 말하기를 "이 일이 복이 될지도 모르지 않겠는가?"라고 했다.
> 그렇게 몇 달이 지난 어느 날, 달아났던 그 말이 이웃 나라의 준마 한 마리를 데리고 돌아왔다. 이에 마을 사람들이 모두 축하하자, 노인이 말하기를 "이 일이 재앙이 될지도 모르지 않겠는가?"라고 했다.
> 집안에 좋은 말이 많아졌으나, 말타기를 즐기는 그 노인의 아들이 말을 타다가 떨어져 다리 골절상을 입고 말았다. 마을 사람들이 모두 위로하자, 노인이 말하기를

"이 일이 복이 될지도 모르지 않겠는가?"라고 했다.

여기까지가 『회남자』의 '인간훈(人間訓)'에 수록된 이야기다. 그 이후 여기에 덧붙여진 이야기가 만들어져 오늘날까지 전해지고 있다.

> 아들이 다리를 다치고 한참이 지난 어느 날, 이웃 나라가 침입하여 전쟁이 일어났다. 마을의 청년들은 모두 전쟁에 나갔는데, 대부분 죽고 말았다. 그러나 노인의 아들은 다리 부상 때문에 전쟁에 나가지 않아 목숨을 보전할 수 있었다.

이 이야기에서 우리는 여러 가지 의미를 찾을 수 있겠지만, 여기에서는 우선 좋은 일이라고 생각되었던 것이 나쁜 일을 야기하고 또 나쁜 일이라고 생각되었던 것이 좋은 일을 야기할 수 있다는 것, 그리고 그런 식의 연쇄가 계속 이어질 수 있다는 것에만 초점을 맞춰보자. 만약 어떤 선택 상황에서 그 선택의 직접적인 결과는 좋지만 이 결과가 나중에 다시 나쁜 일을 야기한다면, 우리는 첫 번째의 선택 상황에서 나쁜 것을 선택하는 것이 좋을 수도 있을 것이다. 이와 같이 좋은 일이 다음에 나쁜 일을 야기하고 다시 그 나쁜 일이 다음에 좋은 일을 야기하는 식으로 계속 진행된다면, 우리가 어떤 선택 상황에서 좋은 선택을 위해 미래를 예상할 때 어느 시점까지 예상해야 할까?

아마도 그 길이를 최대한으로 길게 잡는다면, 우리는 죽을 때까지 좋은 일과 나쁜 일의 연쇄를 예상할 수 있을 것이다. 혹시 자신의 삶이 자손들의 삶으로 연결된다는 믿음을 가지고 있다면, 그보다 훨씬 더 이후의 미래까지 예상하려고 할 것이다. 이때 어느 시점을 기준으로 좋고 나쁨을 판단해야 할까?

자손 대까지 고려하면 이야기가 너무 복잡해지므로, 일단 한 개인의 일생만 두고 생각해보자. 이 경우 좋은 선택을 위해 미래를 예상할 때 자기 죽음 시점까지 일이 어떻게 진행될지를 예상해야 할 것이다. 쉽지는 않겠지만 우리가 그렇게 할 수 있다고 하더라도 현재의 입장에서 죽음 시점에 좋다고 평가하리라 예상하는 선택지를 선택하는 것이 궁극적으로 좋다고 할 수 있는가? 다시 말하자면 미래에 일어날 일의 가치 평가를 현재의 입장에서 하는 것이 바람직한가? 다른 한편, 죽음 시점에서의 좋음을 위해 그 이전의 어느 시점에서의 좋음을 포기하는 것이 좋다고 할 수 있겠는가? 아니면 나중의 나쁨을 무릅쓰더라도 지금 당장의 좋음을 취하는 것이 좋다고 할 수 있겠는가?

이것은 매우 어려운 문제이다. 그럼에도 이 문제를 해결하는 여러 가지 방법이 있는데, 대표적으로 세 가지만 살펴보자. 첫 번째 방법은, 연쇄되는 일들의 경로를 예상하기가 복잡하고 불확실하므로 선택의 직접적인 결과의 좋음만 취하는 방법이다. 너무 단순한 것 아니냐는 생각을 할 수도 있겠지만 실제로는 다수의 사람이 선호하는 방법이다.

두 번째 방법은 절대적인 좋음의 기준을 정해두고 현재의 선택이 그 절대적인 좋음에 부합하느냐 그렇지 않으냐를 따져 그것에 부합하는 것을 선택하는 방법이다. 이때 중요한 것은 무엇을 절대적인 좋음의 기준으로 삼을 것인가 하는 문제이다. 생존, 경제적 이득, 자연의 이치, 신의 뜻, 행복, 합리성의 실현 등 많은 것들이 그 후보로 제시될 수 있다. 그러나 그중에서 어떤 것이 절대적인 좋음의 기준으로 적합한지를 결정하기는 쉽지 않다.

세 번째 방법은 인생 전체 수준에서 좋음과 나쁨을 계산하는 것이다. 이 방법은 다음과 같은 3단계로 진행된다. ① 우리가 좋다고 생각하는 것들을 그 종류에 따라 각각 등급을 매겨 수치화한다. 나쁘다고 생각하는 것들도 그렇게 할 수 있다. ② 우리가 어떤 선택을 할 때 각 선택지 하나하나에 대해 그 선택으로 인해 취할 수 있는 좋은 일과 나쁜 일의 연쇄를 일렬로 세운다. ③ 연쇄를 이루는 각각의 일에 해당하는 좋음 혹은 나쁨의 수치를 모두 더해서 그 합이 가장 큰 쪽을 선택한다.

구체적인 예를 통해 다시 설명해보자.

① 다음과 같이 좋음을 등급으로 나누어 수치화한다.

식욕 충족(+1점) / 배고픔(-1점)
경제적 이득(+2점) / 경제적 손실(-2점)
명예(+3점) / 불명예(-3점)

② 하나의 선택 상황에 놓여 있는 각각의 선택지에 따른 좋거나 나쁜 일들의 연쇄를 파악한다. 예컨대 A와 B 두 가지 선택지 중에 우리가 하나만 선택해야 할 상황에서 A를 선택할 경우 그다음에 어떤 일들이 예상되는지, 그리고 B를 선택할 경우 그다음에 어떤 일들이 예상되는지 파악한다. 그 결과 다음과 같이 예상된다고 해보자.

선택지 A: 식욕 충족 → 경제적 손실 → 명예 획득
선택지 B: 배고픔 → 경제적 이득 → 불명예

③ 각 선택지에 연쇄되는 좋고 나쁜 일들의 등급 수치의 총합을 계산한다.

선택지 A: 식욕 충족(+1) → 경제적 손실(-2) → 명예 획득(+3) = +2
선택지 B: 배고픔(-1) → 경제적 이득(+2) → 불명예(-3) = -2

이 둘 중에서 A를 선택할 경우 예상되는 일들의 등급 수치의 총합이 더 크다. 그러므로 우리는 지금의 선택 상황에서 A를 선택하는 것이 좋다. 그러나 좋은 일들을 등급으로 나누어 수치화하는 것이 가능할까?

좋은 일과 나쁜 일이 연쇄적으로 이어지는 한 사람의 인생 전체를 고려할 때 현재 상황에서 어떤 선택이 좋을지를 결정하는 것은 참으로 어려운 문제이다. 위에서 살펴본 세 가지 방법들 각각에도 여러 가지 난점이 내재해 있다. 심지어 이 세 가지 방법 중에서는 어느 것이 더 좋은가 하는 새로운 물음이 파생되기도 한다. 왜 이렇게 어려운 것일까?

3.2. 좋다는 판정을 위해서 '좋음'을 정의할 필요가 있다

지금까지 우리는 '좋음', '좋은', '좋은 것'이라는 말들을 아무 생각 없이 그냥 써왔다. 그런데 이 말들의 의미는 우리 모두에게 공유되고 있는 것일까? 말하자면 내가 좋다고 생각하는 것을 다른 사람들도 모두 좋다고 생각하는 것일까? 또한, 우리는 종종 "A는 B보다 더 좋다."라는 방식으로 좋은 것들을 등급으로 나누기도 하는데, 이러한 좋음의 등급도 우리 모두에게 공유되고 있는 것일까?

아마도 사람들은 '좋음' 등과 같은 말의 의미를 각각 다르게 이해할 수 있을 것이고, 또 좋은 것들을 등급으로 나눌 때 더 좋은 것과 덜 좋은 것을 평가하는 기준도 각각 다르게 설정할 수 있을 것이다. 예컨대 어떤 사람들은 어떠한 경우에도 자신의 생명을 보전하는 것이 좋다고 생각하지만, 다른 어떤 사람들은 특정한 방식의 삶이 죽음보다 좋지 않다고 생각하기도 한다. 또 같은 사람이라도 자신이 처한 상황이 달라짐에 따라 좋음의 의미나 등급을 변경할 수 있을 것이다.

그런데 이처럼 '좋음'이라는 말의 의미나 좋은 것들의 등급이 일관되지 않고 사람에 따라 그리고 상황에 따라 달라질 수 있다는 것은 아무런 문제가 없을까? 아마도 순전히 개인적인 차원이라면 큰 문제가 아닐 수도 있을 것이다. 그러나 사회적인 차원에서는 사정이 달라질 수 있다. 예컨대 한 사회의 경제를 '성장 중심'으로 운영할 것이냐 '분배 중심'으로 운영할 것이냐를 두고 한 가지를 선택해야 하는 상황에서 사회구성원들 사이에 좋음의 의미가 서로 다르다면, 어떤 구성원들은 성장을 지향하는 경제정책이 '좋다'고 주장할 것이고, 다른 구성원들은 평등한 분배를 지향하는 경제정책이 '좋다'고 주장할 것이다. 결국 이들은 '좋음'의 의미를 각각 다르게 이해하고 있는 셈이다.

그럼에도 불구하고 어떤 한 가지를 선택해야 한다면, 우선 다수결 방식을 채택해볼 수 있을 것이다. 그러나 다수결 방식은 그 방식으로 결정된 사안이 최선이라는 것을 함축하지는 않는다. 또한 다수결은 소수의 의견을 가진 사람들의 불만을 완전히 해소하지 못함으로써 진정한 합의라고 할 수 없다. 이 때문에 의결을 위한 회의에서는 다수결 방식으로 결정하기 이전에 그 사안을 두고 충분히 토론하고 논쟁하는 것이 상례화되어 있다.

토론과 논쟁은 반대 의견을 가진 사람들을 설득하거나 반대 의견을 가진 사람들의 의견을 청취함으로써 자신의 본래 의견을 반성하는 효과를 통해 서로 다른 각각의 의견들이 부분적으로 변경되면서 합의에 이르는 것을 목표로 한다. 그러나 토론이나 논쟁에 참여하는 사람들 사이에 용어의 의미가 공유되지 않는다면 합의를 지향하는 진정한 의미의 토론이나 논쟁은 이루어질 수 없다.

미국의 철학자 윌리엄 제임스(W. James, 1842-1910)가 만년에 행한 한 강연 내용을 기록한 저서에 이와 관련된 재미있는 한 가지 일화가 소개되어 있다.

몇 년 전 산악지대에서 캠핑을 하던 중 혼자 어슬렁거리다 돌아와 보니 모두들 열띤 형이상학적 논쟁에 빠져 있었다. 논쟁의 실체는 나무둥치의 한쪽에 들러붙어 있는 다람쥐였다. 나무의 반대쪽에는 어떤 사람이 서 있다고 설정하고 있었다. 이 관찰자는 나무를 빠르게 돌면서 다람쥐를 보려고 한다. 하지만 그가 아무리 빠르게 달려도 다람쥐는 반대쪽에서 같은 속도로 움직이고 … 있어서 다람쥐를 볼 수가 없다. 그 결과 발생하는 형이상학적 문제는 바로 이것이었다. 그 사람은 다람쥐를 도는 것인가 돌지 않는 것인가? … 사람들은 각각 한 편에 서서 고집을 세웠는데, 양쪽의 수가 같았다. 그래서 내가 나타나자, 서로 자기편을 들라고 나에게 간청했다. … 나는 다음과 같이 말하였다. "어느 쪽이 옳은가는 다람쥐가 '돈다'고 할 때 여러분이 실제로 의미하고자 하는 것이 무엇인가에 달려 있습니다. 다람쥐의 북쪽에서 동쪽으로, 그다음엔 남쪽으로, 그다음엔 서쪽으로, 다음엔 다시 다람쥐의 북쪽으로 가는 것을 의미한다면, 그 남자는 분명히 다람쥐를 돌고 있습니다. … 반대로 그 사람이 처음에는 다람쥐의 앞에 있다가, 다음에는 오른쪽에, 다음에는 뒤에, 그리고 다음에는 왼쪽에, 마지막에는 앞에 있는 것을 의미한다면, 그 사람은 다람쥐를 돌고 있지 않은 것이 분명합니다. 왜냐하면 … 다람쥐는 … 배를 앞으로 내밀고 등은 뒤로 돌린 상태를 계속 유지하기 때문입니다. … '돈다'는 말을 이런 또는 저런 실질적인 방식으로 인식함에 따라 여러분들은 옳기도 하고 틀리기도 합니다."[9]

이 일화에서 나타나듯이 '돌다'라는 말을 "어떤 것의 동쪽→남쪽→서쪽→북쪽→동쪽… 으로 움직이는 것"으로 정의할 것인가 아니면 "어떤 것의 앞쪽→오른쪽→뒤쪽→왼쪽→앞쪽… 으로 움직이는 것"으로 정의할 것인가에 따라 관찰자가 다람쥐를 돈다는 말의 진위가 달라진다. 논쟁의 한편은 전자의 정의를 수용하고 다른 한편은 후자의 정의를 수용한다면, 사실상 논쟁은 성립할 수 없는 것이다.

이러한 점에서 토론이나 논쟁을 하기 위해서는 그 참여자들이 말의 의미를 확실하게 규정하고 그렇게 규정된 의미를 공유하는 것이 선행되어야 한다. 이는 앞에서 말한 '좋은' 경제정책을 두고 논쟁하는 성장주의파와 분배주의파의 경우에도 해당한다. 말하자면 이 논쟁에 앞서서 미리 결정해 두어야 할 문제는 그 양자가 '좋음'이라는 말의 의미를 공유하는 것이다.

두말할 것도 없이 여기서는 '좋음'을 어떻게 정의(定義)할 것인가 하는 문제가 생겨난다. 그러나 이 문제를 논하기 전에 우리는 더 근본적인 하

---

9) W. James, 정해창 옮김, 「실용주의가 의미하는 것」, 정해창 편역, 『실용주의』(서울: 아카넷, 2008), pp. 255-256.

나의 문제를 해결하지 않으면 안 된다. 그것은 정의란 무엇이며, 어떤 말을 정의하는 구체적인 방법은 무엇인가 하는 문제이다.

3.3. 정의는 어떻게 하는가?

3.3.1. 개념과 의미

사전적 의미에서 '정의'는 '개념의 의미를 명료하게 규정하는 것'이다. 따라서 무엇을 정의한다는 것이 의미하는 바를 논하기 전에 우선 '개념'과 '의미'에 대해 알아둘 필요가 있다.[10]

개념(槪念, concept)이란 '특정한 사물을 지시하는 이름'을 말한다. 우리는 특정한 사물을 다른 사물들과 구별하여 인식하기 위해서 일반적으로 "이것은 산이고 저것은 강이다."라는 식으로 말한다. 이 말에서 '강'이나 '산'은 각각 하나의 개념이라고 할 수 있다.

그런데 '강'이라는 개념으로써 우리는 지금 내가 지시하고 있는 이 특정한 사물만을 지시할 수 있는 것이 아니라 다른 여러 사물도 지시할 수 있다. 예컨대 우리는 한강을 지시하기 위해서도 '강'이라는 개념을 사용하고 낙동강을 지시하기 위해서도 '강'이라는 개념을 사용하며 나일강이나 미시시피강을 지시하기 위해서도 '강'이라는 개념을 사용한다.

그렇다면 개념이란 '특정한' 사물을 지시하는 이름이라는 정의는 잘못된 것인가? 그렇지는 않다. '특정한' 사물을 지시하기 위해서 '일반적인' 이름을 사용하지 않을 수 없는 경우들이 있다. 예컨대 모든 동물이 이동할 수 있다는 사실을 식물이 이동할 수 없다는 것과 구별하여 인식하기

---

10) 이하의 내용은 필자가 쓴 『고전논리의 형식적 원리』(부산: 열린시, 2005, 재판)의 15-17쪽에 수록된 글을 약간 수정하여 다시 수록한 것이다.

위해서 우리가 '동물'이라는 '일반적인' 개념을 사용하지 않는다고 가정해 보자. 개, 고양이, 호랑이, 사자, 독수리, 거미 등 모든 동물을 빠짐없이 열거할 뿐만 아니라 '개'도 역시 일반적인 이름이므로 더 구체적으로 멍멍이, 발발이, 바둑이, 삽사리 등 개 하나하나의 고유한 이름들을 모두 망라해야 할 것이고, 또 '고양이'도 역시 일반적인 이름이므로 나비, 야옹이, 진이 등 고양이 하나하나의 고유한 이름들을 모두 망라해야 할 것이며, 호랑이, 사자 등에 속하는 개체들의 고유한 이름들도 마찬가지로 망라해야 할 것이다. 상상하기만 해도 머리가 터질 지경이다.

이처럼 우리가 특정한 사물을 지시하기 위해서 사용하는 일반적인 이름을 개념이라고 한다면, 어떤 하나의 개념에 의해 지시되는 것은 특정한 하나의 사물이 아니라 그 특정한 하나의 사물을 포함하는 보편적인 그 무엇이라고 할 수 있다. 우리는 이러한 어떤 하나의 개념에 의해 지시되는 보편적인 그 무엇을 개념의 '의미(意味, meaning)'라고 한다.

그런데 개념의 의미는 현실적으로 존재하는 어떤 것이 아니라 우리 인간의 사고를 통해서 구성된 일종의 구성물이다. 그 구성 과정은 다음과 같다. ① 특정한 사물들이 가지는 여러 가지의 속성을 분석한다. ② 그 속성 각각을 비교하고 또 다른 사물들의 속성들과도 비교한다. ③ 그 속성 중에서 그 개념으로 불릴 수 있는 모든 사물에 공통으로 속하는 속성들만을 추상(抽象)하고 개별적인 사물에만 속하는 특수한 속성들을 사상(捨象)한다. ④ 그 추상한 것들만을 개괄(概括)하여 의미적 구성물을 구성한다. 이러한 과정을 거쳐 구성된 의미적 구성물에 붙인 특정한 이름을 '개념'이라고 한다.

옛날에는 개념을 순전한 사고의 대상이라고 생각했기 때문에 그것의 언어적 표현을 지칭하기 위해 별도로 '명사(名辭, term)'라는 말을 사용했다. 그러나 사고와 언어의 관계를 무시하고 본다면, 명사는 문법상의 명사(名詞, noun)라고 보아도 무방할 것이다. 그렇다면 명사(名辭)에는 문법상 명사(名詞)뿐만 아니라 명사에 준하는 모든 것이 포함된다. 예컨대 '작은 것', '아름다움', '달리기' 등과 같이 다른 품사에서 명사화된 것, '나를 사랑한 스파이', '너에게로 향한 열정' 등과 같은 명사구, '내가 너를 사랑한다는 것', '갑돌이가 갑순이를 만났다는 사실' 등과 같은 명사절도 모두 하나의 개념이라고 할 수 있다.

3.3.2. 정의의 방법들

앞에서 말했듯이 정의는 어떤 개념의 의미를 명료하게 규정하는 일이다. 이때 정의의 대상이 되는 개념을 피정의체(被定義體, definiendum)라고 하고 그것의 의미를 나타내는 항목을 정의항(定義項, definiens)이라고 한다. 이러한 점에서 정의란 피정의체의 의미를 그것과 동일한 의미를 가진 정의항을 통해서 다시 규정하는 것이라고 할 수 있다. 정의에는 여러 가지 방법이 있는데, 여기서는 주요한 몇 가지만 알아보자.

예시적 정의(ostensive definition)는 어떤 개념에 속하는 하나의 외연[11]을 직접 경험하게 함으로써 그 개념을 정의하는 방법이다. 예컨대 하나의 자동차를 직접 보게 한 후 "이것이 자동차다."라고 정의하거나 덜 익은 생감을 맛보게 한 후 "이것이 떫은맛이다."라고 정의하는 것이 예시적 정의이다.

그런데 예시적 정의는 피정의체와 정의항의 외연이 서로 동일해야 한다는 정의의 조건을 충족시키지 못하는 것처럼 보인다. 위에서 든 첫 번째의 예에서는 '자동차'라는 개념이 피정의체이고 '이것'이라는 말로 직

---

11) 개념의 외연(外延, extension)이란 "그 개념으로써 지시될 수 있는 대상들의 범위"를 말한다. 예컨대 '동물'이라는 개념의 외연은 '소', '개', '말', '돼지', '독수리', '거미' 등이다.

접 지시되는 하나의 자동차가 정의항인 셈인데, 이 경우에는 정의항이 피정의체의 외연을 전부 드러내지 못하고 단지 그것의 하나 혹은 일부분만을 드러낼 뿐이다.

이러한 한계 때문에 예시적 정의는 색깔, 소리, 맛, 냄새, 촉감 등과 같은 가장 기초적인 감각 내용이나 기쁨, 노여움, 슬픔, 즐거움, 두려움 등과 같은 가장 원초적인 감정을 정의하는 데 주로 사용된다. 왜냐하면 이것들은 직접적 경험 이외의 다른 방법으로 정의하기가 어렵기 때문이다. 그럼에도 불구하고 이것들은 대표적인 하나의 외연에 대한 직접적인 경험만으로도 그 의미를 드러내기에 충분하다. 이러한 점에서 예시적 정의는 대표적 사례에 의한 정의(definition by example)라고도 한다.

매거(枚擧)적 정의(enumerative definition)는 어떤 개념의 외연을 하나하나 모두 열거하는 방법이다. 그러나 이 방법은 피정의체의 외연이 모두 열거하기 어려울 만큼 많은 경우에는 사용할 수 없다. 이 때문에 이 방법은, 예컨대 "성(性)이란 남성, 여성, 중성과 같은 것이다." 혹은 "생물이란 식물과 동물을 말한다."처럼 그 외연이 어느 정도 제한된 경우에만 사용될 수 있다.

그러나 실제로는 이러한 제한이 완화되어서, 정의항이 피정의체의 외연들을 '완전히' 열거하지는 못하더라도 '충분히' 열거한다면 올바른 매거적 정의로 인정되기도 한다. "과일이란 사과, 배, 감, 귤 등이다." 혹은 "다각형이란 삼각형, 사각형, 오각형, 육각형 등이다." 같은 정의가 그러한 경우이다. 물론 이러한 방법은 '등'이라는 말이 정의항에 열거되어 있지 않은 모든 외연을 완전하게 암시할 수 있을 때만 가능하다.

최근류개념과 종차를 통한 정의는 정의항에서 피정의체의 최근류개념과 종차를 나타냄으로써 정의하는 방식이다. 이 정의는 "삼각형이란 세 개의 직선으로 둘러싸인 다각형이다." 같은 형식으로 이루어지는데, 이때 '다각형'은 삼각형의 최근류개념이고 '세 개의 직선으로 둘러싸인'은 삼각형의 종차이다.

이 정의의 방법을 충분히 이해하기 위해서는 '최근류개념'과 '종차'에 대해서 알아둘 필요가 있다.[12] 유 혹은 유개념(類槪念, genus)은 외연상 보다 좁은 개념들을 개괄함으로써 이루어지는 개념을 뜻하며, 종 혹은 종개념(種槪念, species)이란 외연상 어떤 유개념에 포함되는 좁은 개념들을 뜻한다. 다음의 간략한 도식을 보자.

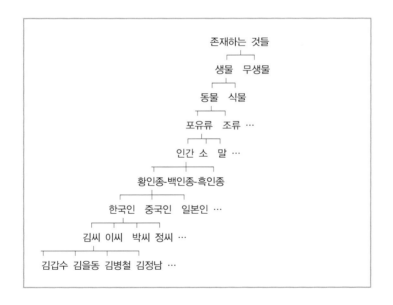

여기서 '존재하는 것들'이라는 개념은 '생물'이라는 개념의 외연과 '무생물'이라는 개념의 외연을 모두 포함하는 하나의 유개념이며, '존재하는

---

12) 이하의 내용은 필자가 쓴 『고전논리의 형식적 원리』 20-23쪽을 참조하여 재구성한 것이다.

것들'이라는 개념에 포함되는 '생물'과 '무생물'은 '존재하는 것들'의 종 개념들이다.

그런데 '생물'은 '동물'이나 '식물'의 유개념이며, '동물'이나 '식물'도 역시 그 하위 개념들의 유개념이다. 나아가 이러한 유와 종의 관계는 하나의 계열에서 직접 상·하위에 있는 개념들 사이에만 적용되는 것이 아니라 한 계열에 속해 있는 모든 상·하위의 개념에 적용될 수 있다. 즉 '존재하는 것들'과 '황인종'도 유와 종의 관계를 이루며, '동물'과 '김갑수'도 유와 종의 관계를 이룬다. 이처럼 유개념과 종개념은 어떤 개념에 고정된 고유한 것이 아니라 개념 상호 간의 관계에 따라 그때그때 적용되는 상대적인 것이다. 이러한 점에서 하나의 개념은 두 개 이상의 유개념을 가질 수 있는데, 그들 중에서 가장 가까운 유개념을 '최근류(最近類)개념'이라고 한다.

다른 한편, 상·하위 관계와 비교해서 동위 관계에 있는 개념들이 있다. 이러한 동위 관계에 있는 개념 중에서 특히 하나의 동일한 개념에 속하는 종개념들을 동족(同族)개념이라고 한다. 이러한 동족개념들은 많은 속성을 공유하긴 하지만, 그것들 사이에는 분명한 차이점도 있다. 그중에서 가장 핵심적인 차이점을 '종차(種差, specific difference)'라고 한다. 요컨대 종차란 하나의 개념을 그것과 동족개념에 속하는 다른 모든 개념으로부터 구별시켜주는 그 개념의 고유한 속성을 말한다. 예를 들어 '다각형'이라는 하나의 유개념에 속하는 '삼각형', '사각형', '오각형' 등과 같은 동족개념에서 '삼각형'을 '사각형'이나 '오각형' 등으로부터 구별시켜주는 그것의 고유한 속성은 '세 개의 직선으로 둘러싸였다'는 것인데, 이것이 바로 '삼각형'의 종차이다.

4. 정의는 '존재'의 문제를 내포한다

개념의 정의는 항상 "X는~이다(X is~)." 같은 형식으로 표현된다. 여기서 X는 사물의 이름이고, ~는 X라는 이름으로 불릴 수 있는 사물들이 가지는 공통적인 속성을 나타낸다. 그러므로 "X는~이다."라는 X에 대한 정의는,~라는 특성을 가진 사물이라면 무엇이라도 X라는 이름으로 불릴 수 있다는 것을 의미한다. 이와 같이 우리가 어떤 것의 이름을 명확하게 부를 수 있다는 것은 또 다른 하나의 문제를 함축하는데, 우리나라에서 오늘날까지 통용되는 기존의 철학 용어로 말한다면 그것은 그 이름으로 불리는 그것이 '존재한다'는 것이다.

4.1. 존재하는 것(1): 무엇인 것

한국어를 모국어로 하는 사람들은 서양철학 사상[13]을 접할 때 언어 때문에 상당한 어려움을 겪는다. 그 대표적인 사례 중의 하나가 '존재하다'라는 말일 것이다. 한국어에서 '존재하다'는 '실제로 있다'는 것을 의미한다. 국어사전에도 그렇게 되어 있지만, 일상에서도 대체로 그런 의미로 사용된다.

그러나 그리스어, 라틴어, 영어, 독어, 불어 등 인도유럽어족에 속하는

---

13) '사상(思想)'의 사전적 의미는 '생각의 결과로 얻어진 체계적 의식 내용'이다. 이 말에 해당하는 영어 단어는 thought인데, 이것은 think의 과거분사이지만 여기서는 명사로 전용(轉用)된 것이다. 동사의 과거분사가 명사로 전용될 때 그 명사는 완료형 문장과 수동형 문장을 만드는 데 사용되는 과거분사의 문법적 기능을 포함한다. 따라서 thought는 think의 완료형 '생각했다'와 수동형 '생각되다'의 의미를 동시에 포함하는 명사로서, '생각된 것'이라는 의미를 가지는 것이다. 예컨대 플라톤이 철학적 문제를 탐구하면서 생각(사유)한 것을 글로 적어 책으로 남겼고 오늘날 우리가 그 책을 읽는 경우, 우리는 '플라톤에 의해 생각된 것'을 책을 통해 보고 있는 것이다. 이러한 점에서 누군가의 사상은 내가 아닌 '다른 사람'이, 지금 생각하고 있는 것이 아니라 '이미 생각한 것'이라고 할 수 있다. 이때 그 생각의 주제가 철학이라면 철학 사상이고, 종교라면 종교 사상이며, 예술이라면 예술 사상이라고 할 수 있다. 이러한 점에서 철학 사상은 철학의 문제에 대답하기 위해 어떤 철학자가 생각한 것이라고 할 수 있다.

언어들로 구사된 어떤 용어를 '존재하다'라고 번역했다면, 그것은 '실제로 있다'는 의미까지 포함하지 않는다. 예컨대 철학 등의 분야에서 번역어로 채택하고 있는 '존재하다'라는 말에 해당하는 영어는 'to be'인데, 이것은 to exist, 즉 우리가 '실제로 있다'고 번역하는 말과 분명하게 구별된다.

그렇다면 번역어 '존재하다'라는 말은 무슨 의미를 담고 있는가? '존재하다'라는 말을 잠시 접어두고, to be라는 말에 주목해보자. 이 말은 '있다'라는 의미로 사용되는 경우도 있지만, 더 많은 경우에 '~이다'라는 의미로 사용된다. 따라서 이 후자의 경우를 일반적인 것으로 생각한다면, 번역어 '존재하다'는 '"~이다"라고 말할 수 있다'는 것과 바꿔 쓸 수 있는 말일 것이다. 그리고 '"~이다"라고 말할 수 있다'는 것은 다시 '~라는 이름으로 불릴 수 있다'는 것과 바꿔 쓸 수 있을 것이다. 결국 '존재하다'는 것은 '~라는 이름으로 불릴 수 있다'는 것을 의미한다.

이러한 점에서 번역어 '존재하다'는 특정한 이름으로 불릴 수 있는 것이라면 어떤 것에도 쓸 수 있는 말이다. 예컨대 나무나 바위는 물론이고 용(龍)이나 인어(人魚) 같은 상상 속의 동물들에 대해서도 '존재한다'는 말을 쓰는 것이 가능하다. 그런데 '나무', '바위', '용', '인어' 등은 사물들이 아니라 개념들이다. 앞에서 말했듯이 개념은 어떤 구체적인 사물을 지칭하는 이름이 아니라 추상적인 의미적 구성물을 지칭하는 이름이다. 따라서 무엇이 존재한다는 것은 우리가 어떤 추상적인 의미적 구성물을 마음에 품을 수 있고 생각할 수 있다는 것을 의미한다. 이러한 점에서 어떤 것이 존재하는지 존재하지 않는지의 문제는 그것이 실제로 있는지 그렇지 않은지의 문제와는 아무 상관이 없는 것이다.

이러한 사정을 고려하면, 이제 우리는 to be를 '존재하다'가 아니라 '~

이다'로, 그리고 being을 '존재하는 것'이 아니라 '~인 것'으로 번역할 수도 있을 것이다. 나아가 우리는 그 반대말에 대해서도 똑같은 방식으로 이해할 수 있을 것이다.

현재 널리 사용되고 있는 번역어에서 '존재하는 것'의 반대말은 '존재하지 않는 것'이다. 이들은 각각 being과 nothing을 번역한 용어들이다. 그런데 '존재하는 것'을 '무엇인 것'으로 이해할 수 있다면, '존재하지 않는 것'은 '무엇이 아닌 것' 혹은 '아무것도 아닌 것'으로 이해할 수 있다. 이는 영어에서 nothing을 not to be anything으로 풀어쓸 수 있다는 점에서도 분명하게 확인할 수 있다. 우리의 일상에서는 '아무것도 아닌 것'과 '존재하지 않는 것'이 동일한 것으로 이해되지 않을 수도 있지만, 인도유럽어족을 모국어로 하는 서양 사람들에게는 '아무것도 아니다'는 것이 곧 '존재하지 않는다'는 것을 의미한다. 그리고 '아무것도 아니다' 혹은 '존재하지 않다'는 것은 곧 '특정한 이름으로 불릴 수 없다'는 것이다.

이처럼 존재하는 것과 존재하지 않는 것 혹은 무엇인 것과 아무것도 아닌 것은 그것이 특정한 이름으로 불릴 수 있느냐 없느냐 하는 것과 관련된다. 1952년에 발표된 김춘수 시인의 <꽃>은 바로 이런 철학적인 문제를 담고 있는 시이다.

내가 그의 이름을 불러주기 전에는
그는 다만
하나의 몸짓에 지나지 않았다.

내가 그의 이름을 불러주었을 때
그는 나에게로 와서
꽃이 되었다.

내가 그의 이름을 불러준 것처럼
나의 이 빛깔과 향기에 알맞는
누가 나의 이름을 불러 다오.

그에게로 가서 나도
그의 꽃이 되고 싶다.

우리들은 모두
무엇이 되고 싶다.
나는 너에게 너는 나에게
잊혀지지 않는 하나의 눈짓이 되고 싶다.

4.2. 존재하는 것(2): 있는 것

앞에서 말했듯이 영어의 to be라는 말은 한국어에서 주로 '존재하다'로 번역되지만, '존재하다'는 말이 다른 한편으로는 to exist라는 말의 번역어로도 이해되기 때문에 한국어를 모국어로 하는 우리에게는 상당히 복잡한 문제를 야기한다. 이 때문에 우리는 to be를 '~이다' 혹은 '~이라는 이름으로 불리다'는 말로 이해해야 한다고 했다.

그런데 영어의 그 두 가지 말은 그렇게 완전하게 구별되는 말일까? 영어의 용례를 보면 to be가 to exist를 함축하는 경우가 적지 않다. 가장 대표적인 사례는 "There is a book."이다. 이 영어문장은 통상 "여기에 한 권의 책이 있다."라고 번역된다. 이때 is는 '있다'를 의미한다. 이러한 경우들을 일반화하면 영어 to be는 '있다'로 번역되기도 한다고 말할 수 있다. 그렇다면 being을 '있는 것'으로, 그 반대말인 nothing을 '없는 것'으로 번역하는 것도 가능하다.

실제로 서양철학자들의 사상에서 being에 해당하는 말들을 '있는 것'이라는 의미로 사용하는 경우가 많다. 이 때문에 사실상 한국어를 모국어로 하는 우리는 더 큰 혼란을 겪는다. being이라는 용어를 '~인 것'으로 번역해야 할지 아니면 '있는 것'으로 번역해야 할지를 결정해야 하는 새로운 문제가 생기는 것이다. 결국 특정 철학자가 펼친 사상의 전반적 맥락을 고려하여 용어의 적합한 의미를 선택해야 한다.

어쩌면 서양인들도 이러한 문제 때문에 '있는 것'을 나타내기 위해서 being에 해당하는 말들 이외에 다른 전문용어를 사용하기도 한다. 예컨대 기원전 4세기에 활동했던 그리스의 철학자 아리스토텔레스는 '있는 것'을 나타내기 위해 'ousia'라는 용어를 사용했다. 이 용어는 영어 be에 해당하는 그리스어 einai의 현재분사형 중에서 여성에 해당하는 ousa가 명사화된 것으로서, 영어의 being과 사실상 같은 말이다. 그런데 그리스에서는 명사들이 성을 가지므로 being에 해당하는 말이 더 있다. 남성의 ōn과 중성의 on이 그것이다. 고대 그리스에서 '~인 것'을 나타내는 말로는 주로 중성인 on을 사용했고, 아리스토텔레스 자신의 저서들에서도 on이라는 용어가 사용되었다. 이러한 맥락에서 보면, ousia는 '~인 것'으로 번역될 수도 있는 'on'이라는 말과 구별하기 위해서 그가 고유하게 사용한 용어라고 생각된다.

아리스토텔레스의 저서에 등장하는 ousia라는 용어는 영어권에서 주로 substance로 번역되지만, 사실상으로는 reality나 entity가 더 적합한 번역어라고 생각된다. '실체'로 번역되는 substance는 라틴어 substantia에서 유래한 말로, 문자적으로 분석하면 "밑바닥에(sub) 놓여있는 것(statio)"이라는 의미다. 이 말은 "밑바닥에(hypo) 놓여있는 것(keimai)"을 의미하는 그리스어 hypokeimenon을 문자적으로 번역한 것이다. 그런데 아리스토텔레스의 저서들에서 hypokeimenon은 '질료(質料)'라고 번역하는 hylē와 바꾸어 쓸 수 있는 용어로 사용된다. 나중에 더 상세하게 언급하겠지만, 아리스토텔레스의 사상에서 질료(hylē)는 "그 어떤 것으로도 될 수 있지만 현재로서는 아무것도 아닌 것"을 나타내는 전문용어이다. 그의 사상에서 ousia는 질료와 전적으로 무관하다고 할 수는 없지만, 양자는 분명하게 구별되어야 한다. 이러한 점에서 ousia는 substance보다는 단지 '실제로 있는 것'을 의미하는 reality나 entity로 번역하는 것이 더 적합하다고 생각된다.

'~인 것'과 구별하여 '있는 것'을 특화해서 나타내는 서양어의 또 다른 예로는 '사물'로 번역되는 영어의 thing, 독어의 Ding, 불어의 chose 등을 들 수도 있겠다. 그러나 위에서 언급한 reality도 그렇지만, thing 등은 ousia보다 좀 더 복잡한 문제를 담고 있다. 그것은 시대의 한계에 따른 문제일 수도 있다. 말하자면 근대 이전까지는 눈에 보이는 것이라면 모두 실재하는 것으로 생각하는 것이 자연스러운 일이었지만, 근대 이후에는 보는 사람의 관점에 따라 대상이 다르게 보일 수도 있다는 주관주의가 등장했다. 따라서 근대부터는 반드시 주체와 연관되는 것으로서의 객체 혹은 대상(object, Gegenstand, objet)과 주관과 무관하게 그 자체로 존재하는 사물(reality, thing 등)을 구별하는 태도가 일반화되었다.

'대상' 혹은 '객체'라고 번역하는 영어 object와 불어 objet는 "맞은편에(ob) 놓여있는 것(iactus)"이라는 뜻의 라틴어 obiectum에서 유래한 것이다. 독어 Gegenstand도 라틴어 obiectum을 의미에 따라 순수 독어로 번역한 말로서, "맞은편에(gegen) 놓여있는 것(stand)"이라는 의미로 분석될 수 있다. 여기서 '맞은편'에 놓여 있다는 것은 반드시 그것의 맞은편, 즉 '이편'에 있는 어떤 것을 전제한다. 이편에 있는 것은 맞은편에 있는 것과 비교해서 마주 보는 관계의 중심 혹은 기준점이 되는 것인데, "밑바닥에(sub) 놓여 있는 것"을 의미하는 subject(주체, 주관)가 그것이다. 이러한 점에서 '대상'은 반드시 주체와 상관적인 의미에서만 성립하는 용어인 것이다.

그렇다면 대상이 성립하기 위해서는 반드시 주체가 먼저 아니면 적어도 동시에 존재해 있어야 한다. 그런데 이와 같이 대상의 존재가 주체의 존재를 전제하는 것이라면, '대상'은 반드시 실제로 있다는 의미를 갖지 않을 수도 있다. 말하자면 대상은 예컨대 용이나 인어처럼 주체에 의해 구성된 상상의 산물일 수도 있는데, 이것들은 실제로는 없고 마음 안에만 형성되어 있는 이미지에 불과한 것이다.

5. 존재하는 것은 무엇 때문에 존재하는가?

"존재하는 것은 무엇 때문에 존재하는가?"라는 물음은 어떤 측면에서 보면 다소 황당한 물음일 수도 있다. 그러나 앞에서 '존재하는 것'의 의미를 '무엇이라는 이름으로 불릴 수 있는 것'과 '실제로 있는 것'이라는 두 가지로 나누어 보았던 것을 고려하면, 우리는 "존재하는 것은 무엇 때문에 존재하는가?"라는 물음을 다음과 같은 물음들로 바꾸어 표현해볼 수 있을 것이다.

"A라는 이름으로 불리는 이것은 무엇 때문에 A라는 이름으로 불리게 되는가?"
"실제로 존재하는 이것은 무엇 때문에 이렇게 실제로 존재하게 되었는가?"

첫 번째 물음과 관련된 우리의 궁금증은 서로 다르게 생긴 것들임에도 불구하고 어떤 것들은 왜 같은 이름으로 불리는가, 또는 서로 비슷하게 생긴 것들임에도 불구하고 어떤 것들은 왜 같은 이름으로 불리지 않는가 하는 것이다. 예를 들어, 내 책상 위에 놓인 디지털 탁상시계와 영국의 국회의사당 탑에 있는 원형 벽시계는 서로 다르게 생겼으면서도 왜 똑같이 '시계'라고 불리는가? 또 똑같이 흐르지 않는 물이 많이 고여 있는 것들임에도 불구하고 왜 어떤 것은 '호수'라고 하고 다른 어떤 것은 '바다'라고 하는가? 심지어 이런 물음도 가능하다. 똑같이 인간임에도 불구하고 왜 어떤 사람들은 '인간도 아닌 놈'이라고 하는가?

두 번째 물음과 관련된 우리의 궁금증은 얼마 전까지 존재하지 않던 어떤 것이 지금은 존재하고 있을 때 그 이유가 무엇인가 하는 것이다. 예를 들어 저 들판에 얼마 전까지 없었던 나무가 왜 지금은 있는가? 얼마 전까지 없었던 도자기가 왜 지금은 있는가? 이 두 번째 물음에는 또 다른 부류의 물음들도 있다. 왜 밤이 있는가? 왜 사계절이 있는가? 왜 별은 하늘에 떠 있는가?

이러한 두 가지 형식의 물음은 모두 존재하는 것이 존재하게 된 근거 혹은 이유에 대한 물음이다. 그러나 '존재하는 것'의 의미가 두 가지로 나누어질 수 있으므로, 존재의 근거 문제도 당연히 두 가지로 나누어서 생각할 수 있다. 차례대로 하나씩 살펴보자.

5.1. 존재의 근거(1): 본질

존재의 근거에 대한 첫 번째 형식의 질문에 접근하기 위해서는 앞에서 살펴본 정의의 문제를 다시 불러낼 필요가 있다. 앞에서 보았듯이 정의는 어떤 사물이 특정한 이름으로 불릴 수 있는지 없는지를 판정하는 기준이 되기도 한다. 예컨대 "삼각형은 세 개의 직선으로 둘러싸인 다각형이다." 라는 정의의 정의항은 어떤 구체적인 사물이 '삼각형'이라는 이름으로 불릴 수 있는지 없는지를 판정하는 기준이 된다. 만약 어떤 도형이 다각형이 아니거나, 직선이 아니라 곡선으로 둘러싸여 있거나, 세 개가 아니라 네 개의 직선으로 둘러싸여 있다면, 그것은 결코 '삼각형'이라는 이름으로 불릴 수 없는 것이다.

이를 다른 방식으로 표현하면, 정의는 어떤 것이 특정한 이름으로 불릴 수 있는 필수적인 조건이 무엇인지를 알려준다고 할 수 있다. 예컨대 어떤 것이 '삼각형'으로 불릴 수 있기 위해서는 그것이 다각형이라는 조건과 세 개의 직선으로만 둘러싸여 있다는 조건을 반드시 갖추어야 한다. 이 조건 중 하나라도 빠뜨린다면, 그것은 결코 '삼각형'이라고 불릴 수 없다.

그런데 앞에서 또 어떤 것이 특정한 이름으로 불릴 수 있다는 것은 곧 그것이 존재한다는 것과 같다고 했다. 그렇다면 어떤 것이 특정한 이름으로 불릴 수 있도록 하는 필수적인 조건들은 그 어떤 것의 존재 이유, 어떤 것이 존재하는 것으로 될 수 있는 이유 혹은 근거가 되는 셈이다. 이와 같은 어떤 것의 존재 근거를 그것의 '본질(essence)'이라고 한다. 말하자면 어떤 것의 본질은 "그 어떤 것이 다름 아닌 그것으로서 존재하기 위해서 필수적으로 갖추어야 할 핵심적인 특성" 혹은 "그것이 없이는 어떤 것이 그 어떤 것으로 존재할 수 없는 그러한 특성"이라고 할 수 있다.

우리의 일상생활에서도 본질은 중요한 의미가 있다. 누구나 살아가는 동안 구체적인 표현 형식은 조금씩 다르더라도 궁극적으로 "X란 무엇인가 (What is X)?"라는 형식으로 환원될 수 있는 질문들을 던지곤 한다. 예컨대 우리는 다른 사람들이나 심지어 자기 자신에게 "인생이란 무엇인가?", "대학이란 무엇인가?", "결혼이란 무엇인가?" 등과 같은 질문을 던질 때가 있다. 이 질문을 통해서 우리가 알고자 하는 답은 다름 아니라 X가 무엇이라는 것(X is ~.), 즉 X의 본질이다. 말하자면 질문을 하는 우리가 기대하는 것은 인생의 본질, 대학의 본질, 결혼의 본질을 아는 데 있는 것이다.

그런데 우리는 왜 어떤 것의 본질을 궁금해하는가? 더욱이 우리는 어떤 것의 본질을 왜 '항상' 궁금해하는 것이 아니라 '가끔' 궁금해하는 것일까? 그것은 다름 아니라 본질에 대한 물음이 대체로는 '자기반성'을 위한 질문이기 때문이다. 예컨대 우리는 인생의 본질을 묻는 질문을 언제, 왜 던지는가? 대체로 그것은 자신의 현재 삶이 바람직한 것으로 가고 있지 않다고 판단할 때, 그리고 자신의 삶을 바로잡아서 바람직한 것으로 가도록 하기 위해서라고 말할 수 있다. 이런 점에서 본질에 대한 물음은 어떤 것의 '바람직한 상태'를 실현하는 것 혹은 완성하는 것으로 이어진다. 인생의 본질을 묻는 경우 우리는 자신의 삶이 바람직한 인간으로서의 삶을 실현하고 완성하기를 바라는 것이다.

또한 본질에 대한 물음은 그 어떤 것에 대한 올바른 이해를 바라는 것이기도 하다. 예컨대 '시계'의 본질이 "시각을 알려주거나 시간을 측정하는 도구"라는 것을 안다는 것은 시계에 대해 충분히 이해하고 그것을 적합하게 사용할 수 있도록 해준다. 이러한 태도를 확장하면, 특정한 사물의 본질에 대한 앎은 그 사물을 지배할 힘이 될 수도 있다. 우리가 어떤 사물을 '지배한다'는 것은 그 사물을 '나의 목적을 달성하기 위해서 내가 원하는 방식대로 사용할 수 있다'는 것인데, 이를 위해서는 반드시 그것의 본질을 알고 있어야 하는 것이다.

5.2. 존재의 근거(2): 원인 혹은 목적

존재의 근거에 대한 두 번째 형식의 물음은 실제로 존재하는 어떤 것이 어떻게 해서 지금 이렇게 실제로 존재하게 되었는지 그 '원인'을 묻는 물음이다. 이러한 형식의 물음에는 대체로 낳은 자 혹은 만든 자를 밝힘으로써 대답할 수 있다. 예컨대 어제까지는 없었던 저 아기는 어떻게 해서 지금 존재하고 있는가 하는 물음에는 오늘 아침에 그 어미가 낳았기 때문이라고 대답할 수 있다. 또 어제까지 없었던 저 도자기가 어떻게 해서 지금 존재하고 있는가 하는 물음에는 조금 전에 장인이 그것을 만들었기 때문이라고 대답할 수 있다.

그런데 위에서 든 아기의 예는 좀 더 복잡한 문제가 포함되어 있다. 위에서는 아기의 존재 근거를 그 어미라고 했지만, 그 어미는 다시 그 어미(아기에게는 할머니)에게서 태어났을 것이다. 이렇게 본다면 어미의 어미

(할머니)가 존재하지 않았더라면 이 아기는 존재할 수 없었을 것이다. 그렇다면 어미의 어미는 아기가 존재하게 된 일종의 원인이라고 할 수 있을까?

사실상 이 문제는 훨씬 더 복잡한 사정을 가지고 있다. 한 아기의 존재 근거는 부모의 존재일 것이고, 다시 부모의 존재 근거는 친조부모와 외조부모의 존재일 것이다. 이런 식으로 계속 역추적하면 아주 멀고 복잡한 혈연관계의 인물들이 나열될 수 있을 것이다. 좀 더 간단하게 생각하기 위해 부자계열로만 본다고 하더라도 나의 존재 근거는 아버지이고, 아버지의 존재 근거는 할아버지이고, 할아버지의 존재 근거는 증조할아버지라는 식으로 계속 이어질 것이다. 과연 어디까지 되밟아가야 할까? 그 최초의 원인은 무엇일까?

그런데 또 다른 한 가지의 물음을 보자. 어떤 사람이 어제까지는 대학생이 아니었다가 오늘 대학교에 입학함으로써 오늘부터 대학생으로서 존재하게 되었다고 해보자. 이 경우 이 사람은 어떻게 해서 대학생으로서 존재하게 되었을까? 다시 말해서 대학생으로서 존재하고 있는 이 사람의 존재 근거는 무엇일까?

앞에서 존재의 원인을 묻는 물음에 대답하기 위해서는 낳은 자와 만든 자를 밝히면 된다고 했지만, 누구도 대학생으로 태어나는 것이 아니므로 이 대학생의 존재 근거에 대한 물음에 대답하기 위해서는 이 사람을 대학생으로 만든 자가 누구인지 밝혀야 한다. 과연 누가 이 사람을 대학생으로 만들었는가? 부모인가? 교사인가? 아니면 부모와 교사 둘 다인가?

사실상 부모든 교사든 간에 다른 사람이 어떤 노력을 하더라도 그 자신이 대학생이 되고자 하지 않는다면 그 사람을 대학생으로 만들지 못한다. 말하자면 그 자신이 대학생으로 존재하고자 하는 의지가 있을 때만 부모나 교사도 그 사람이 대학생으로 존재하게 되는 데 얼마간의 기여를 할 수 있을 뿐이다. 결국 대학생이 아니었던 어떤 사람이 대학생으로 존재하게 된 원인은 다른 어떤 것이 아니라 바로 그 자신에게 있다고 해야 한다.

그런데 그렇게 대학생으로 존재하게 된 그 사람 안에 있는 원인의 성격은 물이 얼음으로 된 원인이 기온이 섭씨 영도 이하로 하강한 것이라고 할 때의 원인의 성격과 다르다. 후자의 원인은 우리가 일반적으로 어떤 사건을 결과로서 일어나게 한 원인이라고 할 때와 같이 인과관계에서의 원인이다. 이러한 인과관계에서의 원인은 반드시 결과보다 시간상 먼저 있는 것이다. 물론 전자의 경우도 그 사람이 대학생이 되겠다고 마음먹는 것은 대학생으로서 존재하는 것보다 시간상 먼저이지만, 그렇게 마음먹을 때 그 사람의 마음속에는 자신이 대학생으로서 존재하게 될 모습을 미리 그려보고 있을 것이다. 그렇다면 그 사람이 마음속으로 미리 그려보고 있는 그 모습이 실제로 아직 대학생이 아닌 그 사람을 대학생으로서 존재하게 한 원인이라고 할 수도 있다. 그런데 아직 대학생이 아닌 그 사람이 마음속으로 미리 그려보고 있는 그 모습은 과거의 모습이 아니라 미래의 모습이며, '실현된 것'이 아니라 '실현될 수 있는' 모습이다. 말하자면 아직 실현되지 않은 미래의 모습이 그 사람이 대학생으로 존재하게 되는 원인으로 작용한 것이다. 이와 같이 시간상 뒤에 있을 미래의 모습이 그 이전의 일을 일으키는 원인으로 작용하는 경우의 원인은 통상 인과관계에서의 원인이라고 할 때의 원인과는 성격이 다른 것이다.

요컨대 인과관계에서의 원인은 결과보다 시간상 먼저 있어야 하지만, 대학생이 아닌 어떤 사람이 대학생으로 된 원인으로서의 그 사람의 미래의 모습은 시간상 그 사람이 실제로 대학생으로서 존재하기 시작하는 시점보다 나중에 있는 것이다. 이처럼 시간상 나중에 있는 것이 시간상 먼저 있는 것을 있게 한 원인이라고 할 때의 원인을 '목적'이라고 한다.

우리말 한자어 목적(目的)은 눈(目)이 겨냥하는 표적(的)이라는 뜻을 갖는다. 예컨대 활을 쏘는 궁사(弓師)는 반드시 자신의 눈이 겨냥하는 표적을 향해 화살을 날려 보낼 것이다. 이때 그 표적을 통상 '화살의 목적'이라고 한다. 말하자면 화살의 목적은 '날아가는 화살이 최종적으로 도달할 곳'을 의미하는 것이다. 이를 일반화해서 말하면, 어떤 것의 목적은 그것이 운동하여 도달하는 장소 혹은 그것이 변화하여 이루어질 모습이라고 할 수 있다.

그런데 위에서 든 화살의 예에서처럼 우리는 통상 "궁사가 표적을 향해 화살을 날려 보낸다."라고 표현하지만, 다른 식으로 "화살이 표적을 맞히기 위해 그 표적을 향해 날아간다."라고 표현해볼 수도 있다. 전자는 활시위의 탄력이 화살의 운동을 일으킨 이유라고 설명하고, 후자는 화살의 목적(표적을 맞히기)이 화살의 운동을 일으킨 이유라고 설명한다. 오늘날 우리에게는 전자의 표현 방식이 더 자연스럽겠지만, 옛날 사람들에게는 오히려 후자의 표현 방식이 더 자연스러웠을 수도 있었을 것이다. 이와 같이 모든 것의 운동과 변화가 그 목적 때문에 일어나는 것으로 생각하는 사고방식을 '목적론(teleology)'[14]이라고 하는데, 실제로 고대 그리스의 아리스토텔레스나 중세 유럽의 기독교 신학자들과 같은 근대 이전의 서양 사람들은 목적론의 관점에서 사물의 운동 및 변화나 인간의 행위를 설명하는 방식에 더 익숙했던 것처럼 보인다.

---

14) teleology는 그리스어 telos에 logos를 붙여 만든 말인데, telos는 영어의 end에 해당하는 말로서 '목적' 혹은 '최종지점'을 뜻한다.

5.3. 생겨남과 사라짐의 문제로

앞의 두 항에서 우리는 **무엇인 것** 혹은 **있는 것**의 근거에 대한 문제를 살펴보았다. 그런데 **무엇인 것**이 다름 아닌 그 무엇일 수 있는 근거 혹은 있는 것이 그렇게 있을 수 있는 근거 문제는 그 자체 안에 새로운 하나의 문제를 포함한다. 그 어떤 근거 때문에 **무엇인 것**이 그 **무엇인 것**으로 '되었다'거나 혹은 그 어떤 근거 때문에 **있는 것**이 있게 '되었다' 는 것에는 '됨(생성, becoming)'이라는 말이 포함되어 있는데, 도대체 '됨'이라는 것은 어떤 것인가 하는 것이 바로 그 문제이다.

'됨'은 우선 '생겨남(발생)'을 내포한다. **무엇인 것**이 되었다는 것은 그 이전에는 그 **무엇인 것**이 아니었다는 의미이고, **있는 것**이 되었다는 것은 그 이전에는 **있는 것**이 아니었다는 의미이다. 이때 그 **무엇인 것**이 아니었던 것이 그 **무엇인 것**으로 된다거나 **있는 것**이 아니었던 것이 **있는 것**으로 되는 것이 바로 '생겨남'이라는 것이다.

그런데 생겨남은 반드시 '시간'을 필요로 한다. 무엇이 생겨난다는 것은 '그 이전에는' **무엇인 것**이 아니었던 것이 '특정한 시점부터는' **무엇인 것**으로 된다는 것이며, '그 이전에는' **있는 것**이 아니었던 것이 '특정한 시점부터는' **있는 것**으로 된다는 것이다. 이와 같이 **무엇인 것** 혹은 **있는 것**을 '시간'이라는 차원에서 생겨난 것으로 생각한다면, 거기에는 또한 '사라짐(소멸)'이라는 사건이 포함되어 있다고 볼 수 있다. 예컨대 **있는 것**이 아닌 것이 **있는 것**으로 되는 경우에는 적용하기 어렵겠지만, **무엇인 것**이 아닌 것이 **무엇인 것**으로 되는 경우에는 **무엇인 것**이 아닌 것의 사라짐이 포함된 것이다. 이러한 점에서 '됨'은 '생겨남'과 동시에 '사라짐'도 내포하는 것이다.

한편, 특정한 시점에 어떤 것이 사라지고 다른 어떤 것이 생겨난다는 것은 이번에 생겨나서 **무엇인 것**으로 존재하는 것도 일정한 시간이 지나면 사라질 수도 있다는 것을 의미한다. 그렇다면 사라짐과 생겨남은 일회적인 사건이 아니라 연쇄적인 사건이라고도 볼 수 있다. 만약 그렇다면 **무엇인 것**이 사라지고 다른 **무엇인 것**이 생겨나고, 다시 이 다른 **무엇인 것**이 사라지고 또 다른 **무엇인 것**이 생겨나는 식으로 사라짐과 생겨남은 계속 이어질 것이다. 이때 어떤 하나의 **무엇인 것**들은 특정한 시점에 생겨났다가 일정한 시간이 지난 후의 어떤 시점에 사라지는 것들이라고 할 수 있다.

6. 존재 근거에 대해 논하는 것은 철학함의 한 가지 과제이다

앞 절에서 우리는 존재하는 것을 '무엇인[무엇이라는 이름으로 불릴 수 있는] 것'과 '있는 것'이라는 두 가지 차원에서 이해할 수 있다는 점에서 존재의 근거 문제도 두 가지 차원에서 논의해왔다. 요컨대 어떤 무엇을 다름 아닌 그 무엇이라는 이름으로 부를 수 있는 근거를 '본질'이라고 했고, 있는 것을 있을 수 있게 한 근거를 '원인' 혹은 '목적'이라고 했다. 그리고 이 원인 혹은 목적의 차원에서 존재하는 것에 접근하는 경우 존재하는 것은 단지 존재하는 것이 아니라 존재하게 '된' 것이라고 할 수 있다. 이 경우에 존재의 근거 문제는 곧 생성(됨, 사라짐과 생겨남)의 근거 문제이기도 하다.

그런데 존재 혹은 생성의 근거 문제는 우리에게 어떤 의미를 가지는가? 본질에 대해 논의하는 것의 의미는 이미 앞에서 말한 바 있다. 요컨대 본질은 어떤 것을 특정한 이름으로 부를 수 있는 근거로서 그것이 무엇인지를 알려주는 것이다. 이런 점에서 우리가 어떤 것의 본질을 안다면 우리는 그것을 어떻게 사용해야 할지 알 수 있다. 때로 본질은 어떤 것의 이상적인 모습을 알려주는 것이기도 하다. 이러한 점에서 본질은 우리가 그 어떤 것을 어떻게 만들고 가꾸어가야 할지 알 수 있다. 그렇다면 본질에 대한 앎은 철학함, 즉 우리가 지혜롭게 될 수 있는 한 가지 조건이 될 수 있는 것이다.

한편, 어떤 것의 원인이나 목적이 무엇인지 아는 것이 어떤 의미가 있는지에 대해서는 특별히 강조할 필요가 없을 것이다. 어떤 사건을 일으키는 원인이나 어떤 일을 하고자 할 때의 목적을 분명하게 안다면, 미래의 일을 예상할 수 있는 능력이나 시행착오를 피하는 능력을 향상할 수 있을 것이다. 따라서 어떤 것의 원인이나 목적을 아는 것 역시 철학함의 한 가지 조건이 될 수 있을 것이다.

그런데 앞에서 말했듯이 원인이나 목적의 문제는 사라짐과 생겨남의 연쇄 문제를 포함한다. 그렇다면 이 문제는 사라짐과 생겨남의 연쇄에서 맨 처음의 것이 무엇인가 하는 새로운 문제를 야기한다. 왜냐하면 사라짐과 생겨남의 연쇄를 사건과 원인 혹은 목적의 연쇄를 포함하는 것으로 이해할 때 사라짐과 생겨남의 연쇄에서 맨 처음의 것이 무엇인가 하는 문제는 어떤 사건의 '궁극적인(ultimate, 최초의 혹은 최종의)' 원인 혹은 목적을 알고자 하는 문제이기도 하기 때문이다.

우리는 통상적으로 어떤 사건의 '진정한' 원인 혹은 목적을 알아야 그 사건을 확실하게 이해할 수 있다고 생각한다. 예컨대 체온이 평균 이상으로 올라가면 밥맛이 떨어진다는 것을 아는 사람은 단순히 그 두 사건 사이의 인과관계를 아는 것으로 만족할 수도 있겠지만, 체온을 내림으로써 밥맛을 되찾겠다고 생각하는 사람은 어떻게 체온을 내리게 할 수 있는지도 알고자 한다. 왜냐하면 그것을 알아야만 체온을 내리는 처치를 할 수 있고 궁극적으로 밥맛을 되찾을 수 있기 때문이다. 나아가 사람들은 왜 체온이 평균 이상으로 올라가는지도 알고자 한다. 왜냐하면 그것을 알게 되면 다음번에는 체온이 올라서 밥맛이 떨어짐에 따른 고통을 당하지 않을 수 있기 때문이다. 따라서 어떤 사건의 진정한 원인은 최초의 원인일 것이고, 어떤 사건의 진정한 목적은 최종의 목적일 것이다. 그렇다면 원인이나 목적에 대해서 아는 것의 진정한 의미는 최초의 원인 혹은 최종의 목적을 아는 것에서 드러날 것이다. 결국 이 최초의 원인 혹은 최종의 목적을 아는 것이 철학함의 한 가지 과제라고 할 수 있는 것이다.

2장

지식을 추구하는 것으로서의 철학

앞 장에서 보았듯이 철학은 '지혜를 사랑하는 것'이다. 여기서 지혜의 원초적인 의미는 좋은 선택을 할 수 있는 능력이다. 따라서 철학은 스스로 좋은 선택을 할 수 있는 능력을 갖추고자 하는 활동이다. 철학이 성립하기 전에 사람들은 좋은 선택을 하기 위해 종종 신탁을 하곤 했지만, 철학이 성립하면서부터는 스스로 좋은 선택을 하는 방안을 모색할 수 있게된 것이다. 이를 위해 초기의 철학자들이 채택한 방안은 지식을 얻는 것이었다. 이 때문에 철학은 거의 처음부터 '지식을 얻는 것'이라는 의미로 이해되었다. 그렇다면 이제 지식이란 무엇인가, 그리고 우리는 어떻게 지식을 얻을 수 있는가 하는 문제가 제기된다.

1. 지식이란 무엇인가?

1.1. 지식의 단위: 판단

'지식'의 다른 표현은 '앎'이다. 앎은 '알다'라는 동사가 명사화된 것이다. 말하자면 앎은 '알다'의 어간 '알'에 명사화 접미사 ㅁ이 결합해 형성된 명사이다. 이런 종류의 말은 모두 동사에 그 뿌리를 두고 있다. 따라서 지식이 무엇인지를 이해하기 위해서는 우선 '알다'라는 동사의 용례를 숙고해볼 필요가 있다.

우선 '알다'는 반드시 목적어를 가지는 타동사이다. 문법적 차원에서는 목적어라고 하지만, 앎의 실천에서는 그것을 대상이라고 할 수 있다. 이는 목적어에 해당하는 영어단어 object에 대상이라는 의미도 있다는 점을 생각하면 알기 쉽다. 어쨌든 우리는 반드시 '그 어떤 것을' 혹은 '그 어떤 것에 대해' 안다는 식으로 말한다.

예컨대 삼각형을 안다는 것 혹은 삼각형에 대해 안다는 것이 어떤 것인지 생각해보자. 이것은 삼각형이 무엇인지 그리고 삼각형이 어떤 특성이 있는지 안다는 것이다. 그리고 이러한 앎의 내용을 언어적으로 표현한다면 다음과 같은 문장들로 기술할 수 있을 것이다.

> 삼각형은 세 개의 직선으로 둘러싸인 다각형이다.
> 삼각형은 세 개의 내각을 갖는다.
> 삼각형의 내각의 합은 180도이다.

이 문장들은 모두 "삼각형은~이다(Triangle is~)."라는 문장형식을 갖는다. 이것은 삼각형에 대한 앎의 대상을 가리키는 '삼각형'이라는 말이 문장의 주어 위치에 놓이고, 그 삼각형의 특성이나 삼각형이 처해 있는 상태를 나타내는 말이 술어 위치에 놓이며, 이 두 말이 주격조사와 지정사(영어에서는 연계사 be)를 통해서 결합하는 형식이다.

이런 형식의 문장은 주어에 해당하는 어떤 것이 술어로 표현되는 어떤 성질을 갖거나 어떤 상태를 띠고 있다고 판정한 우리의 '판단(judgment)'을 언어로 기술한 것이라고 할 수 있다. 이처럼 이런 문장은 마음의 판단을 언어로 나타낸 것이라는 점에서 '언표' 혹은 '진술'이라고 불리기도 한다(영어로는 statement라고 한다). 그리고 각각의 개별적인 언어로 다르게 표현되는 언표나 진술이라고 하더라도 그 내용은 동일한데, 이것을 '명제(proposition)'라고 한다. 판단, 언표 혹은 진술, 명제 등과 같은 용어들은 이와 같이 미세한 의미 차이를 드러내지만, 언어가 사고 내용을 표현하는 것이라는 전통적 견해가 의심받는 오늘날에는 서로 바꾸어 써도 무방한 용어들일 것이다. 그렇다면 결국 그 어떤 것에 대한 지식은 그것에 대한 판단이나 언표나 명제의 형태로 구체화된다고 할 수 있다.

1.2. 지식의 확실성: 진리

그 어떤 것에 대한 우리의 판단은 항상 반드시 올바른 것일까? 결론부터 말하자면 전혀 그렇지 않다. 우리는 그 어떤 것에 대해 판단할 때 대체로는 올바르게 판단하지만, 종종 착각해서 그르게 판단하는 경우도 있고 또 그 어떤 것에 대해 제대로 알지 못해서 그르게 판단하는 경우도 있다. 말하자면 우리의 판단은 올바른 것도 있고 그른 것도 있다. 전통적인 논리학에서는 올바른 판단을 '진리(참, truth)'라고 하고 그른 판단을 '허위(거짓, false)'라고 한다.

그런데 우리는 하나의 판단이 진리인지 허위인지를 어떻게 판정할까? 우선 "전체는 부분보다 크다."처럼 어느 정도의 지적 능력을 갖춘 사람이라면 누구라도 그것이 참이라고 인정할 수밖에 없는 판단들이 있다. 또한 "총각은 미혼남이다."처럼 주어개념의 의미 속에 술어개념의 의미가 포함되는 판단들이 있다. 이러한 종류의 판단들은 다른 어떤 것 때문에 참인 것이 아니라 그 자체의 의미 때문에 참인, 따라서 '자명(自明)한' 판단이다. 다시 말해서 이 판단들이 참인 근거는 그 외부에 있는 것이 아니라 그 자체 안에 있는 것이다. 이 때문에 이 판단들이 참인지 거짓인지를 판정하기 위해서는 개념의 의미를 잘 이해할 수 있는 지적 능력, 즉 이성적 직관 능력이 필요하다.

이와 달리 그것이 참이라는 것을 뒷받침해주는 외부의 근거들을 통해서만 그 진위가 판정될 수 있는 그러한 판단들이 있다. 이것은 다시 두 가지 부류로 나누어진다. 하나는 판단의 대상이 되는 그 어떤 것의 실제 모습이 그 판단의 진위를 판정하는 근거가 되는 경우이다. 예컨대 "이 주사위는 정육면체이다."라는 판단의 진위를 판정하기 위한 근거는 그 판단의 주어개념인 '이 주사위'로 지시되는 그 어떤 것이 실제로 정육면체라는 모양을 띤다는 '사실'이다. 따라서 이런 판단들의 진위는 그 판단의 대상인 외부의 실재(實在, reality, 마음 바깥에 실제로 있다고 생각되는 것)에 대한 감각적 경험을 통해서만 확인 가능한 것이다.

다른 하나는 이미 보편적으로 참이라고 인정되는 다른 판단들을 근거로 하여 어떤 판단의 진위를 판정하는 경우이다. 예컨대 우리는 이미 참이라고 알려져 있는 "모든 인간은 동물이다."라는 판단과 "나는 인간이다."라는 판단을 근거로 하여 "나는 동물이다."라는 판단도 역시 참이라고 판정할 수 있다. 이것은 판단들 사이의 논리적 연관 관계를 통해서 진위를 판정하는 방법이다. 말하자면 어떤 하나의 판단이 참이라면 그것과 논리적으로 연관되는 다른 어떤 판단이 필연적으로 참 혹은 거짓이라고 할 수밖에 없는 경우들이 있는데, 이때 전자의 판단은 후자의 판단의 진위를 판정하는 근거가 되는 것이다. 이러한 방식으로 판단의 진위를 판정하기 위해서는 논리적으로 사고하는 능력, 즉 이성적 사고 능력이 중요하다.

1.3. 지식의 확장 수단: 추리

'이미 참이라고 알려져 있는 하나 이상의 판단들을 근거로 해서 새로운 하나의 판단을 도출하는 것'을 '추리'라고 한다. 따라서 추리는 적어도 두 개의 판단으로 이루어진다. 하나는 이미 참이라고 알려져 있는 판단으로서, 새로운 판단이 참이라는 것을 정당화해주는 근거가 되는 판단이다.

미리 주어져 있는 판단이라고 해서 이를 '전제(前提)'라고 한다. 다른 하나는 이미 참이라고 알려져 있는 판단을 근거로 하여 새롭게 도출되는 판단이다. 전제를 실마리로 삼아 최종적으로 매듭을 짓는 것이라고 하여 이를 '결론(結論)'이라고 한다.

전제로부터 결론을 도출하는 과정을 추리라고 하면, 추리는 전제에 해당하는 판단들을 근거로 하여 결론에 해당하는 판단이 진리라는 것을 증명하는 과정이라고 할 수도 있다. 이것은 결과적으로 어떤 판단이 진리라는 것을 '논리적으로 증명'하는 과정이라고 할 수 있으므로 '논증'이라고 한다. 추리에서 전제에 해당하는 판단들은 논증에서는 '논거(論據)'라고 하는데, 그것들은 증명하려고 하는 판단이 참이라는 것을 뒷받침해주는 논리적인 근거(이유)가 되기 때문이다.

전통적으로 추리는 그 방향에 따라 크게 '귀납추리'와 '연역추리'로 나누어지므로 이제 그것들의 원리와 기본형식에 대해 간단하게 살펴보기로 한다.

1.3.1. 귀납추리

귀납추리는 다음과 같은 몇 가지 유형으로 분류될 수 있다. 첫 번째 유형은 유비추리 혹은 유추이다. 이것은 몇 가지 측면에서 서로 유사한 것으로 밝혀져 있는 두 가지 이상의 사물이 다른 측면들에서도 서로 유사할 것이라고 가늠하는 추리이다. 이를 형식화하면 다음과 같다.

A는 a, b, c, d, e 등과 같은 특성을 가진다.
B는 a, b, c, d 등과 같은 특성을 가진다.
그러므로 B도 역시 e라는 특성을 가질 것이다.

두 번째 유형은 동일한 종에 속하는 많은 사물이 어떤 하나의 특성을 갖는 사례들을 충분히 발견함으로써 그 종에 속하는 모든 사물이 그 특성을 가질 것으로 가늠하는 추리로, '귀납적 일반화'라고 한다. 이를 형식화하면 다음과 같다.

A는 a라는 특성을 갖는다.
B도 a라는 특성을 갖는다.
C도 a라는 특성을 갖는다.
D도 a라는 특성을 갖는다.
그런데 A, B, C, D는 모두 S라는 유에 속하는 종들이다.
그러므로 S에 속하는 모든 종은 a라는 특성을 가질 것이다.

세 번째 유형은 하나의 사실이 다른 하나의 사실에 수반하여 발생한다는 것을 반복하여 경험함으로써 그 하나의 사실은 항상 반드시 그 다른 하나의 사실에 수반하여 발생할 것이라고 가늠하는 추리이다. 이것을 '반복 경험에 의한 일반화'라고 하는데, 이것도 사실상 귀납적 일반화에 속한다고 볼 수 있다. 자연과학 분야에서 정립하려고 하는 일반법칙들은 대체로 이러한 방법을 통해서 확립된다. 예컨대 기온이 섭씨 영도 이하로 하강하는 사건 다음에 물이 언다는 것을 반복적으로 경험한다면, 우리는 어느 순간 "기온이 영하로 내려가면 항상 반드시 물이 언다."라는 일반법칙을 확정할 수 있다.

1.3.2. 연역추리

연역추리는 '타당한 논리 법칙들'을 통해 이루어지는 추리이다. 따라서 여기에서는 '타당한 논리 법칙'이라는 것이 중요하다. 예컨대 우리는 '인과법칙'에 따라 기온이 영하로 내려가면 필연적으로 물이 언다는 것을 알고, '연산 법칙'에 따라 1 + 2 = 필연적으로 3이라는 것을 안다. 이와 마

찬가지로 우리는 '논리 법칙'에 따라 특정한 전제가 주어질 경우 필연적
으로 특정한 결론이 도출될 수밖에 없다는 것을 안다.

　서양에서는 오랫동안의 논리학 연구를 통해 많은 타당한 논리 법칙들
이 확립되어 있는데, 여기서는 가장 대표적이라고 할 수 있는 '정언삼단
논법'에 대해서만 살펴보기로 한다.

　우선 아래의 예와 같이 널리 알려진 하나의 정언삼단논법을 통해 그
구조와 원리를 알아보자.

> 모든 동물은 생명체이다.
> 모든 인간은 동물이다.
> 그러므로 모든 인간은 생명체이다.

　정언삼단논법의 각 판단에 속하는 개념들은 고유한 이름을 갖는다. 이
명명의 준거점은 결론의 주어개념과 술어개념인데, 전자를 소개념(minor
concept)이라고 하고 후자를 대개념(major concept)이라고 한다. 위의 예에
서 소개념은 '인간'이고 대개념은 '생명체'이다. 이 두 개념을 '대' 혹은
'소'와 같은 크기로 구별한 이유는, 정언판단의 경우 대체로 그 주어개념의
외연이 술어개념의 외연보다 작기 때문이다.

　전제들에도 소개념과 대개념이 있다. 첫 번째 전제의 술어개념이 대개념
이고, 두 번째 전제의 주어개념이 소개념이다. 그런데 전제들에는 소개념도
아니고 대개념도 아닌 제삼의 개념이 하나씩 있다. '동물'이라는 개념이 바
로 그것인데, 이것을 중개념(middle concept)이라고 한다. 여기서 '중'이라
는 말도 '대' 혹은 '소'와 비교하여 그 외연의 크기를 나타내는 것이다. 또
한 중개념은 소개념과 대개념을 매개하는 역할을 수행하기 때문에 매개념
(媒槪念)이라고도 한다.

다른 한편, 삼단논법의 전제를 구성하는 두 개의 판단들도 각각 고유한 이름을 갖는다. 이 전제들에 이름을 부여하는 준거점은 다름 아닌 개념의 이름이다. 대개념을 포함하는 전제를 대전제라고 하고, 소개념을 포함하는 전제를 소전제라고 한다. 위의 예에서 첫 번째 전제는 대전제이고 두 번째 전제는 소전제이다.

이상에서 설명한 정언삼단논법의 구조를 형식화하면 다음과 같다.

위의 논법을 보면, 대전제는 M의 외연들이 모두 P라는 성질을 가진다고 주장하고 소전제는 S의 외연들이 모두 M이라는 성질을 가진다고 주장할 뿐이다. 말하자면 두 전제에서 S와 P는 서로 분리되어 있다. 그런데 결론은 S의 외연들이 모두 P라는 성질을 가진다고 주장한다. 말하자면 전제에서는 서로 분리되어 있었던 S와 P가 결론에서는 서로 연결된 것이다. 이와 같이 전제에서는 없었던 새로운 사실이 주장될 수 있는 이유는 단적으로 말해서 중개념 M의 매개 역할 때문이다. 그러므로 정언삼단논법은 서로 분리되어 있던 S와 P가 M의 매개 덕분에 서로 연결될 수 있음을 밝히는 연역논증의 한 가지 형식이라고 할 수 있다.

1.4. 지식의 확장과 체계화

하나의 판단은 하나의 대상에 대한 한 가지 지식이라고 할 수 있다. 그렇다면 하나의 대상에 대한 판단들을 많이 수집·축적하면 우리는 그 대상에 대한 더 많은 지식을 가진다고 할 수 있다. 지식을 좋은 선택을 할 수 있는 조건이라고 한다면, 우리가 좋은 선택을 하기 위해서는 참된 판단들을 가능한 한 많이 확보하는 것, 즉 지식을 확장하는 것이 유리할 것이다. 이때 우리는 이성적 직관이나 감각적 경험을 통해 참이라고 판정할 수 있는 판단들을 많이 수집할 수도 있지만, 추리를 통해서 더 많은 참된 판단들을 확보할 수도 있을 것이다.

그러나 참된 판단들을 많이 집적한다고 해서 반드시 우리가 좋은 선택을 할 수 있는 것은 아니다. 좋은 선택을 하기 위해서는 선택 이후에 그 일이 어떻게 진행될지를 미리 그려볼 수 있는 능력이 필요한데, 이를 위해서는 참된 판단을 많이 축적하는 것도 필요하지만 그 판단들을 적절하게 활용하는 것도 중요하다. 예를 들어 "병원은 질환을 치료하는 곳이다."라는 판단과 "나는 현재 심근경색을 앓고 있다."라는 판단이 참이라는 것을 확인하는 것만으로는 우리에게 아무런 의미가 없다. 이 판단들을 적절하게 활용하여 내가 병원에 가서 심근경색을 치료할 수 있을 때 그 판단들은 유의미한 것일 수 있다.

다른 한편, 우리의 판단 목록에 "의사는 질병을 치료하는 자이다."와 "무당은 질병을 치료하는 자이다."라는 두 가지 판단이 함께 포함되어 있다면, 이것도 심각한 문제를 야기할 수 있다. 나에게 그 두 판단이 모두 진리로 확정되어 있다면, 내가 갑자기 복부의 통증을 느낄 때 나는 의사를 찾아가야 할지 무당을 찾아가야 할지를 두고 혼란을 겪을 수 있는 것이다. 따라서 많은 판단을 축적하는 것보다도 그 판단들을 서로 모순 없이 가지런하게, 정합(整合)적으로 정렬하는 것이 더 중요하다.

1.5. 지식 체계의 두 가지 유형: 연역 체계와 귀납 체계

우리의 판단 목록에 포함된 판단들은 논리적으로 정합적인 체계를 이루고 있어야 한다. 이와 같이 우리가 확보한 판단들이 하나의 정합적인 체계로 정비된 것을 통상적으로 '지식' 혹은 '지식 체계'라고 한다. 이러한 지식 체계에는 두 가지 부류의 판단이 포함된다. 하나는 이성적 직관이나 경험을 통해 직접 획득한 판단들이고, 다른 하나는 이러한 판단들을 전제로 삼는 추리를 통해 획득한 판단들 및 이 추리를 통해 획득한 판단들로부터 다시 추리를 통해 획득한 판단들이다.

따라서 하나의 지식 체계는 하나 이상의 추리들의 연쇄들로 이루어진다고 할 수 있다. 이 연쇄의 1선에는 이성적 직관이나 감각적 경험을 통해 직접 획득한 판단들이 있고, 2선에는 1선에 있는 판단들을 전제로 삼는 추리를 통해 도출한 판단들이 있으며, 3선에는 2선에 있는 판단들을 전제로 삼는 추리를 통해 도출한 판단들이 있다. 그리고 이러한 연쇄가 그 지식 체계의 마지막 선에 있는 판단들까지 이어진다.

앞에서 말했듯이 추리는 다른 측면에서 논증이라고도 할 수 있으므로, 이러한 추리들의 연쇄를 반대 방향에서 보면 하나의 지식 체계는 논증들의 연쇄라고도 할 수 있을 것이다. 논증들의 연쇄는 그것의 마지막 선에 있는 판단이 참임을 뒷받침해줄 논거들을 찾아 그 앞 선에 놓고, 다시 이 논거들이 참임을 뒷받침해줄 논거들을 찾아 다시 그 앞 선에 놓는 방식으로 계속 진행될 것이다. 이러한 논증들의 연쇄가 끝나려면, 그 연쇄의 최종적인 판단은 적어도 논증을 필요로 하지 않고 진리임이 인정될 수 있는 판단이어야 할 것이다. 그것은 판단의 의미 그 자체로 참이라고 할 수 있는 자명한 판단이거나 아니면 경험을 통해 직접 획득할 수 있는 판단일 것이다.

이러한 추리 혹은 논증의 연쇄 구조에서 본다면 지식 체계는 그것의 제1선을 차지하는 판단들이 어떤 판단이냐 하는 것에 따라 크게 두 가지로 나누어질 수 있다. 하나는 이성적 직관을 통해 그 자체로 참이라고 인정되는 판단들을 제1선에 배치하는 지식 체계이고, 다른 하나는 경험을 통해 직접 획득한 판단들을 제1선에 배치하는 지식 체계이다. 전자를 '연역적 지식 체계'라 하고 후자를 '귀납적 지식 체계'라 하는데, 아래에서는 각 지식 체계의 대표적인 사례들을 소개한다.

1.5.1. 연역적 지식 체계의 대표적 사례

1.5.1.1. 유클리드 기하학의 체계[15]

정의들

정의-1: 점은 부분으로 분해할 수 없는 것이다.

정의-2: 선은 길이가 있고 폭이 없는 것이다.

정의-5: 면은 길이와 폭만 있는 것이다.

정의-10: 한 직선에 다른 직선이 만나 이웃하는 두 각이 서로 같을 때 이 각들을 '직각'이라고 부르고, 한 직선을 다른 직선에 '수직한다'고 한다.

정의-14: 도형은 하나 이상의 경계로 둘러싸인 것이다.

정의-15: 원은 '원주'라고 불리는 하나의 곡선으로 둘러싸인 평면도형으로, 어떤 한 점에서 원주까지의 직선은 모두 같다.

정의-16: 이때 이 점을 '원의 중심'이라고 한다.

정의-19: 다변형(다각형)은 직선으로 둘러싸인 도형이다. 삼변형(삼각

---

15) Cf. 고바야시 쇼시찌(小林昭七), 원대연 옮김, 『유클리드 기하에서 현대 기하로』(서울: 청문각, 2004), pp. 2-15.

형)은 세 개의 직선으로 둘러싸인 도형이다.

정의-23: 같은 평면 위에 있는 두 직선이 양방향으로 아무리 늘려도 만나지 않을 때 "두 직선이 평행이다."라고 한다.

공준들

공준-1: 한 점에서 또 다른 한 점으로 직선을 그릴 수 있다.

공준-2: 유한직선을 무한히 연장시킬 수 있다.

공준-3: 임의의 점을 중심으로 하고 그 중심으로부터 그려진 임의의 유한 직선과 동일한 반경을 갖는 원을 그릴 수 있다.

공준-4: 모든 직각은 서로 같다.

공준-5: 두 직선과 만나는 한 직선이 같은 쪽에서 만든 두 안각의 합이 π보다 작을 때 두 직선을 그쪽으로만 연장시키면 서로 만난다.

공리들

공리-1: 어떤 것과 같은 것들은 모두 서로 같다.

공리-2: 같은 것에 어떤 같은 것을 더하면 그 전체는 서로 같다.

공리-3: 같은 것에서 어떤 같은 것을 빼면 나머지는 서로 같다.

공리-4: 서로 일치하는 것은 서로 같다.

공리-5: 전체는 부분보다 크다.

주요 명제들

명제-1: 주어진 선분 AB를 한 변으로 하는 정삼각형을 그릴 수 있다.

증명: 공준3에 의거하여 점 A를 중심으로 선분 AB를 반지름으로 갖는 원과 점 B를 중심으로 선분 BA를 반지름으로 갖는 원을 그릴 수 있다. 공준1을 이용하여 두 원이 만나는 점(점 C)에서 한편으로는

점 A로 잇는 직선을, 다른 한편으로는 점 B로 이어지는 직선을 그릴 수 있다. 정의-15에 의하면 점 A를 중심으로 하는 원에서 선분 AC와 선분 AB는 같다. 마찬가지로 점 B를 중심으로 하는 원에서 선분 BC와 선분 BA는 같다. 공리-1 에 의해 선분 AB와 선분 BC와 선분 AC는 같다. 길이가 같은 이 세 선분으로 이루어지는 삼각형(△ABC)은 정의-19에서 확인되는 바와 같이 정삼각형이다.

명제-2: 점 A와 [일정한 거리에 떨어져 있는] 선분 BC가 주어졌을 때 BC와 같은 길이의 선분을 A에서 그릴 수 있다.

증명: 증명된 명제-1을 사용하여 점 A와 점 B를 한 변으로 갖는 정삼각형(△ABD)을 그릴 수 있다. 공준-3을 이용하여 점 B를 중심으로 하고 선분 BC를 반지름으로 갖는 원을 그릴 수 있다. 공준-2에 의거하여 선분 DB를 연장한 선분 DF와 선분 DA를 연장한 선분 DI를 그릴 수 있다. 점 B를 중심으로 하는 원과 선분 DF가 만나는 점을 점 G라고 한다. 점 D를 중심으로 하고 선분 DG를 반지름으로 갖는 또 하나의 원을 그릴 수 있다. 이 원과 선분 GI가 만나는 점을 점 J라고 한다. 여기서 공리-3을 이용하면 다음과 같은 등식이 성립한다.

$$BC = BG = DG - DB = DJ - DB = DJ - DA = AJ$$
$$BC = AJ$$

1.5.1.2. 스피노자의 『기하학적으로 증명된 에티카』 제1부 신에 대하여[16]

정의들

정의-1: 자기원인이란 그것의 본질이 실존을 포함하는 것 또는 그것의 본성이 실존한다고 생각할 수밖에 없는 것을 의미한다.

정의-2: 동일한 본성을 가진 다른 것에 의해 제한될 수 있는 사물은 그 성질과 관련해서 유한하다고 한다.

정의-3: 실체란 그 자체로 있는 것, 그리고 그 자체 때문에 우리의 마음에 떠올릴 수 있는 것을 의미한다. 달리 말하자면 실체란 그것을 우리 마음에 떠올리기 위해 다른 어떤 것을 마음에 떠올려 볼 필요가 없는 그러한 것을 의미한다.

정의-4: 속성이란 실체의 핵심을 이루고 있는 것으로 지성이 여기는 것이다.

정의-5: 양태(mode)란 실체의 변형체들(modifications)로, 그 자신이 아닌 다른 것 때문에 존재하고, 그 다른 것 때문에 우리 마음에 떠올릴 수 있는 것을 의미한다.

정의-6: 신(神)이란 절대적으로 무한한 존재자, 즉 각각 영원하고 무한한 본질을 표현하는 무한한 속성들로 이루어진 실체를 의미한다.

정의-7: 자유롭다는 것은 오직 그 자신의 본성에 따른 필요성 때문에 실존하게 된다는 것, 자기 자신에 의해서만 자신의 행동이 결정된다는 것을 의미한다.

정의-8: 실존 자체가 영원한 것에 대한 정의를 통해서만 필연적으로 도

---

16) B. de Spinoza, R. H. M. Elwes (tr.), *Ethics* (Kindle Edition), Available from https://www.amazon.com/Ethics-Baruch-Spinoza-ebook/

출될 수 있다고 생각되는 한, 영원성이란 실존 그 자체를 의미한다.

공리들

공리-1: 실존하는 모든 것은 그 자체로 실존하거나 다른 것 때문에 실존한다.

공리-2: 다른 것에 의해 파악될 수 없는 것은 그 자신에 의해 파악되지 않으면 안 된다.

공리-3: 어떤 하나의 일정한 원인으로부터 하나의 결과가 필연적으로 뒤따라 생긴다.

공리-4: 결과에 대한 인식은 원인에 대한 인식에 의존하며, 전자는 후자를 수반한다.

공리-5: 공통점을 아무것도 가지지 않은 것들이라면, 다른 것을 통해 어떤 것을 이해할 수 없다. 즉 그중 하나를 마음에 떠올린다는 것은 다른 것을 마음에 떠올리는 것과 아무 관계가 없다.

공리-6: 참된 관념은 자신의 실상(ideate) 혹은 대상(object)과 일치하지 않으면 안 된다.

공리-7: 어떤 것이 실존하지 않는 것으로 생각될 수 있다면, 그것의 본질에는 실존이 포함되지 않는다.

주요 명제들

명제-1: 실체는 본성상 자신의 변형체에 선행한다.

증명: 이 명제는 정의-3과 정의-5에 의해 증명된다.

명제-4: 서로 다른 둘 또는 다수의 사물은 실체의 여러 속성의 차이에 의해 또는 여러 변형체의 차이에 의해 구분된다.

증명: (공리-1에 따라) 실존하는 모든 것은 그 자체로 실존하거나 다른
것 때문에 실존한다. (정의-3과 정의-5에 의해) 지성을 제외하고
는 실체와 그것의 변형체들 이외에는 아무것도 실존하지 않는다.
따라서 지성을 제외하고는 실체 또는 (정의-4에 의거하여) 실체
의 속성들이나 변형체들의 차이 이외에는 다수의 사물을 구분할
수 있는 것이 존재하지 않는다.

명제-5: 세상에는 동일한 본성이나 속성을 가지는 둘 또는 다수의 실체
가 실존할 수 없다.

증명: 만약 서로 다른 여러 실체가 실존한다면, 명제-4에 의해 그것들
은 속성들이나 변형체들의 차이를 통해 구분될 것이다. 만약 그
것들이 오직 속성들의 차이에 의해서만 구분된다면, 동일한 속성
들을 갖는 하나의 실체만 실존한다는 것이 인정된다. 그러나 만
약 그것들이 변형체들의 차이에 의해서 구분된다면 (명제-1에서
본 것처럼) 실체는 본성상 자신의 변형체들보다 선행하기 때문에
실체의 변형체들을 제쳐두고 실체 자체를 고찰할 경우, 즉 (정의
-3과 공리-6에 의해) 실체를 올바르게 고찰할 경우 실체가 다른
것과 구분된다는 것을 생각할 수 없다. 그러므로 (명제-4에 의해)
여러 가지 실체가 실존할 수 없고 오직 하나의 실체만 실존할 수
있다.

명제-7: 실존은 실체의 본성에 속한다.

증명: 실체는 외부의 어떤 것에서 산출될 수 없다. 그러므로 실체는 그
자신의 원인이지 않으면 안 된다. (정의-1에 따라) 실체의 본질은

필연적으로 실존을 포함하거나 혹은 실존이 그것의 본성에 속한다.

명제-11: 신, 즉 각각 영원하고 무한한 본질을 표현하는 무한한 속성들로 이루어진 실체는 필연적으로 실존한다.

증명: 비-실존 가능성[실존할 수 없는 것]은 능력의 부정이고, 반대로 실존 가능성[실존할 수 있는 것]은 능력이라는 것은 분명하다. 그러므로 만약 필연적으로 실존하는 것이 오직 유한한 존재자일 뿐이라면, 유한한 존재자가 절대적으로 무한한 존재자보다 더 큰 능력을 가진다고 해야 할 것이다. 이것은 확실히 부당하다. 그러므로 아무것도 실존하지 않거나, 아니면 절대적으로 무한한 존재자가 반드시 실존한다. (공리-1과 명제-7에 따르면) 우리는 우리 자신 때문에 실존하거나 아니면 필연적으로 실존하는 다른 어떤 것 때문에 실존한다. [우리는 분명히 실존하지만 우리 자신 때문에 실존하는 것이 아니다.] 따라서 절대적으로 무한한 존재자, 즉 (정의-6에서 규정하는) 신은 필연적으로 실존한다.

1.5.2. 귀납적 지식 체계의 대표적 사례: 근대 천문학의 지식 체계[17]

○ 관찰언표(protocol statements): 관찰을 통해 참이라고 확언할 수 있는 언표들

관찰언표-1: 천체들은 대략 24시간 주기로 하늘을 돌아 일정한 자리에 다시 나타나는데, 다음 날에는 전날보다 약간 이른 시간에 나타나며, 1개월이면 대략 2시간 이른 시간에 나타난다.

관찰언표-2: 천체들은 개별적으로 움직이는 것이 아니라 이웃하는 다른

---

17) 이 항목의 내용은 헬무트 자이퍼트(H. Seiffert)가 쓰고 전영삼이 번역한 『학의 방법론 입문 I』 (서울: 교보문고, 1992), 151쪽 이하를 참조하여 재구성한 것이다.

천체들과의 고정된 위치를 유지하면서, 즉 하나의 성좌(星座) 속에서 움직인다.

정의-1: 상대적으로 그 위치가 불변인 천체들을 '항성'이라고 한다.

정의-2: 하나의 항성과 비교하여 그 위치가 변하는 천체들을 '행성'이라고 한다.

관찰언표-3: 행성들은 순행과 역행을 반복하면서 움직인다.

○ 가설(hypothesis): 관찰 사실들을 '설명'하기 위한 언명들

가설은 어떤 관찰 사실이 왜 그렇게 관찰되는지를 설명하기 위해 그 관찰 사실에 선행하는(그 관찰 사실의 원인이 되는) 어떤 사실이 있을 것으로 추측하는 것이다.

가설-1: 지구는 24시간 주기로 (서쪽에서 동쪽으로) 자전한다. (이 때문에 태양, 달, 항성들, 행성들 모두는 대략 24시간 주기로 (동쪽에서 서쪽으로) 지구 둘레를 도는 것으로 보인다.)

가설-2: 지구는 1년 주기로 태양을 공전한다. (이 때문에 지구 둘레를 도는 천체들이 1개월에 2시간 빠르게 제자리로 되돌아오는 것처럼 보인다.)

가설-3: 태양을 공전하는 행성들의 공전궤도가 태양과 가까울수록 더 빨리 움직인다. 예컨대 목성은 지구보다 더 긴 시간(대략 12년) 주기로 태양을 공전한다. (이 때문에 목성의 움직임이 순행과 역행을 반복하는 것으로 보인다.)

○ 법칙(laws): 잠정적으로 확정된 가설

가설을 통해 어떤 관찰 사실을 설명할 수 있을 뿐만 아니라 앞으로 어떤 사실이 성립할 것이라고 예측하고 그 예측한 대로 사실이 성립한다면 그 가설이 참이라는 것을 '확증'할 수 있다. 이와 같은 방식으로 확증된 가설을 '법칙'이라고 한다.

○ 이론(theory): 다수의 법칙을 하나의 상위 법칙으로 포섭한 것

예컨대 케플러의 천체운동에 관한 법칙들은 뉴턴의 만유인력의 법칙으로 포섭된다. 말하자면 케플러의 법칙들은 태양계에 속하는 천체들의 운동에 관한 법칙들이지만, 이 법칙들은 "질량을 가진 모든 물체는 일정한 방식으로 서로 당긴다."라는 뉴턴의 만유인력의 법칙에 포섭될 수 있는 것이다. 이때 만유인력의 법칙은 다수의 케플러 법칙들을 포섭하는 것이므로 일종의 '이론'이라 할 수 있다.

2. 지식을 논증적으로 정당화하는 것이 철학이다

앞에서 말했듯이 우리가 통상적으로 '지식'이라고 하는 것은 우리가 확보한 판단들이 하나의 정합적인 체계로 정비된 것을 의미한다. 이러한 의미의 지식을 얻는 일, 즉 참된 판단들을 획득하고 확장하며 하나의 정합적인 체계로 정비하는 일을 통상적으로 '학문'이라고 한다. 이러한 점에서 학문은 곧 스스로 지혜롭게 되기 위해 지식을 얻는 일로서의 철학과 실질적으로 동일한 것이라고 할 수 있다. 말하자면 '학문=철학'인 것이다.

역시 앞에서 말했듯이 지식을 획득하는 활동은 이성적 직관과 감각적

경험을 통해서 참된 판단들을 확보하는 것이다. 이것 자체가 지식을 확장하는 일이기도 하지만, 우리는 추리를 통해서 또 다른 참된 판단들을 확보함으로써 지식을 확장할 수도 있다. 그러나 이러한 지식 확장이 학문의 전부는 아니다. 확보된 지식을 정합적으로 체계화하지 못한다면 그것은 아직 학문=철학이라고 할 수 없는 것이다.

이러한 지식의 획득, 확장, 체계화에서 공통으로 요구되는 사항은 '진리'이다. 앞에서 말했듯이 진리는 참된 판단에 부여하는 가치이다. 어떤 대상을 판단할 때 우리는 착각이나 실수로 그르게 판단할 수도 있다. 그른 판단은 진리가 아니다. 추리를 통해 새로운 판단을 도출할 때도 우리는 오류를 범할 수 있다. 오류란 '논리 법칙'을 위반하는 것을 의미한다. 따라서 오류가 포함된 추리를 통해 도출된 판단 역시 진리가 아니다. 또한 지식을 체계화하는 과정에서도 진리는 중요하다. 서로 모순되는 판단들을 정비할 때 혹은 하나의 지식 체계에 속하는 다른 판단들과 조화를 이루지 못하는 판단들을 제거할 때 가장 먼저 해야 하는 일은 그 판단이 진리인지 아닌지를 다각적으로 따져보는 일이다.

그렇다면 학문=철학 활동에서 중요한 것은 하나의 지식 체계에 속하는 판단들 하나하나가 진리인지 아닌지를 검토하는 일이다. 앞에서 말했듯이 하나의 판단이 진리이기 위한 근본 조건은 그것이 정당한 근거를 가져야 한다는 것이다. 역시 앞에서 말했듯이 하나의 판단이 진리임을 정당화해주는 근거는 세 가지뿐이다. 하나는 그 자체로 참인 판단들에서 볼 수 있듯이 판단 그 자체 안에 있는 근거이고, 다른 하나는 실제로 있는 사물이나 사실에 대한 판단들에서 볼 수 있듯이 외부적 사태(事態, state of affair)이며, 또 다른 하나는 추리를 통해서 도출되는 판단들에서 볼 수 있듯이 기존의 참인 판단들과 타당한 논리 법칙이다. 그 밖에는 어떤 것도 참된 판단의 근거가 될 수 없다. 그러므로 학문=철학 활동에서는 판단 하나하나가 진리라고 할 수 있는 정당한 근거를 가졌는지 안 가졌는지를 따지는 일이 중요하다.

2.1 뮈토스와 로고스

하나의 판단이 정당한 근거를 가졌는지를 따져볼 때 가장 간단한 한 가지 방법은 그 판단에 대해 "왜?"라는 의문을 던지는 것이다. 여기서 "왜?"라는 질문은 "그 판단을 참이라고 주장하는 근거가 무엇이냐?"라는 질문의 다른 형식이라고 할 수 있다.

하나의 판단을 공표한 사람이 "왜?"라는 질문을 받는다면 그는 당연히 근거를 제시하여 자신의 판단이 그르지 않다는 것을 해명해야만 한다. 그런데 어떤 경우, 특히 다른 판단들을 근거로 하여 도출된 판단의 경우에는 그 근거에 대해서도 다시 "왜?"라는 질문을 받을 수도 있다. 물론 이경우에도 애초의 판단을 한 사람은 다시 그 근거의 근거를 제시해야 한다. 이러한 과정은 계속 이어질 수 있다.

그렇다면 이 연쇄는 어디까지 이어질 수 있을까? 단적으로 답하자면 그것은 지식 체계의 제1선에 놓이는 판단, 즉 그 자체로 참인 판단이나 감각적 경험을 통해 정당화 가능한 판단에 이를 때까지 진행된다. 질문하는 사람도 그 자체로 참인 판단이 별도의 근거를 필요로 하지 않는 참된 판단임을 직관적으로 알 수 있을 것이다. 그리고 감각적 경험을 통해 정당화 가능한 판단에 대해서는 어쨌든 그 진위를 경험적으로 확인하면 되기 때문에 질문하는 사람도 더 이상 그 근거를 묻기 어려울 것이다. 결국 그러한 판단들에 대해서는 다시 "왜?"라는 질문이 제기되지 않을 것이고, 따라서 그러한 판단들에 도달하면 질문과 대답의 연쇄는 종결될 것이다.

이러한 점은 학문=철학과 관련된 두 가지 사항을 드러낸다. 하나는 학문=철학 활동을 통해서 형성되는 지식 체계가 어떤 형식을 띨 것인가 하는 것이다(이것에 대해서는 나중에 별도로 논할 것이다). 그리고 다른 하나는 학문=철학을 하는 태도, 특히 학문=철학적인 말하기 및 글쓰기의 형식이 어떤 것인가 하는 것이다.

이 후자의 문제는 인류의 문화사에서 철학이 시작된 그 시점부터 중요하게 부각된 것이다. 철학의 시작을 "뮈토스에서 로고스로!"라는 모토로 표현하는 경우가 많은데, 더 구체적으로는 "뮈토스 식의 말하기 방식에서 로고스 식의 말하기 방식으로!"라고 해야 할 것이다. 왜냐하면 그리스어 뮈토스(mythos)와 로고스(logos)의 원초적인 의미는 모두 '말[하기]'이기 때문이다.

뮈토스와 로고스의 원초적인 의미는 모두 '말[하기]'이지만, 그 성격은 확연히 구별된다. 뮈토스는 '서사에 쓰이는 말'이고, 로고스는 '논증에 쓰이는 말'이다. 여기서 '서사(敍事, narrative)'는 "현실 또는 허구의 사건들이나 상황들을 시간의 경과에 따라 연속해서 표현하는 것"이고, '논증(論證, argument)'은 "하나의 판단이 참이라는 것을 논리적으로 증명하는 것"이다. 예컨대 서사는 "옛날, 호랑이 담배 피우던 시절, 한 마을에 갑돌이와 갑순이가 살았는데, 어느 날 갑순이가 다른 마을의 총각과 결혼하여 시집으로 갔다."처럼 통상적으로 '이야기'라고 하는 것이다. 반면, 논증은 "나는 언젠가 죽을 것이다. 왜냐하면 나는 사람인데, 사람은 반드시 죽을 수밖에 없는 존재이기 때문이다."처럼 "나는 언젠가 죽을 것이다."라는 판단이 참이라는 것을 그 논리적으로 증명하는 것이다.

말을 듣는 사람의 입장에서 생각해보자. "나는 언젠가 죽을 것이다.", "나는 사람이다.", "사람은 누구나 죽을 수밖에 없는 존재이다." 등과 같은 로고스에 대해서는 누구라도 그것이 참인지 거짓인지, 그리고 참이라면 왜 참이고 거짓이라면 왜 거짓인지 질문할 수 있다. 반면, "옛날,

호랑이 담배 피우던 시절 …"과 같은 뮈토스에 대해서는 누구도 그것이 참말인지 거짓말인지 묻지 않는다. 그것은 우리가 그 말이 거짓말임을 알고 있기 때문이 아니라 그 말이 참말인지 거짓말인지를 확정하는 것이 아무 의미가 없기 때문이다.

이 둘 중에서 학문=철학 활동에 적합한 말은 당연히 로고스이다. 유럽에서 형성된 학문들의 명칭에 로고스가 붙는 경우가 많다는 점에서도 이를 확인할 수 있다. 예컨대 인간(anthropos)에 대해 논하기(logos)를 뜻하는 anthropology(인간학/인류학), 사회(societas)에 대해 논하기를 뜻하는 sociology(사회학), 마음(psychē)에 대해 논하기를 뜻하는 psychology(심리학), 생명(bios)에 대해 논하기를 뜻하는 biology(생물학) 등등 무수하다.

이처럼 뮈토스는 '서사용 말'이고 로고스는 '학문=철학용 말'이지만, 그 의미가 확장되어 어느 순간부터 전자는 '서사'를 뜻하고 후자는 '학문=철학'을 뜻하게 되었다. 다만 고대에는 모든 서사에 신들이 주요 행위자로 등장하기 때문에 우리나라에서는 뮈토스를 주로 '신화(神話)'로 번역한다. 그러나 뮈토스는 전설, 민담, 소설, 역사 등 모든 이야기를 통칭하는 용어이다. 따라서 신화에서 중심점은 '신'이 아니라 '화'에 있는 것이다.

2.2. 현자와 학자=철학자

기원전 7세기까지 고대 그리스 문화권의 여러 도시에는 사람들로부터 '현자(賢者, sophos, wise man)'라고 불리는 7명의 사람이 있었다. 밀레토스의 탈레스(Thales), 린도스의 클레오불로스(Kleoboulos), 아테네의 솔론(Solon), 스파르타의 킬론(Chilon), 레스보스의 피타코스(Pittakos), 프리에네의 비아스(Bias), 코린트의 페리안드로스(Periandros) 등이 그들이다. 이들이 현자라는 칭호를 받게 된 데에는 다음과 같은 전설이 있다.

이오니아 지방에 한 청년이 있었는데, 어느 날 이 청년은 어부에게서 그물에 걸린 모든 물고기를 사겠다고 하고 돈을 지불했다. 그런데 그 그물 속에 세 발 달린 황금 솥(Tripus)이 걸려있었다. 그러자 청년과 어부는 이 황금 솥의 소유권을 다투다가 급기야 델포이의 아폴론 신전에 가서 신탁에 묻기로 했다. 내려진 신탁은 '가장 지혜로운 자에게 주라!'라는 것이었다. 그래서 그들은 이 황금 솥을 당대에 가장 지혜롭다고 칭해지는 탈레스에게로 가져갔다. 그러나 탈레스는 자신보다 더 지혜롭다고 생각되는 다른 사람에게 그것을 주었다. 이 솥을 받는 그 사람은 그것을 또 다른 사람에게 보냈다. 이렇게 황금 솥은 여러 사람을 돌고 돌아 아테네의 솔론에게 주어졌는데, 솔론은 '가장 지혜로운 자는 신이다.'라고 말하면서 다시 아폴론 신전으로 보냈다.[18]

이 이야기에서 탈레스부터 솔론까지 황금 솥을 받았던 7명의 사람을 가리켜 '헬라스의 7현'이라고 한다. 그 당시 그리스 문화권에는 이와 같이 현자로 알려진 사람들이 여럿 있었음에도 유독 밀레토스의 탈레스만 학자=철학자(philosophos, philosophist)로 여겨지는데, 그 이유는 무엇일까? 말하자면 똑같이 지혜(sophia)를 추구하는 사람이라는 뜻을 내포하고 있음에도 불구하고 후세의 사람들이 '현자'라고 부르는 사람과 '학자=철학자'라고 부르는 사람의 차이는 무엇일까?

우선 현자들은 일상적인 삶에서 모든 사람이 기억하고 되새길 만한 말들을 남겼다. 그것들은 "너무 지나치지 말라."(솔론), "너 자신을 알라."(킬론), "모든 일에 올바른 기준을 가지는 것이 최상이다."(클레오불로스) 등과 같이 오늘날에도 그 가치를 부정하기 어려운 금언들이다. 말 그대로 시대와 문화를 초월하는 심오한 지혜의 표현들이라고 할 수 있다.

그런데 탈레스를 제외한 사람들은 왜 학자=철학자라고 하지 않는가? 앞에서 본 몇 가지 예에서 볼 수 있듯이 현자들이 남긴 말들은 사람들이 살아가면서 준수할 경우 이익을 얻을 수 있는 행동 규범을 담고 있는 명령문들이다. 통상적으로 명령문 형식의 문장은 진릿값을 가지는 언표가

---

18) 이 부분은 디오게네스 라에르티오스(Diogenes Läertios)가 쓰고 전양범이 번역한 『그리스 철학자 열전』(서울: 동서문화사, 2008)의 22-23쪽을 참조하여 재구성한 것이다.

아니지만, 이 현자들의 명령문은 "너무 지나치지 않는 것이 좋다." 같은 가치판단으로 바꾸어도 무방하다. 그렇다면 이 말들은 진리임을 표명하는 언표들이라고 할 수 있으며, 따라서 로고스 형식의 말이라고 해야 할 것이다. 그러나 현자들은 자신의 말이 진리임을 '논증'하는 것이 아니라 사실상 '선포'한다. 이러한 점은 현자들의 말이 그 진리성을 정당화할 필요가 없는 (듣는 사람의 입장에서는 그 진리성의 근거에 대해 질문할 필요가 없는) 일종의 뮈토스임을 함의한다. 그렇다면 현자들의 말은 '로고스처럼 보이지만 사실상은 뮈토스인 말'이라고 해야 할 것이다. 이와 같이 현자들은 자신의 말을 사실상 뮈토스의 형식으로 표현하기 때문에 학자=철학자라고 하기에는 적합하지 않은 것이다.

반면, 탈레스는 로고스의 형식으로 자신의 생각을 펼쳤기 때문에 학자=철학자로 인정받을 수 있었다. 탈레스의 저술들이 소실되어버려 직접 확인할 수는 없지만, 그 이후에 활동한 아리스토텔레스가 전하는 바에 따르면, 그는 "만물의 아르케(archē)[19]는 물이다."라는 말을 논증했다고 한다. 아리스토텔레스의 『형이상학』 983b에 수록된 관련 내용을 참조하여 그 논증을 재구성해보면 다음과 같다.

> 물은 만물의 아르케이다. 왜냐하면 땅은 물 위에 떠 있고, 모든 생물은 축축한 양분으로써 생명을 유지하기 때문이다. 만물의 씨앗은 축축한 성질을 갖는데, 물은 모든 축축한 것들의 아르케이다.

만물의 아르케가 물이라는 주장에 대한 텔레스의 논증은 다소 불완전하다. 그리고 무엇보다도 오늘날의 물리화학적 지식에 입각하여 본다면 그 논거들이 참이라고 하기도 어렵다. 그럼에도 불구하고 탈레스를 학자=

---

19) 여기서 '아르케'라는 말은 "그것으로부터 만물이 생겨나고 또 만물이 소멸하여서는 그것으로 되돌아가는 그 어떤 것"을 지칭한다(Cf. Aristotle, H. Tredennick (tr.), *The Metaphysics I*, Book I-IX, (Massachusetts: Harvard Univ. Press, 1933), 983b.).

철학자로 간주하는 것은 그가 다름 아닌 로고스의 형식으로 말했다는 단한 가지 사실 때문이라고 할 수 있다.

2.3. 종교와 학문=철학

학문=철학은 진리를 추구하는 활동이다. 따라서 학자=철학자는 자신의 판단이 진리임을 논증하고, 다른 사람들에게 알리기 위해 공표한다. 그런데 종교에서도 사람들에게 진리를 가르친다. 그렇다면 학문=철학과 종교는 같은 것이라고 해야 할 것이다. 그러나 양자가 같은 것이 아니라는 데에는 누구도 이의를 제기하지 않을 것이다. 그렇다면 그 차이는 무엇일까?

'종교(宗敎)'라는 한자어 낱말은 중국불교에서 유래했다. 인도에서 발원한 불교는 일찍이 중국으로 전래하였으나 수(隋)나라 및 당(唐)나라 시대(6-7세기)에 이르러서야 고대 인도어(산스크리트어)로 기록된 불교의 경전들이 중국어로 번역되고, 이에 힘입어 중국에서도 불교 경전 연구가 활발하게 이루어지기 시작했다. 이때 중국에서는 불경들을 각각 '명(名, 제목)', '체(體, 본질적 내용)', '종(宗, 근본적인 진리)', '용(用, 쓰임)', '교(敎, 가르침)'라는 다섯 부분으로 나누어 연구하는 전통이 생겨났다. 이 중에서 '종'과 '교'를 따서 '종교'라는 명칭이 성립되었다. 따라서 '종교'라는 말은 원래 불교를 의미상 다르게 표현하는 용어였다고도 할 수 있다.[20]

한편, 이 말은 19세기 일본에 서양문화가 도입될 무렵 'religion'이라는 낱말의 번역어로 채택되어 지금까지 한자 문화권에서 그런 의미로 널리 사용되고 있다. 그러나 그 어원인 라틴어 'religio'는 're(다시)'와 'ligare(결합하다)'가 합성된 말로서 '재결합'을 의미한다.[21] 따라서 이 용어는 본

---

20) 장휘옥, 『불교학 개론 강의실 2』(서울: 장승, 1994), pp. 15-16.
21) 라틴어 religio의 이러한 어원 분석은 4세기 초반에 로마에서 활동한 기독교 사상가 락탄티우스(Lucius Caelius Firmianus Lactantius, 240?~320?)의 『신의 법령들(*Divinae Institutiones*)』

래 신과 결합되어 있던 인간이 그 죄로 인해 신과 분리된 상태에서 대속자(代贖者, 용서를 구하기 위해 범죄자를 대신하여 희생되는 제물) 예수를 매개로 신과 재결합하게 되었음을 가르치는 기독교를 의미상 다르게 표현하는 용어라고 할 수 있다.

종교라는 말의 본래적 의미는 이와 같다고 하더라도 그 한자어 의미는 학문=철학과 구분되는 종교의 핵심적 의미를 잘 나타내는 것처럼 보인다. 요컨대 '근본'을 나타내는 '종'자와 '가르침'을 나타내는 '교'자로 이루어진 '종교'라는 말은 문자 그대로 '근본 가르침'을 뜻하는데, 이것은 다른 모든 판단이 진리임을 정당화해주는 최종적인 근거로서 '그 자체로 진리인 가르침'이라고 풀이할 수 있다.

그런데 대체로 종교적 근본 가르침은 명제 자체의 의미 때문에 그 자체로 진리인 것이 아니다. 예컨대 불교나 기독교에서 근본 가르침으로 신봉되는 싯다르타나 예수의 가르침은 명제 자체의 의미 때문에 그 자체로 진리인 것이 아니다. 싯다르타가 가르친 "모든 것은 변한다(諸行無常).", "어떤 것도 실체가 아니다(諸法無我)", "모든 것은 고통일 뿐이다(一切皆苦)" 등과 같은 명제들은 이른바 분석명제[22]가 아니다. 또한 예수가 가르친 "모든 인간은 죄인으로서 태어났다.", "누구도 자신의 힘으로는 구원

이라는 저서에서 처음으로 제시되었다고 알려져 있다. 그러나 그 전거(典據)로 제시되는 락탄티우스의 『신의 법령들』 제4권 제28장 후반부에는 세부적인 어원 분석은 없고, religio라는 말이 religare에서 유래했다고 해석할 수 있는 내용이 기술되어 있을 뿐인데, 그 라틴어 원문은 다음과 같다. "…nomen religionis a vinculo pietatis esse deductum, quod hominem sibi Deus religaverit, … (…신이 인간과 재결합하고자 한다는 점에서 볼 때 '종교'라는 명칭은 '경건한 결합'으로부터 도출되었다. …)"(Lactantius, *Divinae Institutiones*, Liber Quartus, Caput XXVIII. Available from http://www.documentacatholicaomnia.eu/02m/0240-0320,_Lactantius,_Divinarum_Institutionum_Liber_IV,_MLT.pdf)

22) 앞의 1.2.에서 예로 든 "총각은 미혼남이다."라는 명제와 같이 주어개념의 의미 속에 술어개념의 내용이 포함되어 있는 명제를 '분석명제'라고 한다. 이는 칸트가 『순수이성비판』의 초판 「서론」에서 모든 판단을 '분석판단'과 '종합판단'으로 구분한 것에서 유래한다(Cf. I. Kant, *Kritik der reinen Vervunft*, (Hamburg: Felix Meiner, 1971), p. 45(A6-7)).

될 수 없다.", "나를 신의 아들이자 구원자로 믿는 사람만이 구원을 얻을 것이다." 등과 같은 명제들도 역시 분석명제가 아니다.

이와 같이 싯다르타나 예수의 가르침이 '그 자체로 진리인 가르침'이라고 할 수 없음에도 불구하고 그것들을 '근본 가르침'이라고 주장하는 것은 어떻게 가능한가? 이 문제를 해결하기 위해 불교 교단이나 기독교 교단에서 취한 방법은 싯다르타나 예수를 '권위자'로 세우는 것이다. '권위 (auctoritas)'라는 개념은 "자신의 정당성을 다른 어떤 것에 의해서가 아니라 스스로 입증할 수 있는 것"[23]을 의미한다. 불교나 기독교에서 싯다르타나 예수가 권위자로 받아들여진다면, 불교나 기독교에서 근본 가르침으로 제시하는 명제들은 다른 어떤 근거 때문에 진리인 것이 아니라 그 명제들을 표명한 싯다르타나 예수의 권위 때문에 진리로 승인되는 것이다.

그런데 싯다르타나 예수가 권위자라는 주장의 진리성은 또 어떻게 정당화될 수 있는가? 사실상 이 주장이 진리임을 뒷받침하는 경험적 근거나 논리적 근거는 없다. 이와 같이 어떤 말이 진리임을 뒷받침하는 객관적인 근거가 없음에도 불구하고 어떤 사람들은 그 말을 진리로 받아들이는데, 이 경우에 그 사람들이 취하는 태도를 '믿음(신앙)'이라고 한다. 결국 싯다르타나 예수가 권위자이고 그들의 가르침이 그 권위에 의거하여 정당화된다는 주장은 그 주장을 하는 사람들 쪽에서는 정당화할 수 없고 오직 그 주장을 듣는 사람들의 믿음 여부에 따라 정당화될 수 있는 것이다.

이러한 점에서 종교적 가르침은, 앞에서 본 현자들의 말들과 마찬가지로, '로고스처럼 보이지만 사실상은 뮈토스인 말'이라고 할 수 있다. 물론 어떤 말이 로고스처럼 보이지만 사실상 뮈토스인 말임이 밝혀졌다고 해서 그 말이 단적으로 무가치하다고 주장할 수는 없다. 앞에서 줄곧 말해왔듯이 뮈토스는 뮈토스로서의 고유한 가치가 있고 로고스는 로고스로서

---

23) 임승휘, 『절대왕정의 탄생』(서울: 살림, 2004), p. 21.

의 고유한 가치가 있기 때문이다.

'진리'라는 용어가 사용되는 맥락도 마찬가지다. 로고스의 영역에서는 어떤 말을 듣는 사람이 그 말에 대해 정당화 요구를 할 수 있지만, 뮈토스의 영역에서는 듣는 사람의 믿음에 근거하여 모든 말이 발화되는 동시에 정당화된 것으로 인정되기 때문에 듣는 사람이 그 말에 대해 다시 정당화 요구를 할 필요가 없다. 그러므로 로고스의 영역에서 진리는 어떤 말이 경험적으로나 논리적으로는 정당화되었을 때 그 말에 부여되는 가치이지만, 뮈토스의 영역에서 진리는 그 말을 듣는 사람이 그 말을 하는 사람의 권위를 '믿음'으로써 인정할 때 그 말에 부여되는 가치이다. 이러한 차이 때문에 똑같이 진리를 추구하는 것이라고 하더라도 학문=철학과 종교가 분명하게 구별되는 것이다.

3. 존재의 근거에 대해 알아야 지혜롭게 될 수 있다

초기의 철학자들이 지식을 얻음으로써 지혜롭게 되는 접근법을 채택했을 때, 이들은 다름 아닌 존재의 근거에 대한 앎이 지혜롭게 될 수 있는 길이라고 생각했다. 앞의 1장 6절에서 우리는 존재의 근거를 본질과 원인 혹은 목적이라는 두 가지로 구분했고, 이들 각각에 대한 앎이 어떤 점에서 지혜로 연결되는지를 원론적인 차원에서 논의했었다. 여기서는 실제로 주요 철학자들이, 존재의 근거에 대한 앎이 어떻게 지혜로 연결된다고 생각했는지 살펴보기로 한다.

3.1. 본질에 대한 지식

1장 6절에서 말한 바와 같이, 본질은 어떤 것을 특정한 이름으로 부를 수 있는 근거이며, 때로는 어떤 것의 이상적인 모습을 알려주는 것이기도 하다. 이런 점에서 우리가 어떤 것의 본질을 안다면 우리는 그것을 어떻게 사용해야 할지 혹은 그것을 어떻게 만들고 가꾸어가야 할지 알 수 있다. 이 때문에 본질에 대한 앎은 우리가 지혜롭게 될 수 있는 한 가지 조건이 될 수 있는 것이다.

이러한 의미의 본질에 대한 앎의 가치를 학문적으로 논증한 대표적인 철학자는 플라톤이다. 플라톤의 사상에서 '본질'에 해당하는 용어는 '이데아'이다. 그리스어 '이데아(ἰδέα, idea)'라는 말의 의미는 '본', '본보기', '원형(原型)'이다. 예컨대 내 손목에 매여 있는 아날로그 손목시계와 내 연구실 책상 위에 놓인 탁상용 전자시계와 영국의 빅벤 건물 벽에 걸린 옥외용 아날로그 벽시계 등이 각각 모양과 재질이 다름에도 불구하고 모두 '시계'라는 같은 이름으로 불리는 이유는 그 셋이 같은 하나의 원형을 닮은 모형(模型)들이기 때문인데, 플라톤은 그 원형을 '시계의 이데아' 혹은 '시계라는 이데아'라고 한다. 다른 측면에서 보면, 시계의 이데아는 그 어떤 것을 '시계'라는 이름으로 부를 수 있는 근거가 된다. 말하자면 그 어떤 것이 시계의 이데아를 본뜬 것이라면, 그것은 '시계'라고 불릴 수 있다. 이런 점에서 이데아는 어떤 것을 어떤 것으로 존재할 수 있도록 하는 근거이다.

그런데도 아직 이데아가 구체적으로 어떤 것인지 드러나지 않았다. 다시 시작해보자. 모양과 재질이 서로 다른 손목시계, 탁상시계, 벽시계가 모두 시계의 이데아와 닮았다면, 그 셋은 적어도 그 원형과 닮은 특성만큼은 공유할 것이다. 그렇다면 그 셋에 공유되는 바로 그 특성이야말로 시계의 이데아와 관련되는 사항이라고 할 수 있을 것이다.

	손목시계	탁상시계	벽시계
재질	금속 + 유리	플라스틱 + 유리	시멘트 + 금속
모양	원형	직사각형	원형
시각 표시 방식	침	숫자	침
기능	시각 표시 및 시간 측정	시각 표시 및 시간 측정	시각 표시 및 시간 측정

이 표에서 볼 수 있듯이, 세 개의 시계가 갖는 공통적 특성은 시각 표시 및 시간 측정이라는 기능적인 측면뿐이다. 그렇다면 이 공통적 특성이 바로 시계의 이데아와 관련되는 사항이다. 그런데 이것은 시계의 정의(定義)에서 핵심적인 내용이다. 잘 알려져 있듯이, 시계는 "시각을 표시하거나 시간을 측정하는 도구"로 정의된다. 1장 4절에서 보았듯이, 정의는 그 어떤 것을 다름 아닌 그 어떤 것으로 존재할 수 있도록 해주는 근거이다. 예컨대 시계의 정의는 어떤 것을 '시계'라는 이름으로 부를 수 있는 근거이다. 그런데 플라톤은 어떤 것을 그 어떤 것으로 부를 수 있는 근거를 그것의 이데아라고 했다. 그렇다면 시계의 정의는 곧 시계의 이데아와 같은 것이다.

이와 같이 어떤 것의 이데아를 그것의 정의와 같다고 한다면, 이데아들은 현실적인 시공간에 존재하는 물리적인 사물이 아니라 마음으로 생각만 할 수 있는 어떤 것일 것이다. 이 때문에 플라톤도 이데아에 대해 '생각할 수는 있지만 볼 수는 없는 것'이라고 했다. 그럼에도 불구하고 플라톤은 이데아들이 모여 있는 이데아 세계가 우리의 마음속에만 있는 것이 아니라 현실 세계를 넘어선 하늘 너머의 세계(topos hyperouranios)에 실제로 있다고 주장한다.[24] 그것은 그가 원형 없는 모형 혹은 실체 없는 그

---

24) Cf. Plato, H. N. Fowler (tr.), *Phaedrus*, in *Euthyphro · Apology · Crito · Phaedo · Phaedrus*, (Massachusetts: Harvard Univ. Press, 1925), 247C.

림자가 있을 수는 없다고 생각했기 때문이다. 말하자면 가짜 세계만 있고 진짜 세계가 없다고 하면 말이 안 되기 때문에 진짜 세계인 이데아 세계는 어딘가에는 반드시 있어야 할 세계인 것이다. 그리고 이 진짜 세계를 알아야만 진정한 의미에서 세계를 안다고 할 수 있기 때문에 이데아 세계를 인식하는 것이 중요한 것이다.

3.2. 궁극적인 원인 혹은 목적에 대한 지식

최초의 철학자 탈레스와 그 제자들의 관심은 아르케(archē)를 아는 것이었다. 아리스토텔레스는 아르케를 "그것으로부터 만물이 생겨나고 또 만물이 소멸하여서는 그것으로 되돌아가는 그 어떤 것"[25]으로 해석했지만, 아르케는 본래 배의 키를 지칭하는 말이다. 키는 배의 운항 방향을 좌우하는 것이다. 이런 측면에서 본다면 아르케에서 파생한 아르코스(archos)라는 말이 어떤 점에서 나라의 운영 방향을 좌우하는 '통치자' 혹은 '정부'라는 의미를 가지는 말인지를 이해할 수 있으며, archos에 부정 접두어 a-를 붙인 anarchos에서 유래한 아나키즘(anarchism)이라는 말도 어떤 점에서 무정부주의를 의미하는 말인지도 이해할 수 있다.

아르케를 배의 키와 같은 것으로 해석한다면, 그것은 만물의 변화와 운동을 주재(主宰)하는 최종적인 결정권자라고 할 수 있다. 이것은 만물을 자기 마음대로 주재하는 인격적인 신과도 같은 것이다. 그러나 자의적으로 만물의 운동과 변화를 주재하는 신이라도 전적으로 무질서하게 하지는 않을 것이다. 이것은 키잡이가 배를 자기 마음대로 몰아갈 수 있다고 하더라도 물길이나 파도나 바람의 사정을 고려하지 않을 수 없는 것과 마

---

25) Cf. Aristotle, H. Tredennick (tr.), *The Metaphysics*, Book Ⅰ-Ⅸ, (Massachusetts: Harvard Univ. Press, 1933), 983b.

찬가지이다. 이러한 점에서 아르케는 만물의 변화와 운동을 일으키는 궁극적인 원인이긴 하지만 어디까지나 일정한 질서에 따라 그렇게 하는 어떤 것이라는 해석이 가능하다.

그리하여 아리스토텔레스는 이러한 질서에 따른 주재자라는 아르케의 개념을 계승하여 만물의 변화와 운동을 설명하고자 했다. 그에 따르면, 운동(변화)은 그 외부에서 작용하는 원인에 따른 것이다. 말하자면 지금 어떤 것이 운동하기 위해서는 다른 어떤 것이 원인으로서 작용하고 있어야 한다는 것이다. 그런데 이 다른 어떤 것이 '작용한다'는 것은 그것도 또한 운동하고 있다는 것인데, 그렇다면 그것을 운동하게 한 또 다른 원인이 있어야 한다. 이런 식으로 계속 원인을 추적해 가면 무한하게 진행될 것이다. 만약 이러한 무한퇴진(無限退進)을 끝내고자 한다면, 그 진행의 맨 처음에 "그 외부에서 작용하는 원인의 영향을 받지 않으면서도 다른 것의 원인으로서 작용하는 어떤 것"을 설정하면 될 것이다. 이것이 바로 유명한 '부동(不動)의 원동자(原動者)'이다. 이것은 그 자신은 다른 원인에 의해 운동하지 않으면서 다른 어떤 것이 운동하도록 하는 최초의 원인이라는 점에서 '제일원인'이라고도 한다.

아리스토텔레스는 이 부동의 원동자 혹은 제일원인을 '신'이라고 부르기도 한다.26) 그런데 아리스토텔레스는 왜 오해의 여지를 남기면서까지 그것을 신이라고 불렀을까? 그것은 부동의 원동자 혹은 제일원인이 말 그대로 이해해서는 안 되는 어떤 추가적인 의미를 포함한다는 것을 함축한다. 즉 우리는 부동의 원동자나 제일원인이라는 말을 할 때 그것을 근대적인 인과법칙에서 이해하는 기계적 운동의 원인으로만 생각하면 안 된다. 만약 그것이 기계적인 원인과 같은 것이라면 그것의 의미는 이 세계의 시작점에서 필요

---

26) 이 때문에 이 부동의 원동자를 탐구하는 그의 학문을 '신(theos)에 관한 학(logos)'이라는 의미에서 '신학(theologia)'이라고도 한다.

로 하는 최초의 동력만 제공해 주는 것으로 끝나버릴 것이다. 그러나 아리스토텔레스에 따르면 부동의 원동자는 그러한 한 번의 역할만 하고 끝나버리는 것이 아니라 모든 사물의 운동에 계속해서 영향을 미친다. 바로 이 때문에 '신'이라는 이름을 붙일 수 있는 것이다.

그렇다면 이 신은 어떤 방식으로 모든 개별자의 운동에 관여하는가? 이를 해명하기 위해서는 아리스토텔레스의 사상에서 나타나는 운동이라는 개념과 원인이라는 개념을 좀 더 정확하게 이해할 필요가 있다. 왜냐하면 이 두 개념은 오늘날 우리에게 각인되어 있는 근대과학에서 설명하는 운동이나 원인과 동일한 개념이 아니기 때문이다.

아리스토텔레스가 말하는 운동이란 "잠재적인 것(혹은 가능적인 것)에서부터 현실적인 것으로 '되는' 것"을 말한다. 예를 들어 진흙은 여러 가지 사물이 될 수 있는 재료이다. 그것은 흙벽돌로 될 가능성도 있고 도자기로 될 가능성도 있고 또 다른 어떤 것으로 될 가능성도 있다. 이렇게 아직 구체적인 무엇으로 되기 전의 잠재적인 상태 혹은 가능적인 상태에서 현실적인 흙벽돌이나 도자기로 되는 과정을 운동이라고 한다.

한 번의 운동에는 네 가지의 원인이 작용한다. 질료인(質料因), 형상인(形相因), 운동인(運動因), 목적인(目的因)이 그것이다. 진흙에서 도자기로 되는 과정을 다시 살펴보자. 우선 현실적으로 이루어진 도자기는 진흙이라는 질료(재료)와 그것의 형상(모양)이 결합되어 있다. 여기서 질료(hylē, matter)는 "지금은 아무것도 아니지만 앞으로는 그 어떤 것으로도 될 수 있는 것"이고, 형상(eidos, form)은 어떤 것의 존재 근거로서의 '본질'에 해당하는 것이다. 어쨌든 질료와 형상은 도자기가 현실적으로 존재하기 위한 원인들이므로 '질료인'과 '형상인'이라고 한다. 그러나 이 두 가지 원인만으로는 진흙이 도자기가 될 수는 없다. 예컨대 도자기를 만드는 사람의 힘이 필요하다. 이 사람의 힘과 같이 어떤 것의 운동에 직접적으로 작용하는 힘을 '운동인'이라고 한다.

그런데 도자기를 만드는 사람은 무엇 때문에 그것을 만들었을까 하는 물음이 제기될 수 있다. 이에 대해 "자기가 술병으로 사용하기 위해서" 혹은 "시장에 내다 팔기 위해서" 혹은 "어떤 사람의 주문에 의해서" 등등 어떻게든 대답할 수 있을 것이다. 이 대답들은 모두 그 사람이 도자기를 만드는 이유를 제시하는 것이고, 그 이유에 해당하는 것들은 모두 도자기가 만들어진 다음에야 실현될 수 있는 것들이다. 이와 같이 그 이유는 시간적인 차원에서 도자기의 존재보다 나중에 있는 것이므로 '목적'이라고 할 수 있다.[27] 이 때문에 목적은 '목적인'으로서 작용한 것이다. 예컨대 "자기가 술병으로 사용하기 위해서"라는 목적이 없었다면 그 사람은 도자기를 만들 필요가 없었을 것이고, 따라서 도자기는 아직 현실에 생겨나지 않았을 것이다. 이처럼 도자기가 현실화되는 운동에서 그것의 목적인도 필수적인 원인으로서 작용하는 것이다.

이러한 운동과 원인의 개념에는 이미 아리스토텔레스의 독특한 세계관이 들어 있다. 세계 내의 모든 개별적인 사물이 항상 운동하고 있다는 것은 모든 것이 항상 가능적인 상태에서 현실적인 상태로 되고 있다는 것을 뜻한다. 그런데 한 번 현실화되었다고 해서 끝나는 것이 아니다. 어떻게든 현실화된 것은 다시 다른 어떤 것으로 될 수 있는 가능적인 상태로 있는 것이기도 하다. 예컨대 꽃병으로 만들어진 도자기라고 하더라도 나중에는 술병으로 될 수도 있고, 또 물병으로 될 수도 있으며, 다른 어떤 것으로도 될 수 있는 가능성을 가진다. 이와 같이 현실적으로 존재하는 모든 사물은 그 자체로 가능적인 상태와 현실적인 상태를 반복하면서 계속 운동하고 있다.

그렇다면 이러한 사물의 운동은 언제까지 계속될까? 논리적으로 말하면 "다른 어떤 것으로 될 가능성을 가지지 않을 때까지."라고 말할 수 있을 것

---

27) 원인과 목적에 대해서는 앞의 1장 5절을 참조하라.

이다. 이러한 상태는 다른 것에 목적을 두고 있는 것이 아니라 그 자체 내에(en) 목적(telos)을 포함하고 있는(echō) 것으로서, 말 그대로 엔텔레케이아(entelecheia, 완성 상태)라고 하는 것이다. 엔텔레케이아의 상태는 더 이상의 완성을 향해 변화할 필요가 없으므로 완전한 상태라고 할 수 있을 것이다. 아무런 결함이 없는 상태라는 점에서 이것은 '신적인' 경지라고 할 수 있다. 또한 만약 모든 개별적인 사물이 각각 완성 상태에 도달하는 시점이 있다면, 그 사물들로 이루어지는 전체 세계도 더 이상의 완성을 향해 변화할 필요가 없는 '완전한' 세계라고 할 수 있다.

이제 앞에서 말했던 부동의 원동자나 제일원인을 굳이 신이라고 부르는 이유가 해명된다. 부동의 원동자나 제일원인을 '궁극적인' 원인이라고 한다면, 그것은 질료인이나 형상인이나 운동인을 의미하는 것이 아니라 목적인을 의미한다. 모든 개별적인 사물들이 향해 가는 궁극적인 목표 지점이 신적인 단계라면, 신이야말로 모든 개별자의 궁극적인 목적이라고 할 수 있다. 이러한 점에서 신은 모든 운동의 근원인 것이다.

4. 보이지 않는 존재 근거를 어떻게 알 수 있는가?

4.1 이성적 직관

앞 절에서 보았듯이 플라톤은 이데아 세계가 현실 세계 너머에 있다고 하는데, 우리는 그런 초현실적인 이데아 세계를 어떻게 인식할 수 있는가? 일단 우리가 그 세계를 육안으로 볼 수 없다는 것은 분명하다. 따라서 그것은 감각을 통해 지각할 수 있는 것이 아니다. 그럼에도 불구하고 우리는 그것에 대해 생각할 수는 있다. 그렇다면 생각하는 능력으로서의 이성만이 그것에 접근할 수 있는 통로일 것이다.

마침 『폴리테이아』 제6권에는 유명한 '선분의 비유'가 기술되어 있다. 여기서 플라톤은 대상들의 존재 방식 및 대상들을 인식하는 방식에 따라 인간이 가질 수 있는 지식의 종류가 다르다는 생각을 펼친다. 이를 도표로 나타내면 다음과 같다.[28]

대상	대상의 예	주관의 활동	지식 형태
to noēton genos (이성의 대상)	이데아들	noēsis (직관)	episēmē (지식)
	기하학이나 수학의 대상들	dianoia (사유)	
to horaton genos (감각의 대상)	동식물, 인공물 등 현실계의 사물들	pistis (감각)	doxa (의견)
	그림자들	eikasia (공상)	

이 도표에 따르면, 감각의 대상들에 대해 감각이나 공상을 통해 가지게 된 것은 '의견'이다. 예컨대 내 눈에는 예쁘게 보이는 꽃이 다른 사람의 눈에는 예쁘게 보이지 않을 수도 있고, 동일한 한 사람이 동일한 하나의 꽃을 보는 경우에도 지금은 예쁘게 보이지만 나중의 다른 상황에서는 예쁘게 보이지 않을 수도 있다. 이와 같이 의견은 주관적이고 일시적이다. 이 때문에 플라톤은 의견을 가지는 것을 참된 지식이라고 하지 않았다.

반면, 이성의 대상들에 대해 이성의 추론적 사유나 직관을 통해 알게 된 것은 '지식'이다. 예컨대 기하학의 대상인 "삼각형의 세 내각(內角)의 합은 180도이다."라는 명제의 진위는 일정한 정도의 추론 능력을 갖춘 사람이라면 누구라도 판정할 수 있다. 실제로 우리가 삼각형을 그려놓고 몇 개의 보조선을 그은 다음 동위각과 엇각의 원리를 활용하여 추론해보면

---

28) Cf. Plato, P. Shorey (tr.), *Republic II*, (Massachusetts: Harvard Univ. Press, 1946), 509D-511E.

그 명제가 참이라는 것을 어렵지 않게 이해할 수 있다. 또 "삼각형은 세 개의 변을 가지는 다각형이다."라는 삼각형의 이데아는 일정한 정도의 직관 능력을 가진 사람이라면 누구라도 삼각형을 정의하는 그 순간에 즉각적으로 알 수 있다.

이 두 가지 중에서 추론 혹은 사유를 통한 앎의 문제는 다음 항에서 논하기로 하고, 우선 이성적 직관에 대해서 살펴보자. 플라톤은 이데아를 인식하는 이러한 이성적 직관이 어떻게 가능한지를 설명하기 위해 『파이드로스』에서 한 편의 우화를 동원한다. 이를 재구성하면 다음과 같다.[29]

> 영혼이 아직 육체 속으로 들어오기 전에 두 마리 말이 끄는 마차를 타고 하늘 저편의 세계를 여행하고 있었다. 이 여행의 목적은 이데아 세계를 관람하는 것이다. 그런데 이데아 세계에 가까이 도달할 즈음 하늘길의 오르막에서 말들을 잘 조종하지 못하면 마차가 뒤집히면서 그 영혼은 지상으로 떨어져 육체 속에 갇혀버린다. 그렇게 거꾸로 떨어지는 긴박한 상황에서도 영혼은 저 멀리 이데아 세계를 보긴 하지만, 육체 속에 갇히는 순간 그렇게 본 이데아 세계를 기억해내지 못한다, 기억 저장고에는 분명히 이데아에 대한 기억이 있지만 육체가 영혼의 기억인출 활동을 방해하기 때문이다. 그러나 이데아의 기억이 영원히 인출되지 않는 것은 아니다. 영혼 활동에 대한 육체의 간섭이 없다면 언제든지 기억인출이 가능해진다. 육체의 간섭을 없애기 위해서는 영혼이 육체에서 비롯되는 욕구에 휘둘리지 않아야 한다. 영혼이 욕구를 적절하게 제어하면서 자유로워질 때 비로소 영혼은 이데아의 기억을 인출할 수 있는 것이다.

이 우화에서 나타나듯이 모든 인간은 이데아에 대한 지식을 이미 가지고 있지만 밖으로 표출하지 못한다. 앞에서 본 종차와 최근류개념을 통한 정의의 방법을 이해하고 있다면 지금 당장 '100각형'을 정의해보자. 누구라도 '100각형'을 정의할 수 있을 것인데, 이것은 확실히 경험을 통한 것이 아니다. 말하자면 100각형의 이데아에 대한 앎은 외부에서 들어온 것이 아니라 이미 내 안에 있던 것을 분명하게 표출한 것일 뿐이다.

---

29) Cf. Plato, *Phaedrus*, 246Aff.

이와 같이 자기 안에 있던 것을 분명하게 표출하는 것을 플라톤은 '알레테이아(alētheia)'라고 한다. 이것은 망각(lēthē)이 아닌 것(a-), 즉 기억[인출]이라는 의미이다. 알레테이아는 또한 '진리'라는 의미를 가진다. 종차와 최근류개념을 통해 어떤 개념을 정의하는 경우 누구라도 그렇게 정의할 수밖에 없으며(필연성), 누가 정의하더라도 그 정의 내용은 똑같을 것이다(보편성). 이런 점에서 이성적 직관은 필연적이고 보편적인 지식을 가질 수 있는 능력이다.

4.2 사유

오늘날 우리나라에서 한자어 '사유(思惟)'는 거의 철학 분야에서만 사용하는 전문용어이다. 그러나 철학 분야의 전문용어들이 대체로 그렇듯이 '사유'라는 말도 어떤 서양어의 번역어인데, 예컨대 이에 해당하는 영어 낱말은 thinking이다. 그런데 thinking은 '사유' 외에도 '사고', '생각[하기]' 등으로도 번역한다. 실제로 철학 이외에는 학문 분야라고 하더라도 '사유'보다는 '사고'나 '생각'이라는 용어를 주로 사용한다. 왜 그럴까?

우선 생각 혹은 생각하기란 어떤 것인지 살펴보자. '생각하기'란 "이미지나 개념을 연속적으로 마음에 떠올리기"를 말한다. 즉 생각하기는 마음속에 저장된 여러 가지 이미지나 개념 중에서 하나를 마음에 떠올린 다음 또 다른 하나를 마음에 떠올리고, 그 다른 하나를 마음에 떠올린 다음 또 다른 하나를 마음에 떠올리는 방식으로 이미지나 개념을 연속해서 마음에 떠올려 가는 일인 것이다.

결코 이미지로 환원될 수 없는 순수 개념만으로 생각이 이루어지는 경우도 있고, 개념화할 수 없는 순수 이미지만으로 생각이 이루어지는 경우도 있다. 그러나 이미지로 생각하기를 통해 우리가 생각할 수 있는 것은 대부분 개념으로 생각하기로 환원될 수 있고, 또 역으로 개념으로 생각하기를 통해 생각할 수 있는 것도 역시 대부분 이미지로 생각하기로 환원될 수 있다. 다만 여기서는 이미지나 개념을 '떠올린다'는 표현에 주의할 필요가 있다. 예컨대 꿈(그리고 백일몽)도 마음에 표상된 시각 이미지들이 연속해서 나타났다가 사라지는 과정이다. 그러나 꿈을 생각이라고 하지는 않는다. 왜냐하면 꿈은 꿈을 꾸는 '나'가 의식적으로 이미지들을 '떠올리는' 의식적이고 능동적인 과정이 아니라 '나'도 모르게 (무의식적으로) 이미지들이 연속적으로 마음에 '떠오르는' 무의식적이고 수동적인 과정이기 때문이다. 결국 생각하기는 생각하는 '나'가 의식적이고 능동적으로 이미지들이나 개념들을 마음에 떠올려 가는 과정인 것이다.

그런데 생각은 여러 가지 종류로 나누어진다. 생각의 첫 번째 종류는 기억[인출]이다. 기억은 과거에 경험했던 일을 그 순서대로 마음에 다시 떠올리는 것이다. 이것은 마치 영화와 같다. 우리가 어떤 일을 경험한다는 것은 계속해서 어떤 이미지들을 받아들인다는 것이다. 예컨대 우리가 어떤 사건을 본다는 것은 그 사건이 일어나는 동안 우리의 시각에 계속해서 어떤 시각 이미지가 형성되었다가 사라진다(저장된다)는 것이다. 마치 영상카메라가 한 장 한 장의 사진을 계속 찍으면서 그 필름을 테에 감아 저장하는 것과 같다. 경험이 이렇다면, 기억인출은 이렇게 영상카메라로 찍어 테에 감아 저장해둔 필름들을 다시 한 장 한 장 스크린에 나타내는 것과 같다. 영화에도 편집이 있듯이 기억에도 그와 비슷한 것이 있다. 무수한 이미지 중에서 중요하지 않다고 여겨지는 이미지들은 삭제된다. 기억력이 좋지 않은 사람이라면 인출된 이미지 하나하나의 구체적인 모양이 본래의(경험된) 이미지의 모양과 달라지거나 이미지를 떠올리는 순서가 본래 경험할 때의 이미지 순서와 달라지는 경우도 있을 것이다.

생각의 두 번째 종류는 상상[하기]이다. 기억이 과거에 경험했던 순서에 따라 그 이미지들을 재생해내는 것이라면 상상은 전적으로 새로운 방식으로 이미지들을 재구성해가는 것이다. 이 과정에서 상상 표상들이 동원되기도 한다. 상상력이 뛰어난 사람은 익숙한 이미지 나열 방식을 깨뜨릴 수 있는 사람이다. 예컨대 사람이라면 날 수 없고 걷거나 뛸 수 있을 뿐이라는 것이 우리에게 익숙하지만, 상상력이 뛰어난 사람은 이미지의 익숙한 연결 방식을 깨뜨리고 날개가 달린 사람을 표상하거나 그가 날아가는 과정을 연속적인 이미지로 나열할 수 있다.

생각의 세 번째 종류는 연상(聯想, association)이다. "원숭이 엉덩이는 빨갛다, 빨간 것은 사과, 사과는 맛있다, 맛있는 것은 바나나, 바나나는 길다, 긴 것은 기차다, 기차는 빠르다, 빠른 것은 비행기, 비행기는 높다, 높은 것은 백두산이다." 이와 같은 연상의 원리는 주어진 하나의 판단에서 그 술어개념을 주어개념으로 하는 다른 판단을 계속 만들어가는 것이다.

끝으로 생각의 네 번째 부류는 추리이다. 우리는 2장 1절 3항에서 추리에 대해 살펴보았으므로 여기서는 추리가 일정한 '법칙'에 따라 판단을 연속해서 떠올리는 것이라는 점에만 주목하자. 법칙이란 어떤 진행 과정에서 필연적인 선후 관계를 성립시키는 힘, 즉 선행하는 어떤 것 다음에는 필연적으로 특정한 다른 어떤 것이 뒤따라 나타나도록 하는 힘이다. 인과법칙이 일정한 원인이 주어지면 필연적으로 특정한 결과를 나타나게 하는 힘이라면, 생각하기의 법칙은 일정한 판단이 주어지면 필연적으로 다른 특정한 판단을 떠올리도록 하는 힘이다.

이러한 규정에 따르면 기억이나 상상이나 연상은 법칙에 따른 것이 아니다. 상상은 두말할 나위가 없고, 기억도 알게 모르게 편집된다. 또한 연상에서도 처음에 주어진 판단의 술어개념을 주어개념으로 하는 판단들은 무수하게 많을 수도 있지만 실제로는 그중에 하나만이 '우연히' 선택된다는 점에서 필연적인 것이 아니다. "원숭이 엉덩이는 빨갛다."라는 주어진 판단의 술어개념인 '빨간 것'을 주어개념으로 삼는 판단은 무수하게 만들어질 수 있다. "빨간 것은 사과이다."라는 판단은 그 무수한 판단 중에서 우연히 선택된 하나일 뿐이다.

결국 추리만이 법칙에 따라 필연적으로 진행되는 것이다. 생각하기의 법칙을 '논리'라고 한다면 추리만이 논리적인 사고(생각)라고 할 수 있는 것이다. 앞의 2장 1절에서 두루 보았지만, 논리적 사고는 학문=철학을 위한 필수적인 조건이다. 달리 말하면 추리 이외의 다른 사고들은 학문=철학에서 보조적인 수단으로서만 사용된다. 이 때문에 동아시아에서 서양철학을 수용할 때 논리적인 사고인 추리만을 특화해서 '사유'라는 용어를 만든 것이다.

결국 사유는 논리적 사고이다. 옛날 철학자들은 궁극적인 원인이나 목적과 같이 눈으로 볼 수 없는 것에 대해서도 이렇다 저렇다 하는 식으로 말을 하곤 했는데, 그것은 사유를 통해 그 보이지 않는 것들이 존재한다고 확신했기 때문이다. 예컨대 앞에서 보았듯이 아리스토텔레스 원인 계열의 끝에 "그 자신은 원인을 가지지 않으면서 다른 것의 원인이 될 수 있는 것"이라고 이름 붙일 수 있는 어떤 것이 있다고 주장했다. 그는 또한 목적 계열의 끝에 "목적을 자기 자신 안에 가지는 것"이라고 이름 붙일 수 있는 어떤 것이 있다고 주장했다.

더 유명한 것으로는 '원자(atom)'라는 것도 있다. 어떤 물체를 반으로 나눈다. 그리고 반으로 나누어진 그것을 다시 반으로 나눈다. 이런 식으로 계속 물체를 반으로 나누어간다고 할 때 어디까지 나눌 수 있을까? 옛날 철학자들은 눈으로 볼 수 없다고 하더라도 "더 이상 나누어질 수 없는 것"이라는 이름을 붙일 수 있는 어떤 것에 이르면 그 과정이 종결되리라고 생각했다. 그리하여 그들은 temnein(나누다)에서 파생한 형용사가 다시 명사화한 tomos(나눈 것)

에 부정접두어 a-를 붙여서 atomos(나뉘지 않는 것, 원자)라는 명칭을 고안했던 것이다.

4.3. 형이상학

앞에서 본 것처럼 옛날의 철학자들은 눈에 보이지 않는 것들, 특히 이데아나 신적인 것과 같은 초현실적인 것들에 대해 알고자 했다. 그리하여 그들은 이데아나 신적인 것에 대한 이러저러한 판단들을 제시했다. 물론 이러한 판단들이 진정한 지식으로 평가되기 위해서는 어떤 방식으로든지 간에 그것들이 진리임이 정당화되어야 한다. 그러나 초현실적인 대상들은 눈에 보이는 것이 아니기 때문에 그 판단들의 진위는 경험을 통해 확인할 수 없다. 따라서 그것들은 이성적 직관이나 사유를 통해 정당화되어야 한다. 앞의 두 항에서 본 바와 같이 플라톤이나 아리스토텔레스와 같은 철학자들은 초현실적인 대상들에 대한 여러 판단이 이성적 직관이나 사유를 통해 정당화될 수 있다는 것을 보여주었다.

이와 같이 옛날의 철학자들이 초현실적인 대상들에 대해 알려고 했던 것은 그것이 지혜로 연결될 수 있다고 믿었기 때문이었다. 예컨대 사물의 본질이나 현실적인 세계에서 일어나는 변화의 궁극적인 원인을 안다면 사물들이 무엇인지를 이해하고 현실적인 세계가 어떻게 변화해갈지를 아는 데 도움을 얻을 수 있다. 말하자면 초현실적인 대상들에 대한 지식은 현실에서 부딪히는 문제들을 해결하는 데 도움을 줄 수 있다는 것이다. 이와 같이 현실적인 세계에서 일어나는 문제들을 해결하기 위해서 초현실적인 것을 탐구하는 학문을 '형이상학'이라고 한다.

우리말 한자어 '형이상학(形而上學)'이라는 용어는 쉽게 이해할 수 있는 말이 아니다. 이 말은 영어 metaphysics라는 말을 번역하면서 『주역(周易)』

의 「계사전(繫辭傳)」에 있는 "形而上者 謂之道 形而下者 謂之器(형이상자 위지도 형이하자 위지기)"라는 문구에서 '형이상'이라는 말을 따와 붙인 데서 유래한 것이다. 「계사전」의 저 문구는 "형체를 넘어서 있는 것을 '도'라고 부르고 형체를 띠고 있는 것을 '기'라고 부른다."라고 번역할 수 있다. 결국 '형이상(자)'은 '형체를 띠지 않는 것'이라고 할 수 있고, '형이상학'은 '형체를 띠지 않는 것을 다루는 학문'이라고 할 수 있다.

한편, 영어 metaphysics의 어원인 그리스어 metaphysika라는 말은 다소 우연히 조성되었다. 아리스토텔레스가 노년에(기원전 335-334년경) 아테네 근교 뤼케이온(Lykeion)에 학교를 세웠는데, 이 학교는 그 사후에도 오랫동안 존속했다. 이 학교에서는 아리스토텔레스의 저술들을 교재로 학생들을 가르쳤는데, 기원전 1세기경 뤼케이온의 교사였던 안드로니코스(Andronikos)가 교육과정을 고려하여 아리스토텔레스의 저술들을 새롭게 편찬할 때 제목이 붙어 있지 않은 한 권의 책을 『자연학(physika)』 다음에 배치하면서 "ta meta ta physika(자연학 다음의 것)"라는 이름이 생겼다. 제목 없는 그 책은 다름 아니라 부동의 원동자 혹은 제일원인으로서의 신에 대해 논한 책으로, 아리스토텔레스 자신은 '신학(theologia)'이라고 지칭하고자 했던 것이었지만, 안드로니코스의 'ta meta ta physika'라는 문구에서 형성된 'metaphysika'라는 낱말이 그 책의 제목으로 통용되고 있다.

여기서 meta는 단순히 '~다음'을 뜻하는 전치사일 뿐이지만, '신학'이라는 본래의 제목이 암시하는 것처럼 metaphysika는 단순히 '자연학 다음의 학문'이라는 의미를 넘어 '자연적인 것을 넘어서 있는 것을 논하는 학문'을 의미하게 되었다. 이런 점에서 metaphysika는 '초자연학'이라는 의미를 가지며, '자연적인 것'을 '현실적인 것'이라고 본다면 '초현실적인 것 혹은 형체를 띠지 않는 것에 대해 논하는 학문'이라고 할 수 있다. 이것은 곧 '형이상학'이라는 한자어 낱말의 의미이기도 하므로 '형이상학' 이라는 번역어는 metaphysika의 의미를 잘 담고 있는 것처럼 보인다.

그러나 초자연적인 것에 대해 탐구하는 학문이라고 해서 형이상학을 신이나 절대자와 같은 초자연적인 '존재자'들에 대해 탐구하는 학문으로만 제한해서는 안 된다. 초자연적인 것을 탐구한다는 것은, 다른 한편으로는 경험적인 방법으로 탐구할 수 없는 것을 '논리적으로' 탐구한다는 것을 함축하기도 한다. 그렇다면 존재자들의 존재 근거 혹은 본질, 진·선·미 등과 같은 개념들의 의미에 대해 사유하는 것도 일종의 형이상학이라고 할 수 있다. 이 때문에 근대 이후 철학자들은 형이상학을 둘로 구분하기도 했다. 18세기 독일의 철학자 크리스티안 볼프(C. Wolf)가 신이나 영혼과 같은 초자연적인 존재자들에 대해 탐구하는 '특수 형이상학(metaphysica specialis)'과 모든 존재자의 존재 근거에 대해 탐구하는 '일반 형이상학 (metaphysica generalis)' 혹은 '온토로지(ontologia)'를 구분한 것이 대표적인 사례이다.

3장
좋음에 대해
사유하는 것으로서의 철학

1. 좋다는 것은 어떤 것인가?

1장에서 살펴보았듯이 철학은 지혜를 사랑하는 것이고, 원초적인 의미에서 지혜는 좋은 선택을 할 수 있는 능력이다. 따라서 철학이 어떤 것인지 알기 위해서는 우선 어떤 선택이 좋은 것인지를 알아야 한다. 이것은 다시 어떤 것에 대해 '좋다'거나 '좋지 않다' 혹은 '나쁘다'고 판정하는 보편적인 기준이 무엇인지 알아야 한다는 것을 의미한다.

이를 위한 한 가지 방안은 '좋음'이라는 개념을 정의하는 것이다. '좋음'이라는 단어는 '좋다'라는 형용사나 '좋은'이라는 관형사의 어간 '좋'에 명사화 접미사 'ㅁ'을 결합하여 명사화한 것이다. 말하자면 '좋음'이라는 명사는 '좋다'라는 형용사를 붙일 수 있는 주어에 해당하는 것들("X는 좋다."에서 X에 해당하는 사물, 인물, 사건, 행위, 태도 등과 같은 것들)이나 '좋은'이라는 관형사로 수식할 수 있는 명사에 해당하는 것들("좋은 X"에서 X에 해당하는 사물, 인물, 사건, 행위, 태도 등과 같은 것들)이 가지는 하나의 공통적인 속성을 지칭하는 명사라고 할 수 있다. 그러므로 만약 '좋음'이라는 개념을 정의함으로써 그 의미를 명확하게 확정할 수 있다면, '좋은 것'들이 어떤 것인지, 어떤 것에 대해 '좋다'고 판정할 수 있는 기준이 무엇인지 알 수 있는 것이다. 그런데 우리는 '좋음'을 어떻게 정의할 것인가?

1.1. '좋음'을 어떻게 정의할 것인가?

1장의 3.3.2.에서 보았듯이 정의의 방법은 여러 가지이다. 그중에서 가장 우선 채택해볼 수 있는 방법은 '종차 + 최근류개념'의 방법일 것이다. 이 방법으로 '좋음'을 정의하기 위해서는 먼저 '좋음'의 최근류개념이 무엇인지, 그리고 그 개념에 포섭되는 '좋음'의 동위개념들이 무엇인지 알아야 한다. 그런데 사실상 우리는 '좋음'이라는 개념의 최근류개념이나 그 최근류개념에 함께 포섭되는 동위개념들이 무엇인지 알기가 쉽지 않다. 따라서 이 문제는 일단 미루어두고, 좋음을 정의할 수 있는 다른 방법을 채택해보자.

'좋음'을 정의하기 위해 종차와 최근류개념에 의한 방법을 쓸 수 없다면, 이번에는 매거적 정의를 채택해볼 수 있다. 매거적 정의는 어떤 개념의 외연을 하나하나 모두 열거하는 방법이다. 그런데 어떤 개념의 외연을 하나하나 모두 열거한다는 것은 그 개념의 의미 및 그 외연들을 이미 알고 있다는 것으로 이해될 수도 있다. 그러나 현실에서 우리 대부분은 어떤 개념의 의미를 명료하게 정의하지 못하더라도 그 개념을 언어적으로 표현하는 단어들을 사용한다. 예컨대 우리가 '노랑'이라는 개념을 정의하지 못하면서도 '노란'이라는 단어를 사용하듯이 말이다. '좋음'도 그렇다. 실제로 우리는 대부분 '좋음'을 정의하지 못하더라도 '좋다'나 '좋은'이라는 단어를 사용할 수 있다. 이것은 우리가 어떤 개념을 정의할 수 없다고 하더라도, 따라서 그 외연들 전부를 알지 못한다고 하더라도, 그 개념에 속하는 적어도 하나의 외연은 알고 있다는 것을 의미한다. 이와 같이 하나의 단어에 의해 지시되는 적어도 하나의 외연을 알고 있는 사람이 여럿 모인다면 '원칙적으로는' 그 단어로 표현되는 개념에 대한 매거적 정의를 시도해볼 수는 있을 것이다.

우리는 대부분 "X는 좋다(X is good)."라는 식으로 X에 대해 평가하는 판단을 할 때 '좋다'라는 단어를 사용한다. 이 경우 사람마다 X에 대해 '좋다'라고 판정하는 근거는 다양할 것이다. 이와 같이 저마다의 근거는 다르더라도 한 가지 확실한 사실은 어쨌든 사람들이 매우 자주 어떤 것에 대해 '좋다'거나 '좋지 않다'고 판정한다는 점이다. 그렇다면 모든 사람이 각각 '좋다'고 판정하는 그것들을 하나하나 열거해보면, '좋음'을 정의할 수 있는 하나의 실마리를 찾을 수도 있을 것이다.

그러나 일상에서 사람들이 '좋다'고 판정하는 대상들은 사람마다 다를 것이고, 같은 사람이라도 상황에 따라 시시각각 다를 수 있을 것이다. 사람들 사이의 차이들은 경험의 차이, 신념이나 가치관의 차이에 기인할 것이다. 또 같은 사람이라도 상황에 따라 다르게 판정하는 것은 그의 신체적·심리적 조건들이 달라지기 때문일 것이다. 그렇다면 이러한 차이들에도 불구하고 거의 모든 사람의 판정이 일치하는 경우들이 있는지 찾아볼 필요가 있다. 우선 대부분 사람이 자신에게 고통을 주는 것을 나쁘다고 판정하고 쾌락을 주는 것을 좋다고 판정한다는 점부터 생각해보자.

1.2. 생존, 생식, 양육에 유리한 것은 좋다

대부분 사람은 자신에게 고통을 주는 것을 나쁘다고 판정한다. 왜 그럴까? 예컨대 바늘과 같은 날카로운 것에 손가락이 찔리는 경우 정도의 차이는 있겠지만 누구라도 고통을 느낄 것이다. 그런데 이 경우 우리가 느끼는 고통은 크게 두 가지로 나누어진다. 한 가지는 생각할 겨를도 없이 빠르게 느껴지는 강한 고통이다. 이러한 고통 때문에 우리는 피부에 박힌 바늘을 신속하게 빼내고, 그 부위를 강하게 누르거나 문지르면서 고통을 완화하려는 행동을 한다. 다른 한 가지는 그 이후에 어느 정도 상처가 아물 때까지 오랫동안 느껴지는 다소 약한 고통이다. 이러한 고통을 느끼는 동안 대체로 우리는 또다시 이런 고통을 당하지 않기 위해서 조심해야 하겠다는 생각을 한다.

어떤 종류든지 간에 고통은 모두 생존을 위협하는 것에 대한 신호라고 할 수 있다. 찔린 바늘을 빨리 빼내지 않는다면 장차 파상풍(破傷風, tetanus)과 같은 질병이 유발되어 죽음에 이를 수도 있다. 또 그 이후로 오랫동안 지속되는 우리한 고통을 느끼지 않는다면 고통을 유발한 그 일의 위험성을 쉽게 망각해버려서 조심하지 않게 될 수 있다. 결국 우리가 느끼는 고통은 앞으로 다시 만날 수 있는 생존의 위협 요소를 피하도록 만드는 일종의 육체적 메커니즘에 따른 것이라고 할 수 있다.

심리적인 고통도 이와 다르지 않다. 우리가 겪는 심리적 고통은 대체로 장차 자신에게 닥칠 생존의 위협 상황을 예상하기 때문에 발생한다. 과거에 행했던 자신의 악행에 대해 괴로워하는 것도 나중에 그 일이 다른 사람들에게 알려질 경우 자신에 대한 다른 사람들의 평판이 나쁘게 형성된다든지 하는 식으로 자신의 생존 여건이 불리해질 수 있다는 예상 때문이다. 물론 이러한 고통을 겪는 동안 우리는 고통을 야기했던 일을 왜 했던가 하는 후회도 하고 또 그러한 일을 다시는 하지 않아야겠다고 다짐하기도 한다. 이러한 점에서 심리적 고통도 결국 생존의 위협 상황을 피하기 위한 심리적 메커니즘에서 발생하는 것이라고 할 수 있겠다.

그런데 우리의 육체적·심리적 메커니즘은 왜 생존의 위협을 그렇게도 회피하는 방향으로 형성되었을까? 예컨대 우리는 왜 의식적·무의식적으로 죽음을 피하려고 하는 것일까? 이 질문에 대답하기 위한 한 가지 실마리는 우리의 몸에 기록되어 있다. 우리의 의식이 어떻든지 간에 우리의 몸은 일정한 시기가 되면 생식 활동에 적합하도록 약간 변화된다. 사춘기 때 나타나는 몸의 이차 성징들이 그런 것이다. 이 시기에 우리의 의식은 생식(生殖)을 원하지 않더라도 몸은 생식을 위해 필요한 이러저러한 준비를 한다. 이렇게 본다면 몸에 기록되어 있는 생존의 한 가지 이유는 생식이라고 할 수도 있을 것이다.

이 시기에 사람들이 겪을 수 있는 한 가지의 고통은 생식 활동을 자유롭게 하지 못하는 데에 기인하는 고통이다. 심리분석의 창시자 지그문트 프로이트(S. Freud)는 성적 불만족이 불안 신경증의 한 요인이 될 수 있음을 알아차렸다. 그에 따르면, 호르몬이나 신경전달물질 등과 같은 체내의 화학물질 중에는 성욕과 관련되는 것들이 있는데, 이 물질들이 적절하게 신진대사하지 못하는 경우 발한(땀 분비), 심장 부정맥, 발작이나 발작에 준하는 극심한 불안 증세가 나타날 수 있다.[30]

한편, 나이가 조금 더 들어 아이를 낳아 부모가 된 경우를 생각해보자. 부모의 입장에 있는 사람들의 고통 목록에는 자신의 생존이나 생식과 관련된 고통 외에도 자녀 때문에 생기는 고통이 추가된다. 어린 자녀가 넘어져 다치기라도 하면 아이 자신보다 그 부모가 더 마음 아파한다. 오늘날 우리나라에서 흔히 볼 수 있듯이 자녀의 실패를 방지하기 위해 부모는 엄청난 고통을 감내한다. 도대체 부모는 왜 그런가?

이것 역시 "단지 부모이기 때문에."라는 대답 이외에는 달리 설명하기 어렵다. 그런데 "단지 부모이기 때문에 그렇게 한다."라는 말은 사실상 부모의 입장에 있는 사람이라면 누구나 그렇게 하는 경향이 있다는 것을 의미한다. 말하자면 별도로 배우지 않더라도 부모가 되면 모두 그렇게 한다는 것인데, 결국 이러한 일반적 경향성도 몸에 기록된 어떤 메커니즘 때문으로 볼 수 있는 것이다.

사춘기에 이차 성징이 나타나듯이, 자녀를 낳은 사람들(특히 여성)에게도 어떤 변화가 나타난다. 그런 사람들에게는 자녀의 고통을 자기 자신의

---

30) S. Freud, 이규환 옮김, 『정신분석입문』(서울: 육문사, 2000), 471쪽 이하 참조.

고통으로 느낄 수 있는 심적 특성이 새롭게 나타나는 것이다. 이것은 우리의 심리적 메커니즘이 일정한 시기가 되면 자녀의 양육에 적합한 형태로 변하는 것이라고도 볼 수 있다. 이때 양육이란 그 자녀가 성공적으로 생존하고, 사춘기 이후에는 성공적으로 생식 활동을 하며, 자녀를 낳은 이후에는 그 자녀를 성공적으로 양육할 수 있는 그런 사람으로 키워내는 것을 말한다. 이런 식으로 인류는 세대를 거듭하면서 지금까지 존속하고 있다.

지금까지 고통을 중심으로 인간의 육체적·심리적 특성에 대해 말했다. 그 중심을 쾌락으로 옮기면 정확하게 반대의 상황으로 이해할 수 있다. 세세한 예를 통해 설명하지 않더라도 우리는 생존에 성공하거나 생존을 위한 유리한 조건을 마련하는 상황에서 쾌락을 느낀다. 또 사춘기가 되면 생식 활동에 성공하거나 생식 활동을 위한 유리한 조건을 마련하는 상황에서도 쾌락을 느낀다. 나아가 부모가 되면 양육에 성공하거나 양육을 위한 유리한 조건을 마련하는 상황에서도 쾌락을 느낀다.

결국 생존·생식·양육에 유리한 상황에서 우리는 쾌락을 느끼고, 우리에게 쾌락을 주는 것에 대해 좋다고 평가한다. 반대로 생존·생식·양육에 불리한 상황에서 우리는 고통을 느끼고, 우리에게 고통을 주는 것에 대해 나쁘다고 평가한다. 가만히 생각해보면, 우리가 일상에서 좋거나 나쁘다고 평가하는 모든 대상은 사실상 생존·생식·양육에 유리한지 불리한지에 따라 좋거나 나쁘다고 평가되는 것처럼 보인다. 그렇다면 이 기준을 선악 평가의 최종적인 기준으로 삼아도 되지 않겠는가?

1.3. 인간은 동물과 달라야 한다

선악 평가의 최종 기준을 생존·생식·양육의 문제로 환원하는 것은 학습의 결과라기보다는 본성에 따른 것이다. 이런 점에서는 동물들도 인간과 다르지 않다. 그런데 인간에게는 스스로 동물들과 달라야 한다고 생각하는 경향이 있다. 이 때문에 좋음의 기준을 생존·생식·양육에 유리한 것에 두는 태도는 동물과 달라야 하는 인간이 취할 태도가 아니라고 생각될 수 있다. 결국 동물과 구별되는 인간만의 좋음의 기준이 어떤 것인지가 문제이다.

그런데 여기서 더 우선적인 한 가지의 문제가 발생한다. 그것은 다름 아니라 인간이 어떤 점에서 동물과 구별되는가 하는 문제이다. 이것은 곧 인간이 어떤 존재인지를 묻는 문제이며, 결국 인간의 본질이 무엇인지를 묻는 문제이다. 물론 이 문제에 대한 답도 '인간'에 대한 정의를 통해서 얻을 수 있을 것이다.

근대까지의 서양철학사의 주류를 이루는 철학자들은 대체로 인간의 본질을 '이성'이라고 주장했다. 이러한 점을 명시적으로 보여주는 것은 아리스토텔레스의 정의이다. 『프쉬케에 대하여(Peri Psychēs)』에서 그는 우선 '프쉬케'를 "잠재적으로 생명을 가지는 자연적 육체의 형상"이라고 정의했다.[31] 여기서 그는 자연적 육체(물질 덩어리)를 '잠재적으로 생명을 가지는 것'(생물)과 그렇지 않은 것(무생물)으로 나누고, 전자의 형상(본질)이 다름 아닌 프쉬케라고 규정한다. 결국 그는 프쉬케를 생물의 본질로 규정한 셈이다.

나아가 그는 프쉬케를 형상으로 하는 자연적 육체를 그것이 가지는 프쉬케의 능력 차이를 고려하여 다시 몇 가지 하위 범주로 구분했다. 그는 우선 프쉬케의 주요한 능력들로 영양 섭취 능력, 욕구 능력, 감각 능력, 이동 능력, 사고 능력 등을 열거하는데, 이 능력 중 무엇을 가지는지에 따

---

31) Aristoteles, W. S. Hett (tr.), *On the Soul*, (Massachusetts: Harvard Univ. Press, 1957), 412a 21. 그리스어 프쉬케(Psychē)는 통상적으로 '영혼'으로 번역된다. 그럼에도 여기서 '영혼'이라는 번역어를 채택하지 않고 발음 그대로 '프쉬케'라고 표기한 것은 우리말 '영혼'에 결부된 '비물질적인 실체'라는 의미 때문에 생길 수 있는 아리스토텔레스의 프쉬케 개념에 대한 오해를 차단하기 위한 것이다.

라 식물에 고유한 프쉬케, 동물에 고유한 프쉬케, 인간에 고유한 프쉬케로 구분했다.[32] 그에 따르면 식물의 프쉬케는 영양 섭취 능력만을 가지고, 동물의 프쉬케는 영양 섭취 능력, 욕구 능력, 감각 능력, 이동 능력[33]을 가지며, 인간의 프쉬케는 동물의 프쉬케가 가지는 능력뿐만 아니라 사고 능력까지도 가진다. 요컨대 프쉬케에 속하는 세 가지 종개념 중에서 인간적 프쉬케의 종차는 그것이 사고 능력을 가진다는 것이다. 이러한 사항들을 가지고 인간을 정의한다면, 인간이란 "사고 능력을 가지는 생물(프쉬케를 가지는 육체)"이라고 할 수 있을 것이다. 여기서 사고 능력은 곧 이성이라고 할 수 있으므로, 아리스토텔레스는 인간을 '이성을 가지는 생물'로 정의한 셈이다.

2. 인간에게 좋다는 것은 어떤 것인가?

2.1. 쾌락주의

인간의 선악 판정 기준이 동물의 그것과 달라야 하고, 인간의 본질이 이성이라면, 인간에게만 해당되는 선악의 판정 기준에는 어떤 형태로든 이성이 개입될 수 있어야 할 것이다. 실제로 옛날의 철학자들은 그렇게 했는데, 그 한 가지 입장은 '쾌락주의(hedonism)' 사상이다. 이것은 앞에서 본 경우와 같이 쾌락과 고통을 선악의 판정 기준으로 삼긴 하지만 현재의 쾌락과 고통에 대해 즉각적으로 좋거나 나쁘다는 식으로 판정하는 것이 아니라 현재의 쾌락이 나중의 고통을 낳을 수도 있다는 것을 '이성

---

32) *ibid*., 414a 31ff.
33) 이동 능력을 가지느냐 아니냐에 따라 동물의 프쉬케도 고착동물의 프쉬케와 이동동물의 프쉬케로 구분할 수 있을 것이다.

적으로' 사고함으로써 경우에 따라 현재의 쾌락을 나쁘다고 판정할 수도 있다는 입장이다.

옛날 철학자 중에서 쾌락주의 사상을 주장한 가장 유명한 철학자는 아마도 에피쿠로스(Epicuros, 기원전 341-270년경)일 것이다. 그는 '쾌락'을 "육체에 고통이 없는 것과 영혼에 혼란이 없는 것"[34]이라고 규정하고, 쾌락을 주는 것을 좋은 것이라고 주장한다. 그에 따르면, 우리는 태어나면서 지닌 쾌락을 가장 좋은 것으로 인정하고, 쾌락을 출발점으로 모든 것을 선택하거나 회피하며, 또 쾌락의 감정을 기준으로 삼아 어떤 것이 좋거나 나쁘다고 판정한다.[35] 이것은 쾌락을 그 자체로 좋은 것으로, 고통을 그 자체로 나쁜 것으로 보는 쾌락주의 사상의 전형이라고 할 수 있다.

그런데 여기까지만 보면 이러한 주장은 인간에게만 해당하는 것이 아니라 위에서 고찰했던 자연적인 쾌락주의, 즉 다른 모든 동물에게도 해당하는 그러한 종류의 쾌락주의와 다르지 않다고도 볼 수 있을 것이다. 이 때문인지 에피쿠로스는 자신이 제시하는 쾌락주의의 원리가 쾌락이면 즉시 취하고 고통이면 즉시 회피하라는 식의 순간적인 선택의 원리가 아니라고 주장한다. 실제로 그는 현재의 쾌락이 나중에 고통을 야기하거나 현재의 고통이 나중에 쾌락을 야기하는 일들이 많다는 점에 주목하면서, 우리가 때에 따라서는 좋은 것을 나쁜 것으로 다룰 수 있어야 하고 반대로 나쁜 것을 좋은 것으로 다룰 수 있어야 한다고 주장한다.[36] 그렇다면 우리에게는 현재 우리가 취하는 하나의 쾌락이 어떤 고통과 어떤 쾌락의 연쇄로 이어질지 예상하는 것이 중요하다. 이를 위해서는 '이성적인' 사유

---

34) Diogenes Laertios, 전양범 옮김, 『그리스 철학자 열전』(서울: 동서문화사, 2008), 10권, 1. 에피쿠로스, 131번 단편.
35) 같은 책, 10권, 1. 에피쿠로스, 129번 단편 참조.
36) 같은 책, 10권, 1. 에피쿠로스, 130번 단편 참조.

능력이 필요하다. 바로 이러한 점에서 에피쿠로스의 쾌락주의는 모든 동물에게도 해당하는 '자연적인' 쾌락주의가 아니라 인간에게만 해당하는 '이성적인' 쾌락주의라고 할 수 있는 것이다.

이성적으로 숙고해보면, 육체의 고통보다도 영혼의 고통이 더 나쁜 것으로 평가된다. 왜냐하면 육체의 고통은 현재만의 일인 데 반해 영혼의 고통은 현재뿐만 아니라 과거나 미래에도 관련되는 일이기 때문이다.[37] 말하자면 영혼은 현재의 고통만 당하는 것이 아니라 과거에 당한 고통을 회상하거나 미래에 당할 고통을 예상할 때에도 고통을 당할 수 있는 것이기 때문에 고통의 총량에서 육체의 고통보다 많을 수밖에 없는 것이다.

또한 동일한 원리에서 본다면, 욕망을 채움으로써 얻을 수 있는 동적인 쾌락(적극적인 쾌락)보다도 고통이 없는 상태에서 느낄 수 있는 정적인 쾌락(소극적인 쾌락)이 더 좋다고 여겨질 수 있다. 실제로 에피쿠로스는 "일종의 쾌락을 만들어내는 것은 그런 쾌락 그 자체보다도 몇 배나 많은 번뇌를 가져온다."[38]라는 데 주목했다. 말하자면 특정한 욕망을 채움으로써 쾌락을 얻고자 할 경우 우리는 그 욕망을 채우기 위한 수고를 하지 않으면 안 되는데, 결과적으로 이 수고는 쾌락을 감소시키거나 더 큰 고통을 야기하는 셈이 되므로 일정한 수고를 통해 쾌락을 획득하는 것보다 차라리 그러한 수고를 하지 않는 편이 더 좋다고 볼 수 있는 것이다.

이러한 에피쿠로스의 쾌락주의 사상을 압축적으로 표현하는 말이 바로 '영혼의 아타락시아(ataraxia)'이다. 아타락시아는 문자적으로 혼란(tarax)이 없는(a-) 상태를 뜻한다. 이것은 우선 육체가 아니라 영혼의 쾌락이므로 더 좋은 것이며, 또한 적극적으로 쾌락을 취하고자 하는 것이 아니라 소극적으로 혼란(고통)을 회피하고자 하는 것이므로 더 좋은 것이다. 그러므로

---

37) 같은 책, 10권, 1. 에피쿠로스, 137번 단편 참조.
38) 10권, 1. 에피쿠로스, 141번 단편 참조.

영혼의 아타락시아는 최고의 쾌락이며, 이러한 점에서 영혼의 아타락시아야말로 우리가 '좋다'고 판정하는 데 준거가 되는 최후의 기준인 것이다.

2.2. 행복주의

다른 동물들과 달리 인간에게만 좋은 것으로 평가될 수 있는 것에 대한 또 다른 하나의 전통적인 철학적 입장은 '행복주의(eudaimonism)'이다. 이것은 말 그대로 '행복'을 좋은 것으로, 불행을 나쁜 것으로 보는 이론이다. 그런데 여기서 다시 하나의 문제가 생겨난다. 행복이란 어떤 것인가 하는 문제이다. 이 문제도 역시 '행복'이라는 개념을 정의함으로써 해명 가능할 것이다. 그렇다면 다시 앞에서 숙고했던 '좋음'을 어떻게 정의할 것인가 하는 문제와 같은 상황에 빠지게 될 것이다. 그러나 여기서는 현재 우리가 '행복'을 어떻게 정의할 것인지가 아니라 행복주의 사상을 개진했던 옛날 철학자들이 그 개념을 어떻게 정의했는지를 추적해보는 것이 더 중요하다.

우리말 한자어 '행복(幸福)'은 다행 행(幸)자와 복 복(福)자로 구성된 단어이다. 다행 행자는 젊음을 뜻하는 요(夭)자와 거역하다를 뜻하는 역(逆)자에서 다행 행자는 젊음을 뜻하는 요(夭)자 아래에 거역하다를 뜻하는 역(逆)자에서 책받침 부수 辶를 뺀 屰를 붙여 합성한 글자라고 한다. 따라서 다행(多幸)이라는 말은 "젊어서 죽지 않음", "요절(夭折)을 거역함"이라는 의미를 함축한다. 젊어서 죽음(요절)은 통상적으로 죽음을 맞이할 시기가 아님에도 불구하고 죽게 되는 것을 뜻한다. 이러한 경우는 자살이거나 사고사에 해당한다. 자살은 여러 가지 복잡한 사정을 담고 있는 죽음이겠으나 사고사는 말 그대로 예상하지 못한 죽음이다. 말하자면 사고사는 죽는 당사자의 의지와는 무관한, 그리고 당사자의 입장에서 보자면 필연적인 이유가 없었던, 따라서 전적으로 우연적이고 외부적인 어떤 요인에 의한 죽음인 것이다. 그런데 문제는 사고란 말 그대로 우연히 일어나는 일이기 때문에 사고사를 피하는 것도 당사자의 의지로 가능한 것이 아니라는 점이다. 이러한 점에서 본다면, '다행'이라는 것도 우연적이고 외부적인 요인에 의한 것이라는 의미를 함축한다.

한편, 복 복자가 소리와 뜻이 동일하다는 것은 '복'이라는 것을 달리 설명하기 어렵다는 의미이다. 그런데 일상에서 '복'자는 흔히 사용되는 단어이다. 우리나라의 대표적인 새해 인사말은 "새해 복 많이 받으세요."이다. 많은 사람은 교회나 절에 가서 신불(神佛)에 '복[받기]'을 빈다. 이 경우에 사람들이 비는 복은 대체로 건강, 재물, 성공, 결혼, 다산 등으로, 앞에서 본 생존·생식·양육에 유리한 조건이 되는 것들이다.

그러나 이러한 복의 항목보다도 더 주목할 만한 것은 그것이 당사자의 노력에 따라 필연적으로 주어지는 것이 아니라는 점이다. 이러한 특성은 '복권(福券)'이라는 것에서 잘 드러난다. 복권은 '복을 받을 수 있는 티켓'을 뜻하는데, 대체로는 지불이 보증된 것이 아니라 추첨 과정을 기다려야 하는 것이다. 이때 추첨에서 당첨을 결정하는 것은 신불의 영역이지 인간의 영역이 아니다. 이러한 점에서 복은 다행과 마찬가지로 우연적이고 외부의 요인에 달린 것이다.

요컨대 '행복'이란 생존·생식·양육에 유리한 조건이 신불과 같은 외부의 요인에 의해 우연적으로 주어지는 것이라고 할 수 있다. 이는 영어 happiness라는 용어에도 그대로 함축되어 있다. happiness는 사고와 같이 우연히 어떤 일이 일어나는 것을 나타내는 happen과 같이 '우연'을 뜻하는 고대 영어 hap에서 비롯된 말이다. 행복의 이러한 '우연적' 특성을 분명하게 드러내는 것은 그리스어 eudaimonia일 것이다. 그리스어에서 eu-

는 '좋은', '합치하는', '적합하게 호응하는' 등을 나타내는 접두사이고, daimon은 신 혹은 신적인 존재자를 나타내는 말이다. 따라서 eudaimonia 는 '신적인 존재자(daimon)에 합치함(eu-)'을 의미한다.[39]

행복의 의미가 이러하다면, 인간이 행복해지기 위해서 인위적으로 할 수 있는 방법은 '신탁'과 '주술' 외에는 찾아볼 수 없을 것이다. 신탁을 통해 우리는 앞으로 닥칠 수 있는 예상치 못한 사고를 방지할 수 있다. 또한 주술을 통해 우리는 본래대로라면 주어지지 않을 복을 신불을 달래 거나 위협하여 얻을 수도 있다. 그런데 고대 그리스의 철학자들은 이러한 신탁과 주술을 비판하고 그것으로부터 벗어나고자 하여 '철학'이라는 문화를 창시했다. 그러나 이 철학자들은 철학을 하기 위해서 행복 추구를 거부한 것이 아니라 새로운 행복의 개념을 만들어냄으로써 철학적으로 행복을 추구할 수 있는 발판을 마련했다. 그중에서도 아리스토텔레스의 사상은 이러한 새로운 행복 개념을 만들어내는 논리적 과정을 가장 선명 하게 보여준다.

앞서 1장 5절과 2장 3절에서 아리스토텔레스의 목적론적 세계관을 개 관한 바 있다. 그에 따르면 현실에 존재하는 모든 사물은 잠재적으로 있 던 것이 현실적으로 있는 것으로 변화 혹은 운동한 것이다. 이와 같이 잠 재태에서 현실태로의 변화나 운동은 형상인, 질료인, 작용인, 목적인이라 는 네 가지 원인에 따라 일어나는데, 그중에서도 궁극적인 원인은 다름 아니라 목적인이다. 따라서 만물은 그것의 목적을 실현하기 위해서 변화 하거나 운동하는 것이다. 그런데 이러한 변화와 운동은 일회적으로 끝나

---

39) 그리스어에서 이와 유사한 단어로 eutychia라는 것이 있다. 이 단어의 문자적 의미는 '튀케 (Tychē)에 합치함'이다. 튀케는 '행운의 여신'으로서 로마신화에서는 포르투나(Fortuna)로 지 칭된다. 따라서 이 단어는 거기에서 유래한 영어의 fortune이 그렇듯이 '행복'보다는 '행운'에 더 가까운 의미이다.

는 것이 아니라 꼬리에 꼬리를 물고 계속 이어진다. 이러한 연속적인 변화와 운동의 종점이 있다면, 그것은 '더 이상 자신의 외부에 목적을 가지지 않는 것'이라는 의미의 엔텔레케이아(entelecheia)일 것이다. 자신의 외부에 목적을 갖지 않는다는 것은 더 이상 다른 것으로 변화하거나 운동할 필요가 없다는 것이다. 필요(need)가 없다는 점에서 그것은 결여(need)가 없다는 것이고, 따라서 완전한 상태인 것이다.

엔텔레케이아는 사물의 변화와 운동의 종점을 지칭하는 용어이지만, 그 종점에 이른 사물이 어떤 것이든 간에 그것의 완전한 모습을 나타내는 용어이기도 하다. 그렇다면 어떤 사물의 완전한 모습이란 어떤 것일까? 앞에서도 말했지만, 그것은 결여된 것이 없는 상태이다. 다시 말하자면 그것은 그것이 그것으로서 존재하기 위해 갖추어야 할 모든 조건을 빠짐없이 갖추고 있는 상태이다.

이러한 점에서 아리스토텔레스는 형상인과 목적인이 어떤 측면에서는 동일한 것일 수도 있다고 주장했다.[40] 이것은 사물의 최종 목적이, 다름 아니라 그것의 형상 혹은 본질을 완전하게 실현하는 것이라고도 볼 수 있음을 의미한다. 예컨대 『논어』 「안연(顔淵)」 편에 "君君臣臣父父子子"라는 문구가 있다. 이 문구는 통상적으로 "임금은 임금다워야 하고 신하는 신하다워야 하며 아비는 아비다워야 하고 아들은 아들다워야 한다."로 번역된다. 여기서 임금다움, 신하다움 아비다움, 아들다움 등은 각각 임금, 신하, 아비, 아들의 본질이라고 할 수 있다. 그런데 또한 임금다움은 임금이 된 사람의 최종 목적이기도 하다. 말하자면 방금 임금의 지위에 오른 사람이라면 임금다운 임금이 될 때까지 계속 변모해가야 한다는 것이다.

이러한 목적론적 설명은 보편적인 차원에서 인간의 변화와 운동에도 똑같이 적용된다. 실제로 인간은 태어난 순간부터 계속해서 성장해간다.

---

40) Cf. Aristotle, *Metaphysics I*, 1044a 37-1044b 2.

이러한 성장은 당연히 일정한 목적을 달성하는 쪽으로 향해갈 것이고, 최종적으로는 더 이상 목적이 설정되지 않는 시점까지 계속 이어질 것이다. 그렇다면 인간이 도달해야 할 최종 목적은 무엇일까? 그것은 다름 아니라 인간의 본질, 즉 '인간다움'의 실현이다. 말하자면 인간이라면 누구나 인간다움을 완전하게 실현할 때까지 끊임없이 변모해가야 하는 것이다.

그런데 이 지점에서 한 가지 주목할 사항은 모든 사물이 그것의 본질 내지 목적을 실현하는 방향으로 나아가는 것이 다름 아닌 '자연적 과정 (physis, nature)'으로 이해된다는 점이다.[41] 그렇다면 그렇게 변모해가는 그것의 입장에서는 본성적으로(naturally) 자신의 최종 목적을 실현하기를 '추구한다'고 말할 수 있을 것이다.

이를 인간의 경우에 적용하면, 모든 인간은 '본성적으로' 자신의 최종 목적을 실현하기를 추구한다. 그런데 인간의 최종 목적이 무엇이든 간에 '모든 인간이 추구하는 것'이라면, 그것은 인간에게 '좋은 것'이라고 할 수 있을 것이다.[42] 이 때문인지 아리스토텔레스는 목적인을 다른 말로 '좋은 것(agathon)'이라고 표현하기도 한다.[43]

요컨대 인간의 궁극 목적은 '인간다움'이고, 인간다움을 실현하는 것은 모든 인간이 본성적으로 추구하는 좋은 것이다. 그렇다면 인간다움의 구체적 내용은 무엇인가? 앞에서 우리는 아리스토텔레스가 인간을 "이성적 [프쉬케를 가진] 생물"로 정의했음을 살펴보았다. 이 정의에서 식물이나 동물과 구별되는 인간의 종차는 '이성[적 프쉬케를 가짐]'이다. 이것이 바로 인간의 본질이고 인간다움의 핵심이다. 이러한 점에서 인간답다는 것은 이성적 프쉬케의 능력을 완전하게 발휘하는 것이다. 그렇다면 결국 이

---

41) Cf. *ibid.*, 1015a 17-18.
42) "좋은 것이란 모든 것들이 목표로 삼는 것이다."(Aristotle, *Nicomachean Ethics*, (Massachusetts: Harvard Univ. Press, 1939), 1094a 3.)
43) Cf. Aristotle, *Metaphysics I*, 983a 33-34.

러한 인간다움의 실현, 즉 이성적 프쉬케의 능력을 완전하게 발휘할 수 있게 되는 것이야말로 모든 인간이 추구해야 할 '좋은 것'이라고 할 수 있을 것이다.

그런데 아리스토텔레스는 모든 인간이 추구해야 할 좋은 것을 '행복'이라는 말로 지칭하기도 한다.[44] 이것은 아리스토텔레스가 '이성적 프쉬케의 능력을 완전하게 발휘할 수 있게 되는 것(인간다움의 실현)'과 '행복'을 동일한 것으로 본다는 것을 의미한다. 그렇다면 이러한 주장의 근거는 무엇일까?

앞에서 우리는 행복에 해당하는 고대 그리스어 eudaimonia의 어원 분석을 통해 그것이 '신적인 존재자에게 잘 호응하는 것'을 의미한다는 점을 고찰한 바 있다. 아리스토텔레스의 용법도 크게 다르지 않지만, 결정적인 차이가 있다. 아리스토텔레스 사상에서 인간의 궁극 목적은 완전한 것, 자족적인 것이다. 행복이 인간의 궁극 목적이라면 행복은 자족적인 것이어야 한다. 그런데 자족적이라는 것은 곧 신적인 것(완전한 것)이라는 의미이다. 그러나 인간이 자족적인 것이 되기 위해서 자신 외부에 존재하는 신적인 것에 의존할 수는 없다. 왜냐하면 그렇게 외부의 어떤 것에 의존한다는 것 자체가 자족적인 것과 모순되기 때문이다. 그렇다면 인간이 자족적으로 되기 위해서는 자신의 내부에 있는 신적인 것을 발현해야만 한다. 마침 인간 내부에 신적인 것이 있는데, 그것은 다름 아니라 이성이다. 따라서 인간은 이성 능력을 온전하게 발현할 때 자족적일 수 있다. 결국 아리스토텔레스가 말하는 자족적인 것으로서의 행복은 인간 자신의 내부에 있는 신적인 것으로서의 이성의 능력을 온전하게 발현하는 활동이라고 할 수 있다.[45] 이러한 점에서 아리스토텔레스 사상에서

---

44) Cf. Aristotle, *Nicomachean Ethics*, 1097a 29ff.
45) Cf. Aristotle, *Nicomachean Ethics*, 1178b 22-24.

eudaimonia의 daimon은 인간 외부의 신이나 신적인 존재가 아니라 인간 자신의 내부에 갖추어져 있는 신적인 측면, 즉 이성으로 재규정되는 것이다. 단적으로 말해서 행복이란 '이성에 맞게 사는 것'이라고 할 수 있다.

> 인간이 다른 무엇보다도 이성적인 존재인 한, 인간에게는 이성적인 삶이야말로 가장 좋은 것이다. 그러므로 이러한 삶이 가장 행복한 삶일 것이다.[46]

이러한 맥락에서 아리스토텔레스는 행복한 삶의 전형을 '관조하는 삶'이라고 한다.[47] 그것은 관조(觀照, theoria)가 지속 가능하고 자족적인 활동, 간단히 말해서 이성의 여러 기능 중에서 최고의 기능이기 때문이다. 관조의 원초적인 의미는 경기나 공연이나 전시물을 관람하는 것과 같이 '대상에 개입하지 않고 그저 보고 즐기는 것'이다. 자족적인 신은 참된 것, 아름다운 것, 좋은 것을 소유할 필요가 없으므로 그저 관조하는 존재일 것이다. 이러한 점에서 관조하는 삶은 인간이 신의 경지에 이르렀다고 할 수 있을 만한 삶, 따라서 행복한 삶이라고 할 수 있는 것이다.

2.3. 공리주의

앞 절에서 보았듯이 아리스토텔레스는 '행복'이라는 말을 그 당시의 통상적인 의미와는 다르게 '이성에 합치함'으로 재규정했다. 여기서 '이성'은 인간의 내면에 갖춰진 '신적인 특성'이기 때문에 중세 시대의 신학자들도 '이성에 합치함'이라는 아리스토텔레스의 행복 개념을 수용하긴 했다. 하지만 그것을 기독교적 의미로 전유(專有)했다. 예컨대 5세기의 아우구스티누스(Aurelius Augustinus)는 인간의 영혼이 신의 영원한 은총에

---

46) Aristotle, *Nicomachean Ethics*, 1178a 7-9.
47) Cf. Aristotle, *Nicomachean Ethics*, 1177a 12ff.

힘입어 완수되는 것이라고 주장했고, 13세기의 토마스 아퀴나스(Thomas Aquinas)도 인간이 스스로 노력하여 성취한 행복은 죽음과 동시에 끝나버리는 '불완전한 행복'이기 때문에 '완전한 행복'을 위해서는 신의 은총에 의지해야 한다고 주장했다.[48]

그러나 고대 그리스·로마 문화의 기독교적 전유를 비판하고 그 본래의 모습에 주목한 르네상스 시대에는 신의 은총에 의지하지 않는 자기 창조적인 인간의 이미지가 형성되었다. 예컨대 15세기 인문주의자 조반니 피코 델라 미란돌라(Giovanni Pico della Mirandola)는 인간을 자신의 창조적 역량을 통해 잠재성을 실현하는 존재로, 따라서 신의 은총에 기대지 않고 스스로 자신을 구원할 수 있는 존재로 이해했다.[49] 이러한 르네상스 시대의 인간 이해는 아리스토텔레스의 것과 유사한 행복 개념을 다시 부각시키기도 했지만, 또한 다른 한편으로는 내세(來世)에서의 영생(永生)을 중시한 기독교의 가르침을 벗어나서 현세(現世)에서의 쾌락을 중시하는 세속적 태도를 불러일으키기도 했다. 이러한 후자의 측면은 행복을 현세에서의 쾌락과 사실상 같은 개념으로 규정하는 '근대적 행복 개념'[50]의 밑거름이 되었다.

'행복=쾌락'으로 정식화할 수 있는 근대적 행복 개념은 17-8세기 계몽주의 철학자들에 의해 정립되어 근대인들의 생활 방식 전반에 스며들었다. 우선 17세기 후반에 활동한 영국의 존 로크는 "충만한 의미에서 행복은 극도의 쾌락이고 불행은 극도의 고통이다."[51]라고 주장함으로써 '행복=쾌락'이라는 생각을 피력했다. 나아가 그는 이러한 행복=쾌락을 적극적

---

48) Cf. K. P. Liessmann · G. Schildhammer, 최성욱 옮김, 『행복 - 유럽 정신사의 기본 개념 1』(서울: 이론과실천, 2014), pp. 77ff.
49) Cf. *ibid.*, pp. 64ff.
50) 여기서 '근대적 행복 개념'이라는 말은 아리스토텔레스의 행복 개념으로 대표되는 '고대적 행복 개념'과 대비되는 새로운 행복 개념을 지칭하기 위해 필자가 사용하는 용어이다.
51) J. Locke, *An Essay Concerning Human Understanding*, (London: Penguin Books, 2004), p. 239.

으로 추구하는 것이 (중세 시대의 교회가 가르쳤듯이) 결코 나쁜 일이 아니라고 주장했다. 그에 따르면, 우리에게 쾌락을 주는 것은 좋은 것이고, 모든 좋은 것은 인간 욕망의 고유한 대상이므로, 모든 사람은 행복을 욕망하고 추구할 수밖에 없다.[52] 이러한 생각에 힘입어 18세기 사람들은 그저 즐길 수 있는 '오락 정원'을 만들고, 거기서 춤추고 노래하고 음식을 즐기고 동반자와 육체를 즐기는 새로운 생활양식을 만들 수 있었다.[53]

이러한 근대적 행복=쾌락 개념에 입각하여 '인간에게 좋은 것'이 어떤 것인지를 사유한 대표적인 사례는 공리주의(功利主義, Utilitarianism)이다. 공리주의 사상은 오늘날까지 여러 철학자에 의해 계속 보정(補正)되면서 여러 갈래로 발전하고 있지만, 그 근본 원리를 제공한 사람은 역시 영국의 철학자 제레미 벤담(J. Bentham, 1748-1832)이다. 그는 공리주의의 근본 원리라고 할 수 있는 이른바 '효용성의 원리(the principle of utility)'를 확립한 철학자이다.

> 효용성의 원리란 이해관계가 걸려 있는 사람들의 행복을 증대시키는 것처럼 보이는가 아니면 감소시키는 것처럼 보이는가 하는 경향에 의거하여 모든 행위를 승인하거나 아니면 거부하는 원리를 의미한다.[54]

이 원리에 따르면, 어떤 사람의 특정한 행위는 그 행위로 인하여 행복을 얻거나 불행을 당할 수 있는 사람들의 행복(쾌락, 이익)을 증대시키는 것처럼 보일 때 '좋다'고 평가되고, 반대로 불행(고통, 손해)을 증대시키는 것처럼 보일 때 '나쁘다'고 평가되어야 한다. 이것은 나의 행위가 좋거나 나쁘다는 평가가 나 자신뿐만 아니라 주변의 다른 사람들의 쾌락을 증

---

52) Cf. *ibid.*, pp. 239f.
53) Cf. D. NcMahon, 윤인숙 옮김, 『행복의 역사』(파주: 살림, 2008), pp. 276f.
54) J. Bentham, *An Introduction to the Principles of Morals and Legislation*, London: Lincoln's - INN Fields, 1823), I:2.

진시키는지 여부에 따라 결정되어야 한다는 것을 의미한다. 이러한 점에서 공리주의는 앞에서 본 에피쿠로스의 쾌락주의와는 달리 좋고 나쁨의 평가가 사회적 차원에서 이루어져야 한다고 본다.

이와 같이 사회적 차원에서 생각한다면, 확실히 효용성의 원리는 자명한 것처럼 보인다. 예컨대 나의 행위로 인해 이익을 보는 사람들이라면 나의 행위를 좋다고 평가할 것이고 손해를 보는 사람이라면 나쁘다고 평가할 것이 너무나도 당연해 보이기 때문이다. 그런데 나의 행위를 사회구성원 모두가 똑같이 좋거나 나쁘다고 평가하면 문제가 없지만, 일부의 구성원은 좋다고 평가하고 나머지 일부의 구성원은 나쁘다고 평가한다면 나는 어떻게 해야 할까?

현실에서는 이러한 후자의 상황에 부딪힐 때가 더 많을 것이다. 공리주의는 이러한 상황에서도 똑같이 효용성의 원리에 입각하여 좋고 나쁨을 결정해야 한다고 주장한다. 벤담은『도덕과 입법의 원리 입문』4장에서 이 원리를 적용하여 어떤 사람의 특정한 행위에 대해 좋거나 나쁘다고 평가하는 구체적인 계산 절차를 상세하게 기술하고 있다.

① 그 행위에 의해 최초로 산출된다고 생각되는 각각의 고유한 쾌락의 가치가 얼마인지 계산한다.
② 그 행위에 의해 최초로 산출된다고 생각되는 각각의 고통의 가치가 얼마인지 계산한다.
③ 그 행위에 의해 최초로 산출되는 쾌락 다음에 산출된다고 생각되는 각각의 쾌락의 가치가 얼마인지 계산한다. …
④ 그 행위에 의해 최초로 산출되는 고통 다음에 산출된다고 생각되는 각각의 고통의 가치가 얼마인지 계산한다. …
⑤ 한 편으로는 모든 쾌락 가치를 합산하고, 다른 한 편으로는 모든 고통 가치를 합산한다. 그 차이가 쾌락 쪽에 있다면, 그 차이는 개인의 이해관계와 관련하여 전체에 그 행위의 좋은 영향을 줄 것이다. 그 차이가 고통 쪽에 있다면, 전체에 그 행위의 나쁜 영향을 줄 것이다.
⑥ 이해관계가 걸려 있다고 생각되는 사람들의 수를 계산한다. 그리고 그 사람들 각각에 대해 위의 과정을 반복한다. 각각의 개인과 관련하여 전체에 좋은 영향

을 주는 사람들의 행위가 어느 정도의 좋은 영향을 주는지를 표현하는 수를 합산한다. 전체에 좋은 영향을 주는 개인별로 이것을 반복한다. 각각의 개인과 관련하여 전체에 나쁜 영향을 주는 사람들의 행위가 어느 정도의 나쁜 영향을 주는지를 표현하는 수를 합산한다. 전체에 나쁜 영향을 주는 개인별로 이것을 반복한다. 차이를 계산하여 그 차이가 쾌락 쪽에 있다면 그 행위는 전체 구성원이나 공동체에 일반적으로 좋은 영향을 줄 것이다. 그 차이가 고통 쪽에 있다면 그 행위는 동일한 공동체에 대해 일반적으로 나쁜 영향을 줄 것이다.[55]

이러한 효용성의 원리가 타당성을 갖기 위해서는 무엇보다도 먼저 어떤 행위에 대한 이해 당사자들의 개인별 쾌락량이 객관적으로 측정될 수 있어야 할 것이다. 따라서 벤담은 쾌락량 측정을 위한 세밀한 표준을 세웠다. ① 강력성, ② 지속성, ③ 확실성, ④ 원근성(遠近性), ⑤ 다산성, ⑥ 순수성, ⑦ 범위가 그것이다.[56] 이 표준에 따르면 우선 쾌락은 그 정도가 강력할수록(강력성), 오랫동안 지속될수록(지속성), 성취될 가능성이 클수록(확실성), 빠른 시간 안에 일어날 것일수록(원근성) 더 좋다. 이 네 가지는 해당 행위에 대해 한 사람이 직접적으로 얻는 일차적인 쾌락의 양을 측정하는 기준이다. 그러나 이 일차적인 쾌락 혹은 고통은 새로운 쾌락 혹은 고통을 야기하는 원인이 될 수 있다. 나중의 세 가지는 이러한 이차적인 쾌락량을 측정하는 기준이다. 하나의 쾌락이 다른 쾌락을 많이 생산할수록(다산성) 더 좋고, 하나의 쾌락이 그에 반대되는 고통을 수반하지 않을수록(순수성) 더 좋으며, 그것을 느끼는 사람의 수가 많을수록(범위) 더 좋다는 것이다.

이러한 세밀한 기준들이 설정되어 있다고 하더라도 개인별 쾌락량을 객관적으로 측정하는 것이 정말 가능한지는 여전히 논란거리이다. 그러나 일단 개인별 쾌락량이 객관적으로 측정 가능하다고 보고, 위의 절차를 구체적인 예를 들어 다시 확인해보자.

---

55) *ibid.*, IV:5.
56) Cf. *ibid.*, IV:2-4.

A라는 사람의 특정한 행위에 이해관계가 걸려 있는 B, C, D가 있다고 가정하자. (1) 이 행위가 직접적으로 유발하는 B, C, D 각각의 쾌락의 정도와 고통의 정도를 산출한다. (2) 직접적인 쾌락이나 고통 이후에 그 쾌락이나 고통으로부터 이차적으로 유발되는 쾌락이나 고통의 정도를 산출한다. (3) 각각의 쾌락량과 고통량을 합산하여 그 차이를 확정한다.

여기까지의 과정에서 쾌락의 정도를 +00로, 고통의 정도를 -00로 표시하여 다음과 같은 도표로 그려볼 수 있다.

	1차 쾌락량	1차 고통량	1차 쾌락에서 유래하는 2차 쾌락량	1차 쾌락에서 유래하는 2차 고통량	1차 고통에서 유래하는 2차 쾌락량	1차 고통에서 유래하는 2차 고통량	총계
B	+80	-10	+30	-30	+40	-10	+100
C	+70	-20	+30	-40	+50	-10	+80
D	+20	-80	+20	-50	+20	-40	-100
							+80

이 도표에 따르면, A의 행위에 대해 B와 C는 좋다고 평가하고, D는 나쁘다고 평가한다. 그러나 사회적 차원에서는 B, C, D 각각의 쾌락량 혹은 고통량의 총계가 전체적으로 쾌락 쪽으로 기울고 있으므로 A의 그 행위는 좋다고 평가되어야 한다.

또 다른 하나의 사례를 보자.

	1차 쾌락량	1차 고통량	1차 쾌락에서 유래하는 2차 쾌락량	1차 쾌락에서 유래하는 2차 고통량	1차 고통에서 유래하는 2차 쾌락량	1차 고통에서 유래하는 2차 고통량	총계
B	+20	-80	+30	-50	+10	-80	-150
C	+70	-20	+30	-40	+50	-10	+80
D	+20	-80	+20	-50	+20	-40	-100
							-170

이 도표에 따르면, A의 행위에 대해 C는 좋다고 평가하고, B와 D는 나쁘다고 평가한다. 그러나 사회적 차원에서는 B, C, D 각각의 쾌락량 혹은 고통량의 총계가 전체적으로 고통 쪽으로 기울고 있으므로 A의 행위는 나쁘다고 평가되어어 한다.

이러한 '효용성의 원리'는 '최대행복의 원리(the greatest happiness principle)' 혹은 '최대다수의 최대행복(the greatest happiness of the greatest number)'의 원리라고도 한다.57) 그런데 오늘날 공리주의를 대표하는 상징적인 표어로 알려진 '최대다수의 최대행복'의 원리는 종종 다수결의 원리로 오인된다. 그러나 이 원리는 개개인의 행복량(쾌락량)의 총합이 가장 큰 것이 가장 좋다는 효용성의 원리의 다른 표현일 뿐 다수결의 원리와는 분명하게 구별된다. 다음의 도표를 보자.

	1차 쾌락량	1차 고통량	1차 쾌락에서 유래하는 2차 쾌락량	1차 쾌락에서 유래하는 2차 고통량	1차 고통에서 유래하는 2차 쾌락량	1차 고통에서 유래하는 2차 고통량	총계
B	+20	-80	+20	-40	+20	-40	-70
C	+90	-10	+60	-10	+50	-10	+170
D	+20	-50	+10	-30	+10	-30	-70
							+40

이 도표에 따르면, 이 행위에 대해 B와 D(다수)는 나쁘다고 평가할 것이고, C(소수)만 좋다고 평가할 것이다. 그러나 이 행위에 대한 '사회적

---

57) '최대다수의 최대행복'이라는 문구는 벤담이 최초로 고안한 것이 아니며, 『도덕과 입법의 원리 입문』의 초판(1789)에 실려 있는 것도 아니다. 그는 1822년 7월에 덧붙인 각주에서 '효용성의 원리'를 더 구체적으로 설명하는 다른 용어로 '최대행복의 원리'를 언급하고, 아울러 특별한 설명 없이 '최대다수의 최대행복'이라는 표현을 단 2회 사용했을 뿐이다(Cf. *ibid.*, I:13, footnote, pp. 8-9.). 그러나 오늘날 이 문구는 공리주의 사상을 대표적으로 표현하는 것으로 인정되므로, 벤담의 사상에 입각하여 이 문구의 의미를 재구성해볼 수는 있을 것이다.

평가'는 좋다고 평가되어야 한다. 극단적인 사례를 위해 인위적으로 설정한 수치들이지만, 이 사례에서 볼 수 있듯이 최대다수의 최대행복이라는 원리는 원론적으로 다수결의 원리와는 분명하게 구별되는 것이다.

또 다른 한 가지의 문제는 최대다수의 최대행복 원리를 사회적 선택의 기준으로 채택할 때 나타난다. 예컨대 어떤 국가가 두 가지 정책안 중에서 한 가지를 선택할 때 최대다수의 최대행복 원칙을 적용해볼 수 있다. 이 원칙에 따르면, 그 두 가지 정책안 각각에 대한 사회구성원 각각의 쾌락량을 측정하여 그 총합이 큰 쪽이 사회적인 차원에서 더 좋다고 평가하고 그것을 채택해야 할 것이다. 개인별 쾌락량을 측정하는 절차가 간단하지 않지만, 최종적으로 개인별 쾌락량이 아래의 도표와 같이 산출되었다고 가정해 보자.

	정책안(1)	정책안(2)
A	80	80
B	70	80
C	60	70
D	50	50
E	50	50
총계	310	330

이 도표는 A, B, C, D, E 다섯 명으로 구성된 한 국가에서 정책안(1)을 선택할 경우와 정책안(2)를 선택할 경우 구성원 각각이 획득하는 쾌락량을 측정한 결과이다. (1)과 (2) 중에서 한 가지를 선택할 때 최대다수의 최대행복 원리를 적용한다면 이 국가는 구성원 각각의 쾌락량의 총합이 큰 쪽인 (2)를 채택하는 것이 좋다. 그런데 다음의 도표를 한번 보자.

	정책안(1)	정책안(2)
A	60	90
B	60	90
C	60	40
D	50	30
E	40	30
총계	270	280

최대다수의 최대행복 원리에 따르면 이 경우에도 (2)를 채택하는 것이 좋다. 그런데 만약 이 도표에 표시된 숫자를 국가 구성원 각각의 연간 소득을 나타내는 수치라고 가정해보자. (1)은 구성원들의 개인별 소득 격차가 크지 않지만 (2)는 개인별 소득 격차가 다소 크다. 이는 개인별 소득차가 크더라도 국민총생산량이 큰 것이 항상 좋다는 주장의 논리적 근거가 될 수도 있다.

2.4. 의무주의

앞에서 살펴본 쾌락주의, 행복주의, 공리주의는 우리가 어떤 행위에 대해 좋다고 판정할 수 있는 근거를 그 행위가 '결과적으로' 우리의 쾌락 혹은 행복에 부합한다는 것에서 찾았다. 이런 점에서 이 입장들은 모두 '결과주의'라고 할 수 있다.[58] 어떤 행위도 그 자체로 좋거나 나쁘다고 판정되는 것이 아니라, 그 행위의 결과가 무엇이냐에 따라 좋거나 나쁘다고 판정된다는 것이다.

이 때문에 결과주의 사상들은 모두 어떤 행위가 어떤 과정을 거쳐 최종적으로 어떻게 귀결될 것인지를 예상해보는 이성적 사유를 중시했다. 그런

---

58) '결과주의'라는 용어는 확실히 근대적인 것이다. 예컨대 아리스토텔레스의 행복주의를 결과주의라고 하는 것은, 적어도 아리스토텔레스 그 자신의 사상에서 보면 적합하지 않다. 왜냐하면 아리스토텔레스는 '목적'을 일종의 '원인'으로 보기 때문이다.

데 실제 상황에서는 일의 과정이 우리가 예상하는 그대로 진행되는 경우가 그렇게 많지 않다. 말하자면 이러저러한 변수들이 생겨서 우리의 예상을 빗나가는 일이 허다하다. 그렇다면 우리가 지금 어떤 행위를 하고자 할 때 그것이 좋은 행위인지 그렇지 않은지를 판단하는 것은 상당히 어려운 일이 된다.

또한 결과주의의 관점에서는 동일한 행위라도 상황에 따라 어떤 경우에는 좋다고 판정되지만 다른 어떤 경우에는 나쁘다고 판정되는 일이 벌어질 수 있다. 예컨대 거짓말을 하는 것은 대부분의 경우에는 나쁘다고 평가되겠지만 어떤 경우에는 좋다고 평가될 수도 있다. 결국 거짓말을 하는 행위가 좋은 것인지 나쁜 것인지는 거짓말이라는 행위 그 자체만으로 평가될 수 없고, 오직 그것의 결과가 어떻게 되느냐 하는 것에 의해서만 평가될 수 있는 것이다. 그렇다면 이와 같은 경우에도 우리는 지금 당장 하고자 하는 행위가 좋은 것인지 아닌지를 판단하기가 쉽지 않다고 할 것이다.

요컨대 결과주의는 어떤 행위의 좋고 나쁨을 평가하는 명확한 기준을 제시함에도 불구하고, 실제로 우리가 어떤 행위를 하고자 할 때 그 행위가 좋은 것인지 나쁜 것인지를 지금 당장 가르쳐주지 않는다. 결국 우리는 어떻게 해야 좋을지 결단하지 못하고 머뭇거릴 수밖에 없는 것이다.

이 때문에 근대 독일의 철학자 칸트(I. Kant, 1724-1804)는 결과주의 대신 '동기주의'를 제안한다. 결과주의가 행위의 결과에 따라 그 행위의 좋고 나쁨을 판정하자는 입장이라면, 동기주의는 행위의 동기에 따라 그 행위의 좋고 나쁨을 판정하자는 입장이다. 행위를 유발하는 직접적인 동기는 '의지(意志, the will)'이다. 따라서 동기주의는 행위의 동기가 되는 의지가 좋은 의지이냐 나쁜 의지이냐에 따라 그 행위의 좋고 나쁨을 판정하자는 입장인 것이다.

이러한 입장에서 칸트는 "세상 안에서나 밖에서나 간에 아무런 조건 없이 좋다고 간주할 수 있는 것은 오직 '좋은 의지' 뿐이다."[59]고 주장한다. 그런데 어떤 의지가 '좋은' 의지인가? 우선 칸트는 행위자 자신의 쾌락이나 이익을 추구하는 자연적 성향(Neigung, 경향성)에 따르는 의지는 좋은 의지가 아니라고 한다. 왜냐하면 그러한 것은 쾌락이나 이익이라는 '결과'를 기다려서 좋고 나쁨을 평가해야 할 것이기 때문이다. 그렇다면 좋은 의지는 자연적 성향에 따르는 의지가 아니라 다른 어떤 원칙에 따르는 그러한 의지일 것이다. 여기서 칸트는 '이성의 원칙'을 내세운다.

> … 우리에게 이성은 실천적 능력으로서, 즉 의지에 영향력을 행사해야 할 것으로서 주어져 있다. 말하자면 이성의 참된 사명은 다른 목적을 위한 수단으로서 존재하는 것이 아니라 그 자체로 좋은 의지를 야기하는 것이지 않으면 안 된다.[60]

그런데 이러한 실천적 능력으로서의 이성은 어떻게 좋은 의지를 야기하는가?

> 이성의 원리가 그 자체로 의지를 규정하는 근거로 간주된다면, … 이러한 이성의 원리는 선천적인 것(a priori)이며, 순수한 이성은 그 자체로 실천적인 것으로 간주될 수 있다. 그리하여 법칙은 직접적으로 의지를 규정하는데, 이러한 의지에 따른 행동은 그 자체로 좋은 것이고, 그 준칙이 항상 이 법칙에 따르는 그러한 의지는 절대적으로, 모든 측면에서 좋은 것이며, 모든 좋은 것들의 가장 중요한 조건이다.[61]

요컨대 의지의 준칙(Maxime, 주관적 원칙)이 '순수한' 실천적 이성이 세운 법칙(보편적 원칙)에 따를 때, 그러한 의지는 좋은 의지이고, 거기에

59) I. Kant, *Grundlegung zur Metaphysik der Sitten*, Hrsg. von W. Weischedel, <Immanuel Kant Werke in zehn Bänden>, Band 6, (Darmstadt: Wissenscjaftliche Buchgesellschaft, 1983), p. 18.
60) *ibid.*, pp. 21-22.
61) I. Kant, *Kritik der praktischen Vernunft*, Hrsg. von W. Weischedel, <Immanuel Kant Werke in zehn Bänden>, Band 6, (Darmstadt: Wissenschaftliche Buchgesellschaft, 1983), pp. 179-180.

서 비롯되는 행위는 절대적으로 좋다. 다른 식으로 말하자면 의지의 준칙은 순수한 실천이성의 법칙에 따라야 한다. 여기서 칸트의 유명한 도덕법칙이 성립하는데, "당신의 의지의 준칙이 보편적인 입법의 원리로 여겨질 수 있도록 행위 하라."[62]가 그것이다.

그런데 그렇게 하기 위해서는 순수한 실천이성의 '보편적인 입법 원리'가 어떤 것인지 알아야 한다. 우선 이성이 '순수하다'는 것은 자연적 성향이나 특수한 경험의 내용에 물들지 않았다는 것을 의미한다. 이와 같이 다른 어떤 것에 '물들지 않음'은 곧 다른 어떤 것에 '제약되지 않음'을 의미하며, 따라서 '자유롭다'는 것을 의미한다.

이러한 자유로운 이성은 다른 어떤 것에도 구속되지 않으므로 법칙에 구속되는 것이 아니라 오히려 스스로 법칙을 제정하는 것이기도 하다. 이런 점에서 이성은 입법자(법칙을 세우는 자)이다. 또한 자유로운 이성은 이성적 존재자인 인간이 자유로운 존재일 수 있는 근거이기도 하다. 자유로운 인간은 다른 누군가의 수단이 아니라 스스로 목적을 세우고 그것을 이루어가려는 주체적인 존재이다. 또한 순수한 이성에 입각해서 생각한다면 누구나 다른 사람도 이성을 가진 인간이라는 것을 인정할 것이다. 그렇다면 이성적 존재자인 인간이 법칙을 세울 때 자신의 주관적인 관점에서 최선이라고 여기는 원칙을 법칙으로 세워서는 안 되고, 다른 모든 이성적 존재자가 순수한 입장에 있을 때 누구나 동의할 수 있는 보편적인 관점에서 법칙을 세워야 할 것이다.

이런 맥락에서 칸트는 이성적 존재자인 인간이라면 누구나 동의할 수 있는 최소한의 한 가지 입법 조건을 찾았는데, 그것은 바로 "당신의 인격에서든 다른 사람의 인격에서든 간에 인간성을 항상 동시에 목적으로 사용하고 결코 단순히 수단으로서 사용하지 않도록 행하라."[63]라는 것이다.

---

62) *ibid.*, p. 140.

이것은 이성이 인간의 본질임을 천명하는 것이다. 말하자면 인간이 인간으로서 존재할 수 있는 조건은 이성이라는 것이다. 이성은 사물들처럼 어떤 것의 수단이 될 수 없다. 따라서 만약 어떤 사람이 나를 자신의 목적 달성을 위한 '수단'으로 사용한다면 그는 나를 더 이상 인간으로 대우하지 않는다는 것을 의미한다. 이와 같이 어떤 다른 사람을 이성적 존재자인 인간으로 대우하지 않는 사람이 있다면, 그의 의지의 준칙은 결코 보편적인 법칙이 될 수 없을 것이다. 왜냐하면 그는 적어도 자신이 수단으로 취급하는 바로 그 사람을 '모든 사람'에서 배제함으로써 사실상 결코 보편적인 입장에 설 수 없게 될 것이기 때문이다. 따라서 우리가 보편적인 입장에 서기 위해서는 단 한 사람이라도 자신의 목적 달성을 위한 수단으로 취급해서는 안 되는 것이다.

요컨대 우리가 자신과 다른 모든 사람을 이성적 존재인 인간으로 상호 인정하는 한에서 우리의 이성은 순수한 상태가 될 수 있고, 순수한 이성의 입장에서 보편적인 법칙을 세울 수 있으며, 이 법칙에 따르는 좋은 의지를 가질 수 있고, 좋은 의지에 따른 좋은 행위를 할 수 있다. 방향을 달리해서 보면, 우리가 이성적인 인간이라면 어떤 행위를 하든지 간에 항상 반드시 보편적인 법칙에 따라야만 한다. 그렇다면 보편적인 법칙은 우리에게 일종의 '무조건적인 명령'인 셈이고, 이것은 다시 우리에게 무조건적으로 수행해야 할 의무를 부과하는 셈이다. 이와 같이 순수한 이성의 명령을 의무로 받아들이고 오로지 그 의무를 이행하겠다는 의지에서 비롯되는 행위만이 좋다고 평가된다는 점에서 칸트의 입장은 '의무주의'라고 할 수 있다.

---

63) Kant, *Grundlegung zur Metaphysik der Sitten*, p. 61.

3. 인간이라면 인간에게 좋은 것을 마땅히 실행해야만 한다

3.1. 가치와 당위

3.1.1. 가치

앞에서 우리는 좋고 나쁨의 판정 기준들과 관련하여 쾌락주의, 행복주의, 공리주의, 의무주의라는 네 가지 입장을 개관했다. 이 입장들은 모두 "X는 좋(은 것이)다(X is good (thing))."라는 판단이 참이 될 수 있는 근거를 제시한다. 물론 이러한 형식의 판단에서 X에 해당하는 것은 각 입장에 따라 다른 것이긴 하지만 말이다.

그런데 "X는 좋은 것이다(X is good (thing))."라는 판단은 "주사위는 정육면체이다."와 같이 주어개념에 해당하는 사물의 속성이나 상태를 술어개념으로 표현하는 판단들과 동일한 "A는 B이다(A is B)."라는 형식을 갖지만, 그 성격은 약간 다르다. "A는 B이다."라는 형식의 판단에서 술어개념 B는 대체로 A라는 명칭으로 지칭되는 사물이 가지는 속성이나 상태를 나타낸다. 반면, "X는 좋다."라는 판단에서 '좋다'라는 술어는 X에 속하는 속성이나 상태가 아니라 X의 가치에 대한 우리의 평가를 나타내는 것이다.

여기서 '가치'라는 용어를 사용했는데, 가치란 무엇인가? 우리는 종종 어떤 사물이 나에게 가치가 있거나 없다고, 혹은 가치가 높거나 낮다고 말한다. 한자어 '가치(價値)'의 순우리말 표현이 '값' 혹은 '값어치'라는 것을 고려한다면, 값어치가 있거나 없다고, 혹은 높거나 낮다고 말하는 것도 가능할 것이고, 더 일상적으로는 값이 싸거나 비싸다고 말하는 것도 가능할 것이다. 이러한 점에서 가치의 원초적 의미는 경제의 영역에서 나타난다.

우선 '가격'이라는 개념이 있다. 가격은 "어떤 한 재화가 다른 재화 얼마만큼과 교환될 수 있는지를 나타내는 비율"을 의미한다. 예를 들어 빵 1개는 사탕 10개와 교환 가능하다면, 빵의 가격은 '10개의 사탕'이라고, 사탕의 가격은 '1/10개의 빵'이라고 할 수 있다. 물론 이런 식으로 보면 하나의 재화는 다른 모든 재화와 일정한 양적 비율로 교환 가능하다. 오늘날의 현실에서는 화폐라는 재화가 기준이 된다. 빵은 화폐 1,000원(1원짜리 화폐 1,000개)과 교환 가능하며, 사탕은 화폐 100원과 교환 가능한 것이다. 그렇다면 결국 가격은 "한 재화가 얼마만큼의 화폐로 교환될 수 있는지를 나타내는 비율"이라고 할 수 있다.

그런데 현실의 시장에서는 재화의 가격이 종종 변동한다. 어제까지 1,000원이던 빵이 오늘 오전에 1,200원으로 올랐다가 오후에는 다시 800원으로 내리기도 한다. 물론 우리는 이러한 가격변동이 수요량과 공급량의 변동에 따른 것임을 잘 알고 있다. 그런데 또 이와 같이 한 재화의 가격이 항상 변동 가능하다고 하더라도 어떤 한계선이 있는 것처럼 보인다. 예컨대 시장에서 어제까지 1,000원에 팔던 빵을 오늘 수요가 많다고 해서 100,000원에 팔겠다고 내어놓으면, 아마도 그 빵은 누구에게도 팔리지 않을 것이다. 이 경우 사람들은 왜 그 빵을 100,000원을 지불하고서는 사지 않을까?

경제학에서는 그 이유를 '가치'의 개념으로 설명한다. 경제학에서 가치는 '가격 결정의 원리'로 이해된다. 예컨대 왜 빵은 1,000원이고 사탕은 100원인 것일까? 이는 빵의 가치와 사탕의 '가치'가 다르기 때문이다.[64] 빵의 가격이 1,000원 내외로 책정될 수는 있지만 100,000원으로는 책정될 수 없는 것도 빵의 가치가 100,000원의 가격이 책정될 정도는 아니기

---

64) 가격 결정 원리에 대한 이론으로는 '노동가치설'과 '효용가치설'이 있다. 노동가치설은 재화의 가치가 그것을 생산하는 데 투입되는 노동의 양에 의해 결정된다는 학설이고, 효용가치설은 그 재화의 한계 효용에 의해 결정된다는 학설이다.

때문이라고 설명할 수 있다. 요컨대 각각의 재화는 일정한 가치를 가지는데, 그 가치에 따라 가격이 책정되고, 수요량과 공급량의 변동에 따라 가격이 달라지기도 하는 것이다.

3.1.2. 주관적 가치와 객관적 가치

여기서 우리가 주목할 사항은 가치란 어쨌든 우리의 욕구를 충족시켜주는 것이라는 점이다. 예컨대 우리는 왜 일정한 화폐를 지불하면서까지 특정한 재화를 구매하는가? 그것은 그 재화가 우리의 욕구를 충족시켜주기 때문일 것이다. '욕구'라는 것은 영어 need라는 말에서 알 수 있듯이 '필요한 것'이라고도 할 수 있다. '필요(必要)'는 '반드시(必) 구해야 할(要) 것', '구하지 못하면 안 되는 것'을 의미한다.

그런데 이와 같이 '욕구'를 '필요'로 이해한다면 한 가지 새로운 문제가 제기된다. '가치'를 '필요한 것'과 연결할 때 가치가 먼저인가 필요가 먼저인가 하는 것이다. 말하자면 어떤 것이 우리의 욕구를 충족시켜주기 때문에 가치 있는 것인가 아니면 그것이 가치 있는 것이기 때문에 우리가 반드시 구해야 할 것인가? 예컨대 빵은 우리의 식욕을 충족시켜주는 것이기 때문에 가치 있는 것인가 아니면 빵이 가치 있는 것이기 때문에 우리가 그것을 구하지 않으면 안 되는 것인가?

이 문제는 가치의 근거가 주관에 있다고 보느냐 아니면 객관에 있다고 보느냐 하는 문제로 환원될 수 있다. 전자를 '가치 주관주의'라고 하고, 후자를 '가치 객관주의'라고 한다. 가치 주관주의에 따르면, 사물 자체는 가치를 가질 수 없는 이른바 가치중립적인 것이지만, 우리 인간이 그때그때의 필요에 따라 그 사물에 일정한 가치를 부여한다. 이 때문에 가치 주관주의는 '가치(평가의) 상대주의'와 연결된다. 가치 상대주의는 사람마다 그리고 동일한 사람이라도 시시각각 가치에 대한 평가가 달라질 수 있다는 것이다.

반면 가치 객관주의에 따르면, 모든 사물이 그 자체로 각각 일정한 가치를 가지고 있으며 우리 인간은 본성적으로 그 각각의 가치를 분별하여 평가할 수 있고 또 가치가 있는 것을 추구할 수 있는 능력을 가지고 있다. 이 때문에 가치 객관주의는 '가치(평가의) 절대주의'와 연결된다. 가치 절대주의는 사물의 가치가 사물 그 자체에 이미 주어져 있는 것이므로 어느 정도의 분별 능력을 갖춘 사람이라면 누가 평가하더라도 그 가치를 동일하게 평가할 수밖에 없다는 것이다.

가치 평가에 있어서 상대주의와 절대주의의 문제는 예나 지금이나 인간사에서 매우 중요한 논쟁거리이다. 철학의 역사에서도 매우 이른 시기부터 그러한 논쟁이 벌어졌고, 사실상 지금도 끝나지 않고 계속 벌어지고 있다. 아마도 가장 유명한 것은 기원전 5세기 아테네의 소피스트들과 소크라테스/플라톤⁶⁵⁾ 사이에 벌어졌던 논쟁일 것이다.

논쟁의 한 편은 소피스트이다. 소피스트의 대표자라고 할 수 있는 프로타고라스(Protagoras, 기원전 490-421년경)는 이른바 '인간 만물 척도론'을 펼쳤다. 이 사상의 핵심을 담고 있는 그의 유명한 문장은 다음과 같다.

> 우리가 사용하거나 필요로 하는 모든 사물의 척도는 인간이다. 무엇인 것에 대해서는 그것이 무엇이라는 것의 척도이고, 무엇이 아닌 것에 대해서는 그것이 무엇이 아니라는 것의 척도이다.⁶⁶⁾

---

65) '소크라테스/플라톤'이라는 표기법은 소크라테스 고유의 사상에 대한 논란을 피하고자 도입한 것이다. 널리 알려져 있듯이 소크라테스가 스스로 책을 저술하지 않았음에도 유명한 철학자로 인정받고 있는 것은 플라톤의 저술들 덕분이다. 플라톤은 30여 편의 저술을 남기고 있는데, 대부분 희곡 형식으로 되어 있다. 그중에서 대부분의 초·중기 저술에는 '소크라테스'라는 등장인물이 등장하며 대체로 주인공 역을 담당한다. 다시 그중에서도 초기 저술들(「변명」, 「크리톤」, 「에우튀프론」, 「파이돈」 등)의 등장인물 '소크라테스'를 역사적인 인물 소크라테스와 동일시하고, 그의 대사를 실제 소크라테스의 사상으로 간주하는 학계의 전통이 생겼다. 그러나 이에 반대하여 초기 저술들에 등장한 소크라테스의 대사도 사실상 모두 플라톤의 사상이라고 주장하는 입장도 있다(더 상세한 사정을 알고자 한다면 박규철이 지은 『역사적 소크라테스와 등장인물 소크라테스』(고양: 동과서, 2003)를 참조하라). 여기서는 양자를 절충하여 '소크라테스/플라톤'이라는 표기법을 사용한다.

66) 프로타고라스의 저서는 모두 소실되었으며, 이 말의 출처는 플라톤의 대화편 『테아이테토스』이다. 이 대화편의 주요 등장인물 '소크라테스'는 이 프로타고라스의 말을 『진리(Alētheia)』라

이 말의 의미는 우리에게 유용한 모든 사물에 대해 그것이 '무엇인지', '그 유용성이 어느 정도인지'를 측정하는 척도가 다름 아닌 인간이라는 말이다. 우선 사물의 존재와 가치를 재는 척도가 '인간'이라는 것은 신이나 동물과 같은 다른 존재자들의 가치 기준과 인간의 가치 기준이 다를 수 있다는 것을 전제하며, 신이나 동물의 기준이 아니라 인간의 기준이 중요하다는 것을 주장한다. 더 나아가서는 이 말이 같은 인간이라고 하더라도 각각 가치 기준이 다를 수 있음을 주장하는 것으로 이해되기도 한다.

이러한 주장의 핵심 근거는 '주관주의'이다. 이는 앞에서 인용한 프로타고라스의 말에 대한 등장인물 소크라테스의 부연설명에서 잘 드러난다.

> 개개의 사물들은 나에게는 나에게 나타날 때와 같은 그러한 것이고, 당신에게는 당신에게 나타날 때와 같은 그러한 것이다.[67]

이는 '감각주의'라는 명칭으로 잘 알려진 것이기도 하다. 예컨대 커피 한 잔이 있는데, 나에게는 달다고 느껴지지만 당신에게는 쓰다고 느껴질 수 있다. 이때 커피 자체는 단 것도 아니고 쓴 것도 아니지만 달다거나 쓰다는 것은 맛을 느끼는 사람에게 달려 있다고 주장하는 것이 '감각주의'이다.

가치의 문제에도 비슷한 논리가 적용될 수 있다. 하나의 돌이 있는데, 나에게는 사람 얼굴 모양을 한 수석 작품으로 보일 수 있지만 당신에게는 그저 발에 채는 하나의 돌로만 보일 수도 있다. 돌 자체(객관)가 무엇이거나 아무것도 아닌 것이 아니라 그 돌을 보는 사람(주관)에게 수석 작품이거나 아무것도 아닌 것으로 보일 뿐이다. 이와 같이 한 사물의 가치는 사

는 그의 저서에서 인용한 것이라면서 소개하고 있다(Plato, E. H. Warmington (tr.), *Theaetetus · Sophist* (Massachusetts: Harvard Univ. Press, 1967), 152A, 170Eff.).
67) *ibid.*, 152A.

물 자체의 차원에서 결정되는 것이 아니라 그것을 보는 사람의 차원에서 결정될 수 있다는 것이 바로 '가치 주관주의'이다.

논쟁의 다른 한 편은 소크라테스/플라톤이다. 『테아이테토스』의 등장인물 소크라테스는 프로타고라스의 인간 만물 척도론을 논박한다. 그 논박의 핵심을 소개하면 다음과 같다.

> 그[프로타고라스]는 모든 사람의 의견이 참이라고 승인하기 때문에, 이러한 자신[프로타고라스]의 의견에 따라, 자신[프로타고라스]에게 동의하지 않는 사람이나 자신[프로타고라스]이 틀렸다고 생각하는 사람의 의견도 참이라고 인정하는 셈이다.[68]

요컨대 소크라테스/플라톤은 "만물의 척도는 인간이다."라는 주장에 따르면 "만물의 척도는 인간이 아니다."라는 주장까지도 그 주장을 하는 바로 그 사람의 척도에 의해 참이라고 승인할 수밖에 없음을 지적한다. 결국 소크라테스/플라톤은 프로타고라스의 인간 만물 척도론이 누구에 의해서도, 심지어 프로타고라스 그 자신에 의해서도 참이라고 할 수 없게 된다고 주장하는 것이다.

그리하여 소크라테스/플라톤은 주관주의와 상대주의 대신 객관주의와 절대주의를 주장한다. 우선 그는 '진리'란 보편적이고 영원한(불변적인) 것이라고 규정하기 때문에 감각주의에 반대한다. 그때마다 다른 감각 내용을 토대로 내리는 판단은 결코 '보편적이고 불변적인 진리'일 수 없는 것이다.

우리의 판단이 보편적이고 불변적이라는 것은 누가 판단하더라도, 그리고 언제 판단하더라도 동일하다는 것이다. 누가 판단하더라도 동일하기 위해서는 판단하는 사람이 자신의 감각에 휘둘리지 않고 오직 지성에 의거해야 한다. 그리고 언제 판단하더라도 동일하기 위해서는 판단의 대상

---

68) *ibid.*, 171A.

이 변경되지 않아야 한다. 이러한 맥락에서 플라톤의 이른바 '이데아론'이 성립되는 것이다. 우리 판단의 진위는 그것이 이데아(객관)를 있는 그대로 표현하느냐에 달린 것이고(객관주의), 다름 아닌 이 하나의 기준에 의해서만 판정되는 것이다(절대주의).

가치의 문제도 이와 마찬가지이다. 플라톤에게 있어서 좋다는 것은 주관적인 느낌의 문제가 아니라 객관 자체의 어떤 조건 문제이다. 이데아론에 따르면, 좋음의 이데아가 있고, 현실에서 우리가 어떤 것에 대해 좋다고 판정하기 위해서는 그 대상이 좋음의 이데아를 닮아야 한다는 조건을 갖추어야 한다. 요컨대 좋다는 판단의 기준은 좋음의 이데아라는 객관이고(객관주의), 오직 그 하나뿐이다(절대주의).

그렇다면 좋음의 이데아는 어떤 것인가? 플라톤에 따르면 현실 너머에 이데아 세계가 있다. 그 세계는 갖가지의 이데아들이 모여 있는 세계이다. 이데아 세계에서 이데아들은 일정한 위계질서에 따라 서로 조화와 비례와 균형을 이루고 있다. 그런데 이데아 세계는 현실 세계보다 '좋은' 세계이다. 왜냐하면 이데아 세계는 영원하고, 따라서 최고의 나쁨이라고 할 수 있는 죽음(사멸)이 없는 세계이기 때문이다. 이러한 점에서 이데아 세계 자체가 바로 좋음의 전형, 좋음의 이데아인 것이다.

좋은 세계인 이데아 세계의 유일한 특성은 거기에서 이데아들이 서로 균형·비례·조화·질서를 이루고 있다는 것이다. 이러한 이데아 세계 자체를 좋음의 이데아라고 한다면, 좋음이란 "부분들이 서로 균형·비례·조화·질서를 이루고 있는 것"으로 정의될 수 있다. 앞서 1장에서 보았듯이 어떤 것의 이데아는 곧 그 어떤 것의 정의이기 때문이다. 결국 어떤 것이 좋다는 판단은 그 어떤 것이 부분들의 균형·비례·조화·질서를 이루고 있다는 유일한 조건을 충족시키느냐에 달린 것이다.

3.1.3. 당위

재화가 욕구를 충족시켜주는 것, 필요한 것, 반드시 구해야 하는 것이라는 의미를 가지고 있다고 하더라도 현실에는 우리가 '반드시 구매'하지 않아도 되는 재화들도 많다. 그러나 이러한 경제적 현실을 넘어서서 그 개념적 의미에만 주목한다면 가치 개념의 근원에는 '우리가 반드시 추구해야 할 것'이라는 의미가 내재해 있다.

이와 같이 우리가 반드시 추구해야 할 것, 말하자면 '가치 있는 것'이 있다면 그것은 우선 우리가 '좋다'고 평가하는 것이겠다. 영어에서 재화를 goods(좋은 것들)라고 표현하는 것에서도 알 수 있듯이, 우리가 좋다고 평가하지 않음에도 불구하고 반드시 추구해야 한다는 것은 말이 되지 않는다. 이러한 맥락에서 보자면, "X는 좋은 것이다."라는 식의 판단은 X에 대한 우리의 '가치매김'을 표명하는 것이다. 통상적으로 이러한 판단을 '가치판단'이라고 한다. 이는 어떤 사물의 속성이나 상태라는 특정한 '사실'을 표명하는 '사실판단'과 대비되는 것이다.

그런데 가치판단이 특정한 행위에 대한 것이라면, 그것은 우리가 그 행위를 '반드시 행해야 할 것'으로 인정한다는 걸 함축한다. 예컨대 "이웃 사람을 사랑하는 것은 좋다."라는 가치판단은 "우리는 이웃 사람을 사랑해야만 한다."라는 다른 형식의 판단을 함축한다. 이러한 형식의 판단은 "우리는~해야만 한다."라는 형식으로 일반화할 수 있다. 이런 형식의 판단을 언어로 나타내기 위해서 영어에서는 ought라는 조동사를, 독일어에서는 sollen이라는 조동사를 사용하여 "We ought to love the neighbors.", "Wir sollen die Mitmenschen lieben." 등으로 표현한다. 특히 독일어에서는 다른 품사의 단어를 그 첫 글자만 대문자로 고치면 명사로 사용할 수 있는데, 조동사 sollen도 Sollen으로 고치면 명사가 된다. 이를 우리말로 번역하자면 '마땅히 해야만 할 것'인데, '당위(當爲)'라는 한자어 단어가 통용되고 있다.

이런 점에서 가치판단은 '당위'를 나타내는 판단이라고 할 수 있다. 이와 대비하여 사실판단은 '존재'를 나타내는 판단으로 통용된다. 그런데 여기서 '존재'라는 용어는 다소 혼란을 불러일으킬 수 있다. 사실판단의 일반적 형식을 영어로는 "A is B.", 독일어로는 "A ist B."라고 하는데, 각 동사의 원형은 be와 sein이다. 독일어에서 sein은 Sein으로 변형되어 명사가 된다. 이런 점에서 Sein은 Sollen과 짝을 이루는 명사로 정착되었는데, 동아시아에서는 후자를 '당위'로 번역하고 전자를 '존재'로 번역한 것이다. 그러나 앞의 1장에서 보았듯이 be나 sein이 사실판단에서 계사로 사용되는 경우라면 그것은 확실히 '존재하다'는 의미보다는 '~이다'는 의미가 더 적합하다. 따라서 오늘날 '존재'와 '당위'라는 용어가 통용되고 있지만, 우리가 실제로 이 용어를 사용할 때는 이러한 맥락을 충분히 고려할 필요가 있다.

3.2 도덕과 윤리

당위에 대해 연구하는 학문을 도덕학(moral philosophy/science) 혹은 윤리학(ethics)이라고 한다. 이는 곧 '도덕'이나 '윤리'를 당위의 문제로 이해할 수 있다는 것을 의미한다. 그런데 도덕이나 윤리는 어떤 근거에서 당위의 문제와 관련되는가?

우리가 '도덕'과 '윤리'로 번역하는 서양어 moral과 ethics는 각각 라틴어 mores와 그리스어 ethos(ἔθος)에서 유래했다. mores와 ethos는 모두 '습관' 혹은 '관습'을 의미하는 것으로서 서로 교환 가능한 용어들이다. 그러나 moral과 ethics를 동일한 의미로 사용하는 경우보다는 차이 나는 것으로 사용할 경우가 더 흔하다. 실제로 동아시아에서 이 용어들을 수용하여 번역했을 때 전자를 '도덕'으로, 후자를 '윤리'로 구별하여 번역한 것도 양자의 차이를 더 중시했기 때문일 것이다. 그렇다면 양자의 차이는 무엇일까?

다소 역설적이기도 하지만 한자어 번역어들의 의미를 따져보는 것도 이 문제를 해명하기 위한 한 가지 방법일 수 있다. 한자어 의미로 보면 우선 도덕은 '덕(德)에 이르는 길(道)'이다. 여기서 덕은 그리스어 aretē의 번역어이다. 아레테는 그리스신화에 등장하는 전쟁의 신 아레스(Arēs)와 연결되는 용어이다. 오늘날에도 '장사의 신', '공부의 신', '축구의 신', '바둑의 신' 등과 같은 표현들이 종종 사용되는데, 이는 그 분야에서 탁월한 능력을 발휘하는 사람에 대해 은유적으로 붙이는 말이다. 이는 그리스신화에 등장하는 신 관념에도 적용될 수 있다. 이런 점에서 전쟁의 신 아레스는 '전쟁 능력이 탁월한 자'로 이해할 수 있다. 이러한 아레스에서 비롯된[69] 아레테는 '잠재된 소질이 탁월하게 발휘된 상태'를 뜻하는 개념으로 형성되었다.

이 아레테 개념은 사실상 고대 그리스와 그 문화적 계승자인 유럽의 남성중심주의적 성격을 고스란히 드러내는 사례이기도 하다. 일반적인 덕 개념의 원천이 예컨대 왜 미의 여신인 아프로디테(Aphroditē)가 아닌 전쟁의 남신 아레스인가? 이것은 곧 인간을 대표하는 특성을 아름다움이 아니라 전쟁에서의 용감함에 두었다는 것을 의미한다.[70] 말하자면 이것은 영어에서 man이 곧 '인간'으로도 번역되는 것처럼 서구에서 '인간'이란 곧 '남자'를 의미한다는 생각이 지배적이었던 옛 시대의 산물이라고 할 수도 있을 것이다.

---

69) 아레스에서 아레테가 유래했다는 것은 사실이 아닐 수도 있다. 오히려 아레테라는 말에서 아레스라는 신이 형상화된 것일 수도 있다.

70) 그리스어 aretē는 라틴어 virtus로 번역되고, 여기서 다시 영어 virtue가 생겨났다. 라틴어권에서 그리스어 aretē를 라틴어 virtus로 번역한 이유는 virtus가 '남자', '남편', '군인' 등을 의미하는 라틴어 vir에서 파생한 말로서 일차적으로 '남성다움'을 의미하는 말이었기 때문이다. (라틴어 virtus의 여러 의미와 학문적 용례에 대해서는 김응종이 지은 『서양의 역사에는 초야권이 없다』(서울: 푸른역사, 2005)의 제7장을 참조하라.)

그러나 어쨌든 서구에서 덕 개념은 '소질의 탁월한 발휘'를 의미하는데, 이는 본질이라는 개념과도 밀접한 관계를 갖는다. 앞에서도 보았듯이 본질은 '실현되어야 할 것'이라는 의미를 함축한다. 예컨대 인간의 본질을 이성이라고 한다면, 모든 인간은 이성 능력을 완전하게 실현해야 할 과제를 떠안고 있다는 것이다. 이와 같이 모든 인간이 자신의 본질인 이성 능력을 완전하게 실현해야 한다는 말은, 곧 모든 인간이 인간으로서 존재할 수 있는 소질을 탁월하게 발휘함으로써 실제로 인간으로서 살아가야 한다는 말이다. 이것은 다름 아니라 인간의 덕을 실현해야 한다는 말이다.

그런데 어떻게 덕을 실현할 것인가? 말하자면 덕에 이르는 길은 무엇인가? 덕을 잠재적 소질의 탁월한 발휘라고 한다면, 덕을 실현하는 길은 끊임없는 연습과 훈련뿐이다. 예컨대 탁월한 연주자나 운동선수는 타고난 소질만으로는 이루어질 수 없다. 소질이 있다고 하더라도 연습과 훈련을 통해 그 소질을 계발하고 발달시키지 않는다면 결코 탁월한 연주자나 선수가 될 수 없다. 인간의 덕을 실현하는 것, 즉 인간으로서 존재한다는 것도 이와 다르지 않다. 이성의 능력들은 시간이 지나 일정한 때가 되면 자동으로 발휘될 수 있는 것이 아니다. 계속 연습하고 훈련하지 않는다면 이성 능력들도 발달하지 않는다. 이러한 점에서 인간의 덕에 이르는 길은 다름 아니라 인간의 본질을 실현하기 위한 피나는 훈련과 연습의 과정이라고 할 수 있다.

그러나 여기서 한 가지 주의할 점이 있다. 훈련과 연습을 하는 일정한 시간과 탁월한 능력을 발휘하는 시간이 명확하게 나누어질 수 없다는 것이 그것이다. 훈련과 연습에는 끝이 없다. 실제로 오늘날 최고의 탁월한 연주자나 운동선수로 알려진 사람들도 결코 훈련과 연습을 게을리하지 않는다. 인간의 덕을 실현하는 것도 마찬가지다. 일정한 시간 동안 훈련과 연습만 하고, 그다음 어느 시점부터 비로소 인간으로서 존재하게 되는 것이 아니다. 인간으로서 존재하는 것과 이성 능력을 훈련하고 연습하는 것은 꼬리에 꼬리를 물고 끝없이 이어지는 순환적 발전 과정이라고 할 수 있는 것이다. 요컨대 인간으로서 살아간다는 것은 언제 어디서라도 이성 능력을 발휘할 수 있을 정도로 늘 훈련하고 연습한다는 것이고, 또한 그렇게 연습하고 있기 때문에 실제로도 매사에 이성적으로 생각하고 이성적으로 행한다는 것이다. 이것이 바로 인간으로서의 덕을 실현하는 길이며 도덕이다.

한편, 윤리는 '일정한 무리(倫)를 이루고 사는 사람들이 서로 지켜야 할 법도나 이치(理)'이다. 이러한 점에서 도덕이 근본적으로 자기 자신의 문제라면, 윤리는 다른 사람들과의 관계 문제라고 할 수 있다. 행위와 관련해서 말하자면 윤리는 대인적 행위에서 '마땅히 해야만 할 것' 혹은 '해서는 안 되는 것'과 관련된다고 할 수 있다. 그렇다면 윤리는 일종의 '사회적 규범'인 셈이다.

규범(規範)에 해당하는 영어단어 norm은 라틴어 norma에서 비롯되었다. norma는 목수들이 사용하는 직각자(T자 모양의 자)를 지칭하는 말로서, 각도의 정확도를 판정하는 기준이라는 의미가 있으며, 점차 진·선·미 등과 같은 가치를 판정하는 기준이라는 의미로 확장되었다. 행위와 관련되는 규범이 있다면, 그것은 기본적으로 그 행위의 좋고 나쁨을 판정하는 기준이라는 것이다. 앞에서 줄곧 논의해온 것처럼 행위의 좋고 나쁨에 대한 기준은 여러 가지로 나누어질 수 있다. 그러나 그 기준이 무엇이든 간에 좋다고 평가되는 행위는 '마땅히 해야 할 당위'이지만, 나쁘다고 평가되는 행위는 '해서는 안 되는 것'이라는 의미를 함축한다. 이러한 규제적 의미의 측면에서 접근할 때 '규범'이라는 용어가 부각되는 것이다.

규범이라는 것은 덕의 실현과 같은 개인적 차원의 행위에서도 논할 수 있지만, 다른 사람에 대한 행위인 사회적 차원의 행위에서도 논할 수 있다. 이 후자의 경우에 '사회적 규범'이라는 용어를 사용할 수 있다. 요컨대 사회적 규범은 한 사회의 구성원이라면 다른 구성원들에 대해 마땅히 해야만 할 행위나 결코 해서는 안 되는 행위가 어떤 것인지를 판정하는 기준이라고 할 수 있다. 이러한 점에서 윤리를 사회구성원들이 사회적 행위에서 지켜야 할 법도나 이치라고 한다면 그것은 확실히 일종의 사회적 규범이라고 할 수 있는 것이다. 그런데 사회적 규범에 해당하는 것은 윤리 이외에도 '관습'이나 '법'이라는 것도 있다. 그렇다면 윤리는 관습이나 법과 어떻게 다른가?

관습(慣習)은 그 기원이나 정당성 근거를 알 수는 없지만 어쨌든 한 사회에서 오래전부터 전승되어온 사회적 규범이다. 위에서 보았듯이 그리스어 ethos와 라틴어 mores는 모두 '관습'과 동시에 '습관'을 의미하는 말이다. 그리고 우리말 한자어에서도 양자는 동일한 글자를 순서만 바꾸어 배치한 것인데, 그 의미가 궁극적으로 다르지 않다는 것을 드러낸다. 우리의 일상적 용법으로 보자면, 습관은 개인적 차원에서, 관습은 사회적 차원에서 "늘 하던 그대로"라는 의미가 있다.

그런데 이러한 습관이나 관습은 어떻게 형성되는 것일까? 개인적 차원에서든 사회적 차원에서든 우리는 살아가는 동안 늘 '문제'에 부딪힌다. 문제는 반드시 해결해야만 할 것이다. 이를 해결하지 못하면 반드시 좋지 않은 결말을 맞게 될 것이기 때문이다. 그런데 문제를 해결하는 방안은 여러 가지일 수 있다. 예컨대 나를 향해 멀리서 돌이 날아온다고 가정해 보자. 이것은 문제이다. 해결하지 않고 그대로 있으면 나는 돌에 맞을 것이고, 때에 따라서는 목숨을 잃게 될 수도 있을 것이다. 따라서 나는 이 문제를 어떻게든 해결해야 한다. 이를 해결하는 방안은 그 돌을 피하는 것과 손으로 잡는 것 등 여러 가지가 있을 것이다. 몇 번의 시행착오를 겪을 수도 있다. 그런데 어떤 한 가지 해결 방안이 무리 없이 그 문제를 해결하는 데 성공했다고 여겨진다면 우리는 다음번에 똑같은 문제가 발생할 때도 예전과 똑같은 방법으로 대처하는 것이 좋겠다고 생각할 수 있다. 이것은 최선의 대처 방안은 아닐지라도 적어도 최악의 결과를 낳지는 않으리라 생각되기 때문이다. 이러한 식으로 똑같은 문제해결 방식이 계속 반복되는 경우 어느 순간 그것은 그 문제를 해결하는 '유일한' 방식으로 여겨질 수 있다. 말하자면 이제는 동일한 문제에 대해 다른 해결 방안을 고민할 필요 없이, 마치 '조건반사'와 같이 즉각 그 해결 방안으로 대처하게 되는 것이다. 이렇게 형성된 문제해결 방안이 바로 습관이고 관습이다.

그러므로 관습의 핵심적 특성은 '반사적'이라는 것, 말하자면 그 사회의 구성원들이 그 근거에 대해 무의식적이라는 것이다. 예컨대 "마땅히~해야만 한다." 혹은 "결코~해서는 안 된다."라는 명령문 형식의 규범적 판단이 주어질 때 사람들이 그 판단의 정당성 근거에 대해 의식하지 않는다면 그것은 곧 관습이라고 할 수 있다. 이러한 점에서 관습은 '뮈토스' 형식의 규범이라고 할 수 있을 것이다.

이에 반해 윤리는 로고스 형식의 규범이다. 말하자면 "마땅히~해야만 한다." 혹은 "결코~해서는 안 된다."라는 명령문 형식의 규범적 판단이 윤리적 판단이려면 그 판단이 참이라는 것을 뒷받침해주는 확실한 논리적 근거가 있어야 한다. 대체로 그 근거는 어떤 행위가 좋거나 나쁘다고 하는 가치판단의 형태를 띨 것이다. 그 논증 구조를 형식화해서 나타내면 다음과 같은 형식일 것이다.

우리는 마땅히~해야만 한다.
왜냐하면~하는 것은 좋은 일이기 때문이다.

우리는 당연히 이 논증에서 근거에 해당하는 판단에 대해서도 그것이
왜 정당한지 물을 수 있다. "~하는 것은 무엇 때문에 좋은 것인가?" 앞
의 2절에서 개관한 전통적인 철학자들의 생각을 참조한다면, 쾌락의 총량
을 증대시키기 때문이라든지 행복에 기여하기 때문이라든지 선의지에 따
르는 것이기 때문이라는 식으로 대답할 수 있을 것이다. 여기서 우리는
무엇이 정답인가에 대해서는 일단 제쳐두고 어쨌든 윤리란 이러한 식의
로고스 활동이라는 것, 이러한 점에서 일종의 뮈토스로서의 관습과 다르
다는 것만 생각하자.

그러면 법은 어떤 것인가? 법 조항 중에도 "~해서는 안 된다."라는 식
으로 특정한 행위를 금지하는 문장들이 많이 포함되어 있다. 그런데 법조
문에는 그 금지 사항 다음에 그것을 위반할 경우 일정한 처벌이 주어진다
는 문장이 반드시 이어진다. 이와 같이 그것을 위반할 경우 강제적으로
처벌한다는 점에서 법은 관습이나 윤리와 다르다. 물론 관습이나 윤리적
규범의 위반에 대해서도 처벌이 없다고 할 수는 없지만, 그 처벌의 성격
이 법적 처벌과 달리 필수적인 것도 아니고 강제적인 것도 아니라는 점에
서 관습이나 윤리는 법과 다른 것이다.

대체로 사람들은 관습이나 윤리적 규범을 위반할 때 가해지는 암묵적
인 처벌보다 법적 규범을 위반할 때 가해지는 명시적이고 강제적인 처벌
을 더 기피하는 경향이 있다. 그렇다면 사회에는 관습이나 윤리적 규범은
필요 없고 법적 규범만 있어도 되는 것 아닌가? 다시 말하자면 관습이나
윤리적 규범의 존재 이유는 무엇인가?

관습의 존재 이유는 앞에서 언급했으므로 이제 윤리적 규범의 존재 이
유에 대해서만 논의해보자. 우선 윤리적 규범은 특정한 행위가 좋거나 나

쁘다는 판단 아래 좋은 것이라면 마땅히 해야만 할 것이고 나쁜 것이라면 해서는 안 된다는 것만 말할 뿐, 실제로 사람들이 그렇게 하는지, 하지 않는지를 제약하지는 않는다. 이는 인간성에 대한 믿음이 전제되어 있다. 예컨대 동물들도 처벌을 두려워하여 행동을 제약한다. 이러한 점에서 법적 규범만으로 사회적 행동을 제약하는 형태는 인간적이라기보다는 동물적이라고 생각할 수 있다. 따라서 법적 규범 이외에 윤리적 규범이 존재하는 이유로 우리가 동물이 아닌 인간이라는 주장을 할 수도 있을 것이다.

그러나 더 근원적인 이유가 있다. 법적 규범도 뮈토스적인 것이라기보다는 로고스적인 것이다. 예컨대 "~하면 안 된다."라는 법적 금지조항은 사실상 "~하는 행위는 나쁘다."라는 가치판단을 전제한다. 그런데 "~하는 행위는 나쁘다."라는 가치판단의 정당성에 대한 논의는 법학의 문제라기보다는 윤리학의 문제에 속한다. 물론 현대 학문 분류상으로는 '법철학'이나 '법사상'이라는 분야가 그런 업무를 담당하는 것으로 형성되어 있긴 하지만, 근원적인 의미에서 법학의 근거는 윤리학이고, 동일한 맥락에서 법적 규범의 근거는 윤리적 규범인 것이다. 이것이 바로 실효성이 없는 것처럼 보인다고 하더라도 윤리적 규범이 반드시 있어야 할 이유이다.

4. 좋음의 또 다른 표현: 아름다움

지금까지 우리는 '좋다'나 '좋은'이라는 표현이 행위에 대한 평가 개념으로 사용되는 경우만 집중적으로 분석해왔다. 그러나 그 표현은 생각보다 훨씬 다양하게 사용된다. 예컨대 우리는 우리의 시야에 나타나는 어떤 광경에 대해서도, 또 우리의 귀에 들리는 어떤 소리에 대해서도 '좋다'는 표현을 사용할 수 있다. 이와 같이 우리가 좋다고 평가하는 대상이 특히 시각적 대상이거나 청각적 대상일 경우, '좋다'는 표현은 통상적으로 '아름답다'는 표현으로 대체될 수 있다. 이렇게 본다면 아름답다는 것은 좋다는 것에 포섭되는 일부분인 것처럼 보인다.

그러나 '아름답다'나 '아름다운'이라는 표현의 실제 용례를 본다면, 이 표현들이 반드시 시각적 대상이나 청각적 대상에 한정해서 사용되는 것은 아닌 것처럼 보인다. 예부터 우리나라에서는 '불미하다'나 '불미스럽다' 혹은 '불미스러운'이라는 표현들을 사용해왔다. 여기서 '불미'는 한자어 '不美'이다. 말 그대로 '아름답지 못하다'는 것이다. 그런데 이 표현들은 예컨대 "불미스러운 행동을 해서는 안 된다."라는 말에서처럼 특정한 행위에 대해 가치 평가하는 경우에 주로 사용된다. 그렇다면 '아름답다'는 표현은 반드시 시각적·청각적 대상에만 사용되는 것이 아니라고 할 수 있다. 그 밖에도 '아름다운 인생'이니 '아름다운 사회'니 '아름다운 가게'라는 표현들이 오늘날에도 널리 사용되는데, 이것들도 아름답다고 표현할 수 있는 대상이 한정적이지 않다는 것을 보여주는 사례들이라고 할 수 있다.

이렇게 본다면 '아름다움'은 '좋음'과 실질적으로 동일한 말이 아닌가? 서양 언어의 경우에는 이 두 말이 사실상 동일한 것임을 암시하는 뚜렷한 하나의 증거가 있다. 그것은 다름 아닌 라틴어의 bellus이다. '아름다운'이라는 말에 해당하는 라틴어 bellus는 '좋은'이라는 말에 해당하는 bonus에서 파생된 것으로 보인다. 오늘날 몇몇 유럽어들과 마찬가지로 라틴어에는 명사나 명사를 수식하는 형용사에 특정한 접미사를 붙여서 일반적인 것보다 작고 귀여운 형태의 것을 표현하는 용법이 있는데, 이러한 접미사를 지소형(指小型, diminutive) 접미사라고 한다. bellus는 bonus의 어간 bon에 지소형 접미사 -ell이 붙어 형성된 bonellus가 변형된 말이다. 이 때문인지 bellus에서 비롯된 현대 이탈리아어와 스페인어의 bello, 불어의 bel 혹은 beau, 그리고 불어 beau에서 파생된 영어 beautiful 등은 반드시 '아름다운'으로만 번역되는 것이 아니라 일반적으로 '좋다'고 표현될 수 있는 더 넓은 범위의 대상을 수식하는 용어로도 번역된다.

이와 같이 동서양을 막론하고 오래전부터 좋음과 아름다움은 의미상 거의 동일한 것으로 여겨졌음에도 불구하고 오늘날 우리의 일상 언어생활에서는 이 두 말이 무조건 서로 바꿔 쓸 수 있는 것으로 간주되지는 않는 것처럼 보인다. 예를 들어 '아름다운 행동'이나 '아름다운 태도'라는 표현이 불가능한 것은 아니라고[는 것을 알고 있다고] 하더라도 일상에서 우리가 그런 식으로 말하는 경우는 많지 않다. 그렇다면 '아름답다'라는 말은 '좋다'고 할 수 있는 것 중에서 몇 가지 대상에만 사용하는 다소 특별한 말이라고 할 수 있을 것이다. 그 대상을 최소한으로 좁힌다면, 그것은 역시 시각적 대상과 청각적 대상이라고 할 수 있을 것이다.

4.1. 아름다움의 평가 기준

아름다움이 시각적·청각적 대상에 대한 좋고 나쁨의 평가 개념이라면 좋음을 추구하는 것이 당위이듯이 아름다움을 추구하는 것도 당위일 수 있다. 이 때문에 아름다움의 문제는 처음부터 철학의 문제로 다루어져 왔다. 이때 가장 우선적인 문제는 역시 아름다운 것과 아름답지 않은 것을 나누는 기준이 무엇인가 하는 것이다.

이 문제도 기본적으로는 '아름다움'을 정의할 수 있다면 간단하게 해결될 수 있을 것이다. 그러나 '좋음'을 정의하기가 쉽지 않듯이 '아름다움'을 정의하기도 역시 쉽지 않다. 따라서 이 문제에 대해서도 아름다움을 정의하기보다는 일상에서 사람들이 아름답다고 말하는 상황들을 살펴보는 접근법을 채택해볼 수 있다.

4.1.1 시각과 청각에 쾌감을 주는 것은 아름답다

아름다움이 시각적·청각적 대상에 대한 평가 개념이라면, 그 대상이 '보기에 좋다'거나 '듣기에 좋다'는 식으로 말할 수 있는 것은 곧 '아름답다'고 말할 수 있는 것이라고 해도 무방할 것이다. 그렇다면 아름답다는 것이 무엇인지 이해하기 위해서는 '보기에' 혹은 '듣기에' 좋다는 것이 무엇인지를 이해하는 것이 결정적인 단서가 될 것이다.

소박한 수준에서 본다면 시각과 청각에 '쾌감'을 느끼는 경우에 우리는 대체로 보기에 좋거나 듣기에 좋다고 평가한다. 쾌감이란 말 그대로 '쾌락의 감정'을 뜻하는데, 여기서는 '쾌적함'이라고 하는 것이 더 적합할 것이다. 쾌적(快適)하다는 것은 "고통스럽게 하지 않을 정도로(快) 지나치게 크거나 작지 않고 알맞다(適)."라는 것이다. 어떤 것을 보거나 듣는 동안 그 시각적·청각적 자극이 우리의 눈이나 귀를 고통스럽게 하지 않을 정도로 알맞을 때, 대체로 우리는 보기에 좋거나 듣기에 좋다고 말한다.

실제로 우리는 일상에서도 많은 경우에 그러한 시각적·청각적 쾌감을 느끼곤 한다. 그런데 우리의 시각과 청각에 쾌감을 느끼는 이유가 무엇인지에 대해서는 좀 더 깊이 생각해볼 필요가 있다. 앞서 이 장의 3절에서 가치 주관주의와 가치 객관주의에 대해 논의했는데, 시각과 청각의 쾌감의 원천이 무엇이냐는 문제에도 그러한 구분이 적용될 수 있다. 요컨대 대상 자체는 쾌락이나 고통과 직접적으로 연결되지 않지만(대상 자체는 쾌락이나 고통에 중립적이지만), 그 대상을 보거나 듣는 사람(주관)이 어떤 경우에는 쾌감을 느끼고 다른 어떤 경우에는 쾌감을 느끼지 않는다거나, 한 사람은 쾌감을 느끼지만 다른 사람은 쾌감을 느끼지 않을 뿐이라고 주장하는 입장을 '미적 주관주의'라고 할 수 있고, 우리가 쾌감을 느낄지 고통을 느낄지가 대상 자체의 어떤 조건에 달려 있다고 주장하는 입장을 '미적 객관주의'라고 할 수 있을 것이다.

4.1.2 균형과 조화를 이루는 대상은 쾌감을 불러일으킨다

미적 주관주의는 쾌감의 원천이 주관의 느낌에 있다고 보지만, 미적 객관주의는 그러한 주관의 느낌을 불러일으키는 원인이 따로 있다고 본다. 전자는 동일한 대상이라도 사람에 따라 그리고 상황에 따라 다른 느낌을 받는다는 것을 논거로 삼지만, 후자는 동일한 대상이라면 대부분의 사람이 그리고 대부분의 상황에서 동일한 느낌을 받는다는 것을 논거로 삼는다.

이 두 입장 중에 어느 것이 옳은가 하는 문제는 일단 제쳐두자. 그렇다면 우선 미적 주관주의가 어떤 것인지를 이해하는 데는 큰 어려움이 없다. 우리가 특정한 대상을 보거나 들을 때 시각적·청각적 쾌감이 느껴진다는 사실 자체를 부정하기는 어렵기 때문이다. 이에 반해 미적 객관주의에 대해서는 좀 더 상세한 설명이 필요하다. 우리는 특정한 대상에 대한 시각적·청각적 쾌감을 느끼고 있는 경우에도 왜 그러한 쾌감이 느껴지는지는 대체로 더 이상 묻지 않는데, 그러한 쾌감의 원인이 있다고 주장하는 미적 객관주의는 이러한 우리의 소박한 일상적 태도를 능가하기 때문에 이해가 쉽지 않은 것이다.

그렇다면 미적 객관주의가 말하는 대상의 조건은 무엇인가? 말하자면 대상이 어떤 조건들을 갖추고 있을 때 우리는 쾌감을 느끼는 것일까? 서양의 지성사에서 이 물음에 대한 최초의 대답을 준 것은 아마도 퓌타고라스교단[71]의 학자들일 것이다. 고대 그리스의 주요 저술들의 단편들을 수집하여 편집한 5세기의 저술가 요하네스 스토바이우스(Johannes Stobaeus)의 『자연학 및 윤리학의 단편들(*Ecologae Physicae et Ethicae*)』에는 "질서(taxis)와 균형(symmetria)은 아름답고 유익하지만, 무질서와 비례의 결여는 추하고 무익하다."라는 그들의 단편이 수록되어 있다.[72] 여기서

---

71) 유명한 수학자로 알려진 퓌타고라스(Pythagoras, 기원전 580-500년경)는 사실상 종교 교단의 지도자였다.
72) Cf. W. Tatarkiewicz, 손효주 옮김, 『미학의 기본개념사』, 중판, (서울: 미진사, 1997), p. 234;

'질서'는 전체를 이루는 부분들이 서로를 위반하지 않는다는 것인데, 이는 서로 조화(harmonia)를 이룬다고 표현할 수도 있다. '균형'은 '척도(metron)에 합치하는 것(sy-)'으로서, 이는 부분들이 일정한 비율에 따라 결합하고 있다는 것을 의미하기도 한다. 이러한 점에서 퓌타고라스교단의 미 관념은 조형예술에서는 균형을, 청각예술에서는 조화를 추구한 고대 그리스에서 통용되었던 예술미의 기준과 상통한다.

요컨대 퓌타고라스교단의 학자들은 시각적 대상이 균형을 이루고 있는 한에서, 그리고 청각적 대상이 조화를 이루고 있는 한에서 그것을 보거나 듣는 사람이 쾌감을 느낀다고 주장한다. 이러한 퓌타고라스교단의 미적 객관주의는 플라톤에게 영향을 주었고, 그것은 다시 아리스토텔레스, 스토아학파, 신플라톤주의, 고·중세의 기독교 신학자들, 르네상스기의 저술가들로 이어지면서 근대 이전까지 서구의 미 관념을 주도했다.

실제로 서양음악에서 음정들 사이의 조화(화음)가 중시되었다는 것은 이미 잘 알려진 사실이다. 또한 음정의 높이가 현의 길이와 반비례한다는 것도 잘 알려 있다. 결국 화음은 현의 길이들 사이의 일정한 비율로 환원될 수 있다. 또한 서양의 건축이나 조형예술에서 균형과 비례가 중시되었다는 것도 잘 알려진 사실이다. 나아가 이러한 미적 기준은 육체미를 평가하는 데도 그대로 적용되었다. 예컨대 기원전 4세기 이후 이른바 황금비(1:1.618)가 형성되었을 때부터 사람의 육체미도 부분들 사이의 일정한 비례와 균형을 이루고 있느냐에 따라 평가되었다. 배꼽을 기준으로 전체 신장의 상체와 하체를 나누고, 상체를 다시 그 상부(머리)와 하부(가슴)로 나누고, 하체를 다시 그 하부(무릎 아래)와 상부로 나눌 때 각각의 길이가 1:1.618인 경우 아름답다고 평가되었다. 그 밖에도 좌우대칭, 3등비 등 육체미를 부분들 사이의 일정한 수적 비율로 평가하는 기준들은 어떤 영역

백기수, 『미학』, 10판, (서울: 서울대출판부, 1987), p. 2.

에서는 오늘날에도 채택되고 있다.

이러한 사례들로 볼 때 미적 객관주의의 입장에서 아름다움의 평가는 우리의 '느낌'이 아니라 대상 자체의 상태나 성질에 대한 '인식'에서부터 시작된다. 말하자면 어떤 대상이 황금비로 나누어지느냐 나누어지지 않느냐는 감각적으로 느껴지는 것이 아니라 측정(지성을 통한 인식) 가능한 것이고, 그 측정 결과에 따라 아름답다거나 아름답지 않다는 판단이 성립한다. 그렇다면 이 입장에서 '쾌감'은 아름다움의 인식에 뒤따르는 결과라고 할 수 있을 것이다.

그런데 아직 한 가지 해결되지 않은 문제가 있다. 앞에서도 말했듯이 이러한 미적 객관주의의 논거는 균형과 조화를 이루고 있는 대상을 보거나 듣는 사람이라면 '대체로' 쾌감을 느낀다는 것이다. 이와 같이 '모두가 반드시' 그런 것이 아니라 '대체로' 그렇다고 한다면, 대상의 균형과 조화가 쾌감의 원인이라는 주장의 논거로서 불충분한 것이 아닌가? 단적으로 말해서 균형과 조화를 이루고 있는 대상을 보거나 들을 때 쾌감을 느끼지 않는 사람이 단 한 명이라도 있다면, 미적 객관주의는 잘못된 것이 아닌가?

이 물음에 대한 미적 객관주의의 대답은 이론 자체가 잘못된 것이 아니라 아름다운 대상을 보거나 들으면서도 쾌감을 느끼지 '못하는' 바로 그 사람이 잘못되었다는 것이다.

지금쯤은 독자들에게도 어느 정도 익숙해져 있을 플라톤의 방식으로 생각해보자. 플라톤 사상에서 '아름다운 것'들은 모두 '아름다움의 이데아'를 나누어 받고 있다. 아름다움의 이데아는 좋음의 이데아와 마찬가지로 이데아 세계 자체의 특징이다. 이데아들이 모여 있는 이데아 세계는 각각의 이데아들이 균형·비례·조화·질서를 이루고 있는 세계이다. 따라서 아름다움의 이데아는 "부분들이 균형·비례·조화·질서를 이루고 있음"이라고 이해할 수 있다. 결국 아름다움의 이데아를 나누어 받는 현실 세계의 모든 '아름다운 것'도 균형·비례·조화·질서를 이루고 있는 것들이다. 그리고 현실에서 아름다운 것을 보거나 듣는 사람들은 '대체로' 시각과 청각에서의 쾌감을 느낄 것이다. 물론 어떤 사람들은 아름다운 것을 보거나 들으면서도 쾌감을 느끼지 못할 것이다. 왜 그런가?

앞에서도 말했듯이 아름다움은 감각으로 '느끼는' 것이 아니라 지성으로 '인식하는' 것이고, 시각적·청각적 쾌감은 아름다움의 인식에 수반하는 감정이다. 만약 어떤 사람이 아름다운 대상을 보거나 들으면서도 쾌감을 느끼지 못한다면, 그 사람은 아름다움을 인식하는 데 실패했거나 인식이 쾌감으로 이어지는 과정이 원활하지 못하다는 것을 의미한다. 예컨대 황금비에 대해서 '알'지 못하는 사람이나 길이를 측정하지 못하는 사람이라면 당연히 그 대상이 아름답다는 것을 인식할 수 없을 것이다. 아름다움의 인식이 쾌감으로 연결되지 않는 사람이라면 심리적·신체적 메커니즘에 어떤 결함이 있다고 볼 수도 있다.

이러한 미적 객관주의 입장에서 본다면 모든 인간은 아름다운 대상을 보거나 들을 때 '원칙적으로는' 항상 반드시 미적 쾌감을 느낀다. 다만 이러저러한 개인의 결함이나 불성실 때문에 그렇지 못한 경우들이 발생할 수 있다. 따라서 누구나 미적 쾌감을 즐기기 위해서는 지적 능력을 개발하고 연습과 훈련을 통해 그 능력을 계속 향상시킬 필요가 있다. 나아가 인식이 감정과 원활하게 연결될 수 있도록 연습하고 관리하는 것도 중요하다.

4.2. 미학

4.2.1 아이스테티카

우리말 한자어로 '미학(美學)'이라는 말은 글자 그대로 "아름다움(美)에 대해 탐구하는 학문"이라는 뜻이다. 여기서 '아름다운 것들(beautiful things)'이 아닌 '아름다움(the beauty)'을 문제 삼는다는 점에 주목한다면, 서구 지성사에서 미학의 기원은 플라톤이라고 할 수 있을 것이다. 예컨대 그의 이데아론은 현실 세계의 여러 '아름다운 것들(to kalon)'과 그것들을 아름답게 만들어주는 이데아로서의 '아름다움 자체(auto de kallos)'를 분명하게 구별한다.[73] 또한 『대 히피아스(*Hippias Meizōn*)』에서 플라톤은 아름다운 것에 대한 다양한 정의를 내세우는 소피스트 히피아스와 그의 정의의 불충분함을 지적하는 소크라테스 사이의 대화를 묘사하고 있다.[74] 요컨대 플라톤은 모든 아름다운 것을 아름다운 것으로 존재할 수 있도록 하는 '아름다움 자체'에 대해 탐구함으로써 근원적인 의미의 '미학'을 수립한 것이다.

그러나 오늘날 우리가 '미학'이라는 용어를 사용할 때 그것은 '아름다움에 관한 학'이라는 의미의 우리말 한자어가 아니라 라틴어 aesthetica(영어 aesthetics, 불어 esthétique, 독어 Ästhetik)의 번역어라고 보아야 할 것이다. 그런데 오늘날 동아시아에서 aesthetica를 통상 '미학'이라고 번역하긴 하지만, 그것은 단지 '아름다움에 관한 학'이라고만 할 수 없는 다소 복잡한 의미를 가진다.

aesthetica라는 용어를 창안한 사람은 18세기 독일의 철학자 알렉산더

---

73) 이러한 구분은 플라톤의 여러 저서에 나타나지만 대표적인 것으로는 『폴리테이아』 476b-d를 들 수 있다.

74) Plato, H. N. Fowler (tr.), *Cratyylus ·Parmesnides ·Greater Hippias ·Lesser Hippias*, (Massachusetts: Harvard Univ. Press, 1939), 287c ff.

바움가르텐(A. G. Baumgarten, 1714-1762)이다. 그는 1935년에 출간한 『시와 관련된 몇 가지 사항에 대한 철학적 성찰(*Meditationes philosophiae de nonnullis ad poema pertinentibus*)』에서 처음으로 aesthetica라는 용어를 제안했다. 여기서 그는 '지성을 통해 인식된 것(noēta)'을 다루는 학문인 logica와 대비하여 '감각을 통해 느껴진 것(aisthēta)'을 다루는 학문을 상정하고, 그 명칭으로 aesthetica를 제안했다. 이런 의미에서 그는 aesthetica를 '감각적인 것에 관한 학문(epistēmē aisthētikē)'으로 규정했는데, 더 나중에 출간된 『미학(*Aesthetica*)』(제1권, 1750)에서는 그것을 '감각적 인식의 학(scientia cognitionis sensitivae)'으로 재규정했다.

그런데 전통적인 관점에서 보면 '감각적 인식의 학'이라는 이 규정 자체에 상당히 어려운 한 가지 문제가 포함되어 있다. 왜냐하면 전통적 관점에서는 '감각'과 '인식'은 서로 어울리지 않는 관계에 있는 개념들로 여겨지기 때문이다. 예컨대 플라톤의 사상에서 인식은 지성의 영역이고 감각은 기껏해야 주관적인 의견(doxa)을 가지도록 할 뿐인 것이다. 그럼에도 불구하고 바움가르텐은 '감각적 인식의 학'을 통해 감각과 인식을 연결하려고 했는데, 바로 여기에 그가 제안한 aesthetica의 깊은 뜻이 있다고 할 것이다.

4.2.2 근대와 주관주의의 부상

감각과 인식을 연결하려는 바움가르텐의 기획을 이해하기 위해서는 르네상스 이후 아름다움에 대한 탐구에서 새롭게 형성된 유행을 먼저 이해하지 않으면 안 된다. 18세기 프랑스와 독일에서 계몽주의의 성립에 끼친 지대한 영향을 참작한다면 17-18세기 서유럽의 학문을 주도한 최선진국은 영국이었다고 볼 수 있다. 아름다움에 대한 탐구에 있어서도 사정은 다르지 않았다. 이 시기 영국에서는 르네상스기까지 주류를 차지했던 미적 객관주의가 퇴조하고 경험론적 철학과 어울리는 미적 주관주의가 부상하고 있었다. 이러한 경향을 주도했던 영국의 사상가들로는 특히 샤프츠베리 3세(the 3rd Earl of Shaftesbury, 1671-1713)와 프랜시스 허치슨(F. Hutcheson, 1694-1746)을 들 수 있다.

샤프츠베리는 모든 인간에게는 어떤 행동을 보면 그 행동이 도덕적으로 옳은지 그렇지 않은지(선악)를 즉각적으로 분별할 수 있는 능력이 있다고 보고, 이러한 능력을 '도덕적 감각(moral sense)'이라고 했다. 나아가 그는 좋음과 아름다움이 다르지 않다는 고전적인 사상에 입각하여 인간의 행동을 대상으로 할 때는 도덕적 감각이지만 그것이 자연이나 예술작품을 대상으로 작동할 때는 '미적 감각(sense of beauty)'이 된다고 보았다.[75] 말하자면 미적 감각은 자연이나 예술작품을 보면서 그것이 아름다운지 그렇지 않은지(미추)를 즉각적으로 분별할 수 있는 능력이라고 할 수 있다. 이러한 미적 감각은, 샤프츠베리가 직접적으로 사용한 것은 아니라고 하더라도, 그 당시 서유럽에서는 '취미(taste, Geschmack)'라는 용어로 통용되던 것이었다.[76] 어쨌든 여기서는 이 능력이 지성적인 것이 아니라 감각적인 것이란 점이 중요하다. 이것은 미적 객관주의와 분명하게 다른 입장을 드러낸다. 요컨대 미적 객관주의는 아름다움이 대상의 특정한 조건에 달린 것이기 때문에 '느낌'의 문제가 아니라 '앎'의 문제라고 보는 데 반해, 샤프츠베리는 아름다움을 느낌의 문제로 보는 것이다.

허치슨은 사프츠베리가 다소 소박하게 제안한 '미적 감각'이라는 개념

---

75) M. C. Beardsley, 이성훈·안원현 옮김, 『미학사』(서울: 이론과실천, 1987), 205쪽 참조.
76) 영어 taste나 독일어 Geschmack는 모두 일차적으로는 미각을 나타내는 용어이다. 말하자면 그것은 음식을 맛보고 그 맛이 좋은지 어떤지를 평가하는 능력인 것이다. '맛이 좋고 나쁨'이 점차 추상화되어 '좋고 나쁨'만 남고, 17-18세기에는 다시 이것이 보거나 듣기에 적용되어 '보거나 듣기에 좋고 나쁨' 즉 '아름다움과 아름답지 않음'을 평가하는 감각적 능력으로 통용되었다 (E. Cassirer, 박완규 옮김, 『계몽주의 철학』(서울: 민음사, 1995), 368-369쪽, 역주 1) 참조. 여기서 관례에 따라 '취미'라는 용어를 사용하지만, 그 본래의 의미는 '아름다움을 감각적으로 직관하는 능력'이라는 것에 주의할 필요가 있다.

을 경험론적 전통과 연관 지어 더욱 세련되게 발전시켰다. 그는 우선 로크(J. Locke)의 사상을 계승하여 '아름다움'이라는 것을 외부적 대상의 성질이 아니라 마음속에 환기된 관념이라고 본다.[77] 예컨대 균형이나 화음은 사물 자체의 성질이 아니라 개별적인 관념들을 마음 안에서 결합하는 방식에 따라 나타나는 관념상의 특성이다. 이 때문에 미적 감각은 시각이나 청각과 같은 다른 감각들과 뚜렷하게 구별된다. 요컨대 우리가 알고 있는 다섯 가지 감각은 외부에서 주어지는 자극에 반응함으로써 작동하는 '대외적 감각(external sense)'이지만, 아름다움을 느끼는 '미적 감각'은 마음속에 환기된 아름다움이라는 관념에 반응함으로써 작동하는 '대내적 감각(internal sense)'이다.

이와 같이 18세기 초반 영국의 사상가들은 아름다움이 일종의 관념이며, 특히 감각을 통해서 느낄 수 있는 관념이라는 입장을 지지한다. 그러나 이것이 경험주의에 바탕을 둔 영국의 사상계에만 해당하는 특성이었다고는 할 수 없다. 합리주의적 전통 아래에 있는 독일인 바움가르텐의 생각도 이들과 크게 다르지 않기 때문이다. 결국 18세기 초반까지 근대 유럽의 사상계에서는 미적 주관주의가 대세를 이루고 있었다고 볼 수 있는 것이다.

4.2.3. 미학의 학문적 의미

아름다움이 일종의 관념이고 감각을 통해 느끼는 것이라면, 아름다움에 대한 사람들의 평가는 아마도 사람마다 그리고 같은 사람이라도 그때그때 달라질 수 있을 것이다. 오늘날 우리의 입장에서 보자면 아름다움에 대한 평가가 상대적이라는 사실은 그렇게 큰 문제가 아닐 수도 있다. 내

---

77) M. C. Beardsley, 앞의 책, 212쪽 참조.

가 아름답다고 느끼는 것을 다른 사람이 아름답지 않다고 주장한다고 해서, 또 조금 전까지는 내게 아름답다고 느껴지던 것이 지금은 그렇게 느껴지지 않는다고 해서 무슨 큰 문제가 되겠는가?

그러나 18세기 유럽의 사정은 지금의 우리와 상당히 달랐던 것 같다. 말하자면 그때 거기에서는 아름다움과 관련하여 그 느낌의 '주관주의'는 인정하면서도 그 평가의 '상대주의'는 인정할 수 없었던 것처럼 보인다.

> 현대와는 달리 17세기 초에서 19세기 말까지 근대 미학의 주된 문제는 미에 대한 주관적 이해와 '기준'을 조화시키는 일이었다. 즉, 미란 주관적인 것이지만 또한 객관성 혹은 세계와의 어떤 관계를 반드시 지니고 있어야만 한다는 것이었다.[78]

단적으로 말하자면 근대 서유럽에서는 아름다움이 주관의 문제라는 것은 널리 인정되고 있었지만 아름다움을 평가하는 데는 어떤 보편적 기준이 있어야 한다고 여겨졌다. 그 이유가 무엇이었던지 간에, 어쨌든 이런 사정 때문에 근대 유럽인들이 주관적인 아름다움을 학문적인 차원에서 다룬다는 의미의 '미학'을 정립하고자 했다는 것은 분명해 보인다. 그렇다면 이제 우리는 바움가르텐이 아이스테티카를 왜 '감각적 인식의 학'으로 부연 설명했는지 이해할 수 있다. 요컨대 그가 주관적인 '감각'과 보편적인 '인식'을 결부시키려고 했던 것은 다름 아니라 근대 서유럽에서 '미학'이 요청되었던 그러한 사정 때문이었다고 할 수 있을 것이다.

4.2.4. 미적 평가의 보편성을 확립하기 위한 방안들

그 명칭이 무엇이든지 간에 17세기 이후 아름다움에 관해 탐구하는 학문의 핵심 문제는 "감각적으로 느껴지는 아름다움이 어떻게 보편성을 가질 수 있는가?"라는 것이었다. 이 문제를 해결하려는 근대 사상가들의 방

---

78) L. Ferry, 방미경 옮김, 『미학적 인간』(서울: 고려원, 1994), 15쪽.

안은 다양하지만, 대체로는 아름다움을 느끼는 주관의 능력을 분석하는 접근 방식을 채택했다.

샤프츠베리와 허치슨 같은 영국의 경험주의적 전통 아래에 있는 사상 가들은 미적 감각의 '무관심성(disinterestedness)'이라는 개념에 호소하여 아름다움의 느낌 및 평가의 보편성을 확보하고자 했다. 문자적인 의미에 서 무관심성이란 '관심이 끌리지(interested) 않음(dis-)'을 의미한다. 그런 데 그 어원인 라틴어 interesse는 '사이에(inter) 있음(esse)'이라는 의미로, 사람들 사이에 있다는 것은 자신을 둘러싼 사람들의 '관심'을 받는다는 의미와 중계인의 경우처럼 양쪽 사람들 모두로부터 '이익'을 얻는다는 의 미가 있다. 이러한 점에서 영어 과거분사 interested는 '관심이 끌리는'이 라는 의미와 함께 '이익이 기대되는'이라는 의미도 가진 말이다. 따라서 영어 disinterestedness는 단순히 관심이 끌리지 않는다는 의미뿐만 아니 라 이익을 바라지 않는다는 의미도 갖는다. 이러한 이중적 의미를 함께 담고 있는 '무관심성'은 "자기 이익이라는 동기로부터 유발되지 않는 관 심"이라고 풀어볼 수 있다.

예컨대 우리가 자연이나 예술작품에 관심을 가진다고 할 때, 그 관심이 이익을 얻으려는 마음에서 유발되지 않으면 '무관심적'인 것이다. 만약 우리가 어떤 이익을 얻으려는 마음에서 자연이나 예술작품에 관심을 가 진다면 우리는 그것이 아름다운지 아닌지에 관심을 가지는 것이 아니라 그것을 통해서 어떤 이익을 얻을 수 있는지에 관심을 가지는 것이다. 다 시 말해서 우리가 자연이나 예술작품이 아름다운지 아닌지에만 관심을 가진다는 것은 그것을 통해 어떤 이익을 얻을 수 있는지는 생각하지 않는 다는 뜻이다. 이러한 점에서 어떤 대상에 대한 '미적 감각'은 본질적으로 '무관심적인' 것이다.

이와 같이 우리의 미적 감각이 무관심적인 것이라면, 그것은 보편성을 가질 수 있다. 왜냐하면 어떤 대상에 대한 관념에서 이익과 관련한 다른 관념들과의 연상을 중단하고 오직 그 부분들이 균형과 조화를 이루는지만 주목한다면 사람들 사이의 평가 차이가 생기지 않을 것이기 때문이다. 예를 들어 어떤 건축물을 보면서 그것의 가격이나 되팔기의 용이함과 같은 다른 관념들을 무시하고 오직 그것이 균형과 조화를 이루고 있는지 그렇지 않은지에만 주목한다면, 누가 평가하든 간에 그 평가가 다르지 않을 것이다. 이러한 점에서 무관심성을 특징으로 하는 미적 감각은 보편적일 수 있는 것이다.

그러나 미적 감각이 그 자체로 무관심적일 수 있다고 하더라도 아름다움을 평가하는 보편적인 기준이 확립되어 있지 않다면 아무런 소용이 없는 것이 아닌가? 물론 균형과 조화라는 기준이 있긴 하지만 구체적으로 어떤 것이 균형이고 조화인지에 대해서는 의견들이 갈릴 수 있다. 그리하여 데이비드 흄(D. Hume, 1711-1776)은 미적 평가를 위한 일반적인 원리를 세워야 한다고 주장했다.

경험주의자답게 흄은 시각적·청각적 쾌감이란 부분들의 균형과 조화를 이루고 있는 대상에 우리의 시각과 청각이 자연스럽게 반응함으로써 일어나는 현상이라고 본다. 말하자면 인간 본성에는 어떤 대상들을 보거나 들을 때 쾌감을 느낄 수 있는 공통적인 기질이 있다는 것이다.[79] 따라서 어떤 대상들을 보거나 들을 때 쾌감이 일어나는 사례들을 수집하여 귀납적으로 일반화한다면 미적 평가를 위한 하나의 일반적인 원리를 세울 수 있을 것이다.

그러나 이러한 일반적인 원리가 수립되었다고 해서 실제로 우리가 모두 그 원리에 준해서 엄정하게 미적 평가를 하리라는 보증은 없다. 이 때

---

[79] M. C. Beardsley, 앞의 책, 217쪽 참조.

문에 흄은 엄정한 미적 평가를 위한 두 가지 측면의 조건을 제시했다.[80] 하나는 우리의 미적 평가가 아무런 장애 없이 그 일반적인 원리에 따라 이루어질 수 있도록 해주는 '호의적 환경'이 마련되는 것이고, 다른 하나는 우리가 그 일반적인 원리에 따라 엄정하게 미적 평가를 할 수 있는 '능력과 태도'를 갖추는 것이다. 전자는 적합한 시간과 장소, 평정심을 가지고 대상에 적당하게 주목할 수 있는 환경 등이다. 후자는 끊임없는 연습과 훈련을 통해 자신의 능력을 교정하고 개선함으로써 이른바 '적격(適格)의 관찰자(Qualified Observer)'가 되는 것이다. 요컨대 우리가 모두 적합한 자격을 갖춘 관찰자가 되어 호의적 환경에서 미적 평가를 한다면 그것은 보편성을 갖는다.

한편, 합리주의적 전통 아래에 있는 바움가르텐은 '이성'이 엄격한 원리나 방법에 따라 작동하기 때문에 보편성을 가질 수 있듯이 아름다움을 포착하는 '감성'도 나름의 원리나 방법이 있다는 것을 논증함으로써 아름다움에 대한 평가의 보편성을 확립하고자 했다. 그리하여 그는 이 감성의 원리나 방법을 탐구하는 활동을 '하위 인식론(gnoseologia inferior)'이라고 명명했는데, 여기서는 이성과 감성을 각각 '상위의(superior)' 인식 능력과 '하위의' 인식 능력으로 구분하는 데 역점이 놓이는 것이 아니라 양자 모두 '인식 능력'이라고 주장하는 데 역점이 놓인다. 말하자면 하위의 능력인 감성을 통해서도 보편적인 '인식'에 이를 수 있다는 점이 중요하다.

그렇다면 우리는 감성을 통해 어떻게 인식에 이를 수 있는가? 우선 바움가르텐은 요소들로 분석해야만 인식에 이를 수 있는 과학의 영역과 달리 요소들로 분석하지 않고 전체적으로 볼 때만 인식에 이를 수 있는 예술의 영역이 있다고 본다. 그렇다면 과학자에게는 대상을 분석적으로 탐구할 수 있는 능력이 필요하겠지만, 예술가(예술의 대상 영역에 대해 인

---

80) 같은 책, 218쪽 참조.

식하는 자)에게는 대상을 전체적으로 통찰할 수 있는 능력이 필요할 것이다.[81] 이때 대상을 분석적으로 탐구하는 능력을 이성이라고 한다면, 감성은 대상을 전체적으로 통찰하는 능력이다.

이와 같이 예술가는 감성이라는 하위의 인식 능력을 통해 현상을 하나의 전체로서 인식하고자 한다. 말하자면 예술가는 '현상의 완전함(perfectio phaenomenon)'을 추구하는 것이다. 여기서 완전함이란 '다양의 통일', 즉 부분들이 조화를 이루어 하나인 것처럼 보이는 것이다. 여기서 중요한 것은 이러한 완전함이 객관적인 '사물 자체의 완전함'이 아니라 '현상의 완전함'이라는 것이다. 이것은 현상으로 나타나는 다양한 부분들을 하나의 조화로운 전체의 부분들로 통찰함으로써 가능하다. 물론 이러한 통찰에 주관적인 자의나 그때그때의 일시적 기분이 개입할 여지는 없다. 왜냐하면 다양한 부분이 조화를 이루어 하나의 전체로서 존재하는지 그렇지 않은지는 자의나 기분에 좌우될 수 있는 것이 아니기 때문이다. 이러한 점에서 감성적 인식도 하나의 '인식'일 수 있는 것이다.

그런데 과연 샤프츠베리나 허치슨이 말하는 미적 감각이라는 제6의 감각이 따로 있는 것일까? 또 흄이 말하는 귀납적 일반화를 통해 수립되는 미적 평가의 일반적인 원리가 진정한 일반적 원리일 수 있을까? 또한 감성이 이성과 유사한 것이라는 바움가르텐의 주장은 확실한 것일까? 칸트 (I. Kant, 1724-1804)의 미학은 바로 이러한 문제들을 해결하기 위한 과제를 안고 출발했다. 이러한 의미에서 칸트 미학의 실마리가 되는 물음은 "주관적일 수밖에 없는 취미판단이 어떻게 보편성을 확보할 수 있는가?" 라고 볼 수 있다.

---

81) "예술가의 통찰력은 과학자의 분석적 총명함과 다르다. 예술가의 통찰력은 현상을 넘어서서 보려는 것이 아니라 현상 자체를 추구한다. 예술가는 현상 전체를, 현상의 내재적 존재 방식을 파악하고자 하며, 현상의 직관적 전체상을 추구한다."(Cassirer, 앞의 책, 460쪽.)

먼저 칸트는 어떤 대상이 아름답다든지 아름답지 않다는 것을 판정하는 "~은 아름답다."라는 형식의 판단을 경험주의자들로부터 물려받은 '취미'라는 개념을 취하여 '취미판단'이라고 한다. 취미'판단'이라는 말에서도 나타나듯이 칸트는 그것이 하나의 판단인 한 '판단력'의 문제라고 본다. 일반적인 의미에서 판단력이란 '특수한 것이 보편적인 것에 포섭되어 있다고 생각하는 능력'이다.[82] 예컨대 "인간은 생물이다."처럼 "A는 B이다."라는 형식의 판단에서 대체로 A는 특수한 것을, B는 보편적인 것을 나타내는 개념이고, "A는 B이다."라는 규정은 A가 B에 포섭된다는 것을 의미한다. 따라서 판단력은 말 그대로 "A는 B이다."라고 판단할 수 있는 능력인 것이다.

다른 모든 판단과 마찬가지로 취미판단도 판단력을 통해 이루어진다. 그러나 취미판단은 그 외의 다른 판단들과 달리 완전한 개념적 구성물이라고 하기는 어렵다. 예컨대 취미판단은 "이 X는 아름답다."라는 식으로 '이(this)' 등과 같은 지시어를 붙일 수 있는 특정한 하나의 대상에 대한 판단이다. 따라서 여기서는 주어에 X라는 개념이 나타나긴 하지만, 실질적인 주어라고 할 수 있는 것은 X라는 '개념'이 아니라 그것에 속하는 '하나의 외연으로서의 개별자'이다. 말하자면 X는 바로 그 하나의 외연을 임시로 나타내기 위한 방편으로서의 개념일 뿐이다.

이와 같이 취미판단이 완전한 개념적 구성물이라고 할 수 없다면, 보편적 타당성을 확보하기 어렵다. 이 때문에 칸트도 샤프츠베리 등과 같이 취미판단이 '무관심적'이라는 것을 인정함에도 불구하고 그것만으로는 보편성을 주장할 수 없다고 본다. 그리하여 칸트는 취미판단의 보편성을 확보하기 위한 다른 근거를 탐색한다. 말하자면 개념이 개입하지 않더라도

---

82) I. Kant, hrsg. von K. Vorländer, *Kritik der Urteilskraft*, 7. Auflagen, (Hamburg: Felix Meiner, 1974), p. 15.

취미판단의 보편성을 주장할 수 있는 근거를 찾아내려 한다.

이와 관련하여 칸트가 제시하는 근거는 두 가지이다. 하나는 '대상의 합목적성'이다. 좋음에 대한 판단이 그 대상의 '합목적성'에 따라 보편적으로 만족감을 주듯이 아름다움에 대한 판단도 그 대상의 합목적성을 확인할 수 있다면 보편적으로 만족감을 줄 것이라는 생각이다. 여기서 우선 좋다는 것은 어떤 목적을 달성하기에 유리한 조건이 된다는 것과 같다. 이때 어떤 대상이 특정한 목적에 부합하는지 부합하지 않는지는 보편적 평가가 가능하다. 예컨대 소화제는 소화불량을 치료함이라는 목적에 부합하기 때문에 좋다고 평가할 수 있는데, 소화제가 소화불량 치료에 합목적적이라는 것은 누구라도 알 수 있다. 만약 아름다움도 이런 식으로 합목적적이라면 보편적으로 평가될 수 있을 것이다.

그런데 아름다움이 무관심적인 것이라면 어떤 목적과도 연결될 수 없다. 그러나 칸트는 반드시 객관적이고 실질적인 목적이 있어야만 '합목적성'이라는 용어를 쓸 수 있는 것은 아니라고 주장한다. 말하자면 실질적인 목적이 없더라도 오직 '형식적으로만' 합목적적이라고 할 수 있는 사례들이 있다는 것이다. 예컨대 피아노의 한 음(솔)의 본래 목적은 알 수 없으나, 우리는 특정한 화음(으뜸화음)을 그 음의 목적인 것처럼 상정할 수 있다. 그렇다면 그 음은 그 특정 화음을 이루는 데 합목적적이라고 할 수 있다. 이것은 '목적 없는 합목적성'이며, 따라서 '형식적인' 합목적성이라고 할 수 있다. 칸트는 이러한 형식적인 합목적성을 가지는 경우에도 보편성을 주장할 수 있으며, 취미판단도 이러한 형식적 합목적성에 의거하여 보편성을 가질 수 있다고 보는 것이다.

취미판단의 보편성을 주장하기 위해 칸트가 제시하는 또 다른 하나의 근거는 '공통감각(Gemeinsinn, common sense)'이다. 여기서 공통감각이란 '감정을 보편적으로 전달할 수 있게 해주는 능력'이다.[83] 그러나 그는 인간 모두에게 이러한 공통감각이 있다는 것을 심리학적 차원에서 입증하지는 않고, 일종의 이념으로서 '요청'한다. 단적으로 말하자면 공통감각이 없다면 사람들이 자신의 마음에 나타난 이미지들을 다른 사람들에게 전달할 수 없을 것이고 따라서 보편적인 개념이나 지식을 가질 수도 없을 것이기 때문에, 모든 인간에게 공통감각이 있음을 인정하지 않으면 안 된다고 보는 것이다. 어쨌든 모든 사람에게 공통감각이 있다는 것을 전제한다면, 바로 이 공통감각에 의거해서 취미판단은 개념을 통하지 않고서도 충분히 보편성을 가질 수 있는 것이다.

이상에서 본 것처럼 칸트는 '아름다움의 인식'을 추구하는 근대 미학의 '학문적 완성도'를 높이는 데 크게 기여했다. 앞에서 우리는 아름다움의 인식이 궁극적으로 어떤 대상이 아름다운지 아닌지를 객관적으로 평가할 수 있는 기준과 관련된다고 하여 논의를 진행해왔다. 이와 관련하여 칸트까지 이르는 근대 미학 사상은 어느 정도의 성과를 이루었다고 할 수 있다.

그런데 어떤 대상의 아름다움 여부를 '객관적으로' 평가하는 것이 현실적으로 어떤 의미가 있을까? 우선 다양한 주관적 평가들이 가능한 상황에서 어떤 대상에 대한 '객관적' 평가가 요구되는 경우가 있어야 할 것이다. 아름다움의 평가와 관련해서는 각종 미인선발대회 말고는 그러한 경우가 별로 떠오르지 않는다. 어쩌면 이 때문에 칸트 이후의 미학 논의에서 아름다움의 개념이나 인식 문제가 퇴조했는지도 모를 일이다.[84]

---

83) Cf. I. Kant, *Kritik der Urteilskraft*, p. 81. 본래 공통감각은 하나의 실체에 속하는 여러 속성에 대한 감각들을 각각 별개의 감각들이 아니라 하나의 대상에 대한 감각들로서 파악하는 능력을 지칭하기 위한 아리스토텔레스의 용어 koinē aisthēsis와 키케로의 라틴어 번역어 sensus communis에서 비롯된 것이다. 그러나 스콜라철학자들이 그러한 감각들의 통합을 지칭하기 위해 apperceptio(통각, 統覺)라는 용어를 채택함으로써 sensus communis는 오늘날 '상식'으로 통용되듯이 여러 사람에게 공통적인 감각이나 느낌이나 생각을 지칭하는 용어로 바뀌었다. 칸트도 이러한 의미로 이 용어를 사용한다.

84) 칸트 이후 미학의 역사에서 부상한 주요 쟁점들로는 어떤 대상을 '미적인 것'으로 체험하는 주체의 태도, 이러한 미적 체험의 심적 메커니즘 등을 들 수 있다. 그리고 다른 한편으로는 예술

그러나 근대 미학이 전개되던 17-18세기의 서유럽이라면 오늘날 우리와 사정이 같지 않을 수도 있었을 것이다. 그때 거기에서는 한편의 개인 의식과 다른 한편의 개인들의 모임으로서의 공동체 혹은 사회 사이의 조화를 어떻게 이루어낼 것인지가 긴요한 문제였던 것이다. 프랑스의 철학자 뤽 페리는 이러한 점에서 근대 미학에 스며있는 하나의 '정치적 함의'를 읽어낸다.

> 그러므로 근대 미학 전체를 특징짓는 이 미(취미)의 기준에 대한 탐구는 더욱 본질적인 것으로 보인다. … 모더니티 일반의 중심 문제는 … 곧 어떻게 주관성에 근거하여 객관성을, 내재성에 근거하여 초월성을 확립시킬 수 있는가 하는 문제이다. 다르게 말하면, 각 개인들로부터 출발하여 공동체를 재구성한다는 사회의 그 관계 방식을 (…) 어떻게 생각할 수 있는가 하는 것이다. 여기서 옹호될 명제는 … 이 문제가 순수한 상태로 읽힐 수 있는 곳이 바로 미학의 영역이라는 것이다. 개인과 공동체, 주관과 객관 사이의 긴장이 가장 심화되는 것이 바로 그곳이기 때문이다. 미는 우리들을 가장 쉽게 또 가장 신비하게 묶어주는 것이다.[85]

의 정의, 예술 활동의 의미, 예술작품의 해석 등과 같은 예술에 대한 철학적 논의들이 현대 미학의 중심부에 진입해 있다.

85) L. Ferry, 『미학적 인간』, p. 37.

4장

아름다운 사회에 대해
사유하는 것으로서의 철학

1. 인간은 사회적 동물이다.

"인간은 사회적 동물이다."라는 말이 있다. 하나의 학문적인 명제로서
이 말의 원천은 아리스토텔레스의 『정치학』으로 알려져 있다. 그러나 『정
치학』에는 "인간은 태생적으로 폴리스적(폴리스 안에서 살아가는) 동물
(politikon zōon)이다."[86]라고 기록되어 있다. 1세기 중반 로마에서 활동한
스토아주의 철학자 세네카(Lucius Annaeus Seneca, ?-65)가 그리스어
'politikon zōon'을 라틴어 'animal socialis'로 번역하면서 '폴리스적 동물'이
'사회적 동물'로 되었다.

이 때문에 오늘날에는 "인간은 사회적 동물이다."라는 말의 원천을 아
리스토텔레스에게 돌리는 것이 의문시되기도 한다. 쟁점은 '폴리스적'이
라는 말과 '사회적'이라는 말이 의미상 동일하지 않다는 것인데, 전자는
고대적인 공동체 개념에 해당하지만 후자는 근대의 개인주의적 사회 개
념에 해당한다는 것이다. 그러나 이와 같이 고대부터 사용되어온 그리스
어 polis와 라틴어 societas의 의미를 근대 이후에 성립된 언어 관념을 가
지고 이해하는 것은 잘못된 일일 수도 있다. 근대 사회학에서 공동체적
측면을 강조하는 communitas와 개인주의적 특성을 강조하는 societas를

---

86) Aristotle, H. Rackham (tr.), *Politics*, (Massachusetts: Harvard Univ. Press, 1944), 1253a 3-4.

구별하는 것은 사실이지만, societas의 본래 의미가 공동체적 특성을 포함하고 있었다는 것 또한 사실이다. 이는 오늘날 영어 society가 공동체의 성격이 강한 동호회를 지칭하는 말로도 널리 쓰인다는 데서도 확인할 수 있다.[87] 이러한 맥락에서 보자면, "인간은 사회적 동물이다."라는 명제에서 '사회적'이라는 것은 고대 그리스의 폴리스든 근대 유럽의 시민사회든 간에, 말하자면 그 목적이나 관계가 어떻든 간에 그 구성원들이 '모여서' 살아가는 것이라는 넓은 의미의 개념으로 이해하는 편이 좋겠다.

한편, 국어사전의 '사회' 항목에는 "① ('인류 사회'와 같이) 공동생활을 하는 인간의 집단. ② ('봉건 사회'와 같이) 역사적으로 어떤 특정한 발전 단계를 이룬 집단. ③ ('문인 사회', '상류 사회'와 같이) 생활의 정도나 직업의 동질성 등으로 형성된 사람들의 세계." 등으로 규정되어 있다. 이 규정들에서 주목할 만한 것은 사회가 반드시 '인간'을 구성원으로 하는 모임이라는 것이다. 그러나 이러한 용법은 아리스토텔레스의 용법과 다르다. 아리스토텔레스는 인간이 벌이나 다른 모든 군체 동물들(agelaiou zōon)보다 더 폴리스적이라고 했다.[88] 이는 벌을 비롯한 몇몇 동물 종도 폴리스적이라는 것을 함축하는 말이다. 그렇다면 적어도 아리스토텔레스의 용법에서 사회를 인간만의 모임으로 제한하지는 않는 것처럼 보인다.

오늘날 생물학계에서도 '사회'라는 용어를 인간에게만 한정하지 않는다. 예컨대 생물학계에서 동물 종들을 분류하면서 무리(群)를 이루고 사는 동물 종들을 그 모임의 성격에 따라 다시 몇 가지 하위단위로 나누는데, 그중에 '사회'라는 것을 상정하고 있다. 특히 이러한 사회적 동물들의 행동을 생물학적으로 연구하는 '사회생물학(sociobiology)'에서는 '사회'를

---

87) 1989년에 개봉해서 우리나라에서도 큰 반향을 일으킨 <죽은 시인의 사회>라는 제목의 영화가 있다. 이 영화의 원제목은 'Dead Poets Society'인데, 이는 '죽은 시인들'이라는 명칭의 동아리(동호회)를 의미한다. 그러나 우리나라에서는, 의도적인 오역인지 모르겠으나, 의미가 명료하게 드러나지 않는 '죽은 시인의 사회'로 번역되었다.

88) Cf. Aristotle, *op. cit.*, 1253a 7-9.

중요한 기초 개념으로 삼는다. 사회생물학의 선구자 에드워드 윌슨(E. O. Wilson)은 『사회생물학: 새로운 종합』에서 사회생물학의 기초 개념들을 논의하는 중에 '사회'와 관련된 다음과 같은 규정들에 주목했다.[89]

> 사회는 동일한 종에 속하면서 상호 협력적인 방식으로 조직화된 개체들의 집단이다.
>
> 단순한 성 활동을 넘어 상호 협력적인 본성에 따라 상호 소통하는 것이 사회에 대한 본질적이고 직관적인 기준이다.
>
> 사회는 … 친숙하게 상호 소통하는 동종 개체들의 집합으로서, 거의 소통하지 않는 주변 영역들과 경계를 이루고 있다.

요컨대 생물학계에서 통용되는 '사회'란 "동종에 속하는 개체들이 성 활동 이외의 목적으로 소통하고 협력적인 방식으로 조직화된 집합체"라고 할 수 있다. 이러한 점에서 사회는 그 구성원 중에서 일부가 어떤 이유로 모인 것을 의미하는 '집단(group)'과도 구별되고, 특히 동절기 동안 한곳에 모여 거주하는 방울뱀이나 무당벌레와 같이 그러한 소통이나 조직화가 없이 단지 물리적·생리적 차원에서 생존의 이익을 위해 한곳에 모여 살아가는 것을 의미하는 '집합체(aggregation)'와도 확연하게 구별된다.

지구상에는 많은 사회적 동물이 있다. 인간도 하나의 사회적 동물임이 틀림없다. 그렇다고 해서 모든 사회가 동일한 구조와 운영 방식을 가지는 것은 아니다. 예컨대 개미, 흰개미, 꿀벌, 말벌 등과 같은 곤충들의 사회와 인간의 사회는 그 구조와 운영 방식에서 큰 차이를 드러낸다. 곤충 사회는 엄격하게 분화된 카스트(caste, 사회적 역할을 분담하는 집단들)를 특징으로 하지만, 인간 사회는 그보다 더 유연한 카스트를 특징으로 한다. 또 곤충 사회에서는 모든 개체가 생식 능력을 갖는 것이 아니지만, 인간

---

89) E. Wilson, *Sociobiology: the New Synthesis*, 25th Anniversary Ed., (Cambridge: The Belknap Press of Harvard Univ. Press, 2000), pp. 7-8.

사회에서는 모든 개체가 생식 능력을 가진다. 특히 이 두 번째 특징은 인간 개체들의 행동 방식과 인간 사회의 여러 가지 특성을 설명할 수 있는 실마리가 된다.

> 인간 사회의 정상적인 모든 구성원은 생식 능력을 가지며, 생식을 위해 서로 극심하게 경쟁한다. 이 때문에 인간 집단들은 가족 구성원들 사이뿐만 아니라 가족들 사이에, 남성과 여성 사이에, 계급들 사이에, 부족들 사이에도 고도로 유연한 동맹들이 형성된다. 이러한 동맹 형성은 서로서로 잘 알고 개개인에게 소유권과 지위를 분배할 수 있는 사람들이나 집단들 사이의 협력에 기초한다.[90]

요컨대 곤충 사회의 구성원들이 사회를 위해 자신을 희생할 만큼 전적으로 이타적이고 협력적인 데 반해, 인간 사회의 구성원들은 서로 경쟁적(이기적)이면서도 동시에 협력적(이타적)이라는 복잡한 양상을 드러낸다. 이러한 점은 곤충 사회의 구조와 운영 방식이 좀처럼 변하지 않는 데 반해 인간 사회는 그 구조와 운영 방식을 둘러싼 개인들이나 집단들 사이의 경쟁 결과에 따라 어느 정도는 변할 수 있다는 것을 함축한다. 실제로 인간 사회의 구조와 운영 방식이 지역에 따라 다르고 시대적으로도 계속 바뀌어왔다는 것을 입증해주는 사례들은 수없이 많다.

그런데 생물 분류상으로 곤충보다는 인류에 더 가까운 침팬지나 고릴라와 같은 영장류 혹은 사자나 늑대와 같은 포유류 사회는 구성원들 모두가 생식 능력을 가지므로 서로 경쟁적이면서도 동시에 협력적이라는 점에서는 인간 사회와 비슷함에도 불구하고, 그 구조와 운영 방식이 거의 변하지 않는다는 점에서는 곤충 사회와 비슷하다. 그 이유는 무엇일까? 아무래도 그것은 사고 능력, 언어 능력, 제작 능력 등의 차이에서 찾을 수밖에 없을 것이다. 이 능력들에서 다른 동물들과 차이를 드러내는 인간은 그 다른 동물들과 달리 이른바 '문화'를 만들어냈다.

---

90) E. Wilson, *The Social Conquest of Earth*, (New York: Liveright Publishing, 2012), pp. 16-17.

2. 인간 사회는 문화적이다

2.1. 문화: 자연의 상징적 비자연화[91]

'문화'라는 말에는 '자연의 비자연화'라는 의미가 함축되어 있다. 이러한 점은 특히 영어 culture의 의미에서 잘 나타난다. 영어 culture의 어원인 라틴어 cultura는 '경작하다'를 뜻하는 동사 colere에서 파생되었다. '경작'이란 말 그대로 자연적인 땅을 갈아서(耕) 비자연적인 논이나 밭으로 만드는 것, 그리고 식물이 자연적으로 자라도록 내버려 두는 것이 아니라 인위적으로 키우는 것(作)을 뜻한다. 이러한 의미에서 우선 문화는 "자연물을 인공물로 변경시키는 인간의 활동 및 그 산물"이라고 할 수 있다.

이러한 문화 개념에 함축된 자연의 비자연화는 '자연의 제거'로부터 시작된다. 말하자면 문화는 자연에 있는 자연적인 것이 제거됨과 더불어 시작되는 것이다. 이것은 곧 자연적인 것이 제거되고 그 빈자리에 다른 어떤 것(비자연적인 것)이 자리 잡는다는 것을 의미한다. 이 다른 어떤 것은 무엇인가?

이 문제를 풀어가기 위한 하나의 실마리는 한자어 '文化'라는 말의 의미를 분석해보는 것이다. '문화'의 문자적 의미는 "문(文)으로 됨(化)"이다. 여기서 문(文)은 '글자' 혹은 '무늬'를 뜻한다. 무늬나 글자는 근본적으로 하나의 상징(symbol)이다. 상징이란 인간의 상징 행위, 즉 어떤 사물이나 사건에 인위적으로 특정한 의미를 만들어 부여하는 행위의 결과물을 말한다.

여기서 중요한 것은 상징표시(symbolizing)와 상징되는 것(symbolized)

---

91) 이 항의 내용은 필자가 쓴 「문화와 문화적 삶의 해석학」(제주문화포럼 편, 『문화와 현실』 제3호, 2000. 73-100.)의 일부 내용(73-76쪽)을 약간 수정하여 재수록한 것이다.

사이의 관계가 전적으로 우연적이라는 사실이다. 예컨대 우리는 눈(雪) 위에 새겨진 발자국을 보고서 어떤 사람이 그곳을 지나간 사건이 일어났었다는 것을 거의 즉각적으로 알 수 있다. 이때 발자국은 그 사건의 상징이 아니다. 발자국과 그 사건 사이에 필연적인(혹은 자연적인) 관계가 성립하고 있기 때문이다. 반면, 어떤 친구가 나에게 힘내자는 뜻으로 오른손을 번쩍 들어 보였다면, 이것은 상징이다. 나는 그 친구의 행위를 보고서 그 친구의 뜻을 즉각적으로 알 수 없기 때문이다. 오른손을 번쩍 드는 행위(사건)는 경우에 따라 "힘내자!", "반갑다!", "잘 가!", "약 오르지.", "너 미워!" 등 수많은 의미를 나타낼 수 있다. 그 친구가 그 행위를 힘내자는 의미와 연결하는 것은 순전히 우연적(비자연적)이고 임의적이다.[92] 이러한 점에서 상징은 어떤 자연과 자연적으로(필연적으로) 관련되지 않는 비자연적 의미체라고 할 수 있다.

따라서 상징은 자연적으로 존재하는 어떤 사물이나 자연적으로 일어나는 어떤 사건에 임의로 부여된 비자연적인 의미체라고 할 수 있다. 무늬나 글자가 본래 비자연적인 의미체로서의 상징들이라면, '문으로 됨'으로서의 문화는 자연이 제거되고 난 빈자리에 상징(비자연적인 어떤 것)을 앉히려는 인간의 활동 및 그 결과물이라고 할 수 있다. 이러한 점에서 문화는 '자연의 상징적인 비자연화'라고 규정될 수 있다.

이와 같이 문화를 자연의 상징적 비자연화로 이해할 때 가장 먼저 생각나는 문화 활동은 경작이나 도구 제작일 것이다. 땅을 개간하여 밭으

---

92) 상징과 마찬가지로 기호(sign)도 기호표시(signifying)와 그것에 의해 표시되는 것(signified) 사이의 관계가 우연적이고 비자연적이다. 그렇다면 상징과 기호는 어떻게 다른가? 단적으로 말하면 상징은 단독적으로도 의미작용을 하지만 기호는 특정한 체계 내에서만 의미작용을 한다는 점이 서로 다르다. 예를 들어 비둘기를 평화의 상징이라고 할 때 '비둘기'와 '평화' 사이의 관계는 주변의 다른 것들과 무관하다. 반면 '붉은색 신호등'과 '정지' 사이의 관계는 그렇지 않다. 즉 붉은색 등이 정지를 의미한다는 것을 이해하기 위해서는 푸른색 등이 진행을 의미한다는 사실을 포함하는 하나의 전체적인 '신호체계'에 대한 이해가 요구된다. 말하자면 기호는 특정한 체계 내에서 그것이 다른 것들과 어떤 차이가 있고 어떤 관계를 맺는지에 따라 특정한 의미를 나타내는 것이다.

로 만드는 것은 단순히 자연물을 인공물로 바꿨기 때문이 아니라, 땅이라는 자연물에 '경작'이라는 상징적 의미를 내포시켰기 때문에 문화이다.[93] 또 쇠를 가공하여 망치로 만드는 것도 쇠라는 자연물에 '못을 치는 것'이라는 상징적 의미를 부여하는 활동이기 때문에 문화이다.

인간은 이러한 문화 활동을 통하여 더 수월하게, 더 빠르게, 더 안전하게 자신의 욕구를 실현할 수 있다. 수렵·채취 시대에서 농경 시대로 이행하면서 인간은 가장 근본적인 욕구라고 할 수 있는 식욕을 더 수월하게, 더 빠르게, 더 안전하게 충족시킬 수 있게 되었다. 또 인간이 자신의 욕구를 충족시킬 수 있는 대상을 만드는 활동을 '노동'이라고 한다면, 도구의 제작 및 사용 목적은 인간의 노동을 더 수월하게, 더 빠르게, 더 안전하게 하려는 데 있는 것이다.

그러나 인간에게 이러한 문화 활동은 인간 자신의 욕구를 더 수월하게, 더 빠르게, 더 안전하게 실현하는 것 이상의 어떤 의미가 있다. 그것은 문화가 인간이 자연을 대면하는 새로운 방식을 제공한다는 것이다. 실제로 인간은 자연을 경험할 때 자연 그 자체로서 경험하는 것이 아니라 상징적인 어휘들을 통해 구성된 그 무엇으로서 경험한다. 예컨대 인간은 모든 자연적 사물에 인간의 언어로 된 이름을 부여하고, 그 이름을 통해 사물의 본질을 인식하며, 그 본질의 인식을 통해 사물을 지배한다. 또 자연물에 신성한 의미를 부여함으로써 그것을 숭배하기도 하고, 자연현상들을 법칙적으로 파악함으로써 그것을 기술적으로 이용하기도 한다.

---

93) '땅'과 '식물의 생장'은 자연적으로 연결되지만 '땅'과 '경작'은 자연적으로 연결되는 것이 아니다.

2.2. 비자연화된 사회로서의 인간 사회

인간의 문화형성 능력은 자연을 상징적으로 비자연화함으로써 결과적으로 이러저러한 '비자연적인 것'을 만들어내는 셈이다. 그렇다면 만약 '자연적인 사회'라는 것이 있다면 인간의 문화형성 능력은 그 자연적인 사회도 상징적으로 비자연화할 수 있을 것이다. 그런데 과연 '자연적인 사회'라는 것이 있는가? 만약 그러한 것이 있다면 그것은 어떤 것인가?

일단 '자연적인 사회'를 '인간의 문화형성 능력에 의해 형성되지 않은 사회'로 규정해보자. 그렇다면 곤충의 사회, 사자의 사회, 침팬지의 사회 등은 자연적인 사회라고 볼 수 있다. 앞에서 보았듯이, 이 사회들의 공통적 특성은 그 구조와 운영 방식이 거의 변하지 않는다는 것이다. 개미 사회의 구조와 운영 방식, 즉 여왕·일꾼·병정이라는 카스트 구조와 여왕을 중심으로 하는 사회의 재생산과 확산(종의 보존과 확산)을 추구하는 운영 방식은 거의 불변이다. 사자 사회의 경우에도 일부다처제의 가부장적 구조와 가부장을 중심으로 하는 사회의 재생산과 확산을 추구하는 운영 방식은 예나 지금이나 다르지 않다.

물론 구조와 운영 방식의 불변성이 자연적인 사회의 충분조건이라고 할 수는 없겠지만, 적어도 그러한 사회라면 구성원들이 그 구조나 운영 방식을 자의적으로 변경하지 않는다는 점은 분명하다. 그러나 인간 사회의 구조나 운영 방식은 끊임없이 변화해왔다. 그리고 그러한 변화는 1인이든 몇몇이든 모두이든 간에 구성원의 의지와 그것을 실현하는 문화형성 능력에 따른다. 이러한 점에서 인간 사회는 비자연화된 사회, 즉 문화적인 사회인 것이다.

3. 우리는 우리 사회를 더 아름답게 만들 수 있다

3.1. 아름다운 사회는 아름다운 삶의 한 가지 조건이다

인간 사회가 문화적이라는 사실은 사회의 구조와 운영 방식을 그 구성원 자신이 자의적으로 변경해갈 수 있다는 것을 함축한다. 그런데 누가, 왜 그러한 변화를 추구하는 것일까?

앞에서도 보았듯이 인간이 사회적인 동물이라는 것은 인간 개개인이 어떤 인간 사회의 한 구성원으로서 살아갈 수밖에 없다는 것을 의미한다. 이것은 곧 한 인간에게는 사회가 자기 삶의 조건임을 의미한다. 말하자면 개개인은 한 사회의 구성원이 되지 않고서는 인간으로서의 삶을 영위할 수 없고, 더 나아가서는 인간으로서 존재할 수 없다.

이와 같이 사회가 그 구성원인 개인의 삶의 한 가지 조건이라면, 개인의 삶의 질은 자신이 속한 사회의 구조와 운영 방식에 따라 달라질 수 있다. 물론 개개인의 여건들이 각각 다르기 때문에 일반화하기는 어렵겠지만, 우리 사회가 아름다운 사회라면 그 구성원인 나의 삶도 아름다운 삶이 될 가능성이 클 것이다.

예를 들어 똑같은 취향과 재능을 가지고 있는 사람이라도 그가 어떤 사회에서 살아가느냐에 따라 그의 만족도는 크게 달라질 수 있다. 한 사회가 가문이나 혈통에 따라 사회적 지위와 소득이 배분되는 법과 제도로 운영된다면, 아무리 능력이 탁월한 사람이라고 하더라도 그가 유력한 가문이나 혈통에 속하지 않는 한 그의 삶의 만족도는 그렇게 높지 못할 것이다. 또 능력이 비교적 열등한 사람이라고 하더라도 그의 사회가 극심한 승자독식 방식의 경쟁체제로 운영되지 않는다면, 그의 삶의 만족도는 그렇게 낮지 않을 수도 있을 것이다.

그렇다면 이제 우리는 앞에서 제기한 "누가, 왜 사회의 변화를 추구하는가?"라는 물음에 대답하기 위한 하나의 실마리를 얻을 수 있다. 형식적인 수준에서 말하자면, 현실 사회가 아름답지 않기 때문에 그 구성원인 자신의 삶이 아름답지 않다고 인식하는 사람들이 현실 사회를 더 아름답게 만듦으로써 자신의 삶을 더 아름답게 만들어가려고 하는 것이다.

이와 같이 현실 사회를 더 아름답게 만듦으로써 구성원들의 삶을 더 아름답게 만들어가고자 하는 것은 하나의 중요한 철학적 문제가 된다. 지금까지 줄곧 말해왔듯이 철학은 스스로 지혜롭게 됨으로써 궁극적으로 더 좋고 아름다운 삶을 추구하는 활동이다. 그런데 우리가 지혜롭게 된다는 것, 즉 좋은 선택을 한다는 것은 어떤 선택의 기로에 서 있는 당사자의 능력으로만 환원할 수 없는 복잡한 맥락을 가진다. 예컨대 어떤 사람이 좋은 선택을 할 수 있는 능력이 있다고 하더라도 그가 사는 사회의 법이나 제도가 그의 선택을 허용하지 않는다면 그 사람이 자신의 선택을 관철하기가 쉽지 않을 것이다. 결국 사회의 구조는 그 구성원들이 스스로 지혜롭게 될 수 있는 유력한 한 가지 조건임이 틀림없다. 따라서 사회를 더 아름답게 만들기 위해 사유하고 실천하는 것은 철학함의 중요한 한 가지 과제라고 할 수 있는 것이다.

3.2. 어떻게 사회를 더 아름답게 만들 수 있는가?

사회를 지금보다 더 아름답게 만든다는 말은 이미 '아름다움'을 평가하는 기준이 확립되어 있다는 것을 전제로 한다. 그렇다면 그 기준이 무엇이든 간에 우리는 '아름다운 것'과 '아름답지 않은 것'을 구분할 수 있으며, 나아가 '가장' 아름다운 것 혹은 아름다운 것의 '전형'을 생각할 수도 있을 것이다. 이러한 사항은 사회에도 적용될 수 있겠다. 요컨대 우리는 아름다운 사회와 아름답지 않을 사회를 구분할 수 있으며, '가장' 아름다운 사회 혹은 아름다운 사회의 '전형'을 생각할 수 있을 것이다.

이와 같이 우리가 아름다운 사회의 전형을 생각할 수 있다면, 그 전형과 우리의 현실 사회의 아름다움의 정도를 비교하는 것도 가능할 것이다. 이러한 비교를 통해 우리의 현실 사회가 그다지 아름다운 사회가 아니라고 판정한다면, 우리는 우리의 현실 사회를 더 아름다운 사회로 바꾸기를 기획할 수 있고 또 그것을 실현하기 위한 구체적인 방법을 세울 수도 있다. 이때 우리 사회를 더 아름다운 사회로 바꾸어가는 방법은 크게 두 가지로 나누어진다. 하나는 가장 아름다운 사회의 전형을 설계한 다음에 현실 사회를 그 전형에 가까운 모습이 되도록 바꾸어가는 방법이고, 다른 하나는 가장 아름다운 사회의 전형을 설계한 다음 현실 사회에서 그 전형과 닮지 않은 부분을 제거해가는 방법이다. 편의상 여기서는 전자를 '구성적 방법'으로, 후자를 '제거적 방법'으로 지칭할 것이다.

어떤 의미에서 이 두 방법은 동일한 것의 다른 측면이라고 생각할 수도 있다. 현실 사회를 가장 아름다운 사회의 전형과 비슷하게 만들기 위해서는 현실 사회의 모순점들을 제거해야 할 것이고, 또 현실 사회의 모순점들을 제거하지 않고서는 현실 사회가 더 아름답게 바뀔 수 없을 것이기 때문이다. 결국 현실 사회를 가장 아름다운 사회의 전형과 비슷하게 만들어가는 것과 현실 사회의 모순점들을 제거하는 것은 동일한 의미를 가질 것이다.

그러나 이 두 방법이 전적으로 동일한 방법이라고 할 수는 없다. 왜냐하면 현실 사회가 구체적으로 어떤 사회냐에 따라 두 방법의 적용 가능성이 달라질 수 있기 때문이다. 예컨대 가장 아름다운 사회의 설계도에는 들어 있지만 우리의 현실 사회에는 들어 있지 않은 법과 제도가 있다면, 우리는 새로운 법이나 제도를 만드는 구성적 방법을 통해서 우리의 현실 사회를 더 아름답게 만들 수 있다. 반면 현재 우리 사회에 수립된 기존의 법이나 제도가 가장 아름다운 사회의 설계도에 있는 법이나 제도와 다른 것이라면, 우리는 그것을 폐기하거나 개정하는 제거적 방법을 통해서 우리의 현실 사회를 더 아름답게 만들 수 있다.

이러한 맥락에서 우리는 우리의 현실 사회를 더 아름답게 만들기 위해 어떤 부분에 어떤 방법을 사용할지 숙고할 필요가 있다. 그러나 어떤 방법이든 간에 가장 아름다운 사회의 전형을 설계하는 일이 선행되어야 한다. 가장 아름다운 사회의 전형을 설계하지 않고서는 구성적 방법으로든 제거적 방법으로든 간에 우리의 현실 사회를 더 아름답게 만든다는 것 자체가 불가능할 것이기 때문이다.

앞에서 말했듯이 우리 사회가 어떤 점에서 아름답지 않은지를 인식하고 그것을 더 아름답게 만들기 위해 사유하는 것은 철학의 중요한 한 가지 과제이다. 실제로 많은 철학자는 가장 아름다운 사회의 전형을 설계하는 데 몰두했다. 그럼에도 불구하고 그 설계도들은 각양각색이다. 그것은 아마도 철학자마다 좋음 혹은 아름다움의 개념을 다르게 규정했기 때문일 것이다.

4. 구성적 방법: 가장 아름다운 사회의 설계도 그리기

앞의 3장에서 우리는 좋음 혹은 아름다움의 두 가지 개념을 살펴본 바 있다. 객관주의적 개념과 주관주의적 개념이 그것이다. 이 두 개념을 각각 사회에 적용한다면, 객관적인 좋음 혹은 아름다움의 개념을 실현하는 사회의 설계도와 주관적인 좋음 혹은 아름다움의 개념을 실현하는 사회의 설계도를 그려볼 수 있을 것이다. 우선 그 설계도들이 어떤 것인지 간략하게 살펴보자.

4.1 객관적인 아름다움을 실현하는 사회

앞의 3장 4절에서 보았듯이 미적 객관주의는 대상 자체가 어떤 조건을 갖추고 있느냐에 따라 아름답다거나 아름답지 않다고 평가할 수 있다는 입장이다. 그리고 그 평가의 기준은 대상 자체가 그 부분들의 균형·비례·조화·질서를 이루고 있느냐 하는 것이다. 말하자면 어떤 대상의 부분들이 균형·비례·조화·질서를 이루고 있다면 그 대상은 아름답다고 평가된다. 물론 사회에 대해서도 똑같은 방식으로 평가할 수 있다. 사회를 구성하는 부분들이 균형·비례·조화·질서를 이루고 있다면, 그 사회는 객관적인 기준에서 아름다운 사회라고 할 수 있다.

이러한 객관적인 아름다움을 실현하는 사회의 설계도를 그린 사람 중에서 대표적인 사람은 플라톤일 것이다. 그의 대표작『폴리테이아』[94]는 제목 그대로 폴리스(polis)의 구성원인 자유시민들이 자신들의 폴리스를 어떻게 구성하고 어떻게 운영하는 것이 좋겠는지를 보여주는 하나의 설계도라고 할 수 있다.

이 설계도에는 우선 현실 세계의 저편에 객관적인 아름다움을 실현하는 '이데아 세계'가 있다. 이 이데아 세계는 말 그대로 이데아들로 구성된 세계로서, 갖가지의 이데아들이 균형·비례·조화·질서를 이루고 있는 세계이다. 이런 의미에서 이데아 세계는 아름다운 세계의 '전형'이라고 할 수 있다. 따라서 우리가 우리의 현실 사회를 아름다운 사회로 만들기 위해

---

94) 'politeia'는 politeuein이라는 동사에서 파생한 명사이다. politeuein은 '자유시민이 되다', '자유시민으로서 살다', '자유시민으로서의 태도를 갖추다' 등의 의미를 가지는 동사이다. 명사 politeia는 시민의 지위와 권리, 폴리스의 구성원으로서의 생활 태도, 폴리스의 조건 혹은 정체 등을 의미하는 말로서, '폴리스의 조직과 운영 전반'을 나타내는 용어이다. 현재 우리나라에는 플라톤의『폴리테이아』가 여러 버전의 번역서들로 출판되어 있는데, '국가', '국가론', '이상국가', '공화국', '국가-정체' 등 다양한 제목들이 달려 있다. 그러나 그 어떤 것도 '폴리테이아'라는 말의 의미를 포괄적으로 나타내기 어렵다고 보아서 여기서는 번역하지 않고 그리스어 그대로 '폴리테이아'라고 표기한다.

서는 우리의 현실 사회가 이데아 세계를 닮도록 바꾸어가면 될 것이다.

이를 위한 첫 번째 과제는 이데아 세계가 어떤 세계인지를 정확하게 아는 것이다. 그런데 사회구성원 모두가 이데아 세계를 아는 일에 시간과 에너지를 쓸 필요가 있을까? 이데아 세계는 현실 밖에 있는 세계라고 하더라도 어쨌든 객관적인 세계이기 때문에 누가 알더라도 정확하게 알기만 한다면 그 앎의 내용이 다르지 않을 것이다. 그렇다면 생활을 위한 재화를 생산하는 데 쓸 시간과 에너지도 넉넉지 않은 현실에서 구성원들 모두가 이데아 세계를 알기 위해 각각의 시간과 에너지를 쓰는 것이 효율적이지 않다고 생각할 수도 있을 것이다.

이 때문에 플라톤은 사회구성원들의 업무를 나누는 방안을 채택했다. 이데아 세계는 현실 너머에 있는 세계이기 때문에 눈으로는 볼 수 없고 오직 지성을 통해 알 수 있는 세계이다. 따라서 그 세계를 알기 위해서는 지성이 발달하여야 한다.[95] 그리하여 플라톤은 지성 능력이 우수한 구성원들을 선발하여 그들로 하여금 이데아 세계를 아는 일에 종사하게 하는 대신, 나머지 구성원들이 그들의 삶에 필요한 재화까지 생산하여 그들을 부양하도록 하는 것이 효율적이라고 보았다.

이렇게 선발된 구성원들은 우선 그 선발 목적에 부합하여 이데아 세계를 아는 일에 매진해야 한다. 나아가 그들은 이데아의 앎에서 느껴지는 즐거움을 자신만 향유하는 것으로 그쳐서는 안 되고, 나머지 구성원들에게 가르쳐서 실제로 그 사회가 이데아 세계와 닮아가도록 만들어야 한다. 이런 점에서 선발된 구성원들은 사회의 구조와 운영 방식을 결정하고 다른 구성원들을 지도하는 자가 된다. 바다를 건너는 배를 예로 들자면 그 배의 방향을 결정하는 키를 잡은 자라는 의미에서 '통치자(archos)'라고 할 수 있다.[96]

---

95) 플라톤이 주장하는 이데아의 인식방법에 대해서는 본서의 2장 4절을 참조하라.
96) 본서 2장의 3.2.의 서술 내용을 참조하라.

그런데 이데아 세계에 대한 앎의 내용이 사람마다 다르지 않다면 그것을 아는 일을 단 한 명에게만 맡기는 것이 더 효율적이지 않을까? 앞에서 말했듯이 이데아 세계를 '정확하게' 아는 것이 중요하다. 물론 한 명이라도 정확하게 알 수는 있겠지만 때때로 그가 실수할 수도 있다. 그러나 더 중요한 것은 그가 안 것이 정확한 앎이라는 것을 어떻게 확인할 수 있는가 하는 문제이다. 이 때문에 플라톤은 그 일에 복수의 구성원이 종사해야 한다고 보았던 것이다.

이처럼 플라톤의 설계도에서는 우선 이데아 세계의 앎에 종사하는 통치자 그룹과 재화의 생산에 종사하는 생산자 그룹이라는 두 그룹이 구분된다. 그러나 현실 사회는 이 두 그룹만으로는 유지되기 어렵다. 만약 외적이 침입한다면 어떻게 대처해야 할까?

우선 통치자들과 생산자들이 평상시에는 각자 자신의 전문 분야에 종사하다가 전시에는 군인으로 무장하여 전장에 나가 싸우는 방안을 생각해볼 수 있다. 그러나 이는 전쟁을 모르는 사람들의 생각이다. 전쟁의 기술도 다른 모든 기술과 마찬가지로 매우 전문적인 기술이며, 향상은 말할 것도 없이 현상 유지만을 바란다고 하더라도 끊임없는 훈련과 연습이 필요하다.[97] 아무래도 통치자들과 생산자들이 각각 자신들에게 배분된 업무에 종사하면서 동시에 전쟁의 기술까지 연마하는 것은 무리다. 그뿐만 아니라 외적의 침입은 예고 없이 일어날 수 있기에 항상 대비해야 한다. 통치자들이나 생산자들이 이러한 경계 업무까지 담당하기에는 절대적인 시간이 부족할 수밖에 없다. 결국 전문적인 전사(戰士) 그룹을 만들어 운용하는 것이 여러 가지 차원에서 더 효율적이라고 할 수 있다.[98]

---

97) 여기서 '기술'이라고 한 것은 그리스어 technē, 라틴어 ars, 영어 art에 해당하는 말로서, 더 줄여서 '術'이라고만 해도 되는 말이다. 기술, 예술, 의술, 화술 등에서 공통적인 '술'은 '할 줄 앎(know how)'을 의미한다. 이러한 능력은 자전거를 탈 줄 알게 되는 것처럼 몸으로 배워 익혀야 하고, 훈련과 연습을 통해 그 능력을 유지하거나 더 발달시킬 수 있다.
98) Cf. Plato, P. Shorey (tr.), *The Republic I*, (Massachusetts: Harvard Univ. Press, 1937), 374b f.

이렇게 해서 플라톤의 설계도에는 사회구성원이 통치자 그룹, 전사 그룹, 생산자 그룹이라는 세 그룹으로 나누어지는 것으로 그려져 있다. (재화의 생산을 담당하는 생산자 그룹과 직접 생산 활동을 담당하지 않는 대신 생산자들의 활동을 지켜주는 수호자 그룹이라는 두 그룹으로만 나누는 것도 가능하다.[99]) 이 세 그룹은 사회의 구성 부분들이다. 부분들의 균형·비례·조화·질서를 아름다움의 기준으로 삼는 플라톤의 입장에서는 아름다운 사회도 그 부분들인 세 그룹이 균형·비례·조화·질서를 이루어야 한다. 그런데 사회의 부분을 이루는 이 세 그룹이 균형·비례·조화·질서를 이룬다는 것은 무슨 뜻인가?

우선 현실 세계에서 아름다운 것은 곧 그것이 이데아 세계와 닮았다는 뜻이다. 이데아 세계는 그 세계의 부분들을 이루는 갖가지의 이데아들이 균형·비례·조화·질서를 이루고 있는 세계이다. 따라서 아름다운 사회가 어떤 것인지를 알기 위해서는 무엇보다도 먼저 이데아들이 균형·비례·조화·질서를 이루고 있다는 것이 무슨 뜻인지를 알아야 한다.

앞의 1장과 2장 곳곳에서 우리는 "이데아 = 정의 = 본질 = 개념"이라는 등식을 확인했다. 그렇다면 이데아 세계는 '개념들의 체계'라고도 할 수 있을 것이다. 이 개념들의 체계에서는 각각의 개념들이 명료하게 정의되어 있어 의미가 뒤섞이지 않고, 외연들의 포섭 관계에 따라 최고류개념부터 최저종개념까지 잘 정렬되어 있으며, 하나의 개념을 정의하기 위한 다른 개념들이 모두 정의된 식으로 모든 개념을 정의하는 데 필요한 개념들이 모두 망라되어 있다. 이러한 점에서 개념들의 체계는 개념들 하나하나가 각각 적합하게 정의되어 있다는 의미에서 자신들의 본질을 실현하고

---

99) 플라톤의 『폴리테이아』에는 두 가지 방식의 구분이 등장한다. 하나는 농부나 장인과 같이 재화의 생산을 담당하는 생산자와 생산자의 생산 활동을 지켜주는 수호자(phylakes)으로 나누는 경우이고, 다른 하나는 수호자를 다시 참된 수호자(alēthinoi phylakes) 혹은 완벽한 수호자(phylakes panteleis)와 보조자(epikourioi) 혹은 협력자(boēthoi)로 나누어 결과적으로 통치자(archoi)·전사(stratoi)·생산자로 나누는 경우이다(Cf. Plato, *The Republic I*, 412c ff.).

있으며, 개념들이 하나의 체계를 이루고 있다는 점에서 그 자체로도 완전한 하나의 전체라는 본질을 실현하고 있다.

이를 그대로 사회에 적용하면, 세 그룹 각각이 자신들의 본질을 실현하고, 그럼으로써 하나의 완전한 전체라는 본질을 실현하는 그러한 사회가 될 것이다. 그리하여 플라톤은 세 그룹의 본질과 그 실현 방안에 대해 논한다. 통치자 그룹은 이데아와 이데아 세계를 인식하는 기능을 담당하므로 지성 능력을 최대한 발휘함으로써 '지혜'의 덕을 실현해야 한다.[100] 전사 그룹은 외적에 대한 전쟁과 내부 치안을 담당하므로 기개[101] 능력을 최대한 발휘함으로써 '용기'의 덕을 실현해야 한다. 생산자 그룹은 사회 구성원들이 욕구하는(삶에 필요한) 재화를 생산하는 기능을 담당하는데, 그 재화가 모자라서도 안 되지만 남아돌아서도 안 되므로 자신의 욕구에 따른 것이 아니라 통치자들의 인식과 계획에 따라 재화의 생산량을 적절하게 조절해야 한다. 이 때문에 플라톤은 생산자에게 필요한 덕이 '절제'라고 생각했다.

이와 같이 통치자가 지혜의 덕을 실현하고 전사가 용기의 덕을 실현하며 생산자가 절제의 덕을 실현할 때 사회 전체의 완전성이 실현되는데, 이 사회 전체의 완전성이라는 것은 곧 사회가 가장 사회다운 사회가 된다는 의미에서 그 본질의 실현이며 덕의 실현이라고 할 수 있다. 이때 플라톤은 사회 자체의 본질 혹은 덕을 '정의(正義, dikaiosynē)'라고 하는데, 이는 저울

---

100) 3장 3절에서 보았듯이, 덕은 "소질의 탁월한 발휘"를 의미한다. 그런데 '소질'은 자연적으로 주어진 잠재 능력으로서, 그것이 실현될 때 그 능력과 관련된 영역에서 은유적으로 '~의 신'이라는 칭호를 얻게 될 정도로 해당 영역의 전형이 된다. 이러한 점에서 덕은 '본질'이라는 의미를 포함한다. 어떤 것의 본질이 실현될 때 그것은 비로소 다름 아닌 그 어떤 것으로서 존재한다고 말할 수 있다는 점에서 그렇다.

101) 사전적으로 '기개(氣槪)'는 '불의에 굴하지 않는 굳건한 의지'를 뜻한다. 플라톤이 쓴 그리스어 thymos 혹은 to thymoeides를 영어권에서는 spirit나 spiritual passion으로 번역하는데, 여기서 spirit는 영이나 신과 같은 제1의 의미보다는 활력이나 용감성과 같은 제2의 의미를 나타내는 것으로 보아야 한다. 이런 점에서 플라톤 사상에서 쓰이는 '기개'는 그의 사상적 맥락을 고려하여 '용감성을 발휘할 수 있는 마음의 한 부분'을 의미하는 것으로 이해하는 것이 적합해 보인다.

로 상징되는 정의의 여신 디케(Dikē)의 모습에서 알 수 있듯이 부분들의 균형과 비례를 나타낸다. 부분들이 균형과 비례를 이룬다는 것은 부분들이 각각의 본질 혹은 덕을 실현함으로써 서로 혼란스럽게 뒤섞이지 않고 전체적으로 조화와 질서를 이룬다는 것이다. 이러한 점에서 플라톤이 그리는 가장 아름다운 사회는 그 부분들인 통치자·전사·생산자가 지혜·용기·절제라는 각각의 덕을 실현함으로써 궁극적으로 정의의 덕을 실현하는 사회라고 할 수 있다.

4.2. 주관적인 아름다움을 실현하는 사회

플라톤의 설계도가 객관적인 아름다움의 개념을 실현하는 사회 설계도의 대표적인 사례라면, 주관적인 아름다움의 개념을 실현하는 사회 설계도의 대표적인 사례로는 17세기 후반에 활동한 영국의 철학자 존 로크(J. Locke, 1632-1704)가 그린 설계도를 들 수 있을 것이다. 로크는 1760년에 『정부에 관한 두 편의 논고(Two Treatises of Government)』를 출간했는데, 이 저서에 포함된 두 번째 논고인 "시민적 정부의 참된 기원, 범위, 목적에 관한 에세이(Essay concerning the true original, extent and end of civil government)"는 제목에 명시된 그대로 '시민적 정부', 더 구체적으로 말해서 '시민에 의해 구성되고 시민을 위해 운영되는 정부'의 설계도라고 할 수 있다.

이 설계도에 따르면, 자연 상태에서 자유롭게 살던 개인들은 욕구의 증대에 따른 재화의 부족을 해결하기 위해 시민적 정부를 수립하기로 계약함으로써 하나의 정치적 사회를 구성했다.[102] 이는 정치적 사회가 자연

---

102) Cf. J. Locke, C. B. Macpherson (ed.), *Second Treatise of Government*, (Indianapolis: Hackett Publishing, 1980), § 15.

상태보다 더 좋고 아름다운 사회라는 것을 함축한다. 그런데 여기서 제시된 정치적 사회는 그 사회 자체가 객관적으로 가장 아름다운 어떤 전형을 닮았기 때문이 아니라, 모든 구성원이 자신들 각각의 아름다운 삶을 실현할 수 있도록 해주는 사회로 이해하기 때문에 아름답다고 평가되는 사회이다. 이러한 점에서 로크가 그리는 정치적 사회라는 설계도는 주관적인 아름다움의 개념에 기초한 한 가지 사회 모델이라고 할 수 있을 것이다.

이러한 로크의 사회 모델을 더 잘 이해하기 위해서는 우선 사람들이 어떤 삶을 아름다운 삶이라고 생각하는지 이해하지 않으면 안 된다. 이에 대해 로크는 사람들이 각자 자신에게 소유권리가 있는 것(property), 즉 생명, 자유, 자산(estate)[103]을 보전하는 삶을 좋고 아름다운 삶으로 상정하고 있다. 자유롭고 평등한 자연 상태에서 살아가던 사람들이 굳이 어느 정도의 제약을 감수하면서까지 자발적으로 정부의 통치 아래로 들어가는 이유는 다름 아니라 정부가 자신들의 소유권을 보전해줄 수 있다고 보았기 때문인데,[104] 이는 사람들이 자신의 소유권을 다른 어떤 것보다도 더 중요한 가치로 생각한다는 것을 의미한다. 이와 같이 사람들이 자신의 소유권을 보전할 수 있는 삶을 좋고 아름다운 삶이라고 생각하고, 구성원들 각각의 아름다운 삶을 실현해주는 사회를 아름다운 사회라고 한다면, 로크가 그리는 아름다운 사회는 그 구성원들 각각의 소유권이 침해당하지 않도록 보호하는 사회라고 할 수 있을 것이다.

그런데 이 설계도에 그려진 사회도 하나의 사회인 한 사회 자체의 의지를 발동해야 할 상황이 있다. 예컨대 사회를 운영하는 데 필요한 세금

---

103) 로크는 생명, 자유, 자산을 모두 합쳐 property라고 한다(*ibid.*, § 123.). 이 단어는 통상적으로 '소유물' 혹은 '재산'이라고 번역되지만, 생명이나 자유—이것들은 '고유한 특성'이라는 또 다른 의미의 property라고 할 수 있다—를 재산이라고 하는 것은 아무래도 무리가 있으므로 여기서는 '자신이 소유권을 행사할 수 있는 것 전부'를 의미하는 것으로 이해해야 한다. 한편 자산은 토지, 건물, 화폐 등과 같이 자본이 될 수 있거나 채무의 담보가 될 수 있는 것들을 의미한다.

104) Cf. *ibid.*, § 123ff.

을 걷을 때 개인별 납세액을 어떻게 산정할 것인가, 다른 사회와 자유무역협정을 맺을 것인가 말 것인가, 다른 사회와 전쟁을 벌일 것인가 말 것인가 등과 같은 문제가 발생할 경우, 사회는 어쨌든 하나의 선택지를 선택해야만 한다. 이때 사회가 어떤 한 선택지를 선택하는 경우, 그 선택이 사회구성원 각각의 자산 상의 이해관계에 큰 영향을 끼칠 수 있다. 예컨대 개인별 납세액을 소유 자산의 정도와 무관하게 모든 구성원에게 똑같이 부과하는 방안을 선택한다면, 부유한 구성원들은 좋아하겠지만 가난한 구성원들은 싫어할 것이다. 이와 같이 구성원들의 의견이 갈릴 경우 어떻게 할 것인가?

이 문제의 해결 방안으로 로크는 이른바 '다수결 원칙'을 제시한다.[105] 의결을 위한 정족수를 법률로 정해두지 않은 모든 사회적 결정은 다수결 원칙을 따라야 한다는 것이다. 그러나 여기서 어떤 사안을 다수결로 결정하고 어떤 사안을 과반수나 2/3 이상의 찬성으로 결정하도록 법률로 정해둘 것인가 하는 문제도 중요하지만, 더 근본적인 것은 사회 자체의 의지에 대한 최종적인 결정권이 그 구성원들에게 있다는 점이다.

이러한 점은 사회구성원들이 최고 권력에 대한 '저항권'까지 가질 수 있음을 의미한다. 예컨대 정치 사회의 최고 권력자가 그 권력이 그 구성원의 동의에 따라 자신에게 위임된 것이라는 사실을 외면하고 권력을 전제적(專制的)으로 행사하거나 구성원 각각의 소유권의 보전이라는 정부 그 자체의 목적을 실현하려고 하지 않는다면, 구성원들은 다수의 동의에 따라 저항권을 행사할 수 있다.[106] 물론 로크는 저항권이 남발되는 상황도 염두에 두고 있다. 예컨대 최고 권력자가 자신의 임무를 충실히 이행하고 있음에도 불구하고 어떤 사람들이나 집단들이 악의적으로 여론을

---

105) Cf. *ibid.*, § 95ff.
106) Cf. *ibid.*, § 239.

조성하여 저항권을 행사함으로써 최고 권력자를 교체하고자 할 수도 있다. 그러나 로크는 이러한 경우에도 최종적인 판정은 구성원 전체의 의지에 따라야 한다고 주장한다.[107] 결국 로크가 그리는 아름다운 사회는 그것이 어떻게 구성되고 어떻게 운영되든지 간에 구성원 각자의 의지에 따라 구성되고 운영되는 그러한 사회라고 할 수 있을 것이다.

4.3. 주관적인 아름다움과 객관적인 아름다움의 지양(止揚)을 실현하는 사회

플라톤의 설계도에서 그려지는 사회는 객관적인 아름다움을 실현하는 사회이므로 원론적으로 말하자면 그 구성원 모두가 동의할 수밖에 없는 사회라고 할 수 있다. 그러나 그 사회에서는 구성원 모두가 통치자가 될 필요가 없다. 이러한 점은 자신의 사회를 스스로 더 좋게 만들어갈 수 있는 존재로서의 인간 개념을 실현할 기회가 통치자인 몇몇 사람에게만 제한된다는 점에서 아쉬움을 남긴다. 한편, 로크의 설계도에서 그려지는 사회는 그 구성원 모두가 통치자가 됨으로써 누구라도 사회적 존재로서의 인간 개념을 실현할 수 있다. 그러나 그 사회에서는 사회의 의지가 다수결로 결정됨으로써 이른바 '다수의 전제(專制)'[108]가 가능하다는 아쉬움을 남긴다.

이처럼 이 두 가지 설계도가 서로 대척적(對蹠的)으로 각각 일장일단을

---

107) Cf. *ibid.*, § 240.

108) 프랑스의 정치학자 알렉시스 드 토크빌(A. de Tocqueville)은 1835년과 1840년 2권으로 출판한 『미국에서의 민주주의에 대하여(De la démocratie en Amerique)』에서 건국 이후 60여 년 동안 민주주의를 시행해온 1830년대의 미국에서 '다수의 전제(tyrannie de la majorité)'라는 새로운 현상이 나타남을 보고했다. 여기서 '다수의 전제'란 다수가 여론이나 관습 등을 내세워 소수, 특히 사회의 비주류에 속하는 사람들의 생각과 행위를 억압하는 것을 의미한다. 이러한 생각은 그 이후 영국의 철학자 존 스튜어트 밀(J. S. Mill)이 『자유에 관하여(On Liberty)』(1859)를 저술하는 데 영향을 끼쳤다.

갖는 것이라면, 우리는 자연스럽게 헤겔식의 변증법적 지양(止揚, Aufheben)을 고려해볼 수 있을 것이다. 변증법적 지양이란 서로 모순되는 두 사안이 부딪히는 과정에서 각각의 단점들을 없애면서 동시에 장점들을 보존하는 형식의 통일을 통해서 이전보다 한층 더 높아진 상태로 발전하는 것을 말한다. 그렇다면 플라톤의 설계도와 로크의 설계도를 변증법적으로 지양한다면, 구성원 모두가 통치자가 됨으로써 사회적 인간의 개념을 실현하면서도 동시에 다수의 전제가 발생할 가능성을 차단하여 객관적인 아름다움을 실현하는 사회 모델을 그려볼 수 있을 것이다.

4.3.1. 루소의 설계도

이러한 사회 모델을 그려본 대표적인 사상가로는 18세기 후반에 프랑스에서 활동한 장 자크 루소(J. J. Rousseau, 1712-1778)를 들 수 있다. 루소도 로크와 마찬가지로 자연 상태에서 살던 사람들이 시간이 지남에 따라 생존을 위협하는 요인들이 많이 생겨나자 이를 해결하기 위해 계약을 통해 정치적 사회를 구성했다고 주장한다.[109] 양자 모두 주권의 원천을 인민 한 사람 한 사람에게 둔다는 점에서 인민 모두가 스스로 자신의 사회를 더 아름답게 만들어갈 기회를 가진다고 본다. 양자는 이와 같이 정치적 사회의 기원에 대해서는 비슷하게 생각하지만, 사회의 운영 방식에 대해서는 상당한 차이를 보인다.

사회의 운영을 다수결로 결정하는 로크식의 정치적 사회에서는 다수의 전제가 나타날 수 있다는 점을 의식했는지, 루소는 다수결 원칙의 정당성에 대해 의문을 제기한다.

---

109) Cf. J. J. Rousseau, *Le Contrat Social ou Principes du Droit Politique*, (Paris: P. Pourrat Fréres, 1839), pp. 40ff.

사실상 사전 약속이 없다면, 만장일치의 선거가 아닌 한, 소수가 다수의 선택에 복종해야 할 의무는 어디에 있는가? … 다수결의 원칙도 그 자체 약속에 의해 수립된 것이며, 적어도 한 번은 만장일치가 있었음을 가정한다.[110]

여기서 보듯이 루소에 따르면 선거나 의결을 할 때 다수결로 결정하자는 사전 약속이 없다면 다수결 원칙 자체도 정당성을 가질 수 없다. 그뿐만 아니라 그러한 사전 약속 자체도 다수결로 결정할 수 없다. 다만 모든 구성원이 만장일치로 다수결의 원칙을 수립하기로 약속한다면, 그때서야 비로소 다수결의 원칙이 효력을 발휘할 수 있다. 그러나 모든 구성원이 다수결의 원칙을 수립할 것을 만장일치로 결정한 일은 없었다. 그렇다면 사실상 다수결의 원칙은 정당성 근거가 없다고 할 수 있을 것이다.

그렇다면 루소가 그리는 정치 사회에서는 사회 자체의 의지를 어떻게 결정하는가? 이와 관련하여 루소는 '일반 의지(volonté générale)'라는 개념에 주목한다. 그에 따르면, 우선 일반 의지는 사적 이익만을 추구하는 특수 의지(volonté particuliére)와는 반대로 공적 이익을 추구하는 것이다. 이런 점에서 일반 의지는 또한 의지들의 총합을 의미하는 전체 의지(volonté de tous)와도 다른 것이다.[111]

요컨대 루소는 정치 사회의 구성원들이 사회 운영과 관련된 의결을 할 때 자신의 특수한 의지에 따를 것이 아니라 일반 의지에 따라야 한다고 주장한다. 이를 위해서는 구성원들이 각자 자신의 육체적 충동이나 욕구나 감정에 충실할 것이 아니라 공평무사한 이성에 충실해야 한다. 말하자면 사회구성원들은 의결에 나설 때 자기 개인에게는 이익이 되지 않는다고 하더라도 공평무사한 이성적 숙고를 통해서 확실히 공적인 이익이라고 판단되는 안(案)에 찬성표를 던질 수 있어야 한다는 것이다.

---

110) *ibid.*, p. 40.
111) Cf. *ibid.*, p. 59.

모든 구성원이 이와 같은 태도로 의결권을 행사한다면, 공평무사한 이성적 숙고의 과정과 결과는 사람마다 다르지 않을 것이기 때문에 (몇몇 사람이 실수할 수 있다는 점을 고려한다고 하더라도) 만장일치에 가까운 의결이 이루어질 것이다. 모든 구성원이 공평무사한 태도로 의결에 참여하는 한에서 다수의 견해는 일반 의지를 나타내는 것으로 간주할 수 있으며, 그런 한에서만 다수결은 정당성을 가질 수 있는 것이다.[112]

이와 같이 사회구성원들이 모두 일반 의지에 따라 자신의 주권을 행사해야 한다는 점은 루소가 그리는 아름다운 사회가 주관적인 아름다움의 개념과 객관적인 아름다움의 개념의 지양을 실현하는 사회임을 드러낸다. 우선 이 사회는 구성원 모두가 주권을 가짐으로써 각자 스스로 자신의 사회를 더 아름답게 만들어가는 주체임을 확인할 수 있다는 점에서 주관적인 아름다움을 실현하는 사회이다. 동시에 이 사회는 구성원들이 주권을 행사할 때 각자 자신의 주관적 의견(특수 의지)이 아니라 보편적 진리(일반 의지)에 따라야 한다는 점에서 객관적인 아름다움을 실현하는 사회라고도 할 수 있는 것이다.

4.3.2. 헤겔의 설계도

주관적인 아름다움의 개념과 객관적인 아름다움의 개념의 지양을 실현하는 사회의 설계도를 그린 또 다른 한 사람의 철학자는 19세기 초 독일에서 활동한 게오르크 빌헬름 프리드리히 헤겔(G. W. F. Hegel, 1770-1831)이다. 앞에서 헤겔식의 변증법에 대해 잠시 언급한 바 있지만, 실제로 헤겔은 자신의 학문 전체를 하나의 거대한 변증법적 체계로 구성했다. 이 변증법적 체계는 순수한 관념들의 변증법적 과정에 대한 학문(논리학), 논리적 과정이 구체적인 물질적 형태로 실현된 자연에 대한 학문(자연철

---

112) Cf. *ibid.*, pp. 173ff.

학), 순수한 관념과 물질적 자연의 변증법적 지양이라고 할 수 있는 정신 (Geist)에 대한 학문(정신철학)으로 구성된다. 그리고 정신철학은 다시 나의 마음 작용을 통해 드러나는 주관적 정신에 대한 고찰, 이 주관적 정신이 사회라는 형태로 구현된 객관적 정신에 대한 고찰, 주관적 정신과 객관적 정신의 변증법적 지양이라고 할 수 있는 절대적 정신에 대한 고찰로 구성된다.

헤겔의 사회사상은 그의 철학 체계의 두 번째 부분인 객관적 정신에 대한 고찰에서 전개된다. 앞에서 말했듯이 객관적 정신이란 주관적 정신이 사회라는 형태로 구현된 것이다. 내가 마음속으로만 나 자신을 자유로운 인격체라고 생각하는 것을 넘어 구체적인 사회 속에서 그러한 인격체로 존재함으로써 객관적인 정신이 드러난다. 이때 나를 사회 속에서 자유로운 인격체로 존재할 수 있도록 해주는 가장 기본적인 조건은 사회구성원들이 각각 서로를 독립적 인격체로 존중하라고 명령하는 법(Recht)이다.113) 그러나 이와 같은 법이 자유로운 인격체의 존재 조건이라면 그것은 자유로운 인격체로서의 개인들의 합의에 의해 만들어진 실정법이 아닐 것이다. 그러므로 여기서의 법은 자연법과 같은 가장 추상적인 의미에서의 법이라고 할 수 있을 것이다.

이러한 추상적인 법은 내가 자유로운 인격체로서 존재할 수 있도록 해주는 외적인 조건이다. 그러나 내가 진정한 인격체가 되기 위해서는 내면적으로도 일정한 조건을 갖추어야 하는데, 헤겔은 도덕성을 그러한 내면적 조건으로 제시한다.114) 그런데 앞의 3장에서 보았듯이 도덕성은 오직 자기

---

113) Cf. G. W. F. Hegel, *Grundlinien der Philosophie des Recht oder Naturrecht und Staatswissenschaft im Grundrisse*, (Frankfurt a. M.: Suhrkamp, 1986), § 36.

114) 내가 자신을 자유로운 행위 주체로 인식할 경우에만 도덕성이 성립한다. 헤겔도 "도덕적 입장에 선다는 것은 자기 자신에 대해 자유롭다는 것이다."(*ibid.*, § 106 Zusatz.)라고 주장한다. 이러한 점에서 내가 자신을 도덕적 존재로 의식한다는 것은 곧 내가 자신을 자유로운 인격체로 의식한다는 것을 의미한다.

자신만의 문제일 뿐 사회적인 차원의 문제가 아니다. 말하자면 내가 도덕성을 갖춤으로써 자신을 인격체로 인식한다고 하더라도 다른 사람들과의 관계에서 각자의 인격성을 상호 인정하지 않으면 안 된다는 것이다. 이를 위해서는 윤리에 기반을 둔 인격체 상호 간의 관계가 성립되어야 한다.

사실적으로는 어떤지 모르지만, 논리적으로 생각할 때 윤리에 기반을 둔 인격체의 상호 관계가 실현되는 최초의 사건은 결혼이다. 헤겔에 따르면, 결혼은 독립적인 두 인격체가 '사랑'이라는 윤리적 관계로 결합함으로써 부부가 되는 것이다.[115] 나아가 사랑의 결실이라고 할 수 있는 자녀의 출산을 통해 부부 관계의 완성이라고 할 수 있는 가족이 구성된다. 가족은 자녀가 성장하여 독립적인 인격성을 갖춤으로써 장차 가족의 자연적 일체성에서 떠날 수 있는 능력을 갖추도록 해야 한다. 변증법적으로 본다면 가족은 그것의 개념 자체 속에 이미 그것의 부정 형태라고 할 수 있는 이른바 가족의 분열을 내포하고 있다.

가족의 분열은 자녀가 독립적인 인격체로서 가족을 떠난다는 것이다. 가족을 벗어난 독립적인 개인은 시민사회의 일원이 된다. 시민사회는 독립적인 개인들이 각자 자신의 욕구 충족을 추구하는 '욕구의 체계'이다.[116] 시민사회 속에서 개인들은 각자 자신의 욕구 충족을 위하여 노동하지만, 노동은 본질적으로 다른 개인들과의 상호 관계를 전제로 하는 활동이기 때문에 개인들이 각자 자신의 욕구를 충족시키기 위해서는 필연적으로 서로 의존적인 관계를 맺지 않으면 안 된다. 이러한 점에서 시민사회는 또한 공동체적인 측면을 함유하고 있다. 그러나 사회적 관계가 복잡해지고 생산력이 증가함에 따라 욕구 및 욕구 충족 방식의 다양성이 나

---

115) 헤겔은 '사랑'을 독립적인 두 인격체가 각각 타자 안에서 자기 자신을 획득하는 식으로 지양됨으로써 더 높은 차원의 한 인격체로 고양되는 것이라는 변증법적인 개념으로 파악하기 때문에 '자연적인 결합'이 아니라 '윤리적 결합'이라고 한다(Cf. *ibid*., § 158 Zusatz.).

116) Cf. *ibid*., § 188, 189ff.

타나고, 다시 이에 따라 노동의 분할과 사회계층의 구별이 생겨난다.

독립적인 개인들의 이기적 욕구가 충돌하는 장으로서 시민사회는 질서를 유지하기 위해서 사법 체계를 필요로 한다. 그러나 이것만으로 개개인의 아름다운 삶이 보장되진 않는다. 말하자면 아름다운 사회가 되기 위해서는 개개인의 아름다운 삶이 '권리'로서 보호되고 실현될 필요가 있다.117) 예컨대 현대 국가의 복지 행정이 그런 것이다. 시민사회에서는 직업단체(노동조합, Korporation)가 그와 비슷한 의미를 지닐 수 있다. 하나의 직업단체 내에서 개인들은 자신들 각각의 이익이 동시에 단체 자체의 이익이 되는 상태에 이르기 때문이다.118) 그러나 그 목적은 제한적이다. 말하자면 하나의 직업단체는 그 구성원들만의 윤리적인 공동체일 뿐이며, 사회의 다른 구성원들에게는 그저 자신의 특수한 이익을 추구하는 욕구의 주체로밖에 보이지 않는다.

그러나 헤겔은 사회 전체가 하나의 윤리적 공동체가 되어야 한다고 생각한다. 이를 위해서는 사랑을 바탕으로 상호 신뢰와 일체감을 실현하는 가족의 원리와 욕구의 충족을 추구하는 시민사회의 원리가 변증법적으로 지양되어야 한다. 말하자면 구성원 모두가 각각 자신의 욕구를 추구하면서도 동시에 서로를 한 가족의 일원처럼, 내가 곧 우리이고 우리가 곧 나라고 생각하는 진정한 윤리적 공동체를 실현해야 한다. 헤겔은 그러한 윤리적 공동체를 '국가'라고 보았다.

> … 보편적인 것은 동시에 특수한 것들 각자의 문제이기도 하다. 중요한 것은 이성의 법칙과 특수한 자유의 법칙이 관통하고, 나의 특수한 목적이 보편적인 것과 동일한 것이 되는 것이다. 그렇지 않다면 국가는 공허한 것이다.119)

이와 같이 국가가 "나 = 우리"를 실현하는 실질적인 윤리적 공동체가

---

117) Cf. *ibid.*, § 230.
118) Cf. *ibid.*, § 251.
119) *ibid.*, § 265 Zusatz.

되기 위해서는 구성원 한 사람 한 사람의 뚜렷한 '정치적 의식'이 필요하다. 그것은 "나의 실질적이고 특수한 관심(Interesse)이 … 타자(여기서는 국가)의 관심과 목적 속에 보존되고 포함된다는 의식"[120]이다.

그런데 개개인의 특수한 관심이 어떤 것이기에 그것이 국가의 목적 속에 포함된다고 하는 것인가? 만약 개인의 특수한 관심이 로크가 파악하듯이 소유권의 보존이라면 시민사회를 구성하는 것만으로도 충분할 것이다. 그렇다면 시민사회에서 국가로의 이행을 주장하는 헤겔이 말하는 개인의 특수한 관심이란 소유권의 보존이 아닌 다른 어떤 것이라고 할 수 있다.

이 항의 도입부에서 언급했듯이 인간이라면 누구나 자기 자신이 자유로운 인격체임을 확인하고 다른 사람들에게도 그렇게 인정받고자 한다. 개인들이 자신의 특수한 욕구의 충족을 위해 다투는 장인 시민사회에서는 모든 구성원이 그러한 목적을 이룰 수 없다. 오늘날 우리 사회에서 보듯이 사회적 지위나 재산의 정도에 따라 어떤 구성원들은 자유로운 인격체로서 대우받지 못하는 경우가 허다하다. 이러한 점에서 헤겔도 구성원 모두가 각각 자유로운 인격체로서 존재할 수 있는 윤리적 공동체인 국가의 필요성을 주장하는 것이다. 개개인은 국가의 구성원일 경우에만 자유로운 인격체로서 존재하고자 하는 자신의 특수한 관심을 성취할 수 있는 것이다.

다른 측면에서 생각해보자. 국가의 관심과 목적은 무엇인가? 앞에서 주관적 정신은 사회라는 구체적 형태를 통해서 객관화된다고 했다. 여기서 말하는 사회는 시민사회가 아니라 국가인데, 국가가 객관적 정신이 되기 위해서는 그 구성원들 모두가 정신의 구현체로서 존재하지 않으면 안 된다. 정신의 본질은 자유이다.[121] 그렇다면 인간이 정신의 구현체가 되기

---

120) ibid., § 268.
121) G. W. F. Hegel, *Vorlesungen über die Philosophie der Geschichte*, (Frankfurt a. M.: SuhrKamp Verlag, 1986), p. 30.

위해서는 우선 그가 자유로운 인격체이어야 한다. 결국 객관적 정신으로서의 국가의 목적은 그 구성원들 모두를 자유로운 인격체로 존재하도록 하는 것이다.

이제 우리는 개개인의 특수한 관심이 국가의 관심과 목적 속에 보존되고 포함된다는 말의 의미를 분명하게 이해할 수 있다. 말하자면 개개인의 관심은 스스로 자유로운 인격체로서 존재하는 데 있고, 국가의 목적은 그 구성원들 각각이 자유로운 인격체로서 존재하도록 하는 데 있다. 이러한 사실을 인식하는 것이 바로 위에서 말한 정치적 의식이다. 모든 구성원이 그러한 정치적 의식을 실천하는 삶을 살 때, 비로소 진정한 윤리적 공동체로서의 국가가 실현될 수 있는 것이다.

5. 제거적 방법: 현실 사회의 모순점 비판하기

가장 아름다운 사회의 전형을 설계함으로써 사회를 더 아름답게 만들어가고자 하는 이른바 구성적 방법이 고대부터 현대까지 많은 철학자에 의해 채택된 것과 달리, 현실 사회의 모순점들을 비판함으로써 사회를 더 아름답게 만들어가고자 하는 이른바 제거적 방법은 비교적 최근부터 채택된 것이다. 물론 가장 아름다운 사회의 전형을 설계하는 일은 이미 현실 사회의 모순점들에 대한 비판을 함축하고 있기에, 아름다운 사회에 대해 사유하는 것으로서의 철학함은 처음부터 제거적 방법을 내재하고 있다고 할 수도 있다. 그렇지만 현실 사회의 모순점들에 대한 비판 자체를 명시적으로 내세우는 진정한 의미의 제거적 방법을 본격적으로 채택한 철학자들은 아마도 카를 마르크스(K. Marx)와 그의 후예들일 것이다. (문예 부문에서는 훨씬 더 이전부터 현실 사회의 모순점들을 비판하는 작품들이 있었다. 예컨대 에라스뮈스의 『우신예찬』, 세르반테스의 『돈키호테』 등과 같은 르네상스 시대의 작품들이나 볼테르의 『캉디드』, 디드로의 『라모의 조카』 등과 같은 계몽주의 시대의 작품들이 그런 것들이다.)

물론 마르크스의 사상 속에도 가장 아름다운 사회의 설계도라고 할 수 있는 코뮌주의(communism)[122] 사회상이 포함되어 있다. 그러나 여기서는 그의 제거적 방법에만 주목할 것이다. 마찬가지로 그의 사상적 후예라고 할 수 있는 마르크스주의(Marxism)와 관련해서도 마르크스의 구성적 방법을 계승한 현실 정치지도자들[123]보다는 그의 제거적 방법을 계승한 네오마르크스주의자들, 특히 '비판이론'을 표방하는 프랑크푸르트학파의 철학자 중에서 현실 사회의 모순들을 비판한 몇 가지 사례에 초점을 맞출 것이다.

---

122) 'communism'은 통상 '공산주의(共産主義)'로 번역된다. 그런데 '공산주의'라는 용어는 문자적으로 '생산수단(産)의 공유(共有)'를 의미하기 때문에 마르크스가 그리는 가장 아름다운 사회의 경제적 측면만 드러내는 것처럼 보인다. 말하자면 이 용어는 그 설계도의 정치적 측면을 드러내지 못한다는 한계가 있기 때문에 여기서는 의미상의 번역을 피하고 음차(音借) 수준의 '코뮌주의'라는 용어를 사용한다. 라틴어 communia 혹은 communio에서 유래한 불어 'commune'은 11-12세기 유럽에서 형성된 일종의 자치 공동체를 지칭하는 용어인데, 이 자치 공동체의 기본정신은 '인신적 자유'와 '정치적 자결'이다(Cf. K. Schulz, 박홍식 옮김, 『중세 유럽의 코뮌 운동과 시민의 형성』(서울: 도서출판 길, 2013), pp. 22ff.). 그러나 마르크스의 입장에서 본다면 중세의 코뮌보다도 보불전쟁에서 프랑스 정부가 보여준 실책에 항거하여 파리 시민들이 수립한 '파리 코뮌'이 자신의 코뮌 사상을 훨씬 더 잘 보여주는 사례일 것이다. 비록 72일간의 단명으로 끝났지만, 그것은 자유와 자치라는 코뮌 본래의 정신을 특히 노동자 계급의 손으로 실현한 최근의 사례였다. 이러한 점은 파리 코뮌 실패 직후에 발표한 「프랑스에서의 시민전쟁」(1871)이라는 연설문에서도 분명하게 표명되는데, 여기서 마르크스는 파리 코뮌에 대해 "그것은 본질적으로 노동자 계급의 정부이고, 소유자 계급에 대항하여 일어난 투쟁의 결과이며, 노동의 경제적 해방이 완수될 수 있도록 해주는 정치 형식 중에서 가장 최근에 드러난 것이다."라고 평가했다(K. Marx, "Der Bürgerkrieg in Frankreich", <Karl Marx - Friedrich Engels Werke> Bd. 17, (Berlin: Dietz Verlag, 1973), p. 342.).

123) 예컨대 레닌, 스탈린, 모택동 등이 이에 해당한다. 이들은 마르크스 사상에 기초하여 재구성한 사회주의 혹은 코뮌주의 사회상을 가장 아름다운 사회의 모델로 설정하고 현실 사회를 그 모델에 가깝게 만들어가고자 한다는 점에서 마르크스의 구성적 방법을 계승한다고 볼 수 있을 것이다.

5.1. 카를 마르크스의 현실 사회 비판

5.1.1. 자본주의와 인간의 소외

통상적으로 노동(Arbeit, labor)이란 자연물을 가공하고 변화시키는 인간의 활동을 의미한다. 근대 독일의 철학자 헤겔은 이러한 노동의 개념에서 하나의 철학적 의미를 찾아내었다. 그에 따르면, 인간은 노동을 통해서 자기 자신이 다름 아닌 자립적 존재임을 깨닫게 된다.[124] 말하자면 노동은 인간이 자기 자신을 자립적이고 주체적인 인간으로 자각할 수 있는 계기가 된다는 것이다.

헤겔은 이러한 노동의 개념을 '노예의 노동'을 통해서 설명한다. 여기서 노예는 오직 생존을 위해 자신의 자립성을 포기하고 주인에게 예속된 자로서, 아직 노동을 통해 자신이 자립적이고 주체적인 인간임을 자각하지 못한 전-인간을 의미한다. 이러한 전-인간으로서의 노예는 오직 주인이 필요로 하는 것만을 만들어내는 노동을 할 뿐이어서 자신의 직접적인 욕망과 성향을 드러내지 못한다. 그럼에도 불구하고 노예의 노동은 어쨌든 자연물을 가공함으로써 인간에게 필요한 재화를 만들어내는, 일종의 '형성하는 행위(formierendes Tun)'[125]라고 할 수 있다. 여기서 그 어떤 것을 형성한다(formieren)는 것은, 아리스토텔레스식으로 말한다면, 그 어떤 것(질료)에 '형상을 부여한다(geben dem etwas eine Form)'는 것을 의미한다. 결국 노동은 그것이 노예의 노동이라고 하더라도 질료와 같은 자연물에 하나의 형상을 부여함으로써 그것을 인간에게 유의미한(인간적인 의미를 지닌) 재화로 변경하는 일이라고 할 수 있다. 말하자면 노동하는 노예는 그 노동 생산물에 대해 주체의 위치에 서게 된다. 이러한 점에서 노예는 노동을 통해 자

---

124) Cf. Hegel, *Phänomenologie des Geistes*, (Frankfurt a. M.: Suhrkamp, 1986), p. 154.
125) *ibid.*, p. 154.

기 자신이 자립적이고 주체적인 인간임을 자각하게 되는 것이다.

헤겔과 마찬가지로 마르크스도 노동을 인간의 본질적 특성으로 보았다. 그러나 마르크스는 헤겔이 노동의 긍정적인 측면만 보고 부정적인 측면은 보지 못했다고 비판한다. 말하자면 헤겔이 노동의 창조적이고 의식적인 특성만 보았지 현실적인 노동 활동에 뒤따르는 소외의 조건을 보지 못했다는 것이다. 마르크스가 헤겔의 노동 개념을 비판할 수 있었던 것은, 특수한 사회적 조건 아래에서는 인간의 노동 활동이 그 자신을 실현하는 것이 아니라 오히려 그 자신을 상실하게 할 수 있다는 점을 간파했기 때문이었을 것이다.

마르크스의 이러한 통찰은 『1844년의 경제학적-철학적 원고들』의 「첫 번째 원고」에 수록된 '소외된 노동'에 대한 분석에서 잘 나타난다.[126] 여기서 마르크스는 자본주의적 생산양식(국민경제학적 상황)에서는 노동자가 노동 활동을 통해서 자신의 본질을 실현하는 것이 아니라 오히려 상실할 수밖에 없다는 이른바 '소외(Entfremdung, alienation)'[127]에 대해 분석한다. 그는 이러한 소외현상을 네 가지 단계로 나누어 설명하는데, ① 생산물로부터의 소외, ② 생산 활동 그 자체로부터의 소외, ③ 유적 존재로부터의 소외, ④ 인간으로부터의 인간의 소외가 그것이다.

① 생산물로부터의 소외

자본주의 생산양식에서 생산의 본질적 특성은 '자본의 이윤을 위한 상품 생산'이다. 말하자면 자본주의적 상황에서 재화 생산의 목적은 '자본의

---

126) Cf. K. Marx, *Ökonomisch-philosophische Manuskripte aus dem Jahre 1844*, <Karl Marx - Friedrich Engels Werke> Ergänzungsband. Schriften · Manuskripte · Briefe bis 1844, Erster Teil, (Berlin: Dietz Verlag, 1985), pp. 510.

127) '소외(疎外)'의 문자적 의미는 '바깥으로(外) 멀리 떨어짐(疎)'이다. 영어 alienation이나 독어 Entfremdung의 문자적 의미도 "어떤 것이 바깥으로 멀리 떨어져 있는 것(alien, Fremd, 외계인 혹은 외계의 것)으로 됨"이다.

이윤'이고, 생산물의 성격은 '상품'이다. 여기서 이윤은 자본이 낳는 이득이고, 상품은 시장에서 익명의 구매자에게 팔리기 위해 생산되는 재화이다. 요컨대 자본주의적 생산의 본질은 생산자 자신이 사용하기 위해서가 아니라 시장에 내다 팔아 이윤을 낳기 위해서 재화를 생산한다는 것이다.

자본주의적 상품 생산은 자본을 소유한 자본가가 노동 대상을 구매할 자금이 없는 노동자를 고용하여 그 노동력을 통하여 상품을 생산하는 방식으로 이루어진다. 그렇다면 이 경우에 생산된 상품은 노동자의 것이 아니라 자본가의 것이 된다. 이러한 과정에서 노동자는 자신의 노동력으로 생산한 생산물을 자신의 소유물이 아니라 '바깥으로 멀리 떨어진 존재(fremdes Wesen)'로서 만나게 된다.[128] 이것이 바로 '생산물로부터의 소외'이다.

② 생산 활동 그 자체로부터의 소외

이러한 생산물로부터의 소외는 이미 생산 활동 그 자체로부터의 소외를 내포하고 있다. 앞에서도 보았지만, 인간의 고유한 활동으로서의 노동은 노동자의 창조적이고 의식적인 활동이어야 한다. 이때 인간의 노동이 창조적이고 의식적이라는 것은 그것이 본능에 따라 이루어지는 것이 아니라 인간 자신의 욕구와 목적과 계획에 따라 자유롭게 이루어진다는 것을 의미한다. 그러나 자본가에게 고용된 노동자의 노동은 더 이상 창조적이고 의식적인 활동이 될 수 없다. 왜냐하면 자본주의적 상품 생산에서 생산 활동은 자본가가 미리 정해 놓은 목적과 계획에 따라 이루어지기 때문이다. 이와 같이 노동자의 노동이 노동자 자신에게 속하는 것이 아니라 타자(자본가)에게 속하는 것일 때, 노동은 피상적인 것 혹은 비본질적인 것(Äußerlichkeit)이 되고 만다.[129] 말하자면 이 경우의 노동은 더 이상 인간

---

128) Cf. K. Marx, *Ökonomisch-philosophische Manuskripte aus dem Jahre 1844*, p. 511.
129) Cf. *ibid.*, p. 514.

의 의식적이고 창조적인 활동이라고 할 수 없으며, 따라서 실질적으로 노동이라고 할 수도 없는 것이 되어버린다. 이것이 바로 자본주의적 상품 생산에서 노동자가 겪을 수밖에 없는 '생산 활동 그 자체로부터의 소외'이다.

③ 유적 존재로부터의 소외

이 두 가지 단계의 소외는 곧바로 유적 존재로부터의 소외라는 세 번째 단계의 소외를 낳는다. 마르크스는 인간을 '유적 존재(Gattungswesen)'라고 규정하는데, 여기서 말하는 유적 존재란 '보편적이고 자유로운 존재로서의 자기 자신'을 의미한다.[130] 예컨대 개별적 존재로서의 '나'는 나를 포함한 보편적 존재로서의 '우리'와 분명하게 구별되지만, 동시에 다른 한편으로 수많은 '나'는 '우리'라는 하나의 이름으로 묶일 수도 있다. 이처럼 한 개인으로서의 인간이 자기 자신을 하나의 '우리'에 속하는 자로 자각하고, 나보다는 우리의 입장에서 인간과 세계를 이해하고 살아가는 삶을 '유적 삶(Gattungsleben)'이라고 한다.

마르크스는 이러한 유적 삶이 동물의 생존 방식과 구별되는 인간 삶의 본질적 특성이라고 본다.[131] 예컨대 동물은 오직 개별자로서 자신의 생존을 위해서만 활동하지만, 인간은 자신의 활동을 의식적으로 반성하면서 그 활동을 인간의 유적 삶의 차원에서 유의미한 것으로 만들어간다. 그러나 자본주의적 상품 생산에서 노동자는 생산물로부터의 소외뿐만 아니라 생산 활동 그 자체로부터의 소외마저 경험하며, 창조적이고 의식적인 활동으로서 노동하는 존재가 아니라 단지 자신과 그 가족이 먹고살기 위해 어쩔 수 없이 노동하는 존재로 전락하였다. 이와 같이 먹고살기 위한 어쩔 수 없는 노동은 동물적 생명 활동과 다를 바 없다. 이런 식으로 노동

---

130) Cf. *ibid.*, p. 515.
131) Cf. *ibid.*, p. 516.

에 얽매여 있는 노동자는 더 이상 유적 존재일 수 없다. 이것이 바로 '유적 존재로부터의 소외'이다.

④ 인간으로부터의 인간의 소외

앞에서 본 세 가지 단계의 소외는 네 번째 단계의 소외, 즉 인간으로부터의 인간의 소외를 그 직접적인 결과로 낳는다. 그러나 이 네 번째 단계의 소외는 앞의 세 가지 단계의 소외들과는 근본적으로 다른 특성을 갖는다. 앞의 세 가지 단계의 소외는 '노동자'에게만 해당하는 것이었지만 네 번째 단계의 소외는 '인간'의 소외라는 것이다. 실제로 마르크스가(혹은 우리가) '인간'이라고 할 때 이것은 노동자만을 지칭하는 것은 아니다. 자본가도 인간이다. 따라서 네 번째 단계의 소외는 노동자의 소외가 결국은 노동자를 넘어선 모든 인간의 소외를 불러일으킨다는 것을 함축한다.

첫 번째, 두 번째, 세 번째 단계의 소외를 경험하면서 노동자는 결국 유적 존재로서의 인간의 본질을 상실하고 동물과 같은 개별적 존재로서만 존재하는 형편이 되었다. 이러한 상황에서 노동자들은 그 동료들로부터 고립되어 마치 거대한 기계의 부품들처럼 수명이 다하면 교체되어야 할 운명을 짊어지고 있다. 그러나 이러한 극단의 심연(深淵) 속에서도 노동자는 마지막 남은 한 조각의 의식을 가지고 다음과 같이 묻는다.

> 노동의 생산물이 나에게 낯선 것으로 존재하고 낯선 힘으로서 나와 대립한다면, 그 생산물은 누구에게 속하는 것일까? 나 자신의 활동이 나에게 속하는 활동이 아니라 어떤 낯설고 강제된 활동이라면, 도대체 이 활동은 누구에게 속하는 것일까?[132]

아마도 조금의 의식이라도 남아 있는 노동자라면 누구라도 이 물음에 대해 다음과 같이 답할 수 있을 것이다.

---

132) *ibid.*, p. 518.

만약 노동의 생산물이 노동자에게 속하지 않고 노동자에 대해 낯선 힘으로 존재한
다면, 이것은 오직 노동의 생산물이 노동자가 아닌 다른 어떤 사람에게 속하기 때
문이리라. 만약 노동자의 활동이 노동자 자신에게 고통이라면, 이 활동은 틀림없이
그 다른 어떤 사람에게는 향락이고 그 다른 사람의 삶의 기쁨이리라.[133]

여기서 말하는 다른 어떤 사람은, 자본주의적 상품 생산의 경우라면, 자본가일 것이다. 그렇다면 노동자는 자신의 소외가 다름 아닌 자본가 때문이라는 사실을 인식한 셈이다. 이로써 노동자는 자본가를 자신과 대립하는 인간으로 인식한다. 여기서 노동자와 자본가의 계급적 적대관계가 성립한다. 이처럼 인간과 인간이 적대적인 관계로 대립한다는 것은 확실히 유적 존재로서의 인간의 모습이라고 할 수 없다. 단적으로 말하자면, 다른 사람들과 적대적인 관계에 서 있는 사람은 진정한 의미에서의 인간이라고 할 수 없다. 이것이 바로 '인간으로부터의 인간의 소외(인간이 인간으로부터 멀어져 있음)'인 것이다.

5.1.2 자본주의와 착취

앞에서 보았듯이 자본주의적 생산은 자본의 이윤을 목적으로 하는 상품 생산이다. 상품은 인간의 욕구를 충족시킬 수 있는 재화라는 점에서 일정한 '가치'를 갖는다. 말하자면 한 인간이 자신의 어떤 욕구를 충족시키기 위해서는 적당한 대가를 치러야 하는데, 이러한 대가는 바로 상품의 가치에 대한 대가인 셈이다. 이처럼 어떤 상품의 가치는 구체적으로 그것을 사용하는 사람의 욕구 충족과 관련되는데, 이 때문에 그러한 가치를 '사용가치'라고 부른다.

그런데 사용가치는 항상 정도의 차이를 갖는다. 즉 어떤 것은 상대적으로 높은 가치를 갖는 반면 어떤 것은 상대적으로 낮은 가치를 갖는다. 그렇다면 이러한 사용가치의 서열은 어떻게 정해지는가? 앞에서 본 것처럼

133) *ibid.*, p. 519.

사용가치는 인간의 욕구 충족과 관련되어 있기에, 한 상품의 사용가치는 그것을 사용하는 사람의 욕구를 얼마만큼 충족시켜 주는가에 따라 정해진다. 그러나 사람마다 중시하는 욕구의 내용이 다를 수 있으며, 또 동일한 사람이라도 그때그때의 상황에 따라 다를 수 있다. 예컨대 어떤 사람은 생리적 욕구를 중시하고 어떤 사람은 권력욕을 중시하며 또 어떤 사람은 문화·예술적 욕구를 중시한다. 또 동일한 사람이라도 어떤 때에는 생리적 욕구를 중시하고 또 어떤 때에는 문화·예술적 욕구를 중시한다. 이러한 점에서 한 상품의 사용가치는 그것을 누가, 어떤 상황에서 사용하느냐에 달라질 수 있다. 말하자면 사용가치는 주관적인 가치라고 할 수 있다.

그러나 상품에는 사용가치만 있는 것이 아니라 '교환가치'라는 것도 있다. 이것은 말 그대로 하나의 상품이 다른 어떤 상품 얼마만큼과 교환될 수 있는지, 다시 말해서 "어떤 종류의 사용가치가 다른 종류의 사용가치와 교환되는 비율"[134]로서 나타난다. 예컨대 10,000원짜리 책 한 권은 1,000원짜리 과자 10개와 교환될 수 있고, 5,000원짜리 장난감 2개와 교환될 수 있다. 이러한 교환관계에서 어떤 특정한 상품 A가 일정량의 다른 상품 B와 교환될 수 있을 때 상품 B의 양이 상품 A의 교환가치가 되는 것이다. 이 교환가치는 주관적인 사용가치와 대비하여 객관적인 가치라 할 수 있으므로 경제학의 대상이 된다. 말하자면 경제학에서 '가치'라고 하면 그것은 곧 '교환가치'를 말하는 것이다.

실제로 모든 상품은 다른 모든 상품과 일정한 교환 비율로 교환될 수 있다. 그런데 이러한 교환은 무엇을 근거로 이루어지는가? 즉 10,000원짜리 책 한 권은 어떤 근거에서 1,000원짜리 과자 10개와 교환될 수 있는가? 물론 책 한 권의 가격이 10,000원이므로 1,000원짜리 상품 10개와 교환할 수

---

134) K. Marx, *Das Kapital*, Buch I, <Karl Marx - Friedrich Engels Werke> Bd. 23, (Berlin: Dietz Verlag, 1975), p. 50.

있다는 것은 누구라도 안다. 그러나 화폐는 현실적 교환을 쉽게 하려고 고안된 또 다른 하나의 상품일 뿐이다. 그러므로 사실상 우리는 책 한 권이 왜 10,000원짜리 화폐와 교환될 수 있고, 과자 한 개가 왜 1,000원짜리 화폐와 교환될 수 있는가를 묻고 있는 셈이다. 결국 이 물음은 어떤 특정한 상품의 교환가치가 어떻게 결정되는가 하는 물음이다.

상식적으로 우리는 원가에 이윤을 덧붙인 것이 그 상품의 가격이라고 말한다. 그렇다면 원가는 어떻게 결정되는가? 그것도 역시 원자재비에 가공비를 덧붙인 것이라고 답할 수 있다. 그러나 원자재비는 어떻게 결정되는가? 이런 식으로 계속 물어가면 우리는 결국 미궁에 빠지고 만다. 그러나 근대경제학에서는 이 난문을 해결하기 위한 유력한 착상을 찾았는데, 그것은 서로 질적으로 다르면서도 교환 가능한 두 가지 상품의 공통점(이 공통점이 바로 교환의 근거이다.)이 바로 상품을 생산하는 데 투입되는 '노동의 양' 혹은 '노동시간'이라는 점이다. 예컨대 10,000원짜리 책 한 권과 1,000원짜리 과자 10개가 서로 교환 가능하다면, 그것은 10,000원짜리 책을 만드는 데 투입된 노동의 양과 1,000원짜리 과자 10개를 만드는 데 투입된 노동의 양이 같다는 것이다. 여기에는 물론 책이나 과자를 만드는 데 관계하는 모든 사람의 노동이 포함된다. 책을 만들기 위해서는 작가의 노동시간, 종이와 잉크를 만드는 사람의 노동시간, 인쇄하는 사람의 노동시간이 포함되고, 또 종이를 만들기 위해 투입된 삼림 경작, 벌목, 종이 가공, 재단 등의 노동시간, 그리고 잉크를 만드는 데 투입된 각종 공정상의 노동시간 등 모든 것이 포함된다. 이러한 방식으로 계산하여 생산에 투입된 노동시간이 서로 같은 상품들은 교환 가능하다. 그러므로 상품의 교환가치를 결정하는 기본 요소는 바로 노동의 양인 것이다.

그런데 노동자의 노동은 단순히 양적으로만 평가될 수 있는 것이 아니다. 작가의 노동과 벌목공의 노동은 질적으로 다르다. 또 동일한 노동을 하는 사람이라도 어떤 사람은 시간당 열 개의 상품을 만들어내는 반면 어떤 사람은 일곱 개의 상품을 만들어냄으로써 차이가 생길 수 있다. 그렇다면 마르크스가 노동의 양 혹은 노동시간이라고 했을 때 그것은 어떤 성질의 노동, 어느 정도의 생산력을 갖는 노동을 의미하는 것인가?

여기서 마르크스는 '추상적 인간 노동'이라는 개념을 제시한다.135) 그에 따르면, 노동의 성질이나 숙련도는 다르지만 모든 노동은 인간 자신의 두뇌와 손발을 사용해서 이루어진다는 점에서 동일한 노동이다. 이러한 동일성의 측면에서 본 인간의 노동을 '추상적 인간 노동'이라고 한다. 그러므로 상품의 교환가치가 생산에 투입된 노동시간에 의해 결정된다고 할 때, 이 노동시간은 표준적인 생산 조건 아래서 평균적인 숙련도와 평균적인 강도의 노동에 의해 그 상품을 생산하는 데 필요한 노동시간을 의미한다. 이러한 점에서 마르크스는 "가치의 측면에서 볼 때 모든 상품은 일정한 크기의 응고된 노동시간에 불과하다."136)고 말한다.

앞에서 보았지만 자본주의적 상품 생산은 자본과 노동력의 결합으로 이루어진다. 그러나 이 두 가지는 생산된 상품에 대해 동등한 권리를 갖는 것이 아니다. 왜냐하면 자본가가 상품으로서 노동자의 노동력을 구매하였으므로 노동자의 노동력에 대한 소유권은 자본가가 가지고 있기 때문이다. 따라서 자본과 노동력이 결합한 자본주의적 생산에서 상품의 소유권은 자본가에게 속하며, 노동자는 자신의 노동력을 상품으로 판 대금을 '임금'이라는 형태로 받을 수 있을 뿐이다.

여기서 우리가 주목할 대목은 노동자의 노동력도 하나의 상품이라는 사실이다. 노동력이 상품이라면 이것 역시 일정한 교환가치를 가져야 한다.

---

135) *ibid.*, p. 52.
136) *ibid.*, p. 54.

그런데 노동력이라는 상품의 교환가치는 어떻게 결정되는가? 이것은 앞에서 본 노동 생산물로서의 상품의 교환가치가 결정되는 일반적인 방식과 똑같다. 하나의 상품이 생산되는 데 투입되는 노동시간이 그것의 가치를 결정한다면, 이와 마찬가지로 하나의 상품으로서의 노동력의 가치를 결정하는 것도 그것이 만들어지는 데 투입되는 노동시간이라는 것이다.[137]

그렇다면 노동력은 어떻게 만들어지는가? 일반적인 상품은 공장이나 농장에서 만들어지지만, 노동력은 노동자의 생활에 의해 만들어진다.[138] 왜냐하면 노동자가 생활을 영위한다는 것 자체가 노동할 힘을 재생산한다는 것을 의미하기 때문이다. 문제는 노동자가 생활을 영위한다는 것이 무엇인가이다. 노동자의 생활에서는 우선 자신과 그 부양가족의 생존을 위한 의식주가 해결되어야 하고, 그 밖에도 휴식, 오락, 문화·예술적 향유, 자신의 노동력을 개발하고 훈련하기 위한 재교육 등이 필요하다.

그렇다면 노동력의 생산비, 즉 노동력의 가치는 노동자 개인뿐만 아니라 그의 부양가족들 모두가 생존하고 휴식하고 오락하고 문화예술작품들을 향유하며 각자의 노동력을 개발하고 훈련하기 위해 지불하는 총비용에 의해 결정된다. 결국 각 가정의 생활비가 노동자의 임금을 결정한다. 실제로 각 사회에는 그 고유한 역사적·문화적 배경을 가지면서 특정한 생활양식과 생활수준이 형성되어 있으며, 이러한 생활양식과 생활수준에 따라 평균적인 생활비가 정해질 수 있다. 임금은 바로 이러한 평균적인 생활비에 맞추어 결정되어야 한다. 물론 노동 현장의 규모, 노동의 종류, 노동자의 직급, 숙련도, 연령 등에 따라 임금의 차이가 날 수밖에 없지만, 그 중심을 결정하는 것은 역시 그 사회의 평균적인 생활비이다.

이제 자본주의적 상품 생산의 다른 한 축, 자본에 대해 살펴보자. 쉽게

---

137) Cf. *ibid.*, p. 184, 560; K. Marx, *Lohnarbeit und Kapital*, <Karl Marx - Friedrich Engels Werke> Bd. 6, (Berlin: Dietz Verlag, 1982), p. 406.
138) Cf. Marx, *Das Kapital*, Buch I, p. 542.

말해서 자본이란 "이득을 목적으로 사업을 하는 데 밑천이 되는 자금(화폐)"을 말한다. 이 말에서 나타나듯이 자본의 목적은 '이득'에 있다. 이때 자본이 창출한 이득을 '이윤'이라고 한다. 그런데 이윤은 궁극적으로 화폐의 형식을 갖는다. 따라서 화폐인 자본이 화폐인 이윤을 낳는다. 여기서 우리는 자본의 본질이 '자기 증식'이라는 것을 알 수 있다. 말하자면 자본은 '자기 증식하는 가치', 더 쉽게 말하자면 '돈을 낳는 돈'인 것이다.

그런데 자본은 어떻게 이윤을 낳는가? 가치의 등가(等價)교환을 통해서는 결코 이윤이 발생할 수 없다. 그렇다면 이윤 발생을 설명하기 위해 '부등가(不等價)교환'을 생각해볼 수 있다.[139] 예컨대 하나의 상품을 그 가치보다 싸게 사든가 아니면 그 가치보다 비싸게 팔 때 이윤이 발생한다.

그러나 이 설명은 하나의 심각한 난점을 내포하고 있다. 부등가교환은 '제로섬 게임의 원칙'[140]에 지배된다. 말하자면 부등가교환은 이를 통해서 이득을 본 사람에게는 이윤을 가져다주지만 이를 통해서 손해를 본 사람에게는 이득을 본 사람의 이윤과 똑같은 양의 손실을 가져다준다. 이것은 부등가교환을 통해서는 완전히 새로운 가치가 생길 수 없고 다만 기존 가치의 일부 혹은 전부가 그 소유자를 바꾸면서 여기저기로 돌아다닐 수만 있다는 것을 의미한다.

이러한 방식의 가치 이동이 계속 진행된다면 그 결과는 두 가지이다. 하나의 결과는 모든 자본가가 한 번은 이윤을 얻었다가 한 번은 손실을 보면서 본래의 자본을 그대로 유지하는 것이다. 그러나 이것은 자기 증식이라는 자본의 본질적 특성을 설명할 수 없다. 다른 하나의 결과는 한 사람

---

139) Cf. *ibid.*, p. 174.
140) 제로섬 게임(Zerosum game)이란 말 그대로 총합(sum)이 영(zero)이 되는 게임을 말한다. 예컨대 두 편으로 나누어 경쟁하는 어떤 게임이 있다고 할 때 각각의 편이 득점한(혹은 실점한) 수의 합이 영이 되는 게임이다. 이 경우 한 편이 일정한 득점을 하게 되면 나머지 한 편은 상대방이 득점한 것과 똑같은 만큼의 실점을 할 수밖에 없다. 이것이 바로 '제로섬 게임의 원칙'이다.

의 자본가는 계속해서 이윤만 얻고 다른 한 사람의 자본가는 계속해서 손실만 보는 것이다. 이 경우에도 손실만 보는 절반의 자본가가 투자한 화폐는 자기 증식하는 가치로서의 자본이라고 할 수 없다.

결국 부등가교환을 통해서도 자본의 자기 증식, 즉 이윤의 발생을 결코 적절하게 설명할 수 없다. 그렇다면 이윤은 어디서 발생하는 것일까? 착상을 바꾸어야 한다. 단적으로 말해서 등가교환이든 부등가교환이든 상품의 교환을 통해서 이윤이 발생할 수 없는 근본적인 이유는 그 교환과정만으로는 완전히 새로운 가치가 생겨날 수 없기 때문이다. 바꾸어 말하면 이것은 경제적 과정에서 완전히 새로운 가치가 창출될 때 비로소 이윤이 생길 수 있음을 의미한다. 마르크스는 경제적 과정에서 완전히 새로운 가치가 창출될 가능성을 다름 아닌 노동력이라는 상품에서 찾았다.[141]

노동력이라는 상품을 구매하는 사람은 자본가이다. 자본가는 노동력을 구매하여 자신의 특수한 목적을 위해 사용(소비)한다. 자본가가 노동자의 노동력을 소비하는 목적은 그것을 통해서 다른 상품을 생산하는 데 있다. 여기서 노동력 그 자체의 가치와 노동력이 소비됨으로써 창출되는 새로운 가치가 분명하게 구별되며, 그 가치의 크기에서도 뚜렷한 차이가 난다. 대부분 노동력이 소비됨으로써 창출되는 새로운 가치는 노동력 그 자체의 가치보다 훨씬 크다.[142] 이것은 결국 노동자의 노동력을 구매하여 소비하는 당사자인 자본가에게 이득을 준다. 즉 자본가의 입장에서 노동자의 노동력을 구매하기 위해 지불한 비용과 그 노동력을 통해서 생산된 상품들을 판매하여 얻은 비용을 비교하면 전자보다 후자가 훨씬 크므로 그 차액만큼 이득을 얻는 것이다. 이 차액은 노동력을 소비함으로써 창출된 새로운 가치에서 노동력 그 자체의 가치를 빼고 남는 가치이므로 '잉여가

141) Cf. Marx, *Das Kapital*, Buch I, p. 181.
142) Cf. *ibid.*, p. 208.

치(剩餘價値, Mehewert, surplus value)'라고 한다.[143] 이 잉여가치가 다름 아닌 자본의 '이윤'이다.

잉여가치가 발생한다는 것과 그 잉여가치의 소유권이 자본가에게 있다는 것은 자본가 입장에서는 매우 정당한 것으로 보인다. 그러나 노동자 입장에서도 그럴까? 노동자로서는, 잉여가치가 발생한다면, 그것은 애초에 자기 노동력의 가치가 너무 낮게 평가되었음을 의미할 것이다. 여기서 다시 노동력의 가치가 문제시된다.

앞에서 보았듯이 노동력의 가치는 임금과 같고, 이것은 다시 노동자와 그의 가족이 사용하는 생활비 총액과 같다. 그리고 이러한 가치의 등가관계는 노동시간의 등가관계로 환원될 수 있다. 따라서 노동자에게 적당한 임금은 생활비 총액을 벌기에 충분한 시간 동안 노동하여 발생하는 가치와 같다. 이러한 노동시간을 '필요노동시간'이라고 한다면 노동자의 임금은 필요노동시간 동안의 노동력과 등가이다.[144] 그러나 잉여가치가 발생한다는 것은 노동자가 필요노동시간보다 더 많은 시간 동안 노동한다는 것을 의미한다. 이러한 더 많은 노동시간이 바로 '잉여노동시간'이고, 잉여노동시간 동안 생산한 상품의 가치가 바로 '잉여가치'인 것이다.[145]

그러므로 이제 다시 잉여가치의 소유권이 누구에게 있는지가 문제시된다. 앞에서 말했듯이 노동자의 적정 임금은 필요노동시간과 등가이다. 그런데 노동자가 잉여노동시간만큼 더 많은 일을 하고도 거기에서 발생한 잉여가치의 소유권이 자본가에게 있다는 것은 노동자가 잉여노동시간만큼 자본가를 위해서 무임금노동을 제공했다는 것과 같다. 이러한 점에서 잉여가치의 소유권을 자본가가 갖는 것은, 단적으로 말해서 노동자의 노동력에 대한 자본가의 '착취(搾取, Ausbeutung)'인 셈이다.

---

143) Cf. *ibid.*, p. 165.
144) Cf. *ibid.*, p. 230.
145) Cf. *ibid.*, p. 231.

5.2. 현대 마르크스주의의 현실 사회 비판

5.2.1. 호르크하이머와 아도르노의 현대사회의 야만성 비판

현대 서구 마르크스주의의 중요한 한 축을 이루는 프랑크푸르트학파 1세대를 대표하는 막스 호르크하이머와 테오도르 아도르노는 제2차 세계대전이 아직 끝나지 않은 1944년 미국 망명 중에 자신들의 공동 저서 『계몽의 변증법』(1947)에 포함된 논문과 단편 대부분을 탈고했다. 이 저서에서 저자들이 물었던 근본적인 물음은 다음과 같다.

> [인간을 주술에 속박된 야만 상태로부터 해방하여 진정한 인간다운 삶을 살도록 하겠다는 계몽주의의 약속에도 불구하고] 왜 인류는 진정한 인간다운 상태에 들어서는 것이 아니라 오히려 새로운 종류의 야만 상태에 빠지는가?[146]

실로 20세기 초반의 유럽은 야만 상태의 연속이었다. 1910년대 제1차 세계대전, 1929년부터 시작된 세계대공황, 1930년대 전체주의 체제, 1939년에 발발한 제2차 세계대전이 연이어 일어나면서 사람들은 엄청난 고통을 겪었다. 인류는 예전에 비해 참된 인간적인 삶을 살고 있다고 확신할 수 없으며, 오히려 '야만'이라고 할 만한 더 열악한 삶의 상황에 처해 있다. 이러한 맥락에서 저자들은 계몽의 개념을 변증법적으로 분석함으로써 계몽의 이념을 좇아온 현대사회의 모순적인 실상을 근원적으로 비판하고자 했다.

저자들은 계몽의 모티브를 프랜시스 베이컨(F. Bacon)의 실험철학에서 찾았다.[147] "우리가 발명할 때 자연의 안내에 따른다면 우리는 자연을 실

---

146) M. Horkheimer & T. Adorno, *Dialektik der Aufklärung*, Neuausgabe, (Frankfurt a. M.: S. Fischer Verlag, 1969), p. 1. ([ ] 안의 문구는 독자들의 이해를 돕기 위해 필자가 원서의 전후 맥락을 참조하여 삽입한 것이다.)

147) Cf. *ibid*., pp. 7ff.

천적으로 지배하게 될 것이다."라는 베이컨의 말은 계몽의 목적이 '자연 지배'에 있음을 의미한다. 계몽주의자들은 자연을 지배하기 위해 우선 자연을 애니미즘의 시각으로 보는 태도를 부정했다. 인간은 자연을 지배하는 어떤 신적인 힘이 있다거나 그 안에 어떤 은폐된 자질이 있다는 환상을 떨쳐버리고 오직 계산 가능성과 유용성의 척도에 따라 자연을 지배해야 한다는 것이다.

이를 위해서는 무엇보다도 먼저 자연에 대한 통일적인 지식 체계, 즉 '보편과학'이 요구된다.148) 보편과학은 통일성을 추구하는 학문 체계이다. 개별적인 관찰들에서 얻어진 모든 명제가 명확한 형식논리학적 연관성에 따라 공리와 같은 하나의 근본 원리로 소급되어 명제들 전체가 하나의 통일적인 체계를 이루는 것이 그런 것이다. 이러한 형식논리학적 통일을 위한 보편과학의 도구는 '추상'이다. 보편과학은 추상을 통해 모든 개별적인 것의 '질(質)'을 파괴한다. 즉 추상은 질적으로 동일하지 않은 것들로부터 고유한 질들을 떼어내고 그것들을 단순한 양적 차이로만 규정해버린다. 따라서 보편과학에서 모든 것은 수(數)로 환원될 수 있으며, 다양한 수는 결국 질적으로 동일한 '일(一)'의 양으로 환산될 수 있다.

요컨대 추상을 통해 확립된 지식은 자연에 대한 양적인 규정이며, 수학적인 기술이다. 그런데 이러한 지식의 목표는 관조적 즐거움에 있는 것이 아니라 실용적인 생산성과 관련된 효율적인 처리 방식의 발견에 있다. 여기서 실용적인 생산을 위해서 자연을 효율적으로 처리한다는 것은 결국 자연을 인간의 목적 실현을 위해 사용할 수 있다는 것을 의미한다. 이러한 '사용'이 가능하기 위해서는 자연에 대한 인간의 힘의 우위가 전제되지 않으면 안 된다. 결국 "지식은 힘이다." 자연에 대해서 아는 것이 곧 자연을 지배할 수 있는 힘인 것이다.

---

148) Cf. *ibid.*, pp. 10f.

'자연 지배'라는 계몽의 이념이 자연을 지배할 수 있는 주체로서 인간을 정립했다는 점은, 인간의 입장에서 보면 어느 정도 긍정적인 의미가 있다고 여겨질 수도 있다. 그러나 '힘'인 지식은 한계를 모른다.[149] 권력은 더 큰 권력을 욕구하면서 끝없이 상승한다. 자연에 대한 지식도 권력(힘)을 부여받으면서 그 권력의 무한한 상승 욕구를 스스로 제어하지 못하게 된다. 그리하여 결국 지식은 자연 지배를 넘어서 인간 지배로까지 나아간다. 예컨대 자본주의 경제체제에서 지식은 자본의 이윤 증대를 위해 인간의 노동력을 더 효율적으로 이용할 방법을 고안하는 데 목표를 두는데, 이것은 인간에 대한 완전한 앎을 통한 완전한 '인간 지배'를 의미한다.

이러한 인간 지배가 가능하기 위해서는 무엇보다도 먼저 인간의 주체적인 사유 능력을 마비시키지 않으면 안 된다. 이러한 기능을 담당하는 것은 수학적 지식이다. 계몽주의에서 "수학적 절차는 사유의 의식(儀式)과 같은 것이 된다."[150] 여기서 수학의 특징은 그 진행 과정이 사전에 이미 결정되어 있다는 데 있다. 이러한 수학적 절차에서 사유는 사물화(事物化)된다. 즉 사유는 이미 설계된 방식에 따라 움직이는 자동적인 과정이며, 이러한 점에서 자동적으로 돌아가는 기계와 비슷하다. 이것은 결국 사유를 본질로 하는 모든 인간적 자아를 지극히 추상적인 자아로 만들어 버린다. 모든 개인에게서 사유의 질, 즉 자유로운 상상력은 제거되고, 개인은 오직 전체의 명령에 따라 아무런 특성도 없는 추상적 자료만을 기계적으로 기록하거나 정리하는 임무만 수행할 수 있을 뿐이다. 이제 남은 것은 영원히 동일한 자아가 그와 같은 방식으로 사유하고 있다는 사실 밖에 없다. 결국 "주체와 객체 양자 모두는 아무것도 아닌 것이 되어버린다."[151]

바로 이러한 점에서 새로운 야만의 싹이 자라난다. 본래 인간에게 사유

---

149) Cf. *ibid.*, p. 8.
150) *ibid.*, p. 26.
151) *ibid.*, p. 27.

와 감각적인 체험은 조화되어야 할 두 가지 영역이었다. 그런데 사유의 추상화는 육체를 매개로 하는 다양한 감각적인 체험 능력의 퇴행을 초래한다. 이러한 퇴행의 결과 오늘날 인간의 경험 세계는 다시 양서류의 경험 세계와 유사해지는 경향이 있다.[152] 오늘날 대중은 들을 수 없는 것을 자신의 귀로 듣고 붙잡을 수 없는 것을 자신의 손으로 만질 수 있는 능력을 상실하고 말았다. 이것이 바로 계몽에 의해 야기된 하나의 새로운 야만인 것이다.

이상에서 본 것처럼 호르크하이머와 아도르노는 계몽의 개념 그 자체 속에 이미 새로운 야만이 잉태되어 있다고 보았다. 나아가 그들은 계몽의 이념이 실현되었다고 여겨지는 오늘날의 현실적인 사회 현상들 속에서도 이러한 새로운 야만이 그대로 나타난다고 주장한다. 이러한 주장과 관련하여 『계몽의 변증법』에서 다루어지는 구체적인 사례 하나가 '문화산업'이다. 저자들은 문화산업에 대한 비판을 통해 계몽의 이념이 현실에서 어떻게 대중을 기만하는 하나의 이데올로기로 퇴보하는지를 명확하게 보여준다.

'문화산업'이란 말 그대로 문화가 하나의 산업이 된 것을 뜻한다. 이것은 곧 모든 문화적 형식에 자본과 그 이윤 동기가 개입한다는 것을 함축한다. 예컨대 모든 예술작품은 산업적 생산물들과 같이 시장을 통해서 분배되는 하나의 상품으로 간주된다. 이러한 점에서 문화산업은 오늘날 더 일반화된 대중문화와 같다. 그러나 호르크하이머와 아도르노는 '대중문화'라는 용어 대신 의도적으로 '문화산업'이라는 용어를 사용한다. 왜냐하면 '문화산업'이라는 용어에는 '산업'이라는 용어가 가지는 긍정적인 뉘앙스를 유리하게 활용하려는 이해관계자들의 의도가 숨겨져 있는데, 저

---

152) Cf. *ibid.*, p. 36.

자들은 '문화산업'이라는 용어를 사용함으로써 바로 그러한 점을 드러낼 수 있다고 보는 것이다.[153]

요컨대 문화산업은 문화를 상품으로서 생산하고 유통하는 기업이 주체가 되는 일종의 '산업'인 것이다. 그럼에도 불구하고 문화산업은 오늘날 우리가 이해하는, 소외된 문화로서의 대중문화(mass culture)[154]와 실질적으로 동일하다. 말하자면 대중문화는 대중의 참된 요구에 의해 생산된 산물이 아니라 권력과 부의 분배를 주도하는 자들에 의해서 조작된 요구의 결과물이다. 예컨대 현대의 대중문화는 주로 대중매체(mass media)를 통해 생산되고 소비되는데, 이러한 과정에서 문화의 생산자나 소비자는 모두 대중매체를 실질적으로 운영하는 이해관계자들[155]의 생리에 종속할 수밖에 없다. 왜냐하면 대중매체의 운영 메커니즘에서 소비자는 일방적으로 전달되는 메시지의 수동적인 수용자일 뿐이기 때문이다.

그런데 대중매체를 통해 전달되는 메시지의 내용은 그것을 실질적으로 운영하는 이해관계자들이 가진 소비의 개념이나 규칙들을 자연스러운 것으로 생각하게 만드는 것에 한정된다. 왜냐하면 그 이해당사자들 사이에는 그러한 소비의 개념이나 규칙들을 위배하는 것이라면 어떤 것도 허용하지 않는다는 암묵적인 합의가 이루어져 있기 때문이다.[156] 이러한 점에서 문화산업은 대중이 현재의 지배 질서를 자연스러운 것으로 인정하고

---

153) '문화산업'이라는 용어는 문화상품들을 생산하는 것을 기업 활동으로 간주할 수 있도록 하는데, 그것이 기업 활동인 한 그 생산물의 사회적 유용성에 대한 의심은 자연스럽게 제거될 수 있다(Cf. *ibid.*, pp. 108-109.).

154) 오늘날 문화연구 분야에서는 대중문화를 두 가지 관점에서 이해한다. 하나는 mass culture로서, 획일적이고 개성 없는 무리(mass)의 저급 문화라는 부정적인 의미에 주목하는 것이고, 다른 하나는 popular culture로서, 대중이 문화 생산의 주체이자 능동적인 소비자임을 표명하는 긍정적인 의미에 주목하는 것이다. 여기서 '소외된 문화로서의 대중문화'라는 표현은 mass culture의 의미를 나타내기 위한 다른 표현이다.

155) 대중매체를 실질적으로 운영하는 이해관계자들이란 단지 방송사만을 의미하는 것이 아니다. 여기에는 방송사를 먹여 살리는 광고주들이 포함되며, 방송 프로그램의 시청률이 중시되는 현상은 그 프로그램 전후의 광고 노출도가 중시된다는 점을 고려하면 오히려 이 광고주들의 세력이 더 크다고 보아야 할 것이다.

156) Cf. Horkheimer & Adorno, *op. cit.*, p. 110.

거기에 순응하도록 하는 이데올로기적 기능을 수행하기에 적합하다. 이를 위해서 문화산업은 우선 그 소비자인 대중이 자유로운 상상력과 자발적인 사유 능력을 상실하도록 만든다. 예컨대 한 편의 영화를 보는 대중은 급속하게 스쳐 지나가는 줄거리를 놓치지 않기 위해서 그 사건의 흐름에서 자유롭게 빠져나와 이런저런 상상과 반성을 할 수 있는 적극적 사유 태도를 포기하지 않으면 안 된다.157) 이러한 과정에서 대중은 어느덧 영화를 현실과 동일시하도록 유도된다.

문화산업의 이러한 동일시 작용은 대중을 속일 수 있다. 문화산업은 그들이 소비자에게 약속한 것을 끊임없이 미루면서 소비자를 기만한다.158) 아름다운 여배우의 착 달라붙은 스웨터 속에 숨은 풍만한 가슴이나 스포츠 스타의 벌거벗은 상반신을 보여주는 화면들은 소비자의 성적 충동을 충족시켜 줄 것처럼 약속하지만, 사실상 그러한 성적 충동의 충족을 현실적으로 실현할 수 있는 소비자는 없다. 그러나 소비자는 언제일지도 모르는 그 약속이 이루어질 날까지 아무런 저항 없는 영원한 소비자로 남게 된다.

이로써 문화산업은 소비자의 욕구를 만들어내고 조종하고 교육하면서 자유자재로 다룰 수 있다. 이러한 방식으로 개인들은 문화산업이 제시하는 모델을 충실히 따르는 몰개성적인 인간이 되며, 문화산업은 인간을 자신의 고객이나 소비자로서만 취급하게 된다. 이제 대중은 가장 내밀한 사항에서조차 철저히 사물화된 극도로 추상적인 것이 되어버린다. 이것이 바로 문화를 산업적인 것으로까지 발전시킨 기술적 합리성이 현실 사회에서 인간 지배의 합리성으로 나타나게 되는 과정이다.

---

157) Cf. *ibid.*, pp. 113-114.
158) Cf. *ibid.*, pp. 125ff.

5.2.2. 마르쿠제의 1차원적 사회 비판

호르크하이머나 아도르노와 같은 1세대 프랑크푸르트학파의 주요 구성원들과 마찬가지로, 마르쿠제도 1930년대 히틀러의 집권과 더불어 독일을 떠나 스위스를 거쳐 미국으로 망명하였다. 제2차 세계대전이 독일의 패전으로 끝난 후 다른 많은 구성원이 독일로 돌아간 데 반해 마르쿠제는 계속 미국의 정보기관에서 활동하였다. 전후의 미국 생활을 통해 그는 세계에서 산업적으로 가장 발달한 미국의 자본주의 사회를 경험하였고, 현대사회가 당면한 새로운 형태의 인간 지배를 확인하였다. 1964년에 출판된 그의 『1차원적 인간』은 바로 미국과 같은 선진(advanced) 산업사회 혹은 선진 자본주의 사회에서 나타나는 새로운 형태의 인간 지배 현상을 비판적으로 분석한 저술이다.

선진 산업사회란 기술이 고도로 발달한 산업사회를 말한다. 선진 산업사회는 고도로 발달한 기술을 바탕으로 자연을 합리적·효율적으로 지배함으로써 인간에게 풍요롭고 안락한 삶을 제공하는 것처럼 보인다. 그러나 마르쿠제는 매우 합리적인 것으로 보이는 이러한 선진 산업사회가 사실상은 매우 비합리적인 사회임을 밝히고자 한다. 요컨대 풍요와 안락을 가능하게 하는 합리적인 자연 지배 체제는 그 효율성을 증대시키기 위해 인간의 욕구와 재능을 전체적으로 관리하기 때문에 오히려 인간을 효율적으로 지배하는 인간 지배 체제가 되었다는 것이다.

이러한 주장을 정당화하기 위해 마르쿠제는 선진 산업사회에서 효율적인 자연 지배를 위한 기술적 합리성의 대표적 사례인 생산의 기계화가 어떻게 노동자 계급을 노예화하는 결과에 이를 수밖에 없는지 고찰한다. 그는 이 과정을 다음과 같은 네 가지 단계로 설명한다.[159]

---

159) 이 부분의 기술은 H. Marcuse의 *One-Dimensional Man*, (London: Routledge & Kegan Paul,

첫째, 기계화는 노동으로 소모되는 육체적 에너지의 양과 강도를 점차 감소시킨다. 그러나 다른 한편으로 기계화는 작업의 가속화, 기계 조작자에 대한 엄격한 통제, 노동자들의 고립을 강요하기 때문에 노동자는 육체적 피로 대신 정신적 긴장 속에서 더욱 소진된다. 이 때문에 기계화된 작업 중에 있는 노동자는 무의식적으로 자신의 노동을 자동화 과정에 결합해버리는 경향이 있다.

둘째, 기계가 스스로 도구들이나 도구들 사이의 관계를 지배하는 하나의 시스템이 됨으로써 개별 노동자들의 작업 과정을 능가해 간다면, 그만큼 노동자의 전문성과 자율성은 감소한다. 이것은 직업과 무관하게 모든 작업이 유사해지는 결과를 낳는다. 또 기계화된 상황에서는 개인의 고유한 전문가적 능력은 무시되고, 오히려 기계를 중심으로 하는 노동의 전체적 효율성이 중시된다. 이 때문에 개인의 산출량을 측정하는 것이 불가능하게 된다. 따라서 사회적 생산력은 시간당 개인의 산출량에 의해서 결정되는 것이 아니라 설비를 얼마나 활용할 수 있느냐에 따라 결정된다. 이것은 결국 노동과 생산도구의 성격을 변화시킨다.

셋째, 이러한 노동과 생산도구의 성격 변화는 노동자의 태도와 의식을 변화시킨다. 앞에서 보았듯이 기계 기술의 자동화 과정에서 무의식적으로 노동자는 생산의 물질적 과정, 즉 기업의 생산 시스템 그 자체에 통합된다. 이러한 물질적 존재의 변화에 기인하여 의식의 변화가 일어난다. 예컨대 기업의 생산 시스템 그 자체에 통합된 노동자는 그 자신의 삶 전체가 기업에 결부되어 있다는 사실을 의식한다. 더욱이 그러한 노동자는 갑작스러운 사고나 정년으로 인한 퇴임 후에도 혜택을 받을 수 있다는 사실 때문에 그 기업이 해체되어서는 안 된다고 생각할 수 있다. 이 때문에 이른바 노사 협력관계가 형성되는 것이다.

넷째, 이러한 새로운 기술적 노동 세계는 노동계급의 부정적 위치, 즉 자본주의의 모순을 비판하는 힘의 약화를 촉진한다. 그리하여 '지배'는 '관리'로 변경된다. 그러나 굶주림, 인격적 예속, 폭력과 같은 물리적 통제 대신 나타난 행정력의 활용, 직업적 계급의 무차별화, 중노동의 성격 변화, 소비생활의 평준화 등과 같은 새로운 관리 방식은 노동자 자신이 여전히 노예라는 사실을 교묘하게 은폐하고 있다. 노동자는 확실히 과거보다 고상해진 노예이지만 그들이 여전히 노예라는 사실은 바뀌지 않았다. 왜냐하면 노동자는 그가 주인에게 복종하거나 고된 노동을 대가 없이 감수해야 한다는 사실에 의해서가 아니라, 그가 단순한 도구에 불과하다는 사실에 의해서 노예가 되는 것이기 때문이다.

이러한 노예로서의 노동자가 진정으로 해방되기 위해서는 우선 자신이 노예라는 사실을 분명하게 의식해야 할 것이다. 그러나 마르쿠제는 선진 산업사회에는 이러한 의식을 가로막는 현상들이 만연해 있다고 보는데, 그것은 다름 아니라 인간을 1차원적 수준에 묶어두려는 선진 산업사회의 여

1986) 24-34쪽의 내용을 구체적 인용 표시 없이 요약한 것이다.

러 가지 문화적 형식들이다.

마르쿠제는 '1차원적'이라는 말을 '2차원적(two-dimensional)'이라는 말과 대비되는 것으로 사용한다. 그가 말하는 1차원적이란 것은 실재의 한 측면만을 전부로 간주하고 다른 측면이 있음을 인정하지 않는 것을 의미한다. 이와 관련하여 마르쿠제가 들고 있는 구체적 사례는 선진 산업사회에서 공격적으로 경영하고 있는 대중문화이다. 그에 따르면, 대중문화의 확산은 고급문화(higher culture)에 들어 있는 대항적·이질적·초월적 요소들을 말살하는 효과를 노린 것인데, 고급문화의 그러한 요소들은 지금 여기의 세계만이 유일한 세계가 아니라는 것, 따라서 지금 여기의 세계와는 다른 세계가 얼마든지 가능하다는 것을 드러내는 실마리들이다.[160]

여기서 마르쿠제가 염두에 두는 서구의 고급문화는 산업화 이전의 문화이다. 예컨대 그러한 문화의 진정성 있는 작품들은 상업과 산업 활동으로부터 혹은 그러한 활동의 저변에 깔린 타산적이고 이윤 우선적인 질서로부터 '의식적 거리두기(alienation)'의 태도를 보인다.[161] 그러나 기술사회의 발달로 인해 예술과 일상생활을 지배하는 질서 사이의 근본적 차이가 사라지게 되었다. 대량 복제 기술의 발달 덕분에 누구나 손쉽게 예술작품을 접할 수 있게 됨으로써 문화 소비의 평등이 이루어졌다는 것은 사실이지만, 그보다도 이제 예술작품은 모두가 갖추어야 할 하나의 필수 장식품에 불과한 것으로 되었고, 따라서 예술과 일상의 질서가 구별되지 않는 시대가 된 것이다. 결국 선진 산업 시대의 예술은 산업화 이전의 고급예술이 갖고 있었던 '예술적 거리두기'의 힘을 상실하고 만다. 이것이 바로 문화의 1차원성이다.

또한 선진 산업사회는 담론(discourse)의 세계도 1차원적으로 조직한다.

---

160) Cf. H. Marcuse, *One-Dimensional Man*, (London: Routledge & Kegan Paul, 1986), p. 57.
161) *ibid.*, p. 58.

선진 산업사회의 미디어는 언어를 전면적으로 관리한다. 예컨대 상업광고는 사람들에게 상품을 무조건 소비하도록 강요하는 지시적이고 단언적이며 분석적인 언어들로 말한다. 이러한 언어는 듣는 사람들에게 편향되고 간단하게 축소된 의미를 전달하고, 더 이상의 내용 전개를 막아버리며, 제공된 것을 제공하는 사람이 의도하는 그대로 받아들이도록 강요한다.162) 따라서 그것은 긍정적인 사고와 행동을 조직적으로 강화하며, 초월적이고 비판적인 생각에 대해 전면적으로 공격하는 경향을 나타낸다. 본래의 언어가 가진 자율성과 초월성과 비판적인 함의들이 제거될 때, 언어는 사물을 오직 그 기능이라는 하나의 측면으로만 지시하는 1차원성을 띠게 되는 것이다.

다른 한편, 선진 산업사회는 과학적 사유를 중시한다. 왜냐하면 과학적 사유에 기초한 효율적인 생산 관리 체계는 기업의 생산성을 계속 증대시켜왔기 때문이다. 그러나 선진 산업사회에서 과학적 사유가 중시되는 더 근원적인 이유는 과학이 모든 사물을 수량화하고 그 운동을 정밀한 일반 법칙으로 설명할 수 있다는 데에 있다. 말하자면 인간이 과학을 통해 물질을 자신의 조작 대상으로 규정하고 자연을 지배할 수 있게 됨으로써 결과적으로 기술 발전을 통한 산업화가 이루어질 수 있었던 것이다.

그런데 이와 같이 자연을 더욱 효과적으로 지배하도록 한 과학적 방법은 자연의 지배를 통해 인간에 의한 인간의 지배를 효과적으로 만드는 도구가 된다.163) 우선 자연을 지배하고 관리하기 위한 과학적 방법의 효율성을 더 증대하기 위해서는 과학적 방법을 응용한 기술적 장치를 관리하는 사람들의 효율적인 배치가 필요하다. 결국 사물들의 세계뿐만 아니라 세계를 관리하는 관리자들까지도 과학적으로 관리되는 상황이 된 것이다.

---

162) Cf. *ibid.*, pp. 90-91.
163) *ibid.*, p. 158.

마르쿠제는 이와 같이 과학적 사유를 중시하는 태도의 극단이 '실증주의'라고 본다. 그에 따르면, 생-시몽(Saint-Simon) 이래 '실증주의'라는 용어는 ① 사실에 대한 경험을 통해 획득된 지식만이 타당하다는 것, ② 지식을 확실성과 정확성의 모델이라고 할 수 있는 물리학을 향해 정렬시킴, ③ 이를 통해서만 지식의 진보가 이루어진다는 것을 의미한다.[164]

이러한 성격의 실증주의가 형이상학을 비롯한 모든 초월론적 사유를 무의미한 것으로 배제한다는 것은 두말할 나위가 없다. 이 때문에 마르쿠제는 실증주의가 스스로 치료자임을 자처하고 나선다고 지적한다.[165] 그에 따르면 실증주의에 뿌리를 둔 분석철학은 사고와 언어의 비정상적인 형태를 교정하겠다거나 애매하고 환상적인 측면을 제거하겠다는 의지를 드러낸다. 예컨대 일상적인 용어법에 순응하지 않는 부정의 정신과 새로운 어휘를 창안할 수 있는 창조적 언어 능력을 가진 비판적 지식인들은, 치료학적 분석철학의 관점에서는, 치료의 대상으로 간주될 것이다.

이와 같이 비판적 지식인들을 치료의 대상으로 본다는 점에서 실증주의는 확실히 '체제 긍정적인' 이데올로기로 기능할 수 있는 측면이 있다. 실제로 실증주의는 새로운 사유의 가능성을 불신하며, 사유를 오직 기존의 사실들과 그 규칙에 굴복시키려는 경향이 있다. 이러한 점에서 실증주의는 문자 그대로 부정을 부정하고 긍정만을 긍정하는[166] 1차원적 사유의 대표적인 모델이라고 할 수 있을 것이다.

---

164) *ibid.*, p. 172.
165) Cf. *ibid.*, pp. 183ff.
166) 실증주의는 positivism의 번역어이다. positive는 긍정적이라는 의미이다. 결국 실증주의와 긍정은 문자적 의미에서 동족이다.

제2부

철학에서
포스트철학으로

5장

철학의 아포리아

1. 역사적으로 철학은 지혜로부터 점점 멀어져 왔다

1.1. '철학'은 곧 '학문'이었다.

우리나라를 비롯한 한자 문화권에서 통용되는 '학문(學問)'이라는 말은 '배우고(學) 묻다 혹은 찾다(問)'는 동사적 의미를 함축하는 명사이다. 그런데 배우고 묻는다(혹은 찾는다)는 동사적인 측면에 주목한다면 이 말에는 목적어가 비어 있다. 말하자면 이 말에는 무엇을 배우고 무엇을 찾는다는 것인지가 분명히 드러나 있지 않다. 그러나 그 목적어에 해당하는 것을 추측하기는 어렵지 않다. 아마도 그것은 묻거나 찾는 사람이 궁금해하는 것이고, 그가 궁금해하는 것이라면 당연히 그가 현재로서는 알지 못하는 것이라고 해야 할 것이다. 묻거나 찾는 사람은 그것이 무엇이든지 간에 그것을 알고자 하기 때문에 묻거나 찾을 것이다. 이러한 점에서 학문은 그것이 무엇이든지 간에 그것에 대해 알고자 하는 것, 지식을 얻고자 하는 것과 관련된다.

한편, '학문'이라는 말은 영어 'science'의 번역어로 사용되기도 한다. science는 라틴어 scientia에서 비롯된 말이다. scientia는 '알다'를 의미하는 동사 scire의 현재분사형인 sciens가 명사화된 것이다. 따라서 scientia는 '아는 것' 혹은 '앎'으로 번역될 수 있는데, 이는 우리말 한자어 '학문'이라는 말의 의미와도 잘 통한다.

현재 우리나라에서 영어 science는 우선 '과학(科學)'으로 번역되고, 특히 '자연과학'을 의미하는 말로 통용된다. 그런데 '과학'의 의미는 무엇일까? 한자 '科'의 본래 의미는 구분의 한 단위이다. 이것은 분류학에서 계 > 문 > 강 > 목 > 과 > 속 > 종 순서로 생물을 구분할 때 쓰이는 '과'로서, 전체 구분 체계에서 중간 정도에 해당하는 단위이다. 이런 식으로 보면, '과학'은 학문을 그 대상이나 연구방법에 따라 구분하는 경우 중간 정도에 해당하는 구분 단위로 이해할 수도 있다. 실제로 오늘날 통용되는 학문 구분법은 학문 > 인문과학/사회과학/자연과학 > 각 과학에 속하는 개별 학문 순서이다. 따라서 '과학'은 '대상이나 연구방법에 따라 구분된 학문'으로서 '학문의 한 분과'라고 할 수 있다. 그런데 외연에 따른 개념의 위계에서 인문과학/사회과학/자연과학의 유개념을 '과학'이라고 한다면, 이 경우의 '과학'은 '학문'과 동일한 개념으로 이해될 수도 있다.

결국 현재 시점에서 우리말 '학문'이나 '과학' 그리고 영어 'science'는 '앎'이나 '지식' 혹은 '지식 체계'를 의미하는 말이라고 할 수 있다. 그러나 서양에서 거의 19세기까지 이것에 해당하는 말은 'philosophia' 즉 '철학'이었다. 앞에서 보았듯이 이 말의 문자적 의미는 "지혜를 사랑하는 것"이지만, 지혜롭게 되기 위해서 지식을 추구하는 철학 문화가 형성되고 난 이후부터 이 용어는 "지식을 추구하는 것"이라는 의미로 정착되었다. 현재 시점에서 지식을 체계화하는 일 및 그 결과로서 체계화된 지식을 '학문(science)'이라고 한다면, 서양에서는 19세기까지 그것을 지시하기 위해서 '철학'이라는 용어가 주로 사용되었던 것이다.

이러한 '학문=철학' 개념의 역사는 기원전 4세기 고대 그리스에서 활약한 플라톤의 사상에서 시작되었다. 널리 알려져 있듯이, 플라톤의 핵심 사상을 담고 있는 대표적인 저서는 『폴리테이아』이다. 제목이 암시하는 것처럼 이상적인 정치공동체의 조직과 운영 방식에 대해 논하는 이 저서에서 플라톤은 유명한 '철인통치론'을 펼친다. 철학자들(philosophoi)이 통치자들로서 나라를 다스리거나 통치자들이 성실하게 철학(philosophia)을 추구하지 않는다면 악이 종식될 수 없다는 것이다.[167]

여기서 철학 혹은 철학자는 어떤 것일까? 제1부 4장 1절에서 보았듯이, 우선 플라톤이 제시한 이상적인 국가는 이데아 세계를 본뜬 정치공동체이다. 이데아 세계는 한마디로 이데아들이 모여 있는 세계인데, 그 구성 요소인 갖가지의 이데아들이 질서를 유지함으로써 전체적인 조화를 이루고 있는 '아름답고 좋은' 세계이다. 만약 정치공동체도 그 구성 요소인 통치자 그룹과 보조자(군인) 그룹과 생산자 그룹이 질서를 유지함으로써 전체적인 조화를 이룬다면 이데아 세계와 같이 아름답고 좋은 정치공동체가 될 수 있을 것이다.

이와 같이 아름답고 좋은 정치공동체를 실현하기 위해서는 무엇보다도 먼저 아름답고 좋은 세계의 모델인 이데아 세계를 '알아야' 하고, 현실 정치공동체를 그 모델과 비슷하게 만들어가야 한다. 정치공동체에서 이런 일을 전문으로 하는 사람은 통치자들이다. 따라서 플라톤이 그리는 이상적인 정치공동체의 통치자들은 우선 이데아 세계를 인식하려고 노력해야 한다. 통치자가 곧 철학자라고 한다면, 이데아 세계를 인식하려고 노력하는 사람을 '철학자'라고 하고 이데아 세계를 인식하는 일을 '철학'이라고 할 수 있다.

플라톤의 제자 아리스토텔레스도 철학을 이데아와 같은 보편적이고 불변적인 궁극 원리를 인식하는 학문으로 이해했다. 그런데 이데아와 같이 가장 보편적인 것은 감각과 가장 멀리 떨어져 있다. 따라서 보편적인 것

---

167) Cf. Plato, *The Republic I*, (Massachusetts: Harvard Univ. Press: 1937), 473c-d.

을 인식하는 철학에서는 감각보다도 이성이 더 중요한 역할을 담당한다.

이러한 점에서 철학은 또한 이론적인 활동(theōretikē)이다. '이론'에 해당하는 그리스어 theōria는 '보다'를 의미하는 theōrein이라는 동사에서 비롯된 말이지만, 여기서는 '본다'는 것보다도 예컨대 예술품이나 운동경기를 관람할 때와 같이 '거기에 개입하지 않는다'는 것에 강조점이 놓인다. 이 때문에 이론은 다른 사람이나 사물에 영향을 주는 실천(praxis)이나 특정한 목적 달성에 필요한 것을 만들기 위해 자연물을 가공하는 제작(poiēsis)과 구별된다. 이러한 점에서 이론적인 활동은 있는 그대로의 것을 있는 그대로 인식하는 활동이라 할 수 있다.

아리스토텔레스는 이론적인 학문에 신학(형이상학), 자연학, 수학이 포함된다고 보는데, 이 중에서 신학을 '첫 번째 철학(제일철학, protē philosophia)'이라고 하고, 자연학을 '두 번째 철학(제이철학, deutera philosophia)'이라고 하고, 수학을 '그 뒤를 따르는 철학'이라고 했다.[168] 요컨대 아리스토텔레스는 '철학'을 순수 이론적인 학문에 제한하고, 창작이나 건축과 같은 제작적인 능력과 관련한 분야는 물론 윤리나 정치와 같은 실천적인 능력과 관련한 분야까지도 철학에서 제외했던 것이다.[169]

이러한 고대의 학문=철학 개념은 기독교 문화가 지배적인 것으로 부상한 후기 로마 시대와 초기 중세 시대에도 그대로 유지된다. 이러한 점을 분명하게 보여주는 대표적인 사례는 보이티우스(480-525)의 『철학의 위안(De Consolatione Philosophiae)』이라는 책이다. 이 책은 보이티우스가 여러 신학적·철학적 문제를 해결할 수 없어 마음의 병을 얻어 누웠을 때 '필로소피아'라는 이름의 여인[170]이 홀연히 나타나 그 문제들을 하나하나

---

168) Cf. Aristotle, *The Metaphysics I*, 1004a 7-8; 1025b-1026a; 1037a 14-15.

169) ethica와 politica를 통상 '윤리학'과 '정치학'으로 번역하지만, 각각 사회규범(ethos)을 다루는 기술과 정치공동체(polis)를 운영하는 기술을 의미하는 technē ethikē와 technē politikē에서 유래한 것으로 보이므로 사실상 '윤리술'과 '정치술'로 이해하는 것도 가능할 것이다.

170) 인도유럽어족의 다른 언어들과 마찬가지로 라틴어에서도 명사는 성을 띠는데, philosophia는

해명해줌으로써 위안을 얻는다는 내용의 글이다. 이 글에 등장하는 필로소피아의 관심사는 신의 존재 및 속성, 영원과 시간, 우연성과 필연성, 선과 행복, 삶과 죽음, 인간의 자유의지 등 철학의 문제들뿐만 아니라 신학의 문제들까지 포괄한다. 이러한 점에서 보이티우스는 신학을 포함한 모든 학문을 '철학'이라고 지칭하는 것처럼 보인다.

그러나 시간이 지나면서 신학과 철학을 분리하는 움직임이 나타난다. 이러한 움직임을 주도한 대표적 인물은 토마스 아퀴나스(1225-1274)였다. 그는 『신학대전(Summa Theologiae)』의 첫 번째 질문을 철학과 신학의 차이를 해명하는 일에 할애한다. 그에 따르면, 철학과 신학은 방법의 측면에서 명확하게 구별된다. 요컨대 철학은 '이성의 빛'에 의해 대상을 탐구하는 반면, 신학은 '신의 계시의 빛'에 의해 대상을 탐구한다.

> … 철학은 자연적 이성의 빛에 의해 알려지는 대상을 취급한다. 신적인 계시의 빛 (lumine divinae revelationis)에 의해 알려지는 대상을 취급하는 다른 한 가지 학문이 있다. 따라서 신성한 가르침(doctrina sacra)에 속하는 신학은 철학의 한 부분인 신학과 그 종류에서 차이가 난다.[171]

그렇다고 해서 토마스가 신학 이외의 모든 학문을 철학이라고 지칭했던 것은 아니다. 아마도 그가 아리스토텔레스의 영향을 많이 받았기 때문이겠지만, 그도 수학, 자연학, 형이상학만이 철학에 포함되는 것으로 보았다. 그에 따르면, 예컨대 의술은 자연학적 지식을 필요로 하지만 지식 자체를 얻기 위한 학문이 아니라 질병의 치료라는 특수한 실천적 목적을 추구하는 기술이므로 자연학에, 따라서 당연히 철학에 속하지 않는다.[172]

'학문=철학'이라는 생각은 부분적이긴 하지만 근대에도 그대로 나타난

여성명사이기 때문에 이 이야기에서 '필로소피아'라는 인물이 여인으로 설정되었다.
171) Thomas Aquinas, *Summa Theologiae*, Iᵃ q. 1 a. 1 ad 2. Available from http://www.logicmuseum.com/
172) Cf. F. C. Copleston, 강성위 옮김, 『토마스 아퀴나스』, 2판, (서울: 성바오로출판사, 1993), p. 103.

다. 이러한 생각을 명시적으로 표명한 근대의 대표적인 인물은 데카르트일 것이다. 데카르트가 1644년에 라틴어로 저술한 『철학의 원리(Principia Philosophiae)』를 그의 친구 아베 클로드 피코(Abbé Claude Picot)가 1647년에 프랑스어로 번역하여 출판했는데, 그즈음 데카르트가 번역자 피코에게 보낸 편지에 학문=철학을 한 그루의 나무로 묘사한 유명한 '나무의 비유'가 수록되어 있다.

> 모든 철학은 한 그루의 나무와 같다. 그 뿌리는 형이상학이고, 그 줄기는 자연학이며, 이 줄기로부터 뻗어 나온 가지들은 다른 모든 학문으로서, 이 학문들은 의학, 역학(力學), 윤리학과 같은 세 가지 주요한 학문들로 환원된다.[173]

이와 같이 데카르트가 학문=철학을 한 그루와 나무와 같은 '전일(全一)적인' 체계로 간주한 것은 모든 학문이 엄격한 연역적 지식 체계로 이루어져야 한다고 생각했기 때문이었다. 말하자면 모든 학문은 그 대상이 무엇이든 간에 모두 동일한 연역적 방법으로 그것에 관한 지식을 획득해야 한다는 점에서 궁극적으로 '하나의 전체로서 완전히 통일을 이루고 있는' 전일적 체계에 속하는 부분들이라고 할 수 있는 것이다.

이러한 이론적·연역적 지식 체계로서의 학문=철학관은 19세기 초반까지 활동한 독일의 철학자 헤겔의 사상에서 정점에 이른다. 그에 따르면, 철학은 세계의 동적 발전 과정을 변증법적으로 인식하는 학문이다. 헤겔이 생각하는 변증법은 모든 개념이 그 자신 속에 모순을 포함하고 있기 때문에 어떤 판단이라도 시간이 지나면 필연적으로 그 부정판단을 낳는다는 논리이다. 그렇다면 변증법적 논리에서는 하나의 판단("A는 B이

---

173) R. Descartes, John Veitch (trans.), "Letter of the Author to the French Translator of the Principles of Philosophy serving for a preface", Available from http://www.classicallibrary.org/descartes/principles/preface.htm

다.")이 시간이 지남에 따라 필연적으로 부정되고("A는 B가 아니다.") 또 그렇게 부정된 두 번째 판단도 시간이 지남에 따라 필연적으로 부정될 것이다("A는 B가 아닌 것이 아니다." = "A는 B이다."). 그런데 이렇게 다시 부정된 세 번째 판단은 겉보기에는 애초의 첫 번째 판단과 같은 모양을 띨 것이다. 그러나 부정의 부정을 통해 첫 번째 판단과 같은 모양을 회복한 세 번째 판단의 주어개념과 애초의 첫 번째 판단의 주어개념이 같은 모양을 가지고 있다고 하더라도 그 양자가 지시하는 내용까지도 완전히 같다고 할 수는 없다. 왜냐하면 세계는 동적으로 발전하고 있기 때문이다. 그렇다고 해서 그 양자의 내용이 완전히 다르다고 할 수도 없다. 어쨌든 그 양자는 동일한 하나의 개념으로 지시되는 것들이기 때문이다.

결국 이러한 변증법적 과정이 전개되는 동안 하나의 개념은 동일성을 유지하면서도 동시에 달라지면서 그 폭과 깊이가 점점 더 넓어지고 깊어진다. 그렇다면 이러한 확장이 어디까지 계속되는가? 순수하게 논리적인 수준에서 말한다면, 그러한 과정은 더 이상 넓어지지 않고 더 이상 깊어지지 않을 때까지 진행될 것이다. 그 최종적인 모습은 곧 개념의 완전한 상태이자 절대적인 상태라고 할 수 있다.

이와 같이 어떤 개념에서 시작되는 변증법적 과정을 추적하면서 완전하고 절대적인 전체를 인식하는 것이 헤겔이 생각하는 철학적 학문이다. 따라서 헤겔의 사상에서 철학은 변증법적 개념의 체계라고 할 수 있다. 이때 변증법을 일종의 논리적 전개 과정이라고 한다면, 그것은 확실히 이론적·연역적 논리라고 할 수 있다. 앞에서 보았듯이 연역추리는 일정한 논리적 법칙에 따라 필연적으로 진행하는 과정인데, 변증법 역시 일정한 법칙에 따라 필연적으로 진행하는 과정이기 때문이다. 결국 헤겔의 사상에서도 철학은 연역적인 지식 체계라고 할 수 있는 것이다.

또한 헤겔의 사상에서 철학은 전일적인 학문 체계이기도 하다.

1817년에 출판된 헤겔의 『철학적 학문들의 백과사전 개요(Enzyklopädie der philosophischen Wissenschaften im Grundrisse)』는 제목 그대로 학문=철학의 백과사전이다. 이 저서의 1부에서는 순수한 관념들의 변증법적 전개 과정의 각 단계를 인식하는 학문들을 논한다. 2부에서는 관념들의 물질적 실현 형태인 자연의 변증법적 전개 과정의 각 단계를 인식하는 학문들을 논한다. 3부에서는 관념과 물질이 불가분적으로 결합한 정신[174]의 변증법적 전개 과정의 각 단계를 인식하는 학문들을 논한다. 결과적으로 여기서는 오늘날 독립적 분과로 간주되는 각각의 학문들이 '전일적인' 변증법적(연역적) 지식 체계로서의 철학의 구성 부분들로 설정되어 있다. 이 저서의 편제는 다음과 같다.

제1부 논리학
제1장 존재에 관한 학문
제2장 본질에 관한 학문
제3장 개념에 관한 학문

제2부 자연철학
제1장 역학(Mechanik)
제2장 자연학(Physik, 물리학)
제3장 유기적 자연학(Organische Physik, 생물학)

---

174) 여기서 말하는 '관념과 물질이 불가분적으로 결합한 정신'이라는 말을 이해하기 위해서는 기독교에서 말하는 '육화된 신'이라는 개념을 연상하는 것도 도움이 될 것이다. 신은 육체(물질)에 속박되지 않은 순수한 존재이지만, 예수는 육체를 가진 인간의 모습으로 나타난 신(육화된 신)이다.

제3부 정신철학

제1장 주관적 정신에 관한 학문

    A. 인간학. 마음(Seele)에 관한 학문

    B. 정신현상학. 의식(Bewußtsein)에 관한 학문

    C. 심리학. 정신(Geist)에 관한 학문

제2장 객관적 정신에 관한 학문

    A. 법에 관한 학문(법학)

    B. 도덕적 행위에 관한 학문(도덕학 혹은 윤리학)

    C. 인간집단에 관한 학문(Sittlichkeit, 사회학 혹은 정치경제학)

제3장 절대적 정신에 관한 학문

1.2. 철학은 자연과학과 대비되는 학문이 되었다

자연에 대한 연구를 기술한 아리스토텔레스 저서의 표제는 'physikē'이다. 이는 자연에 대한 인식을 의미하는 epistēme physikē 혹은 자연에 대한 학문을 의미하는 philosophia physikē에서 physikē만 따서 형성된 용어로 여겨진다. 그러나 중세 시대까지 서구 문화권에서는 자연에 대해 연구하는 학문을 지칭하는 대표적인 명칭이 없이 다양한 명칭들이 사용된 것처럼 보인다. 헬레니즘 시대 그리스어 문화권에서는 '자연(physis)에 대해 논하기(logos)'라는 의미의 'physiologia'라는 용어가 더러 사용되었고, 라틴어를 학문공동체의 공용어로 사용한 중세 시대 서유럽에서는 scientia physica, scientia naturalis, philosophia naturalis 등의 용어들이 사용되었다.

그러다가 17-18세기 즈음 유럽에서는 라틴어 philosophia naturalis 및 이에 준하는 지역어 표기들인 영어 natural philosophy, 독어 Naturphilosophie, 불어 philosophie naturelle 등이 그 학문을 지칭하는 대표적인 용어로 자리 잡

은 것처럼 보인다. 1687년에 출판된 뉴턴의 책 『자연철학의 수학적 원리 (Philosophiae Naturalis Principia Mathematica)』도 그 당시의 용법에 따른 것으로 생각된다. 이러한 용법은 19세기까지 유지되었다. 19세기 초반까지 활동한 독일의 철학자 헤겔은 『철학적 학문들의 백과사전 개요(Enzyklopädie der philosophischen Wissenschaften im Grundrisse)』(1817)에서 '자연철학 (Naturphilosophie)'이라는 용어를 사용했고, 19세기 중후반에 활동한 영국의 물리학자들인 윌리엄 톰슨 캘빈(W. T. Kelvin)과 피터 거스리 테이트(P. G. Tait)도 에너지의 성질에 대해 고찰한 자신들의 공동 저서 『자연철학에 관한 논고(Treatise on Natural Philosophy)』(1867)에서 '자연철학'이라는 용어를 사용했다.

한편, 영어권에서는 19세기부터 '자연철학'이라는 용어와 함께 '자연과 학(natural science)'이라는 용어도 사용하고 있었고, 19세기 후반에 이르러서는 자연과학이라는 용어가 우세를 점하게 되었다. 아마도 그것은 그 시기에 비로소 '철학(philosophy)'이라는 용어와 '과학(science)'이라는 용어의 의미 차이가 확립되었기 때문이 아니라 그 당시 학문공동체에서 필요로 했던 '과학자(scientist)'라는 용어가 큰 지지를 얻었기 때문이었을 것이다. 말하자면 17세기에 형성된 '과학적' 자연 연구가 19세기에 이르러 본격적으로 분과화되어 자연과학계에서는 물리학자, 화학자, 생물학자 등 분과학문에 종사하는 학자들을 포괄하는 하나의 유개념을 요구했는데, 영국의 철학자이자 과학사가인 윌리엄 휴얼(W. Whewell)이 1830년대에 제안한 '과학자'라는 용어가 그 요구에 부응하여 19세기 중반부터 널리 사용되기 시작했던 것이다.[175]

---

175) 이와 관련하여 휴얼은 1840년에 출판된 『귀납과학의 철학』에서 다음과 같이 기술하고 있다. "우리는 과학 일반에 종사하는 사람들을 지시하기 위한 한 가지 명칭을 필요로 한다. 나는 그것을 과학자(Scientist)라고 부르고자 한다. 이에 우리는 예술가(Artist)가 음악가, 화가, 시인을 통칭하듯이, 과학자는 수학자, 물리학자, 자연 연구자(Naturalist)를 통칭한다고 말할 수 있다."(W. Whewell, *The Philosophy of the Inductive Sciences*, Vol. 1, (Cambridge: J. & J.

이러한 사정에도 불구하고, 핵심은 역시 '과학'이 '철학' 혹은 '철학이라는 종래의 용어로 지칭되던 학문'과 구별되는 새로운 학문으로 성립되었다는 사실이다. 이러한 의미의 과학은 '과학'이라는 용어가 널리 사용되기 훨씬 이전부터 성립해 있었는데, 그것은 다름 아니라 16-17세기에 이루어진 이른바 '과학혁명'의 성과였다.

과학혁명을 통해 성립한 새로운 학문으로서의 '자연과학'은 관찰 → 가설 → 실험 → 확정(혹은 수정 혹은 폐기) 순으로 이어지는 일련의 활동을 통해 자연 현상에 대한 지식 체계를 세우려는 학문이다. 여기서 나타나듯이 자연과학에서 관찰을 바탕으로 과학자의 상상력을 통해 설정된 가설이 법칙이나 이론으로 확정되기 위해서는 반드시 실험을 통해 검증되어야 한다. 이때 실험은 나중에 다른 사람이 다시 동일한 절차로 재연할 때 동일한 결과를 산출할 수 있을 정도의 제일성(齊一性, uniformity)을 가져야 한다.

어쨌든 자연과학적 지식의 정당성을 최종적으로 뒷받침하는 것은 바로 실험이다. 이것은 자연과학이 자연 현상에 대한 '귀납적' 지식 체계의 형성을 추구한다는 것을 의미한다. 이러한 점에서 자연과학은 '연역적' 지식 체계의 형성을 추구하는 전통적인 학문=철학과 다른 새로운 학문이다. 그럼에도 불구하고 이 새로운 학문은 한동안 학문=철학이라는 전통적인 용어법에 따라 '자연철학'으로 명명되는 경우가 많았다. 그러나 위에서 말했듯이 19세기 중반을 넘어서면서부터 '자연과학'이라는 용어가 이 새로운 학문을 지칭하는 일반적인 명칭으로 부상하여 오늘날까지 이어지고 있다.

새로 등장한 자연과학의 학문성이 학문계에서 광범위한 지지를 받게 됨으로써 '학문=철학'이라는 등식이 더 이상 유지할 수 없게 되었다. 하

J. Deighton, 1840), p. cxiii. Available from http://books.googleusercontent.com/)

나의 연역적 지식 체계를 형성하고자 하는 '철학'뿐만 아니라 적어도 자연 현상에 한해서는 귀납적 지식 체계의 형성을 추구하는 '자연과학'도 이제는 '학문'으로서의 위상을 가지게 되었기 때문이다.

이러한 사실은 철학의 '전일성(全一性)'을 거의 붕괴시킬 정도의 큰 변화를 일으켰다. 연역적 지식 체계로서의 철학과 귀납적 지식 체계로서의 자연과학이 동일한 대상을 향할 경우 양자는 일종의 '대결 양상'을 띨 수밖에 없게 되는데, 적어도 자연 현상을 설명하고 예측하는 일에서는 사실상 자연'과학'이 자연'철학'을 대체함으로써 철학의 전일성에 큰 흠집을 남겼다.

결과적으로 철학은 자연 현상을 설명하고 예측하는 일을 사실상 포기했다. 말하자면 철학은 자연 현상을 제외한 인간 및 사회 현상만을 대상으로 삼게 된 것이다. 이는 곧 학문이 둘로 분리되었음을 의미한다. 하나는 자연 현상을 대상으로 하는 '자연과학'이고, 다른 하나는 인간 및 사회 현상을 대상으로 하는 '철학'이다. 그러나 앞서 언급했듯이 19세기까지 대체로 '철학'이라는 용어는 '학문'과 동일한 의미였기 때문에 용어법의 측면에서 다소 복잡한 양상이 나타난다.

'과학'이라는 용어가 아직 널리 사용되지 않았던 18세기 영국에서는 자연 현상을 연구하는 학문과 인간 및 사회 현상을 연구하는 학문을 각각 'natural philosophy'와 'moral philosophy'로 지칭하는 경우가 많았다. 이 시기 프랑스에서도 사실상 같은 말인 'philosophie naturelle'과 'philosophie morale'이 주로 사용되었다. 이 시기 독일에서는 'natüriche Philosophie'와 'moralische Philosophie'라는 용어 쌍이 주로 사용되었지만, 칸트의 저술에서는 '세계지혜(Weltweisheit)라는 표현을 사용한 'natüriche Weltweisheit'와 'sittliche Weltweisheit'라는 용어 쌍도 보인다.[176]

---

176) I. Kant, *Grundlegung zur Metaphysik der Sitten*, Hrsg. von W. Weischedel, <Immanuel Kant

한편, '과학'이라는 용어가 널리 사용되기 시작한 19세기 중반 이후부터는 영어의 'natural science'와 'moral science', 불어의 'sciences naturelles'와 'sciences morales'이 대세를 이룬다. 다만 이 시기 독일에서도 'naturliche Wissenschaft'와 'moralische Wissenschaft'라는 용어 쌍이 쓰이지만, 점차 영어를 단순하게 번역한 'moralische Wissenschaft'보다는 독일의 고유한 정서에 입각하여 창안한 'Geisteswissenschaft'라는 용어가 더 많이 쓰였다.

결국 18-19세기 유럽에서 자연과학과 대비되는 철학은 'moral philosophy', 'moral science', 'Geisteswissenschaft' 등과 같은 용어로 지칭되는 학문이었다고 할 수 있다. 따라서 이 시기 '철학'이 어떤 학문이었는지를 이해하기 위해서는 우선 'moral'이라는 수식어로 지칭되는 학문이 어떤 것이었는지를 살펴볼 필요가 있다.

18세기 영국에서 'moral philosophy'는 인간의 본성에 대한 연구, 도덕과 윤리에 대한 연구, 법학이나 정치경제학과 같이 사회적 문제에 대한 연구 등을 망라하는 학문이었다. 오늘날의 용어법으로 말하자면 그것은 인문과학과 사회과학에 해당하는 학문이다. 19세기에 많이 나타나는 'moral science'도 용어만 달라졌지 실질적인 내용은 달라지지 않았다. 말하자면 19세기 영국에서는 오늘날 인문과학과 사회과학에 해당하는 학문을 통칭하는 용어가 바로 'moral science'였던 것이다.

이 시기 독일에서 독특하게 나타난 'Geisteswissenschaft'라는 학문도 사실상 영어 'moral science'의 번역어로 형성된 것이기 때문에 실질적인 의미

Werke in zehn Bänden> Bd. 6, (Darmstadt: Wissenschaftliche Buchgesellschaft, 1983), p. 11. 독일어 Weltweisheit는 세계를 뜻하는 Welt와 지혜를 뜻하는 Weisheit를 결합한 단어이다. 17세기 이후 라이프니츠, 볼프, 바움가르텐으로 이어지는 근대 독일철학의 선구자들은 외국어로 된 학문 용어를 그 의미를 따져 순수한 독일어로 표현하기를 선호했는데, 칸트도 예외가 아니었다. 칸트의 다른 저서, 예컨대 『형이상학의 진보(Fortschritte der Metaphysik)』에서는 Weisheitslehre(지혜에 대한 가르침)라는 용어가 사용되는데, 이는 philosophia를 순수한 독일어로 번역한 단어라고 생각된다. 이러한 측면에서 볼 때 Wetweisheit는 Weisheitslehre의 다른 표현으로 볼 수 있을 것이다.

에서는 'moral science'와 차이가 없다. 예컨대 19세기 후반 독일에 이 용어를 널리 확산시킨 빌헬름 딜타이(Wilhelm Dilthey)는 'Geisteswissenschaft'를 "역사적-사회적 현실을 그 대상으로 삼는 학문 일체"[177)로 규정하고, 이 학문에는 역사학, 국민경제학, 법학, 국가학, 종교학 등이 속하고, 구체적인 학문 명칭이 없더라도 산문, 시, 공간예술, 음악, 철학적 세계관, 철학적 체계에 관한 연구들이 속하며, 끝으로 심리학도 속한다고 보았다.[178)

1.3. 철학은 하나의 분과학문이 되었다

18-19세기 유럽에서 철학은 오늘날 인문과학과 사회과학에 속하는 모든 학문을 통칭하는 명칭이었다. 다른 식으로 말하면 이 시기 철학은 자연 현상을 제외한 인간 및 인간과 관련된 모든 사회 현상을 탐구하는 학문을 의미하였다. 그러나 철학의 이러한 위상도 오래가지 못했다. 위에서 언급한 Geisteswissenschaft에 대한 딜타이의 규정을 보면, 19세기 중반 독일에는 이미 역사학, 경제학, 법학, 국가학(정치학과 행정학), 종교학, 심리학 등의 학문이 형성되어 있었다. 같은 시기 프랑스에는 그 외에도 사회학이 형성되어 있었고, 영미권에는 또한 인류학이 형성되어 있었으며 문학도 막 태동하는 중이었다.

이러한 학문의 분과화는 그동안 철학의 탐구 대상이던 것을 각 분과학문이 조금씩 나눠 가져 독립하는 것이었다. 그럼에도 불구하고 아직 남은 대상 영역이 있었는데, 이제 철학은 이 남은 대상 영역을 탐구하는 하나의 분과학문이 되었다. 이러한 분과학문으로서의 철학의 주요 문제들은 다음과 같다.

---

177) W. Dilthey, *Einleitung in die Geisteswissenschaften*, (Stuttgart: B. G. Teubner, 1959), p. 4.
178) Cf. W. Dilthey, *Der Aufbau der geschichtlichen Welt in den Geisteswissenschaften*, (Stuttgart: B. G. Teubner, 1964), p79f.

① 어떤 것이 다름 아닌 그 어떤 것이라는 이름으로 불릴 수 있는 '근거'는 무엇인가?
② 어떤 것을 존재하도록 하는 궁극적인 '원인'은 무엇인가?
③ 지식이란 무엇인가? 우리는 어떻게 지식을 얻을 수 있는가?
④ 어떤 것이 좋거나 아름답다고 판정할 수 있는 기준은 무엇인가?

철학이라는 문화가 형성된 이래 수많은 철학자가 이 문제들을 풀기 위해 치열하게 사유해오고 있다. 어떤 철학자들은 자신의 사유 과정을 다른 사람들에게 말하거나 글로 남김으로써 고유한 철학 사상[179]을 형성하기도 했다. 또 수많은 철학 사상 가운데 어떤 것들은 당대나 후대의 사람들에게 큰 영향을 미치기도 했다. 인간이라면 누구나 철학을 할 것인데, 대부분 사람은 다른 사람들이 어떻게 철학하는지 보고 싶어 할 것이다. 이 때문에 철학을 하고자 하는 많은 사람은 이미 형성된 철학 사상들을 참조할 수 있다. 이때 당대나 후대 사람들에게 많이 참조되는 철학 사상은 그들의 철학함과 삶에 큰 영향을 미쳤을 것이다.

이와 같이 사람들에게 큰 영향을 미치는 철학 사상들은 이른바 명성을 얻고, 명성을 얻은 철학 사상들은 그 명성 덕분에 다시 더 많은 사람에게 참조되는 경향이 있다. 오늘날 우리가 어렵지 않게 찾아볼 수 있는 각종 판본의 『철학사』에 공통으로 수록된 철학자 대부분은 이러한 방식으로 당대나 후대 사람들에게 큰 영향을 미치는 철학 사상을 형성한 사람들이라고 보아도 무방할 것이다. 결국 이러한 철학자들의 사상들이 철학사의 주류(主流)를 이루고 있는 셈이다.

주류 철학 사상들에도 당연히 위에서 열거했던 철학의 주요 문제들에 대한 답변이 제시되어 있다. 그러나 그 어떤 것도 최종적인 답변은 아닌 것처럼 보인다. '철학의 역사'가 이어져 왔다는 사실 자체가 그것을 방증한다. 실제로 철학의 역사는 앞 시대의 철학 사상이 만족스럽지 못하다고

---

179) '사상(思想, thought)'의 의미는 '생각된 것', '사유된 것'이다. 더 상세한 의미에 관해서는 제1부 1장의 각주 11)의 내용을 참조하라.

생각한 후대 철학자들이 새로운 철학 사상을 제시함으로써 이루어지는 것인데, 이런 식으로 본다면 철학의 역사가 이어지고 있다는 것은 아직 철학의 문제들에 대한 최종적인 답변이 제시되지 않았음을 드러내는 셈이다.

언젠가 철학의 문제들에 대한 최종적인 답변들이 제시됨으로써 철학의 역사가 끝나는 때가 도래할지도 모를 일이다. 그러나 다른 한편으로 보편적이고 영원한 진리에 대한 회의(懷疑)가 끊임없이 제기되어 왔다는 것을 생각해보면, 어쩌면 그 최종적인 답변이란 원론적으로 불가능한 것인지도 모를 일이다. 지금 우리로서는 예단할 수 없는 사안이므로 여기서는 일단 제쳐두기로 하겠지만, 철학이 그 최종적인 답변을 찾는 것을 궁극 목적으로 삼게 된다면 하나의 학문으로 남을 수는 있어도 지혜 사랑이라는 본래의 의미로부터 멀어질 수밖에 없음은 분명하다.

예컨대 다른 분과학문들은 자신의 고유한 대상들에 대한 지식 탐구 자체를 목적으로 하는 활동일 수 있기 때문에 그 학문의 고유한 물음들에 대한 최종적인 답변을 찾아 끝없이 정진하는 것 자체만으로도 충분한 의미를 가질 수 있다. (그 최종적인 답변을 제시하는 것이 원론적으로 불가능하다고 하더라도 말이다.) 그러나 철학은 지식을 통해 지혜에 이르는 것을 목적으로 하는 학문이므로, 자신의 고유한 물음들에 대한 최종적인 답변을 찾아 끝없이 정진하기만 한다면 지혜에 대한 관심은 그만큼 더 멀어질 수밖에 없는 것이다.

2. 철학의 길을 충실하게 따라가면 아포리아[180]에 이른다

2.1. 철학의 주장들은 철학적으로 정당화되지 않는다

주류 철학자들이 제시한 철학 사상들의 구체적 내용은 각각 다르다. 그럼에도 불구하고 우리는 그 사상들의 어떤 공통적 특징들을 찾아낼 수 있다. 사실상 앞에서 다룬 제1부의 내용은 그 최소한의 공통적 특징들을 기술한 것인데, 앞 절의 말미에 나열한 철학의 네 가지 주요 문제들과 짝을 맞추어 네 가지의 명제로 정리하자면 다음과 같다.

> ① (어떤 것이 다름 아닌 그 어떤 것이라는 이름으로 불리는 근거는 그것이 그 이름으로 불릴 수 있기 위한 필수적인 조건을 갖추고 있다는 것이다. 그러한 필수적인 조건을 '본질'이라고 한다. 어떤 것의 본질은 그것을 지칭하는 이름에 해당하는 개념의 정의 내용과 같다.) 모든 개념은 보편적으로 정의될 수 있으며, 따라서 특정한 개념으로 지칭되는 모든 존재자는 각각 그 자신의 본질을 가진다.
> ② 모든 존재자를 '실제로' 존재하도록 하는 궁극적인 원인이 있다. 비록 우리가 그것을 감각적으로 경험할 수 없다고 하더라도 말이다.
> ③ 지식이란 앎의 체계이고, 인간은 자신의 지적 능력을 통해 객관적이고 보편적인 지식을 얻을 수 있다.
> ④ 어떤 것이 좋거나 나쁘다고 판정할 수 있는 보편적인 기준을 설정하는 것이 가능하다. 따라서 우리는 어떤 삶이 좋은 삶인지, 어떤 사회가 아름다운 사회인지 명확하게 판정할 수 있다.

그런데 주류 철학 사상에서 제시된 이 명제들은 확실히 참일까? 사실상 이 명제들의 진위를 밝히는 일은 간단하지 않다. 앞의 제1부 2장 1절에서 소개한 여러 판정 기준을 적용한다고 하더라도 쉽지 않다. 우선 이명제들은 이성적 직관을 통해서 판정될 수 있는 명제들도 아니고, 감각적

---

180) aporia는 '길(poros) 없음(a)'을 의미하는 그리스어이다.

경험을 통해서 판정될 수 있는 명제들도 아니다. 그렇다면 논리적 근거를 제시하는 방법으로 그 진위를 판정해야 하는데, 이것도 쉽지 않기는 마찬가지이다.

예컨대 우리가 저 명제들의 논거들의 논거들의 논거들… 을 계속 추적해가면, 무한퇴진하거나 아니면 그 최종적인 논거들에 해당하는 명제들(논리 체계의 제1명제들)에 도달할 것이다. 우선 그 최종 논거를 추적하는 과정이 무한하게 퇴진하는 경우라면 문제시되는 그 명제의 진위를 논증을 통해서 결코 확정할 수 없다. 반면, 우리가 논리적 사유를 통해 그 최종적인 논거에 도달하는 경우라면 그 최종 논거에 해당하는 명제의 진위가 어떻게 확인될 수 있는가 하는 좀 더 복잡한 문제에 부딪힌다.

우리가 논리적 사유를 통해 하나의 최종 논거에 도달한다면, 그것은 감각적 경험에 기초한 명제들(귀납적 지식 체계의 경우)이거나 아니면 이성적 직관에 기초한 명제들 혹은 개념 정의나 형이상학적 가설에 해당하는 명제들(연역적 지식 체계의 경우)일 것이다. 전자의 경우라면 감각적 경험에 대한 신뢰를 통해 진위를 가릴 수 있을 것이고, 후자의 경우라면 이성적 직관에 따라 진위를 가릴 수 있을 것이다. 그러나 이 경우들에도 각각 회의주의(懷疑主義, skepticism)와 독단주의(獨斷主義, dogmatism)라는 문제가 제기된다.

'회의'는 말 그대로 '의심(疑)을 품다(懷)'는 뜻이다. 그리스어 스케프시스(skepsis)도 '의심함', '망설임'이라는 뜻이다. 감성이든 이성이든 간에 인간의 인식 능력을 믿지 못하고 의심하며, 의심스럽기 때문에 확정하지 못하고 망설이는 태도가 바로 회의주의이다. 서양의 주류 철학 사상들에서는 특히 감성에 대한 회의주의가 주를 이룬다. 예컨대 플라톤과 근대 유럽의 합리주의자들은 이성적인 직관이나 사유만을 신뢰하고 감성과 그 경험 내용에 대해서는 철저하게 의심했다. 이러한 관점에서 보면, 경험에 기초한 명제들을 제1명제로 삼는 귀납적 지식 체계는 결코 믿을 수 없는 것이 된다.

물론 오래전부터 회의주의의 결정적인 이론적 한계가 지적됐다. 그것은 다름 아니라 "모든 것은 의심스럽다."라는 주장 자체도 의심스러울 수밖에 없다는 것이다. 그러나 이러한 생각은 회의주의라는 이론적 체계(이런 것이 있다면)의 한계를 지적하는 것일 수는 있으나 실제로 모든 것이 의심스럽다는 주장 자체를 부정하는 근거일 수는 없다. 말하자면 "모든 것은 의심스럽다."라는 주장이 의심스럽다는 생각은 그 주장의 진위를 확정할 수 없다는 것이지 그 주장이 거짓이라고 단정하는 것이 아니기 때문이다.

반면, '독단'은 다른 사람의 의견이나 판단을 무시하고 '오직 혼자서 (獨) 판단함(斷)'이라는 뜻이다. 그러나 독단주의의 진정한 의미는 그리스어 도그마(dogma)의 의미에 깃들어 있다. 도그마는 '포고', '법령'을 뜻하는 말인데, 그 내용보다는 형식적 특성에 주목할 필요가 있다. 포고나 법령의 형식적 특성은 그 말이 참인지 거짓인지 따질 수 있는 것이 아니라 무조건 참이라고 믿고 지켜야 할 명령이라는 것이다. 이때 그것을 무조건 참이라고 믿어야 할 이유는 그것이 다름 아닌 권위를 인정받는 정부(국가)에 의해 선포되었다는 사실이다. 이로부터 우리는 도그마를 '권위에 의거하여 정당화되는 명제'로, 도그마티즘을 '도그마를 제1명제로 삼는 지식 체계'로 재규정할 수 있을 것이다.

우리는 어떤 특정한 사람의 선포들(도그마들)을 제1명제로 삼는 명제들의 체계를 상정해볼 수도 있다. 예컨대 예수나 싯다르타의 선포들을 제1명제로 삼는 명제들의 체계는 '종교 교의'라고 불린다. 물론 특정한 철학 사상이나 문학·예술 사상을 제1명제로 삼는 명제들의 체계도 있을 수 있는데, 이 경우 도그마티즘은 '교조(教條)주의'라고 번역된다. 이는 특정한 사람에 의해 선포된 가르침(敎)을 포고된 법령(條)과 같은 것으로 간주하는 태도를 의미한다. 그러나 이러한 태도가 고전적인 의미에서의 철학적인 태도가 아니라는 점은 제1부 2장 2절에서 이미 살펴보았다.

한편, 지식과 관련된 문제에서 독단주의는 어떤 인식 능력에 권위를 두느냐에 따라 다시 감각적 독단주의와 이성적 독단주의로 나눌 수 있다. 감각적 독단주의는 인간의 감각적 경험만을 신뢰하는 신념과 태도이다. 이러한 감각적 독단주의는 철학의 역사에서 처음부터 배제되어야 할 대상으로 간주되어 왔다. 그러나 이성적 직관과 사유만을 신뢰하는 이성적 독단주의는 처음부터 늘 철학의 주위를 맴돌 수밖에 없는 것이었다. 이러한 사정을 잘 보여주는 사례는 데카르트에서 라이프니츠에 이르는 17-8세기 유럽대륙의 합리주의 유파일 것이다. 말하자면 철학은 기본적으로 형이상학적 문제들을 향해 있었기 때문에 이성적 직관과 사유를 신뢰할 수밖에 없지만, 이성적 직관에 기초하는 명제를 제1명제로 삼고 이성적 사유를 통해 논증되는 명제들로 이루어지는 연역적 지식 체계만을 참된 지식 체계라고 믿었던 합리주의는 이성적 독단주의라는 비판을 면하지 못했다.

이와 같이 주류 철학 사상의 근본 특징을 나타내는 위의 네 가지 명제들의 진위를 논증을 통해 확인해도 회의주의나 독단주의로 귀결될 것이라는 도전을 피하기는 어려워 보인다. 물론 우리는 또한 어떤 명제가 회의주의적이거나 독단주의적이라고 해서 무조건 배격하는 태도도 피해야 한다. 회의주의는 어떤 명제가 참임을 확신할 수 없다고 주장하는 것일 뿐이지, 그 명제가 확실히 거짓이라고 주장하는 것은 아니다. 또한 독단주의는 어떤 명제를 권위에 의해 정당화하는 바람직하지 않은 태도이지만, 그렇다고 해서 우리는 그 명제가 참이 아니라고 단정할 수는 없다. 그럼에도 불구하고 주류 철학 사상이 제시하는 명제들이 회의주의나 독단주의로 귀결된다는 점은 그 명제들이 적어도 '철학적으로는' 정당화될 수 없다는 사실만큼은 확실하게 드러낸다. (물론 우리는 이 문제와 관련하여 "현재로서는"이라는 단서를 달아둘 수밖에 없다. 현재 상황에서는 풀리지 않는 문제라도 시간이 지나고 여건들이 달라지면 의외로 쉽게 풀릴 수도 있다.)

2.2. 철학함의 유의미성은 철학적으로 정당화되지 않는다

주류 철학 사상이 제시한 위의 네 가지 명제들의 진위를 밝히는 것은, 또 다른 하나의 측면에서, 매우 중요한 의미가 있다. 왜냐하면 그것은 철학함의 유의미성을 판가름하는 결정적인 단서가 되기 때문이다. 말하자면 저 명제들이 참이라면 그것의 구체적인 내용을 찾아내기 위해서 사유하는 것(철학하는 것)이 유의미하겠지만, 저 명제들이 거짓이라면 철학하는 것이 무의미하다고 할 수밖에 없어진다. 그럼에도 불구하고 우리는 위 명제들의 진위를 '현재로서는' 확정할 수 없다. 그렇다면 우리는 계속 철학을 해야 할까? 아니면 그만두어야 할까?

우선 철학을 계속하는 것도 유의미한 일일 수 있다. 위의 명제들이 현재로서는 참이라고 확정될 수 없지만 언젠가는 참이라고 확정될 수도 있기 때문이다. 그러나 동시에 철학을 그만두는 것도 유의미한 일일 수 있다. 위의 명제들이 나중에 거짓으로 확정되거나 끝까지 참인지 거짓인지 확정되지 않을 수도 있기 때문이다.

이렇게 본다면, 철학을 계속할 것이라고 결정하는 경우든 철학을 그만둘 것이라고 결정하는 경우든 간에 모두 위 명제들이 참이거나 참이 아니라는 '판단(지식)'이 아니라 그것들이 참일 것이라거나 참이 아닐 것이라는 '신념'에 근거하고 있는 셈이다. 그런데 제1부 2장의 2.3.에서 논의했듯이 신념은 확실히 '주관적인' 것이다. 따라서 신념에 근거한 행위는 적어도 '철학적 차원에서는' 정당화될 수 없다. 그러므로 우리가 철학을 계속할 것인지 그만둘 것인지는 철학적으로 결정될 수 있는 사안이 아닌 셈이다.

3. 철학의 이면에는 폭력성이 도사리고 있다

약간 다른 방향에서 접근해보자. 앞 절에서 정리한 주류 철학의 주요 명제들의 진위가 확정되지 않는다고 하더라도, 특히 그 명제들이 거짓임이 명확하게 밝혀지지 않는다고 하더라도, 그 명제들로 특징지어지는 주류의 철학 사상은 우리로 하여금 철학과 철학함에 대해 깊이 반성하도록 하는 한 가지 다른 종류의 난점을 드러낸다. 그것은 다름 아니라 주류 철학 사상들의 이면에는 그 사상을 형성한 철학자 자신도 예상하지 못한 어떤 폭력적인 면모가 내재하고 있다는 것이다.

물론 철학 사상들의 이면에 내재한 폭력적인 면모가 자연적으로 혹은 필연적으로 실현되는 것은 아니다. 말하자면 그 폭력적인 면모는 어디까지나 '가능성'으로서 존재한다. 어떤 가능성이 실현되기 위해서는 여러 가지 조건이 갖추어져야 한다. 따라서 철학 사상들의 이면에 내재한 폭력적인 면모가 실현될 수 있는 조건들이 무엇인지, 또 그것이 어떻게 실현될 것인지가 문제로 남는다. 그러나 그 실현 여부가 어떻든 간에 그러한 가능성이 내재한다는 사실 자체는 철학의 부담일 수밖에 없다.

3.1 정의 혹은 본질 규정은 그 밖의 것에 대한 폭력을 정당화할 수 있다

3.1.1 사물에 대한 정의는 그 사물의 다른 이해와 사용을 금지한다

정의는 개념의 의미를 일의적으로 규정하는 것이다. 개념은 사물의 이름이므로 정의는 또한 그 개념으로써 지칭되는 사물(들)의 의미를 일의적으로 규정하는 것이기도 하다. 여기서 사물의 의미는 그것의 본질, 즉 그것이 무엇인가 하는 것(whatness, 무엇임)을 드러내는 것이므로, 어떤 측면에서는 우리가 그 사물을 어떻게 이해하고 사용해야 할지에 관한 정보를 담고 있다. 그뿐만 아니라 본질은, 예컨대 플라톤의 이데아 개념에서 볼 수 있듯이, '실현해야만 할 것'이라는 '이상(理想)'으로서의 기능도 담당한다. 이 때문에 정의를 통해 어떤 사물의 의미가 일의적으로 규정된다는 것은 우리가 그 사물을 오직 한 가지 방식으로만 이해하고 사용해야 한다는 것을 함축한다. 다시 말하면 정의는 우리가 어떤 사물을 그 정의를 통해 규정된 한 가지 방식으로만 이해하고 사용해야 하지 다른 방식으로 이해하거나 사용해서는 안 된다는 일종의 규범을 포함하는 것이다.

예컨대 서구식 식사 도구를 보면 야채용 포크, 생선용 포크, 고기용 포크 등 여러 가지 포크가 구분되어 있다. 이 포크들은 용도가 다르기에 각각의 고유한 명칭을 가지게 되었겠지만, 실제로도 각각의 용도에 맞게 만들어졌기 때문에 크기나 모양에서 미세한 차이를 드러낸다. 그러나 모든 사람이 이러한 서구식 식사 도구에 익숙하지는 않을 것이다. 그런 어떤 사람이 서구식 정찬에 초대되어 자기 앞 접시의 왼편에 나란히 놓여있는 세 개의 포크를 볼 때 그가 어떤 느낌을 받을지 상상해보자. 아마도 대부분의 사람은 자신이 세 개의 포크를 어떻게 구별해서 사용해야 할지 모른다는 사실 때문에 당황스러움을 느낄 것이다.

이와 같이 사람들은 야채용 포크를 야채용으로 이해하고 사용해야 하지 고기용으로 이해하거나 사용해서는 안 된다는 심적 부담을 가질 수 있다. 이러한 심적 부담은 표면적으로는 서양식 식사 예법에 익숙하지 않은 데서 기인하는 것이다. 그러나 그 식사 예법의 기초에는 항상 개념의 정의 문제가 있다. 단적으로 말해서 야채용 포크를 가지고 생선이나 고기를 찍어 먹으면 왜 안 되는가? 그것이 예법이기 때문이라는 대답은 미흡하다. 그것이 예법인 이유가 무엇인가 하는 또 다른 물음이 이어질 것이기 때문이다. 최종적인 대답은 역시 개념의 정의로 귀결된다.[181] 말하자면 '야채를 찍어 먹는 데 사용하는 포크'라는 '야채용 포크'의 정의가 그것을 다르게 이해하고 사용하는 것을 암묵적으로 금지하는 것이다.

물론 누군가가 이 금지조항을 위반한다고 하더라도 문제시될 것은 아무것도 없다. 그러나 어떤 부류의 사람들에게는 그러한 위반이 용납되지 않을 수도 있다. 스스로 이른바 상류 사회의 일원이고자 하고 또 자신의 자녀들도 그렇게 되기를 바라는 사람이라면, 자신의 어린 자녀가 야채용 포크로 생선이나 고기를 찍어 먹는 행위를 용납하지 않을 것이다. 간혹 이런 사람이라도 다른 사람이 야채용 포크와 고기용 포크를 구분해서 사용하지 않는 것을 용납할 때가 있다. 그것은 그 다른 사람이 결코 상류 사회의 일원이 아니라고 판단하는 경우이다.

다른 한편, 개념의 정의는 그 개념을 포함하는 하나의 개념체계를 전제하는 것이므로 서로 다른 개념체계를 지지하는 사람들은 특정한 하나의 개념을 각각 다르게 정의할 수도 있다. 그럼에도 불구하고 이 서로 다른 개념체계를 지지하는 사람들이 각자 자신들의 정의가 보편적이라고 주장

---

181) 이러한 점은 하나의 연역적 지식 체계에 속하는 명제들이 정당화되는 방식과 비슷하다(제1부 2장 1.4.와 1.5. 참조).

한다면, 다시 말해서 자신들의 정의만 올바르고 다른 정의들은 올바르지 않다고 주장한다면 이들 사이에는 개념 정의를 둘러싼 투쟁이 벌어질 수 있다.

어떤 측면에서 보면, 인류의 문화사는 이러한 개념 정의를 둘러싼 투쟁의 역사이기도 하다. 예컨대 고대인들과 근대인들은 자연 개념을 다르게 정의했다. 하나의 자연 현상을 고대인들은 자연을 주재하는 신적인 존재자의 의지를 드러내는 징표로 이해했던 반면, 근대인들은 일정한 원인의 작용으로부터 기계적 법칙에 따라 나타난 결과로 이해했다. 양자 사이에 자연 개념의 정의를 둘러싼 투쟁이 있었고, 근대인들이 승리했다. 이때부터 고대적 자연 개념에 따라 자연을 이해하는 사람들은 미개인이라는 사회적 낙인을 받게 되었다. 예컨대 어촌의 포구에서 바다를 지배하는 용왕에게 풍어와 무사 귀환을 기원하면서 제사를 지내는 사람들은 미신을 믿는 자, 미개한 자로 낙인찍혔다.

이와 같은 개념 정의를 둘러싼 투쟁은 한 문화권 내의 당파들 사이에서도, 또 서로 다른 문화권들 사이에서도 일어난다. 국가란 무엇인가, 정의(正義)란 무엇인가 등을 두고 벌어지는 정치적 당파들 사이의 논쟁은 지금도 끊임없이 벌어지고 있다. 또 서구의 근대 문화가 비서구 지역으로 확산되면서 세계 전역의 문화가 서구화되는 이른바 문화적 지구화 (cultural globalization)도 결국 '문화' 개념의 정의를 둘러싼 투쟁에서 '문화'에 대한 근대 서구의 정의가 다른 정의들을 제압한 결과로 이해할 수 있을 것이다.

3.1.2. 인간의 본질 규정은 '인간답지 않은 인간'을 만들어낸다

"사람이 사람이면 다 사람인가? 사람이 사람다워야 사람이지."라는 말이 있다. 이 말에서 '사람다움'이라는 것은 어떤 것일까? 주류 철학 사상은 이 물음을 인간의 본질 문제로 이해하고, 인간을 정의함으로써 사람다움의 의미를 규정해왔다. 예컨대 제1부 3장의 1.3.에서 보았듯이 아리스토텔레스는 '인간'을 '이성적 프쉬케를 가진 생물'이라고 정의함으로써 인간의 본질을 '이성'으로 규정했다. 이러한 아리스토텔레스의 규정은 그 이후의 철학 사상들에 계승되어 근대까지, 그리고 어떤 측면에서는 지금까지도 유효한 규정으로 여겨지고 있다.

그러나 인간의 본질 규정은, 한편으로 우리가 그 본질로부터 멀어져 있을 때 우리 자신의 현재 모습을 반성하면서 온전한 인간으로 가꾸어가도록 하는 길잡이가 될 수 있지만, 다른 한편으로는 어떤 특정한 사람들을 인간답지 않은 인간으로 평가하고 심지어 그들을 억압하는 근거가 될 수도 있다. 이성을 인간의 본질로 규정하는 경우 이성 능력이 열등하다는 평가는, 한편으로는 그런 평가를 받은 사람이 이성 능력을 향상시키기 위해 더욱 노력하도록 하는 채찍이 되기도 하지만, 다른 한편으로는 그런 평가를 받은 사람을 '인간의 본질로부터 거리가 먼 자', 단적으로 말해서 '인간이라고 할 수 없는 자'로 간주하여 그에게 행사되는 어떤 종류의 폭력마저도 정당화할 수 있는 근거가 되기도 하는 것이다.

미셸 푸코의 『고전주의 시대의 광기의 역사』는 인간을 이성적 존재로 규정한 근대적 권력이 탈이성적인 것으로서의 광기(狂氣)와 탈이성적인 인간으로서의 광인(狂人)에게 행사한 폭력의 진상을 선명하게 보여준다.[182] 푸코에 따르면, 중세 시대에는 광기가 한편으로는 인간 영혼의 주권을 교란하는 악령의 힘 중 하나로 여겨졌지만, 다른 한편으로는 보통 사람에게는 없는 신비한 마력으로 여겨졌다.[183] 따라서 중세 시대 사람들에게 광인

---

182) 이하 5개의 문단은 하순애와 공동으로 저술한 『세상은 왜? - 세상을 보는 10가지 철학적 주제』(파주: 한울, 2011) 중에서 필자가 쓴 270-272쪽에 수록된 내용을 약간 수정하여 다시 수록한 것이다.

은 두려움과 호기심이 교차하는 모호한 의미를 지닌다. 이것은 그들이 광인들을 성 밖의 수용소에 격리하긴 했지만, 이 격리가 동시에 구원이기도 하다는 모호한 의미를 지닌다는 데서 확인된다.[184) 이러한 사실은 그 시대에 광기가 이성과 엄격하게 구분되지 않고 있었음을 보여준다.

르네상스 시대에도 큰 변화는 없다. 이 시대의 광인은, 예컨대 셰익스피어의 희곡들에 등장하는 바보광대[185)들의 대사들에서 나타나듯이, 익살스럽고 거칠며 혼란스러운 언어로 말하면서도 사건이나 인물이나 극의 진행 과정에 대한 어떤 진실을 예고하는 자들이다. "광인은 이성적인 특성이 전혀 없는 바보 같은 자신의 언어로, 희극적으로 희극의 결말을 풀어가는 이성의 말들을 누설한다."[186) 따라서 이 시대에도 광기는 이성을 넘어서 있는 어떤 것이면서 동시에 이성적인 어떤 것으로 이해된다. 이 시대에 광인들을 이른바 바보들의 배(Narrenschiff)에 태워 보냄으로써 격리한 것도 마찬가지이다. 이 항해는 반은 현실적이고 반은 상상적인 중세의 지리를 통해서, 앞에서 말한 광인의 모호한 위상을 중세 시대 사람들의 관심 지평 안으로 확산시키는 것이었다.[187)

그러나 17-18세기에 이르러서는 상황이 달라진다. 17세기 초 문학작품들에서 광기는 그것의 극적인 진정함을 박탈당하고 전적으로 죄의 현상

---

183) Cf. M. Foucault, *Histoire de la folie à l'âge classique*, (Paris: Gallimard, 1972), pp. 33ff.

184) 중세 시대 나병환자들은 사회와 교회로부터 추방되어 격리되었는데, 비엔나의 교회는 이러한 격리를 구원의 한 가지 통로라고 가르쳤다. 그리하여 비엔나 교회에서는 "구원을 위해서 그대의 병을 참고 견뎌라. … 부잣집 문 앞에서 죽은 문둥병자처럼 그대로 곧바로 천국으로 가게 될 것이니라."라고 가르쳤다(푸코는 이를 샤르(Charret)의 『비엔나교회사(*Histoire de l'Eglise de Vienne*)』에서 인용했다). 중세 후기 나병환자가 급격하게 줄어든 이후 그들을 대신한 것이 광인들이었다. 말하자면 중세 후기 광인들에 대해서도 유럽인들은 추방과 격리가 곧 구원이라는 생각을 갖고 있었다(Cf. *ibid.*, pp. 16f.).

185) 우리말 한자어 '광대(廣人)'에는 '광기'와 연결되는 의미가 명시적으로 들어 있지 않지만, 셰익스피어의 작품들에 등장하는 바보광대에 해당하는 fool은 "a dancing fool(춤에 마친 사람)", "a fool for baseball(야구에 미친 사람, 야구광)"과 같이 광기와 연결될 수 있는 의미를 지닌다. 이러한 점에서 셰익스피어의 작품들에 등장하는 바보광대는 르네상스 시대 사람들이 광인을 어떻게 이해하고 있었는지를 보여주는 하나의 자료라고 할 수 있다.

186) M. Foucault, *op. cit.*, p. 24.

187) Cf. *ibid.*, p. 22.

이나 죽음의 환상에만 연결되었다.[188] 이 시대에 광기는 거짓을 진리로, 죽음을 삶으로, 남자를 여자로 오인하는 총체적인 형태의 착오였다. 이 시대는 "이상하게도 광기에 대해 적대적이었다."[189] 푸코는 그 이유를 인간의 동물성에서 찾았다. 이 시대는 광인의 발작과 광포함을 인간의 동물적인 변형으로 규정했다. 그러나 이 변형은 외부의 악마적인 힘이 개입한 것이 아니라 인간 자신 안에 있는 '탈이성(déraison)'의 드러남이다.[190] 이것은 르네상스기까지 다소 모호하게 이성과 착종(錯綜)된 것으로 규정되던 광기가 고전주의 시대에는 이성과 대척(對蹠)적인 탈이성적인 것으로 재규정되었음을 의미한다.

이러한 재규정은 계몽주의적 합리성에 기인한다. 그리고 이 합리성은 효율성이라는 부르주아적 질서를 정당화하는 이론적 메커니즘으로 작용한다. 1656년 광인들을 감금하기 위해 탄생한 종합감호소(hôpital générale)[191]가 의학상의 치료를 목적으로 한 의료기관이 아니라 경찰(police)의 기능을 수행하는 행정기관이었다는 사실에서 이를 확인할 수 있다. "고전주의 시대의 정확한 의미에 따르면, 경찰이란 노동이 없이는 살아갈 수 없는 사람들에게 노동을 가능하고 필요한 것으로 만들어주는 수단들의 집합을 의미한다."[192] 단적으로 말해서 이 시대의 종합감호소는 광인들을 감금하고 가혹한 처벌로 다룰 수 있다는 것을 보여줌으로써 노동할 수 없는 사람이 된다는 것이 얼마나 불행한 것인지를 효과적으로 홍보하는 것이다.

---

188) Cf. *ibid.*, pp. 50ff.
189) *ibid.*, p. 55.
190) "인간 속에 들어 있는 동물은 자기 자신 이외의 어떤 다른 것과도 무관하게 바로 광기로 변형된다."(*ibid.*, p. 166.)
191) hôpital générale은 문자적으로 일반병원 혹은 종합병원을 의미하지만, 17-18세기 프랑스에서는 광인들을 수용하여 교화하는 행정기관에 속하는 시설이었다. 따라서 여기서는 '종합감호소'라는 용어로 번역하여 사용한다.
192) *ibid.*, p. 75.

19세기에 들어서면서 실제적인 의료기관으로서의 정신병원(asile d'aliénés)[193])이 나타난다. 이 시대에는 정신요법들이 연구되기 시작하고 병원에 의료인들(의사, 간호사)이 일하기 시작한다. 더욱이 19세기 후반에는 정신병의 원인을 심리적인 것에서 찾아내고 그 심리적인 원인을 제거하거나 교정함으로써 정신병을 치료하려는 현대적인 심리치료학이 등장하였다. 그러나 이 새로운 의학적 체계마저도 광기를 탈이성적인 것으로 규정하고, 치료의 궁극목표를 이성의 회복에 둔다는 사실만큼은 그대로 유지하고 있었다.

18-19세기 영국에서 이러한 새로운 의학 체계를 세운 사무엘 튜크(S. Tuke)의 정신병원 운영에서 푸코는 광기가 여전히 탈이성적인 것으로 규정되고 있음을 지적한다.

> 정신병원을 지배하는 이 새로운 이성에 대해 광기는 절대적인 형식의 모순이 아니라 미성년, 자율성을 갖지 못한 미성년자의 모습, 이성의 세계에 접목해서 살아갈 수밖에 없는 미성년자의 모습이다. 광기는 어린아이인 것이다.[194])

나아가 푸코는 튜크의 정신병원이 설정한 치료의 목적도 다름 아니라 탈이성적인 정신병 환자가 이성을 회복하도록 하는 것이었다는 점을 지적한다.

> 정신병원은 광인에 대해서는 자기 자신을 의식하되 관리자들과 동등하지 않은 관계에 있는 사람으로 체계화하고, 이성적 능력을 가진 사람에 대해서는 타자를 의식하고 광인의 삶에 치료적으로 개입하는 사람으로 체계화한다. 다시 말하자면 이러한 죄의식을 통해서 광인은 자기 자신과 타인에게 항상 제공되는 징벌의 대상이 된다. 또한 광인은 자신의 죄의식에 사로잡혀 있는 대상으로서의 자신의 위상을 재확

---

193) asile은 문자적으로 '수용소'를 의미하지만, 18세기 후반부터 프랑스에 등장한 asile d'aliénés는 엄밀하게 말해서 정신병자(aliénés)를 치료하기 위한 의료시설이었다. 따라서 여기서는 '정신병원'이라는 용어로 번역하여 사용한다.
194) *ibid.*, p. 509.

인함으로써 스스로 자유롭고 책임감 있는 주체임을 회복해야만 하고, 그럼으로써 이성을 회복해야만 한다.[195)

여기서 우리는 '의학적 치료'라는 말에 현혹되어서는 안 된다. 통상적으로 이 말은 '고통으로부터의 해방'과 연관되지만, 항상 반드시 그렇다고만 생각해서는 안 된다. 실제로 의학적 치료는 푸코가 말하는 '정상화(normalization)'의 한 사례일 수도 있다.

푸코는 범죄자의 '처벌'보다도 '교정'을 더 중시하는 근대적 형벌 제도의 궁극적인 목적이 비정상적인 것을 정상화하는 데 있다고 보았다.[196) 이러한 정상화에서 중요한 것은 정상과 비정상을 나누는 기준이 무엇이냐는 것보다도 비정상적인 것은 반드시 정상화되지 않으면 안 된다는 '규율(discipline)'의 성격 그 자체이다. 여기서 규율은 "개인을 권력 행사의 객체 및 도구로 만드는 권력의 특별한 기술"로서, 말하자면 "개인을 '가공해낸다(fabiquer)'."[197) 규율적 권력은 피권력자를 무력을 통해 강제하는 권력이 아니라 피권력자가 자율적으로 규범을 위반하지 않도록 하는 다양한 기술들, 예컨대 규율의 위반 여부를 감시하는 것, 위반에 대해 처벌도 하지만 순응에 대해 보상도 하는 것, 시험을 통해 계속 긴장하게 하는 것 등의 기술들을 사용하는 권력이다. 그러므로 이러한 규율적 권력 아래에서 비정상적인 것의 정상화는 권력이 강제하는 것이 아니라 개인들이 자발적으로 이행하고 심지어 요구하기까지 하는 것이다. 그러나 이러한 정상화가 일종의 암묵적 억압이라는 것은 분명하다.

오늘날 의학적 치료, 특히 정신병의 치료는 확실히 이러한 정상화의 면모를 드러낸다. 예컨대 분열증에 대한 의학적 진단과 치료를 생각해보자.

---

195) ibid., p. 505.
196) Cf. M. Foucault, *Surveiller et Punir*, (Paris: Gallimard, 1975), p. 185.
197) ibid., p. 172.

푸코는 우선 '분열증 환자'라고 말하는 것 자체에 어폐가 있다고 본다.

> 병든 사람이 길을 잃고 헤매는 분열증적인 우주를 설계하기 때문에 그가 우주를
> [감정이 배제된] 기계처럼 만든다고 말하는 것은 이치에 맞지 않을 것이다. 그에게
> 는 분열증이 실제 우주의 제약에서 벗어날 수 있는 유일한 수단이기 때문에 그가
> 분열증 환자라고 주장하는 것도 잘못된 것이다.[198]

나아가 푸코는 정신병이 궁극적으로 치료 가능한 것이 아니라고 주장
한다.

> 심리학이 광기를 결코 제어할 수 없는 데는 확실한 이유가 있다. 서구 세계에서 심
> 리학이 가능했던 것은 일단 광기가 제어되고 이미 각본에서 제거되었기 때문이다.
> 네르발이나 아르토에게서처럼 그리고 니체나 루셀에게서처럼 밝은 빛 속에서 그리
> 고 발작을 일으키면서 광기가 다시 나타날 때, 심리학은 … 침묵하고 말없이 기다
> 린다.[199]

그럼에도 불구하고 분열증을 '질병'으로 진단하고 '치료'할 수 있다고
주장하는 심리학 기반 현대 정신의학은 '비정상적인 것의 정상화'를 독려
하는 규율적 권력의 대변자인 것이다. 이러한 현대 정신의학의 처리 방식
은 결국 탈이성적인 사람들에게 행사하는 암묵적인 폭력이다. 그리고 이
러한 폭력을 정당화해주는 것은 인간의 본질을 이성으로 규정해준 주류
철학 사상인 것이다.

3.2. 형이상학은 지배 이데올로기로 기능할 수 있다

'초자연학'이라는 의미를 가지는 형이상학은 말 그대로 자연적인 세계
너머에 있는 초자연적 대상에 대해 논하는 학문이다. 이러한 초자연적 대

---

198) M. Foucault, *Maladie mentale et psychologie*, (Paris: Presses Universitaires de France, 1962), p. 100.
199) *ibid.*, p. 104.

상은 감각을 통해 지각될 수 없기 때문에 오직 이성을 통해서만 직관되거나 사유될 수 있다. 형이상학적 직관이나 사유는 존재의 궁극 원인에 대한 궁금증을 해소할 수 있는 유일한 방법이면서, 이성을 인간의 본질로 규정해온 주류 철학의 입장에서는 형이상학적 직관과 사유야말로 동물이나 미개한 인간에 대한 이성적 인간의 우월성을 드러내는 일이기도 했다.

그러나 19세기 후반에 활동한 프리드리히 니체는 형이상학적 철학의 폭력적 이면에 주목했다. 니체가 파악한 서구의 주류 철학은 형이상학적 철학이다. 형이상학적 철학의 기본 특성은 우리의 감관에 나타나는 현상 세계의 배후에 불변적 본체로서의 세계가 있다는 것인데, 이러한 생각에 대해 니체는 '배후세계론(Hinterweltlehre)'이라는 이름을 붙인다. 그리고 그는 이 배후세계론의 기원에 대해 다음과 같이 말하고 있다.

> 고통당함과 무능력, 그것이 배후세계들을 만들어내었다. 행복이라는 저 순간적인 망상은 가장 심하게 고통당하는 자만 경험하는 것이다. 한 번의 도약, 한 번의 필사적 도약으로 궁극적인 것에 이르고자 하는 피로함, 더 이상의 의욕도 하려 하지 않는 하나의 가련하고 무지한 피로함, 그것이 모든 신들과 배후세계들을 만들어내었다.[200]

여기서 니체는 현실 세계에서 고통받는 사람, 그러한 고통을 이겨낼 수 없는 무능한 사람, 그러한 고통을 이겨내기 위해서 필사적으로 노력하려 하지 않는 게으른 사람, 이 모든 의욕을 상실한 사람들이 현실 세계의 피안에서 자신의 현실적 모순을 극복하고 순간적인 행복이라도 맛보기 위해 배후세계를 만들어내었다고 본다. 그렇다면 배후세계는 참된 세계라기보다는 거짓된 세계일 수밖에 없는데도 불구하고 배후세계가 참된 세계라고 가르치는 형이상학은 사람들을 기만할 뿐만 아니라 그러한 기만을 통해 현실적 모순과 불만을 상상 안에서 해소해줌으로써 현재의 지배 질서를

---

200) F. Nietzsche, *Also Sprache Zarathustra*, <Nietzsche Werke - Kritische Gesamtausgabe> Bd. VI-1, (Berlin: Walter de Gruyter & Co, 1968), p. 32.

유지하고 강화하려는 권력의 지배 의지를 대변하기도 하다.

이러한 배후세계론의 기능은 마르크스와 엥겔스가 분석하는 이데올로기(Ideologie)의 기능과 크게 다르지 않다. 본래 '이데올로기'라는 용어는 18세기 말부터 19세기 초까지 활동했던 프랑스의 철학자 앙투안 데스튀드 트라시(A. D. de Tracy)가 창안한 것인데, 그의 『이데올로지의 기본원리(Éléments d'Iéologie)』(전5권, 1801-1815)에서 그것은 관념(idée)에 대한 연구(-logie), 더 구체적으로는 관념들의 기원에 대한 과학적·실증적 연구를 의미하는 것으로서 말 그대로 '관념학'으로 번역될 수 있는 용어였다. 그러나 그 이후 이 용어는 다양한 경로를 통해 의미 변천을 겪게 되는데, 그렇게 변천된 것 중에서 오늘날까지도 중요하게 여겨지는 한 가지가 바로 마르크스와 그 계승자들에 의해 의미화된 것이다.

마르크스는 이데올로기라는 말의 의미를 명시적으로 정의하지는 않지만, 우리는 엥겔스와의 공동 저서 『독일 이데올로기』에서 그 용어가 어떻게 의미화되는지를 충분히 감지할 수 있다. 이 저서에는 "모든 이데올로기는 인류 역사를 왜곡하여 파악한 것이거나 완전히 추상한 것이라고 할 수 있다."[201]라거나 "모든 이데올로기 안에서는 인간과 인간관계가 마치 카메라 안에서처럼 뒤집혀져 있다."[202]라는 문장이 보인다. 이로부터 우리는 마르크스와 엥겔스의 용어법에서 이데올로기가 '실재를 왜곡해서 반영하는', 따라서 사실상 '실재를 반영하지 않는', 오히려 '형이상학적으로 구축된' 관념들의 체계를 의미한다고 추론할 수 있다.[203]

이러한 점은 『독일 이데올로기』의 제목이나 저술 의도에서도 분명하게 나타난다. 이 저서는 루드비히 포이어바흐(L. Feuerbach), 브루노 바우어(B.

---

201) K. Marx & F. Engels, *Deutsche Ideologie*, <Karl Marx - Friedrich Engels Werke> Bd. 3, (Berlin: Dietz Verlag, 1969), p. 18, Fußnote.
202) *ibid.*, p. 26.
203) 이런 점에서 마르크스의 이데올로기론은 형이상학의 이면적 폭력을 분석하는 본 저서의 맥락과 연결된다.

Bauer), 막스 슈티르너(M. Stirner) 등과 같은 당시의 청년헤겔학파 철학자들을 비판하기 위해 기획되었다. 여기서 저자들은 청년헤겔학파 철학자들을 '독일 이데올로그(deutsches Ideolog)'로, 그리고 그들의 사상을 '독일 이데올로기'로 지칭한다.204) 따라서 마르크스와 엥겔스가 이 저서에서 파악하는 청년헤겔학파의 사상적 특징을 면밀하게 고찰하면 그들이 사용하는 '이데올로기'의 의미를 잘 파악할 수 있을 것이다.

> 청년헤겔학파에서는 표상들, 사상들, 개념들, 이것들로부터 독립해 있는 의식의 산물들이 인간에 대한 실질적인 속박에 해당하는 것이기 때문에, … 청년헤겔학파는 의식의 이러한 환상에 대항해서만 투쟁해왔다. 이들의 상상에 따르면 인간들 사이의 관계들, 인간들의 행동이나 활동들, 인간을 속박하고 제약하는 것들은 의식의 산물들이기 때문에, 결과적으로 청년헤겔학파는 인간의 현재 의식을 인간적 의식 혹은 비판적 의식 혹은 자기중심적인 의식으로 변경시키고, 그럼으로써 인간의 제약들을 제거해야 한다는 도덕적 규준(moralisches Postulat)을 인간에게 설정해준다. 의식을 변경시키라는 이러한 요구는 현재의 제약들을 다르게 해석하라는, 말하자면 현재의 제약들을 다르게 해석함으로써 그러한 제약들을 받아들이라는 요구로 귀결된다.205)

이에 따르면, 마르크스와 엥겔스가 파악하는 이데올로기는, 인간을 속박하고 제약하는 것은 의식의 산물이라는 생각, 따라서 의식을 변경시킴으로써 그러한 속박과 제약들에서 벗어날 수 있다는 생각을 담고 있는 관념체계이다. 그렇다면 이데올로기는 사람들에게 현실의 속박들과 제약들을 현실에서가 아닌 마음속으로 해결하면 족하다는 믿음을 심어주는 기능을 할 수 있다. 나아가 사람들이 이러한 믿음을 가지게 된다면, 점차 사람들은 그러한 속박들과 제약들이 애초부터 현실에 없었던 것이 아니냐고 생각하는 경향을 보이게 된다. 결과적으로 이데올로기는 현실의 모순을 은폐하는 기능을 하게 된다.206)

---

204) Marx & Engels, *op. cit.*, p. 17.
205) *ibid.*, pp. 19-20.

그런데 이데올로기가 이와 같이 현실의 속박들과 제약들을 은폐하는 기능을 하는 것이라면, 그것은 필연적으로 지배계급의 이익과 연루될 수밖에 없다. 왜냐하면 현실의 속박들과 제약들은 지배계급이 자신의 지배적 위치를 유지하고 강화하기 위해서 피지배계급에 부과하는 이데올로기의 효과들이기 때문이다. 20세기 중후반에 활동한 구조주의적 마르크스주의자 루이 알튀세르는 이데올로기가 지배계급의 이익에 구체적으로 어떻게 봉사하는지를 잘 분석해준다.

비교적 초기 사상에 해당하는 『마르크스를 위하여』(1965)에서 알튀세르는 이데올로기를 "어떤 하나의 사회 내에서 실제성(existence)과 역사적인 역할을 부여받은 (이미지들이나 신화들이나 관념들이나 개념들과 같은) 표상들의 (그 자신의 고유한 논리와 엄격성을 가진) 체계"[207]로 규정한다. 나아가 그는 이러한 표상 체계로서의 이데올로기가 이론적 기능 혹은 지식으로서의 기능보다 실천적-사회적(practico-sociale) 기능을 더 중시하기 때문에 '과학'이 아니라 '이데올로기'인 것이라고 본다.[208]

그렇다면 이데올로기가 수행하는 실천적-사회적 기능은 무엇인가? 알튀세르는 지금까지 존속해온 모든 사회에는 도덕, 종교, 철학과 같은 표상 체계들이 없었던 경우가 없었다는 데 주목한다. 그리하여 그는 이데올로기가 호흡에 필수 불가결한 공기와 같이, 한 사회의 존속에 필수 불가결한 요소라고 본다.[209] 그런데 문제는 이데올로기가 어떤 점에서 사회의 존속을 위한 필수요소가 되는가 하는 것이다. 여기서 '구조주의자'로서의

---

206) Cf. J. Larrain, 한상진·심영희 옮김, 『현대 사회이론과 이데올로기』(서울: 한울, 1984), pp. 66f.
207) L. Althusser, *Pour Marx*, (Paris: La Découverte, 2005), p. 238. 이러한 점에서 알튀세르의 이데올로기도 일종의 '형이상학'이라고 할 수 있을 것이다.
208) *ibid.*, p. 238.
209) *ibid.*, p. 239.

알튀세르의 면모가 부각된다.

구조주의에서 말하는 '구조(structure)'는 상당히 애매모호한 개념이지만, 여러 구조주의 사상가들의 용어법에서 공통으로 발견할 수 있는 한 가지 의미는 '무의식적 토대'라는 의미일 것이다.[210] 여기서 '토대'라는 것은, 마르크스가 "토대가 상부구조를 결정한다."[211]라고 말할 때의 '토대', 더 간명하게는 건축에서 그 위에 세워지는 구조물의 형태를 결정짓는 기초와 같은 것을 의미한다. 그리고 '무의식적'이라는 것은 그 토대 위에서 살아가는 사람들이 그것에 대해 의식하지 않는다는 것을 의미한다. 이러한 점에서 학문 방법으로서 구조주의의 한 가지 특성은 바깥에서 토대를 인식함으로써 그 토대 위에 나타나는 모든 현상을 설명하려는 것이라고 할 수 있다.

한 사람의 구조주의자로서 알튀세르는 이데올로기가 무의식적 토대로서의 구조와 같은 것이라고 주장한다.

> 이데올로기는 표상들의 체계이다. 그러나 그 표상들은 대체로 '의식'과는 아무런 관계가 없다. 그 표상들은 대체로는 이미지들이고 간헐적으로는 개념들이다. 그러나 그 표상들은 무엇보다도 **구조들**로서, 대부분 사람에게 그들 자신의 '의식'을 통하지 않고 부과된다. 그 표상들은 지각되고-승인되어-수용된(perçus-acceptés-subis) 문화적 대상들이며, 사람들이 의식하지 못하는 과정을 통해 사람들에게 기능적으로 영향을 끼친다.[212]

이 때문에 이데올로기는 특히 계급사회에서 중요한 의미를 지닌다. 마

---

210) 구조를 '무의식적 토대'라고 하는 것은 필자의 대략적인 이해이지만, 구조 및 구조주의의 다양한 의미와 갈래에 관심이 있다면 김태수가 편집한 『구조주의의 이론』(서울: 인간사랑, 1990)에 수록된 논문들을 참조하라.
211) 이와 관련된 마르크스의 직접적 언급은 다음과 같다. "이러한 생산관계들 전체는 사회의 경제적 구조, 즉 실질적 토대(Basis)를 형성한다. 이 토대 위에 법적·정치적 상부구조(Überbau)가 세워지고, 특정한 사회적 의식형태들이 이 토대에 맞춰지게 된다."(K. Marx, *Zur Kritik der Politischen Ökonomie*, <Karl Marx – Friedrich Engels Werke> Bd. 13, (Berlin: Dietz Verlag, 1974), p. 8.)
212) Althusser, *op. cit.*, pp. 239-240.

르크스와 마찬가지로 알튀세르도 계급사회에서는 '지배계급의 이데올로기'가 곧 '지배 이데올로기'라는 데 동의한다.[213] 이때 지배계급의 이데올로기도 위에서 본 이데올로기의 일반적 특성을 가지기 때문에 지배계급에 속하는 사람들이 무의식적으로 받아들인 것이다. 지배계급에 속하는 사람들은 사회의 지배-피지배 관계가 자연스러운 것이며 자신들이 지배자로 군림하는 현재의 체제가 안정된 체제라는 것을 무의식적으로 받아들여 왔다. 그러나 그것은 곧 한 사회의 '지배적인' 이데올로기가 되기 때문에 그 사회의 피지배계급에 속하는 사람들에게도 무의식적으로 받아들여지는 '보편적인' 이데올로기가 된다. 이 때문에 지배계급의 이데올로기는 기존의 지배-피지배 관계를 유지하고 강화하는 실천적-사회적 기능을 수행하게 되는 것이다.

알튀세르는 이러한 사실을 보여주는 한 가지 구체적인 사례로 18세기에 형성된 부르주아 계급의 이데올로기를 보여준다.

> 18세기에 '상승 계급(classe montante)'[214], 즉 부르주아 계급이 평등·자유·이성이라는 휴머니즘적 이데올로기를 발전시켰을 때 그들은 자신들의 주장에 보편성이라는 형식을 부여했는데, 이는 마치 착취를 위해서 해방될 사람들을 바로 그 이데올로기의 목적에 맞게 형성시켜서 자기편에 가담시키려고 하는 것 같았다.[215]

여기서 말하는 평등은 '자원분배의 평등'이라기보다는 '기회의 평등'이다. 그런데 사실상 현재의 지배자와 피지배자가 가질 수 있는 기회는 결코 평등할 수 없다. 그럼에도 불구하고 '평등'이라는 말만 강조된다. 어쨌든 기회가 평등하다는 주장으로부터 재산과 지위를 획득하기 위한 개인들의 자유로운 경쟁이 자연스럽고도 합리적이라는 주장이 도출된다. 그러나 이 경쟁에서

---

213) ibid., p. 240.
214) '상승(上昇) 계급'이란 말 그대로 '[신분이나 사회적 지위가] 상승하고 있는 계급'을 뜻한다. 이는 18세기 이후 부르주아들의 일반적 성향을 드러내는 용어라고 할 수 있다.
215) Althusser, op. cit., p. 241.

현재의 피지배자가 승리하는 것은 극히 드문 일이다. 여기서 피지배자가 승리하는 것이 극히 드문 것일 뿐 전혀 불가능한 것이 아니라는 점에 유의하자. 그런 일이 전혀 불가능하다면 피지배자들은 평등·자유·이성이라는 이데올로기를 결코 보편적인 것으로 받아들이지 않을 것이다. 극히 드물게나마 그런 일이 실제로 일어나야만 그 이데올로기는 보편적인 것, 따라서 지배적인 것이 될 수 있다.

1970년에 발표한 논문 「이데올로기와 이데올로기적 국가장치」에서 알튀세르는 이러한 지배 이데올로기의 실천적-사회적 기능을 '이데올로기적 국가장치'의 작동 방식을 통해 좀 더 정밀하게 설명한다. 여기서 알튀세르는 우리가 통상적으로 '국가'라고 지칭하는 그것을 피지배계급에 대한 억압 기능을 수행하는 일종의 꼭두각시(machine)라는 고전적인 마르크스주의의 입장을 수용하여 '국가장치(appareil d'Etat)'라고 한다.216) 나아가 그는 이러한 기능을 수행하는 전략의 측면에서 그것을 억압적 국가장치(appareil répressif d'État)와 이데올로기적 국가장치(appareils idélogiques d'État)로 구분한다.217) 전자는 입법·사법·행정 기관, 군대, 경찰, 감옥 등과 같이 물리적·비물리적 폭력을 통해 기능하는 기구들의 총체로서의 국가장치를 지칭하고, 후자는 종교, 교육, 가족, 법률, 정치, 조합 운영체계, 대중매체를 통한 커뮤니케이션 체계, 문화 등과 같이 이데올로기를 생산하고 유포하는 기능을 수행하는 국가장치를 지칭한다.

여기서 이데올로기적 국가장치들의 공통적인 역할은 '생산관계들의 재생산'이다.218) 생산관계는 주인-노예, 영주-농노, 자본가-임금노동자와 같이

---

216) Cf. Althusser, "Idélogie et Appareils Idélogiques d'État", *Sur la reproduction*, (Paris: PUF, 1995), p. 277.
217) Cf. *ibid.*, pp. 281ff.
218) Cf. *ibid.*, pp. 285ff.

생산에 참여하는 사람들 사이의 관계를 의미하는데, 자본주의적 생산양식에서의 생산관계를 재생산한다는 것은 사실상 착취계급-피착취계급 관계이자 동시에 지배계급-피지배계급 관계라고 할 수 있는 자본가계급-노동자계급 관계를 유지하고 강화한다는 것을 의미한다. 결국 이데올로기 국가장치는 피지배계급에 속하는 사람들에게 국가의 유기적인 한 부분으로서 개인들이 담당해야 할 구체적인 기술적 처리 능력과 현재의 계급적 지배체제에 의해 확립된 질서 및 규칙에 순응하는 태도를 보이도록 가르친다. 이를 위해 이데올로기적 국가장치들이 수행하는 구체적인 전술적 기능은 현실적인 인간 및 사회구조에 대한 참된 인식을 은폐하고, 피지배계급에 속하는 사람들이 스스로 역사와 사회발전의 주체임을 받아들이도록 만들면서도[승인(reconnaissance) 기능] 동시에 그 사람들이 실제로는 그러한 주체가 아님에도 불구하고 그러한 주체라고 믿게 만드는[오인(méconaissance) 기능], 이른바 '승인/오인 기능'이다.[219]

이러한 이데올로기적 승인/오인 메커니즘을 더 정교하게 설명하기 위해서 알튀세르는 '호명(interpellation)'이라는 개념을 도입한다.[220] 호명은 누군가에게 질문하기 위해 그를 부르는 것으로서, 그에게 그 질문에 응답하기를 요구한다는 함의를 갖는다. 이런 점에서 호명은 호명되는 그 사람을 '질문에 응답하는 주체'로 대우하는 것처럼 보인다. 그런데 질문에 응답하는 주체는 진정한 의미에서의 주체라고 하기 어렵다. 왜냐하면 응답하는 주체는, 주어진 질문이 무엇이고 어떤 것이냐에 따라 응답의 내용이나 형식이 이미 정해져 있다는 의미에서, 전적으로 자유로운 주체라고 할 수 없기 때문이다.

그러므로 호명되는 주체는 사실상 예속적인 주체이다.[221] 그렇다면 예속적 주

---

219) *ibid.*, p. 304.
220) "모든 이데올로기는 구체적인 개인들을 구체적인 주체로서 호명한다."(*ibid.*, p. 305.)
221) 통상적으로 '주체'로 번역되는 subiectum이라는 말은 '아래에(sub) 던져져 있는 것(iactum)'을

체는 그를 주체로 호명한 자의 존재를 전제로 할 것이다. 말하자면 '호명하는 주체'와 '호명되는 주체'라는 두 종류의 주체가 있는 것이다. 이 때문에 알튀세르는 '호명하는 주체'를 '호명되는 주체들'과 구별하여 전자를 'Sujet(대문자 주체)'로, 후자를 'sujets(소문자 주체들)'로 표기한다.[222] 이때 호명하는 주체, 즉 대문자 주체는 적어도 다른 어떤 것에 예속된 자가 아닐 것이다. 이와 같이 사람들을 예속적인 주체들로 호명하는 대문자 주체는 다른 어떤 것에 예속되지 않았다는 점에서 절대적이고, 호명되는 주체들과 비교하여 중심 위치를 차지하며, 중심 위치를 차지한다는 점에서 유일한 것이다.[223]

이 절대적인 대문자 주체는, 위에서 말한바 피지배계급에 속하는 사람들로 하여금 스스로 주체라고 승인/오인하게 만드는 것으로서의 이데올로기와 다름없다. 이데올로기적 승인/오인 메커니즘 속에서 사람들은 이데올로기가 요구하는 바로 그러한 사람, 국가의 유기적인 한 부분으로서 자신이 담당해야 할 구체적인 기술적 처리 능력과 계급적 지배 체계에 의해 확립된 질서 및 규칙에 순응하는 태도를 지닌 사람이 되고자 하며, 실제로 그렇게 되어간다.

> 개인은 대문자 주체의 명령들에 자유롭게 종속하도록, 따라서 자신의 종속을 (자유롭게) 승인하도록, 따라서 자신의 종속과 관련된 몸짓들이나 행위들을 '전적으로 홀로 수행하도록 하기 위하여 (자유로운) 소문자 주체로 호명된다. 소문자 주체들은 자신들의 종속에 의해서 그리고 종속을 위해서 존재하게 되는 것이다.[224]

이와 같이 개인들은 사실상 '주체'가 아니라 '예속민'이 되는 것이며, 더욱이 외적인 힘에 의해 그렇게 되는 것이 아니라 '자발적으로' 그렇게 된다고 믿는다.

뜻하는 것으로서, 맥락에 따라서는 '예속민'으로도 번역할 수 있다.

222) Althusser, *op. cit.*, p. 309.
223) Cf. *ibid.*, pp. 309f.
224) *ibid.*, p. 311.

3.3. 지식은 권력 담론으로서 기능할 수 있다

철학은 지혜를 추구하는 것이다. 초기의 철학자들은 지혜롭게 되기 위해 지식을 획득하는 전략을 채택했다. 이 때문에 철학은, 제1부의 2장에서 본 것처럼, 객관적이고 보편적인 지식 체계를 세우고자 한다는 점에서 학문 일반과 동일한 의미를 지니게 되었다. 이러한 '학문=철학'이라는 관점에서 보면 지식은 대상에 대한 '순수한' 앎으로서, 이른바 '가치중립적인' 것이다.

그러나 지식에 대한 사회학적 연구를 의미하는 지식사회학(sociology of knowledge)은 지식이 사회·역사적 조건들의 영향을 받는 것이라고 주장함으로써 지식의 가치중립성에 대해 지속적으로 의문을 제기해왔다. 미셸 푸코의 '권력-지식(pouvoir-savoir)'에 관한 논의는, 어떤 측면에서 본다면, 지식사회학이 제기하는 지식의 '가치의존성'을 해명하려는 하나의 시도라고 할 수도 있을 것이다. 다만, 기존의 지식사회학이 지식과 그 외부 세계의 관계에 주목하는 접근법을 채택하는 것과 달리 푸코는 지식 자체의 내적인 특성을 분석하는 접근법을 채택한다.

유럽의 언어들에서 두 개 이상의 단어들을 하이픈(-)으로 연결하는 표현법은 그렇게 연결된 사항들이 불가분하게 연관되어 있어서 마치 하나의 사항인 것처럼 취급해야 한다는 것을 지시하는 관용적인 기법이다. '권력-지식'이라는 푸코의 표현도 권력과 지식의 불가분적 연관성을 나타낸다. 푸코는 『감시와 처벌』에서 이러한 '권력-지식'에 관한 생각을 다음과 같이 압축적으로 기술하고 있다.

> 권력이 어떤 지식을 만들어낸다는 것(단순히 지식이 도움이 되기 때문에 호의를 베
> 푸는 차원에서 그렇게 하거나 그것이 유용하기 때문에 사용 차원에서 그렇게 하는
> 것이 아니더라도), 권력과 지식이 서로 직접적으로 연루된다는 것, 어떤 지식의 장

과 상관적으로 구축되지 않고서는 권력 관계도 있을 수 없으며 동시에 권력 관계를 전제하거나 구성하지 않는 지식도 있을 수 없다는 것이 인정되어야 한다. 따라서 이러한 '권력-지식' 관계들은 어떤 권력 체계와 관련해서 자유로울 수도 있고 자유롭지 않을 수도 있는 어떤 인식 주체를 실마리로 하여 분석되지 않는다. 이와 반대로 인식하는 주체, 인식되는 대상, 인식 내용의 양태 모두가 권력-지식의 근본적인 연관관계 및 그것의 역사적 변형의 결과들일 뿐이라는 점이 고려되어야 한다. 요컨대 권력의 입장에서 유용한 것이든 다루기 힘든 것이든 간에 지식을 만들어내는 것은 인식 주체의 활동이 아니라 권력-지식이며, 그것을 가로지르면서 지식을 구성하는, 인식의 가능한 형식들과 영역들을 결정하는 과정들과 투쟁들이다.[225]

권력과 지식의 이러한 불가분적 연관성을 보여주는 한 가지 사례는 근대 서구의 부르주아 권력과 계몽주의 지식 체계의 관계이다. 이른바 '주술로부터의 해방'을 모토로 하는 계몽주의는 이전의 왕권신수설을 대체하는 사회계약설을 창출함으로써 사실상 부르주아 계급이 권력을 잡을수 있는 이론적 기반을 제공했다. 이와 동시에 부르주아 권력은 정치·경제·사회·문화 전 분야에서 법, 제도, 조직, 시설 등을 개편하거나 창설함으로써 새롭게 부상하는 다양한 근대적 지식이 출범하는 데 기여했다.

이러한 상황에서 출범한 근대적 지식 중의 하나는 정신의학이다. 정신의학의 출범은 광인들을 수용·관리하는 행정기관에 속하는 시설로서의 '종합감호소(hôpital générale)'가 점차 정신병 치료시설로서의 '정신병원(asile d'aliénés)'으로 대체되는 1770년 이후 프랑스 의료정책의 변천 과정과 결부된다. 따라서 18-19세기 프랑스의 정신의학은 의학의 문제일 뿐만 아니라 정책, 기관, 시설 운영 등의 문제이기도 했다.

이 시기 프랑스에서 이러한 의미의 정신의학을 주도한 인물은 필립 피넬(P. Pinel)이었다. 같은 시기 영국에서도 비슷한 양상이 나타났는데, 이를 주도한 인물은 사무엘 튜크(S. Tuke)였다. 이들은 당시까지 사슬에 묶여 관리되던 광인들을 사슬로부터 해방한 일종의 박애주의들로 알려져

---

225) M. Foucault, *Surveiller et Punir*, p. 32.

있다. 그러나 푸코는 『고전주의 시대의 광기의 역사』에서 이들이 수립하고 시행한 정신의학적 실천의 내면적 의미를 분석함으로써 지식이 어떻게 권력과 연계되는지를 고찰하고 있다.

> 정신병원은 광인에 대해서는 자기 자신을 의식하되 관리자들과 동등하지 않은 관계에 있는 사람으로 체계화하고, 이성적 능력을 지닌 사람에 대해서는 타자를 의식하고 광인의 삶에 치료적으로 개입하는 사람으로 체계화한다. 다시 말하자면 이러한 죄의식을 통해서 광인은 자기 자신과 타인에게 항상 부과되는 징벌의 대상이 된다. 또한 광인은 죄의식에 사로잡혀 있는 대상으로서의 자신의 위상을 재확인함으로써 스스로 자유롭고 책임감 있는 주체임을 회복해야만 하고, 그럼으로써 이성을 회복해야만 한다.226)

> 그[피넬]는 광기의 세계와 이성의 세계 사이의 윤리적 연속성을 확신함으로써 도덕적 통합을 단행했다. 그러나 그는 사회적 격리를 시행함으로써 부르주아적 도덕이 사실상 보편적임을 보증하고, 부르주아적 도덕을 모든 형태의 정신병에 하나의 법규로서 부과하도록 허용했다.227)

요컨대 부르주아적 권력에 힘입어 출범한 근대적 정신의학은 '광인'을 '정신병자'라는 의학적 치료의 대상으로 규정하고 치료했지만, 그 치료의 실질적 의미는 광인들이 부르주아적 권력이 수립한 도덕적 질서를 보편적인 것으로 수용하고 궁극적으로 그 질서가 지배하는 세계의 일원으로 복귀하도록 하는 데 있다. 그뿐만 아니라 이러한 관리의 효과는 광인들에게만 해당하는 것이 아니라 그 밖의 모든 사람에게도 해당한다. 말하자면 이러한 정신의학의 작동 과정을 통해서 광인이 아닌 사람들도 마찬가지로 부르주아적 도덕을 보편적인 것으로 인정하고 그 질서에서 벗어나지 않아야 하겠다는 생각을 더욱 공고히 하게 되는 것이다.

이러한 푸코의 분석은 사람들을 지배 질서에 자발적으로 복속하는 규율적 시민으로 훈육하는 권력 담론으로서의 지식론으로 이어진다. 푸코의

---

226) M. Foucault, *Histoire de la folie à l'âge classique*, p. 505.
227) *ibid*., p. 515.

용어법에서 담론(discours)은 우선 언표들로 구성되는 집합체이다.[228] 여기서 언표(énoncé)란 의미가 확정되지 않은 채 그 자체로 고립되어 있으면서도 비슷한 다른 것들과 이러저러하게 관계를 맺을 수 있는 일종의 요소와 같은 것이며, 그것이 다른 것들과 어떻게 관계 맺느냐에 따라 그때그때 다른 의미를 지닐 수 있는 그러한 것이다.[229] 이와 같이 각각 고립된 언표들은 특정한 규칙을 통해 배열됨으로써 일정한 의미를 지니게 되는데, 이러한 방식으로 일정한 의미를 지니게 된 그러한 언표들의 집합체를 '담론'이라고 한다.

그런데 푸코는 그렇게 형성된 언표들의 집합체를 또한 '지식'이라고도 한다.[230] 그렇다면 푸코의 용어법에서 '담론'과 '지식'은 동일한 것인가? 여기서 우리는 푸코가 담론의 실천적 측면을 강조한다는 사실에 주목할 필요가 있다. 앞에서 말했듯이 의미가 확정되지 않은 요소로서의 언표들은 하나의 담론에 의해서 특정한 규칙에 따라 배열됨으로써 일정한 의미를 지니게 되는데, 푸코는 이런 식으로 언표들을 '배열하는 실천' 자체를 '담론'이라고도 한다.[231] 이와 같이 담론에서 실천적 측면을 중시하여 본

---

228) Cf. M. Foucault, *L'archéologie du savoir*, (Paris: Gallimard, 1969), p. 106.
229) énoncé는 통상적으로 '언어적 표현'을 뜻하지만, 푸코는 이 용어를 그런 통상적인 의미와는 다르게 사용한다. (따라서 이 énoncé를 '언표'라고 번역하는 것 자체가 다소 불충분하지만, 사실상 적합한 다른 번역어를 구할 수 없어 여기서도 '언표'라는 용어를 사용한다.) 그는 담론의 단위인 '언표'를 논리학적 용어인 '명제(proposition)'나 문법적 용어인 어구/문장(phrase)과 구별한다. 우선 명제는 "아무도 이해하지 못했다.", "아무도 이해하지 못했다는 것은 사실이다."처럼 언어적으로 약간 다르게 표현되더라도 동일한 진릿값을 갖는 데 반해, 언표는 그렇지 않다. 어떤 사람이, 어떤 상황에서, 어떻게 표현하느냐에 따라 동일한 표현이라도 전혀 다른 의미를 지닐 수 있는 것이다. 또 어구나 문장은 반드시 문법적 규칙에 따른 단어들의 결합 형태를 띠고, 따라서 문법적 규칙에 준하여 의미를 해석할 수 있는 것이다. (일정 부분이 생략되어 한 단어로만 표현되는 어구나 문장이 가능한 것도 그것이 문법적 규칙에 따라 어구나 문장으로 해석될 수 있기 때문이다.) 반면, 언표에는 결코 어구나 문장이라고 할 수 없는 분류표, 계통수, 회계장부, 그래프 등도 포함될 수 있다(Cf. *ibid.*, pp. 107ff.). 요컨대 "하나의 어구/문장이 하나의 텍스트에 속하고 하나의 명제가 하나의 연역적 체계에 속하듯이, 하나의 언표는 하나의 담론적 형성체(formation discursive)에 속한다."(*ibid.*, 152.)
230) Cf. *ibid.*, p. 238.
231) 푸코는 담론의 의미가 복수적이라는 것을 부인하지 않는다. 그 의미 중의 한 가지는 "일정 수의 언표들에 가치를 부여하는 규칙적인 실천"(*ibid.*, p. 106)이라는 것이다.

다면, 푸코의 용어법에서 담론은 '담론적 실천(pratique discursive)'이라고 할 수 있다.[232] (담론을 그 내용적 측면을 중시하여 볼 때는 '담론적 형성체(formation discursive)'라고 할 수 있을 것이다.)

이렇게 본다면, 푸코의 용어법에서 지식은 담론적 실천을 통해 형성된 언표들의 집합체로서, 담론적 형성체와 비슷한 것이다. 예컨대 19세기에 형성된 성 과학(scientia sexualis)은 고해소나 상담소나 진료소에서 고백된 성에 관한 다양한 언표들을 적절하게 배열하는 담론적 실천을 통해 구성된 지식이다.[233] 그런데 그러한 언표들이 성 과학을 구성하는 언표로서의 자격을 얻게 되자 예전에는 없었던 일정한 권력 효과를 발휘하게 된다. 같은 말이라도 누가, 어디서, 어떤 상황에서 하느냐에 따라 다른 사람들에게 미치는 효과가 다르다. 성에 관한 하나의 언표가 평범한 한 사람에 의해 사적인 담화에서 이루어지는 경우에는 다른 사람에게 미치는 효과가 그다지 크지 않지만, 동일한 언표가 전문과학자에 의해 공적인 저술이나 강의에서 이루어지는 경우에는 그러한 효과가 훨씬 더 클 것이다.

결국 담론적 실천은 특정한 언표를 지식의 한 요소로 만들어줌으로써 그 권력 효과를 발휘하도록 하는 것이고, 지식은 담론적 실천을 통해 권력 효과를 발휘하게 되는 것이다. 그런데 지식의 권력 효과는 어떻게 작동하는가?

예를 들어 "아들딸 구별 말고 둘만 낳아 잘 기르자."라는 표어를 생각해보자. 이것은 1970-80년대 우리나라에서 산아제한 정책을 추진할 때 '가족계획협회'에서 만들어 유포한 표어이다. 사람들에게 이 표어는 인구학을 포함하는 경제학, 정치학, 성 과학 등의 지식에 편입된 언표로 받아들여짐으로써 권력 효과를 발휘했다. 이 표어의 뉘앙스는 분명히 '명령'

---

232) Cf. *ibid.*, pp. 153f.
233) Cf. M. Foucault, *Histoire de la sexualité I: La volonté de savoir*, (Paris: Gallimard, 1976), pp. 90f.

이 아님에도 불구하고 사람들에게는 명령 이상으로 강력한 효과를 발휘했다. 실제로 그 이후 한동안 우리나라에 셋 이상의 자녀를 둔 가정은 좀처럼 찾아볼 수 없을 만큼 눈에 띄게 줄었다.

이런 식으로 지식은 담론 통치의 본질적인 한 축을 담당하고 있다. 그러나 이를 두고 지식이 특정한 권력의 통치에 이용되는 것으로 오해해서는 안 된다. 우리는 이를 앞에서 언급한 푸코의 '권력-지식'의 맥락에서 이해해야 한다. 말하자면 권력과 지식은 별개의 항목들이 아니라 불가분하게 결합하여 작동하는 한 가지 힘을 이루는 두 축이라고 할 수 있는 것이다. 그러나 어쨌든 지식이 사람들을 현재의 지배 질서에 자발적으로 복속하도록 훈육하는 기능을 수행하고 있다는 것은 부정할 수 없는 사실이다.

3.4 도덕과 윤리의 기능은 '인간 길들이기'일 수 있다

제1부 3장에서 보았듯이 주류 철학 사상은 생물 일반의 입장이 아닌 인간의 입장에서 좋음의 기준을 세우려고 한다. 이에 주류 철학 사상은 이성을 인간의 본질로 규정하고, 이성의 덕을 실현함으로써 인간다움의 완성을 추구하는 도덕·윤리 사상을 개진한다. 이러한 이성주의적 도덕·윤리 사상에서는 이성에 반하는 행위가 나쁜 것으로 규정되므로, 그러한 행위를 유발하는 심적 활동들이 제어되어야 한다. 이런 심적 활동들을 제어하는 것도 이성의 기능이므로, 그 자체로 이성의 덕을 실현하는 것이라고 할 수 있다. 앞에서 보았듯이 주류 철학 사상은 이러한 이성의 덕을 실현하는 것이 곧 행복에 이르는 길이라고 가르쳐왔다.

그러나 니체는 이러한 이성주의적 도덕·윤리 사상의 이면에 인간에 대한 폭력이 도사리고 있음을 들춰낸다. 이를 위해 그는 이성주의적 도덕·윤리 사상의 기원과 역사를 계보학적으로 분석한다. 여기서 니체가 사용하는 계보학적 방법은 현재의 특정한 가치들이 가치 있는 것으로 승인되어 온 과정을 역추적하면서, 그것들이 어떻게 해서 오늘날 최고의 가치로서 확립되었는지를 파헤치는 '해체적 비판'의 방법이다.[234]

니체의 계보학적 분석의 첫 단계는 도덕의 기원에 대한 니체 당시의 도덕사가들의 분석에 대한 분석이다. 니체는 『도덕의 계보학』에서 당대의 도덕사가들의 입장을 다음과 같이 분석한다.

> 처음에는 사람들은 비이기적 행위가 그것을 명백하게 여기는 사람들, 그리하여 그 것을 유용한 것으로 여기는 사람들의 측면에서 찬미했거나 좋다고 했다. 나중에는 사람들은 이러한 찬미의 기원을 망각했으며, 비이기적 행위를 단지 그것이 관습적으로 항상 좋은 것으로 찬미되었기 때문에 ─ 마치 그것이 그 자체로 좋음인 것처럼 ─ 좋은 것으로 느끼게 되었다.[235]

이것은 어떤 사람의 비이기적인 행위에 의해 혜택을 입은 사람들이 최초로 그러한 행위가 좋다고 평가한 이후로 그것이 관습화되고 결국에는 그 자체로 좋은 것이었던 것처럼 느끼게 되었다는 주장이다. 그러나 니체는 이러한 주장에 도덕의 기원에 대한 오류가 포함되어 있다고 본다.

> '좋다'라는 판단은 '호의(Güte)'를 받는 사람들에게서 생겨나는 것이 아니다. 오히려 그것은 '우월한 사람들(die Guten)' 자신에게서 생겨난다. 말하자면 고귀한 사람들, 강력한 사람들, 높은 지위에 있는 사람들, 고매한 성품을 가진 사람들은 모든 저급한 사람들, 천박한 성품을 가진 사람들, 범속한 사람들, 비천한 사람들과 반대로 그들 자신과 자신들의 행위를 좋은 것으로, 즉 최고의 것으로 느끼고 평가한다.[236]

이것은 어떤 행위에 대한 가치 평가의 기원이 그 행위에 의해 혜택을 받은 사람에게 있는 것이 아니라 우월한 사람들에게 있다고 주장한다. 즉

---

234) Cf. A. D. Schrift, 박규현 옮김, 『니체와 해석의 문제』(서울: 푸른숲, 1997), p. 311.
235) F. Nietzsche, *Zur Genalogie der Moral*, <Nietzsche Werke - Kritische Gesmtausgabe>, Bd. VI-2, (Berlin: Walter de Gruyter, 1968), pp. 272-3.
236) *ibid*., p. 273.

우월한 사람이 자신의 행위에 대해 스스로 좋다고 평가한 것이 보편적인 도덕적 규범의 기초가 되었다는 것이다.

이와 같이 도덕의 기원에 대한 니체의 주장과 당대의 다른 도덕사가들의 주장은 대척적이다. 그런데 시대와 문화권을 막론하고 보편적으로 승인되어온 도덕적 규범들을 보면 니체가 아니라 당대 도덕사가들의 주장이 타당한 것처럼 보인다. 예컨대 "살인하지 말라.", "부모를 공경하라." "타인의 인권을 존중하라." 등과 같은 도덕적 규범들은 그 행위의 혜택을 받는 사람들 쪽에서 '좋다'고 할 만한 것이며, 그 행위를 하는 사람들 쪽에서는 대체로 손해를 보게 만드는 것, 따라서 '좋지 않다'고 할 만한 것으로 보이기 때문이다.

이러한 점을 니체가 몰랐을 리 없다. 문제는 도덕의 '기원'이 아니라 '역사'에 있다. 니체에 따르면 도덕의 기원이 우월한 사람들의 자기 행위에 대한 긍정적 평가에 있다는 것이 분명한 사실이지만, 사람들은 그것이 역사를 통해 전도되어버렸다는 점을 주목하지 않는다. 예를 들어 '좋은'을 뜻하는 라틴어 bonus는 본래는 적과 용감하게 싸우는 전사(戰士)의 태도와 관련한 것이었지만, 점차 싸움의 의미가 퇴색되어버리고 오히려 그 반대의 의미에서 오늘날 좋다고 평가되는 평화적 태도와 관련한 말로 고착되었다는 것이 그러한 역사적 전도의 한 증거라고 할 수 있을 것이다.[237] 그 밖에도 그러한 증거들은 많다. 고대 그리스의 aretē가 전신(戰神) Arēs에서 유래했다는 것, 독일어의 Gut(영어의 good)가 Got(영어의 God)에서 유래하고, 이것이 어쩌면 Goth(고트족)과 관련되어 있을 수 있다는 것 등을 들 수 있을 것이다.[238]

그런데 니체가 주장하듯이 도덕의 기원이 우월한 자들의 자기 행위에

---

237) bouns는 dounus에서 유래했는데, duonus의 duo는 둘, 둘로 나뉨, 분쟁 등을 나타내는 말이다 (Cf. *ibid.*, p. 278.).
238) Cf. *ibid.*, pp. 278f.

대한 평가에 있다면 어떻게 그 의미의 역사적 전도가 가능했던 것일까? 니체에 따르면 '귀족적인' 가치 평가 방식보다 '성직자적인' 가치 평가 방식이 우세를 점할 수밖에 없도록 했던 결정적인 하나의 조건 때문에 그것이 가능했다.[239] 다름 아니라 '대중'의 선호이다.

고대의 귀족들은 모든 가치 평가를 자기 자신의 행위에 국한시켰다. 다시 말해서 그들은 자기 자신의 행위에 대해 '좋다'고 평가하긴 하지만 귀족이 아닌 사람들이 귀족의 행위와 다른 방식으로 행한다고 해서 그것을 '나쁜' 행위라고 비난하지 않았다. 귀족적 가치 평가에 있어서 '나쁘다'고 하는 경우는 오직 자신의 행위가 귀족답지 않다고 스스로 평가할 때뿐이다. 물론 귀족들에게도 자신들과 다른 사람들과의 비교가 없을 수는 없다. 다만 "그들은 자발적으로 행하고 성장하며, 자기 자신에 대해 감사하는 마음으로 기뻐하면서 긍정하기 위해서만 자신의 대립자를 찾을 뿐이다."[240]

니체가 말하는 성직자적 가치 평가 방식은 이와 정반대이다. 성직자는 근본적으로 전쟁을 싫어한다. 그들은 전쟁에서 이길 힘이 없기 때문이다. 따라서 그들은 가치 평가를 할 때 귀족들처럼 용감하게 싸우는 자신의 행위를 좋다고 평가하는 것이 아니라, 그렇게 할 수 없기에, 불가피하게 우회적인 길을 선호한다. 그것이 이른바 '원한(怨恨, ressentiment)'이다. 니체가 말하는 원한이란 실질적인 행위에 의한 복수가 어려우므로 아무 해가 없는 상상 속에서 대신 복수하는 것을 말한다.[241]

이러한 원한의 구체적인 수행 방식은 "가치를 규정하는 시선을 뒤집는 것"[242], 그리하여 "자신의 적이 규정한 모든 가치를 근본적으로 뒤집는 것"[243]이다. 니체는 유대인을 '성직자적 민족'이라고 하면서 이러한 원한

---

239) Cf. *ibid.*, pp. 280ff.
240) *ibid.*, p. 285.
241) Cf. *ibid.*, p. 284.
242) *ibid.*, p. 285.
243) *ibid.*, p. 281.

의 대가(大家)로 꼽는다.

유대인들은 귀족적 가치등식(좋은=고귀한=강력한=아름다운=행복한=신이 사랑한)
에 반대하여 두려움을 불러일으킬 정도로 철저하게 그것의 전도를 수행하였고, 가
장 깊은 증오(무력함에 대한 증오)의 이빨로써 그것을 물고 늘어졌다. [그리하여 그
들은 다음과 같이 말한다.] "가련한 사람들만이 좋은 사람이고, 가난한 사람들, 무
력한 사람들, 비천한 사람들만이 좋은 사람이며, 고통받는 사람들, 빼앗긴 사람들,
병든 사람들, 추한 사람들도 또한 경건한 사람들, 신이 사랑할 만한 사람들이다. 이
들에게만 축복이 있을 것이다. ― 이와 반대로 너희 고귀하고 강력한 사람들은 영
원히 나쁜 사람, 잔인한 사람, 음탕한 사람, 탐욕적인 사람, 사악한 사람이다. 또한
너희들은 영원히 축복받지 못하는 사람, 저주받을 사람, 벌 받을 사람이리라!"244)

물론 적이 규정한 가치를 뒤집어버린다고 해서 그렇게 전도된 가치가
반드시 보편적인 가치의 지위를 차지할 수 있는 것은 아니다. 그렇게 되
기 위해서는 반드시 대중의 지지가 있어야 한다. 실제로 도덕의 역사에서
는 이러한 성직자적 가치 평가 방식이 대중의 지지를 얻었다. 그렇다면
대중은 왜 귀족적 가치 평가 방식보다 성직자적 가치 평가 방식을 더 선
호했을까? 이에 대해 니체는 '무엇에 복종하는 집단충동(Herden-Instinkt
des Gehorsams)'의 형성과 유전적 확산을 말한다.

시대를 막론하고 인간이 존재하는 한 인간집단도 존재했으며(씨족 연합들, 지역공
동체들, 부족들, 민족들, 국가들, 교회들), [인간집단 안에는] 항상 소수의 명령하는
사람들에 비하여 다수의 복종하는 사람들이 있었다. ― 지금까지 인간들 사이에서
복종이 최고로 가장 오랫동안 행해지고 훈련되어왔다는 점을 고려하면, 당연히 우
리는 대체로 오늘날 사람들에게는 '너는 이와 같은 어떤 일을 무조건 해야 하며,
저와 같은 어떤 일을 무조건 하지 않아야 한다.'라고 명령하는, 간단히 말해서 '너
는 해야 한다.'라고 명령하는 일종의 형식적 양심에 따르는 욕구가 본유적이라는
사실을 가정할 필요가 있다. … 무엇에 복종하는 집단충동은 가장 좋게, 명령하는
기술을 희생하면서 유전되었다. 이러한 충동이 일단 그것의 궁극적인 극단에 도달
한다면, 결국 명령하는 사람들과 자립적인 사람들은 정말로 없어지거나, 혹은 양심
의 가책을 받아 내면적으로 괴로워하거나, 명령할 수 있기 위해서 불가피하게 그들

---

244) *ibid.*, p. 281.

도 역시 복종만 하는 것처럼 스스로 기만해야 한다.[245]

이와 같이 무엇에 복종하는 집단충동이 확산되면서 성직자적 가치 평가 방식이 귀족적 가치 평가 방식을 무너뜨리고 세력을 얻게 되었다. 그런데 니체는 이러한 성직자적 가치 평가 방식의 득세가 '인간'이라는 야수(野獸)를 길들여 '가축'으로 만들어버리는 결과를 낳게 되었다고 본다.

> '인간'이라는 야수로부터 길들여지고 문명화된 동물, 즉 가축을 사육해낼 수 있다는 것이 모든 문화의 의미라고 하는 사실이 오늘날 대체로 '진리'로서 믿어지고 있으며, 그것이 참이라고 한다면, 확실히 우리는 고귀한 종족과 그들의 모든 이상을 결국 모욕하고 전복시키도록 한 저 모든 반동-충동(Reaktions-Instinkt)과 원한-충동(Ressentiments-Instinkt)을 문화의 진정한 도구로 간주하지 않으면 안 될 것이다.[246]

여기서 개진되는 니체의 입장에 의하면 성직자적 가치 평가 방식에 따라 발전해온 유럽의 전통적인 도덕이 추구하는 것은 다름 아닌 '인간 길들이기'라고 해야 할 것이다. '인간 길들이기'는 '야수 길들이기'와 맥락을 같이 한다. '야수'는 말 그대로 '길들여지지 않은 동물'을 의미한다. 따라서 야수 길들이기는 그 야수의 '야수다움'을 제거함으로써만 가능한 것이다. 그러나 길들여진 야수는 더 이상 '야수'가 아니라 '가축'이라고 해야 할 것이다. 인간 길들이기도 마찬가지이다. 인간 길들이기는 인간의 '인간다움'을 제거하는 것이다. 따라서 길들여진 인간은 더 이상 인간이 아니라 '노예'라고 해야 할 것이다.[247]

이러한 의미에서 니체는 성직자적 가치 평가 방식에 의해 규정되는 도

---

245) Nietzsche, Jenseits von Gut und Böse, <Nietzsche Werke - Kritische Gesmtausgabe>, Bd. VI-2, (Berlin: Walter de Gruyter, 1968), p. 121.

246) Nietzsche, *Zur Genalogie der Moral*, p. 290.

247) 여기서 '야수다움'이나 '인간다움'이 전통적인 의미에서의 본질을 의미하는 것이 아니라는 점에 주의해야 한다. '야수다움'이나 '인간다움'은 오히려 '아직 어떠한 규정도 받지 않음', 따라서 '어디에도 구속되지 않음'을 의미하는 것으로 이해해야 한다.

덕을 '가축 떼의 도덕' 혹은 '노예의 도덕'이라고 부른다.

> [노예의 도덕에 있어서는] 고통받는 사람들에게 삶이 편해지도록 봉사하는 특성들이
> 밝혀지고 각광받는다. 여기서는 동정, 자비롭고 친절한 손길, 따뜻한 마음, 인내, 근
> 면, 겸손, 친밀성이 존경받는다. — 왜냐하면 여기 이것들은 삶의 압박을 견뎌낼 수
> 있도록 하는 가장 필요한 성질들이며 거의 유일한 수단이기 때문이다. (…) [노예에
> 게는] 힘과 위험성, 공포감을 불러일으키는 어떤 것, 기품 있어 보이는 어떤 것, 경
> 멸감을 불러일으키지 못하게 하는 위력적인 어떤 것이 나쁜 것으로 느껴진다. 그러
> 므로 노예의 도덕에 따르면 '나쁜 사람'은 공포를 불러일으킨다.[248]

여기서 묘사되고 있는 노예는 위험하고 공포감을 불러일으키는 것을
극단적으로 싫어하고 그저 안락한 삶을 추구하는 자들이다. 니체는 이러
한 노예를 '최하급의 인간'[249]이라고도 한다.

> 보라! 나는 당신들에게 '최하급의 인간'을 제시한다.
> "사랑이란 무엇인가? 창조란 무엇인가? 동경의 대상은 무엇인가? 별이란 무엇인
> 가?" 최하급의 인간은 이렇게 물으며 눈을 깜박거린다.
> 대지는 작아지고, 그 위에는 모든 것을 작게 만드는 최하급의 인간이 뛰어다닌다.
> 그 종족은 마치 벼룩 같아서 잡아 없앨 수도 없다. 그리하여 최하급의 인간은 가장
> 오래 산다.
> "우리는 행복을 고안해내었다."고 말하면서 최하급의 인간은 눈을 깜박거린다.
> 그들은 살기 힘든 곳을 떠나 버렸다. 사람들은 따뜻함이 필요하기 때문이다. 사람
> 들은 여전히 이웃을 사랑하며 이웃에게 몸을 비벼 댄다. 사람들은 따뜻함이 필요하
> 기 때문이다.
> 그들에게는 병드는 것과 불신감을 갖는 것이 죄스러운 일이다. 사람들은 조심스럽
> 게 걸어 다닌다. 그렇지만 그들은 돌에 걸리고 사람에 걸려 넘어지는 바보다.
> 때때로 마시는 약간의 독은 안락한 꿈을 꾸게 해준다. 결국 안락한 죽음에 이르기
> 위해 많은 독을 마신다.

---

248) Nietzsche, *Jenseits von Gut und Böse*, p. 221.
249) 니체가 '최하급의 인간(der letzte Mensch)'이라고 부르는 사람들은 그가 '초인(超人, Übermensch)'
이라고 부르는 사람들과 정반대의 위치에 있는 사람들이다. 초인은 말 그대로 '넘어가는
(übergehend) 인간(Mensch)'을 뜻한다. 무엇을 넘어가는가? 니체는 "인간이란 극복되어야 할
그 어떤 것이다."(Nietzsche, *Also sprach Zarathustra*, <Nietzsche Werke - Kritische Gesmtausgabe>,
Bd. VI-1, (Berlin: Walter de Gruyter, 1968),, p. 8.)라고 한다. 그렇다면 초인은 '인간'을 넘어
가는 자이다. 여기서 '인간'은 다름 아닌 '길들여진 인간'일 것이다. 그러므로 초인은 결코 길들
여지지 않으려는 사람이라고 해야 할 것이다.

또 사람들은 노동을 한다. 노동은 즐거움이기 때문이다. 그러나 사람들은 이 즐거움이 자신의 몸을 해치지 않도록 염려한다.

사람들은 더 가난하게도, 또 더 풍족하게도 되지 않는다. 둘 다 괴로운 일이기 때문이다. 그 누가 지배하려고 하는가? 그 누가 복종하려고 하는가? 둘 다 너무 귀찮은 일이다.

양치기는 없고 가축 떼만 있구나! 모두가 같아지기를 바라며, 모두가 같다. 다르게 느끼는 사람은 자진해서 정신병원에 가야 한다.

가장 뛰어난 사람이 "예전에는 온 세상이 미쳤었다."고 말하면서 눈을 깜박거린다.

사람들은 현명해서 과거에 일어난 일을 모두 알고 있다. 그리하여 사람들은 끝없이 조롱한다. 사람들은 싸움을 하기도 하지만 곧 화해한다. 그렇지 않으면 비위가 상하기 때문이다.

사람들은 밤이나 낮이나 사소한 쾌락(Lüstchen)을 좇는다. 그러나 그들은 건강을 중히 여긴다.250)

여기서 니체는 최하급 인간이 추구하는 가치를 '자기보존주의', '대중주의', '사소한 쾌락주의'로 규정한다. 최하급의 인간은 대중적 가치와 믿음을 자신의 것으로 받아들인다. 따라서 이들은 기존의 관행을 파괴할 의지와 용기를 갖추고 있지 않다. 최하급 인간은 자신이 노예라 할지라도 현재의 모습에 만족한 채로 그 현재의 보존만을 원한다. 이런 사람들은 순화되고 길들여졌으며 자기만족에 빠진 채 평균적인 잣대를 가지고 사는 대중의 무리, 즉 가축 떼가 된다.

이러한 최하급의 인간이 자신의 생활 태도가 좋고 올바르다고 믿을 수 있도록 해주는 이론적 근거로 기능하는 것이 다름 아닌 '노예의 도덕'이다. 이러한 점에서 노예의 도덕은 사람들을 그 도덕의 지배를 받도록 길들이고, 그렇게 길들여진 사람들이 영원히 노예 상태로 머물러 있도록 독려하는 것이기도 하다. 이로써 니체는 서구의 주류 도덕·윤리 사상의 이면에 인간에 대한 폭력의 면모가 도사리고 있음을 폭로하는 것이다.

---

250) *ibid.*, pp. 13-4.

6장
포스트철학을 위하여

1. 포스트철학이란 철학을 이으면서 동시에 넘어서는 것이다

앞 장에서 논의한 것처럼 주류 철학 사상이 그 자체의 논리로 철학함의 유의미성을 정당화할 수 없을 뿐만 아니라 그 이면에 어떤 종류의 폭력을 정당화할 가능성까지 가지고 있다면, 이제 더 이상 철학을 해야 할 이유가 없다고 주장하는 사람들이 있을지도 모르겠다. 그러나 주류 철학 사상이 그와 같은 난점들을 내포하고 있다고 하더라도, 그러한 사실이 지혜를 사랑하는 것이란 철학함의 근원적인 의미가 무가치하다는 주장을 정당화하는 충분한 근거가 될 수는 없다. 말하자면 우리가 철학을 할 것인지 말 것인지의 문제는 주류 철학 사상이 그와 같은 난점들을 내포한다는 사실과 무관한 것이다. 오히려 그것은 우리가 스스로 지혜롭게 되기를 여전히 갈구하느냐, 갈구하지 않느냐 하는 '결단'의 문제이다.

그렇다고 하더라도 주류 철학 사상이 그와 같은 난점들을 내포하고 있다는 사실은 철학함의 의미를 실현하기 위해 주류 철학이 채택했던 전략251)에 어떤 문제가 있었다는 것을 드러내기에는 충분하다. 물론 주류

---

251) '전략(戰略)'은 본래 "전쟁을 전반적으로 이끌어가는 방법이나 책략"을 뜻하는 군사 분야의 용어이지만, 오늘날에는 그 범위가 확장되어 "정치, 경제 따위의 사회적 활동을 하는 데 필요한 책략"을 뜻하는 용어로도 통용된다. 여기서 필자는 주류 철학자들이 "어떻게 지혜롭게 될 것인지 묻고 대답하는 방식 및 이러한 일련의 과정에서 파생되는 물음들과 그 물음들에 대답하는 방식"을 나타내기 위해서 '전략'이라는 용어를 채용했다. 이렇게 본다면 제1부의 기술은 주류 철학자들이 철학하기를 위해서 채택했던 전략에 따른 사유와 그 사상을 개관한 것이라고 할 수 있겠다.

철학자들도 어떻게 인간이 스스로 지혜롭게 될 수 있는지에 대해 치열하게 사유했다는 것은 부정할 수 없는 사실이다. 그러나 그들의 사상은 예기치 않게도 우리가 철학함의 유의미성을 상실하게 만들거나 어떤 종류의 폭력을 정당화해줌으로써 결과적으로 우리를 지혜로운 삶으로부터 오히려 멀어지는 쪽으로 안내하는 꼴이 되어버렸다. 이와 같이 출발점에서는 문제가 없었는데도 종착점에서 문제가 생겼다면 그 전략에 문제가 있었다고 진단할 수밖에 없다. 이러한 상황에서도 우리가 스스로 지혜롭게 되기를 포기하지 않겠다고 결단한다면, 우리에게는 주류 철학의 그것과는 다른 새로운 전략을 탐색해야 할 필요가 있다.

그것이 어떤 것이든 간에 우리가 스스로 지혜롭게 되기 위한 새로운 전략을 탐색하고 그 새로운 전략에 따라 지혜를 추구하는 일은, 한편으로는 지혜를 사랑하는 것이라는 철학의 근본 의미를 보존하지만, 다른 한편으로는 주류 철학자들이 채택한 전략을 따르지 않는다는 점에서 주류 철학을 넘어선다. 이러한 점에서 필자는 그것을 '포스트철학(postphilosophy)'이라고 명명하고자 한다.

그러나 이 '포스트철학'이라는 용어는 새로운 것이 아니다. 미국의 철학자 리처드 로티는 1982년에 펴낸 자신의 논문 모음집 『실용주의의 결과들』의 「서론: 실용주의와 철학」에서 '철학'을 "('진리', '합리성', '선' 등과 같은) 특정한 규범적 개념들의 본성에 관해 질문을 제기하는 것"을 의미하는 '대문자 철학(Philosophy)'과 "가장 넓은 의미에서 사물들이 가장 넓은 의미에서 서로 어떻게 연관되는지를 보이려는 시도"를 의미하는 '소문자 철학(philosophy)'으로 구분하고, "대문자 철학 및 거기에 종사하는 전문가로서의 철학자들(Philosophers)이 없는 세상"을 나타내기 위해 '포스트-철학적 문화(post-Philosophical culture)'라는 용어를 사용했다.[252]

앞에서 보았듯이 로티가 말하는 대문자 철학은 '진리'나 '선'과 같은 규범적 개념들의 의미를 정의하려는 철학이다. 이것은 모든 분야의 학문이 탐구하는 지식들의 토대(foundation) 혹은 초역사적인 아르키메데스적 점을 구축하려는 것이고, 모든 학문의 지식 주장의 정당성을 판정하는 최종적인 재판정이 되려는 것이다.[253] 이러한 점에서 로티가 말하는 대문자 철학은 필자가 줄곧 '주류 철학'이라고 명명해온 것과 거의 일치한다. 따라서 그가 제시하는 포스트-철학적 문화는 주류 철학에 반대하는 (anti-Philosophical) 입장을 드러내는 것이라고 할 수 있으며, 이러한 점에서 그것은 필자가 제안하는 포스트철학과 '부분적으로는' 같은 맥락에 있다고 볼 수 있다.

그러나 필자가 제안하는 포스트철학은 주류 철학에 '단적으로' 반대하지 않는다. 주류 철학이 지혜를 사랑하는 것이라는 철학의 근본 의미를 실현하고자 했음은 분명한 사실이다. 다만 주류 철학은 지혜롭게 되기 위해서 지식을 추구하는 접근법을 채택했고, 이 때문에 철학은 지식을 추구하는 활동으로서의 학문과 동일한 것이 되었다. 이러한 학문=철학은 근대 이후 대대적으로 진행된 학문의 분과화를 겪으면서 하나의 분과학문으로서의 '철학'으로 축소되었지만, 그것은 다른 어떤 분과학문도 접근하지 않는 문제들, 단적으로 말해서 존재자의 존재 근거, 인식의 의미와 조건, 좋음 혹은 아름다움의 개념 등과 같이 경험적인 방법으로는 탐구할 수 없는 문제들을 탐구하는 역할을 떠맡았다. 물론 이 문제들에 대한 주류 철학의 탐구 결과들이 여러 가지 난점을 내포하는 것으로 판명되긴 했지만, 그렇다고 하더라도 그 문제들을 해명하는 것이 우리가 스스로 지혜롭게

---

252) Cf. R. Rorty, *Consequences of Pragmatism*, 4th printing, (Minneapolis: University of Minnesota Press, 1989), pp. xiv-xv, xxi, xxxviiff.
253) Cf. R. Rorty, *Philosophy and the Mirror of Nature*, 2nd printing, with correction, (Princeton: Princeton University Press, 1980), pp. 3f.

되기 위한 하나의 조건임을 부정하기는 어렵다. 왜냐하면 그 문제들을 해명하지 않고서는 우리는 지혜로운 삶이 무엇인지조차도 제대로 알 수 없을 것이기 때문이다. 그렇다면 주류 철학을 넘어서고자 하는 포스트철학이라고 하더라도 저 철학의 문제들을 그저 무시할 수만은 없으며, 오히려 새로운 시각에서 더 적극적으로 탐구해야 할 문제들로 끌어안지 않을 수 없을 것이다.

이러한 점에서 필자가 제안하는 포스트철학은 "주류 철학을 이으면서도 동시에 넘어서는 철학"이다. 이것은 확실히 모호하다고 할 수밖에 없는 말이지만, 오히려 그러한 모호성이 포스트철학의 면모를 더 잘 드러내기도 한다. 예컨대 기존의 명칭에 '포스트'라는 접두사254)를 붙여 만든 '포스트모더니즘'이나 '포스트구조주의'는 단지 '모더니즘 다음' 혹은 '구조주의 다음'이라는 느슨한 의미만 가지며, 그 이전의 사조(思潮)를 부분적으로는 이으면서도 동시에 부분적으로는 넘어서려는 다양하고 심지어는 상반되어 보이기도 하는 일련의 시도들을 포괄하는 것이어서, 아직은 하나의 온전한 사조를 지칭한다고 하기에도 조심스러운 명칭들이라고 할 수 있다. 이와 마찬가지로 포스트철학도 새로운 하나의 완성된 철학 체계를 지칭하는 명칭이 아니다. 오히려 그것은 우리가 스스로 지혜롭게 되기 위해서 어떤 측면에서든 간에 그리고 어떤 형태로든 간에 주류 철학에서 이어야 할 것과 넘어서야 할 것이 무엇이며 어떻게 그렇게 할 수 있는지에 대해 사유하는 모든 시도를 망라하는 것이라고 해야 할 것이다.

그러나 이와 같이 포스트철학이 철학을 이으면서 동시에 넘어서는 것이라고 하더라도, 사실상 그것은 철학과 단적으로 구별되는 '다른 어떤 것'이라고 할 수 없다. 우리 논의의 출발점에서부터 줄곧 보아왔듯이 태생적으로 철학은 그 자신 속에 의미의 확장이나 변경을 내포하는 것이며,

---

254) 라틴어 post는 시공간적인 '뒤(後)'를 나타내는 부사 및 전치사지만 종종 접두사로도 활용된다.

실제로도 그 의미를 확장하거나 변경해왔다. 이러한 점에서 보면, 필자가 제안하는 포스트철학이라는 것도 계속해서 그 의미를 확장하거나 변경해 가는 철학 자체의 이행(移行)에서 언제라도 새롭게 등장할 수 있는 다양한 이형(異形) 중 한 가지일 뿐이다.

그렇다면 그냥 철학이라고 해도 될 것을 왜 굳이 '포스트'라는 접두사를 달아서 '포스트철학'이라고 하는가? 여기에는 두 가지 이유가 있다. 첫 번째 이유는 철학 자체가 그 의미의 확장이나 변경을 내포하는 것임을 강조하기 위해서이다. 말하자면 철학은 끊임없이 자신을 넘어서는 것이기 때문에 그 자체 내에 '포스트'라는 말의 의미가 결부된 것임에도 불구하고 그러한 특성이 부각되고 있지 않은 현실에 작은 파문(波文)이라도 일으켜보자는 것이다.

이러한 측면에서 본다면, 서양의 주류 철학도 끊임없이 자신을 넘어서는 철학의 이행에서 어느 한 자리를 차지하는 이형 중 한 가지일 뿐이라고 해야 할 것이다. 그럼에도 불구하고 서양의 주류 철학은 처음부터 줄곧 마치 철학의 '원형(原形)'인 것처럼 간주됐다. 여기서 '포스트철학'이라는 표현을 채택한 두 번째 이유가 파생한다. 말하자면 포스트철학은 서양의 주류 철학이 철학의 원형인 것처럼 굳어져 있는 현실에서 바로 그 철학을 넘어서려는 것임을 표방하는 것이다. 이는 로티가 대문자 철학(서양의 주류 철학)에 반대하여 'post-Philosophical'이라는 표현을 쓴 것과 같다.

만약 이러한 사실들이 충분히 알려지고 일반화된다면 굳이 '포스트'라는 말을 사용하지 않아도 될 것이다. 그러므로 '포스트'라는 것은 사실상 방편적이고 따라서 임시적이다. 그렇다고 하더라도 '포스트'라는 접두사가 오늘날 철학이 어떤 방향으로 어떻게 나아가야 할지를 암묵적으로 제약하는 역할을 한다는 것은 분명하다. 말하자면 '포스트'라는 접두사 때문에 포스트철학은 앞에서 언급한 것처럼 우리가 스스로 지혜롭게 되기 위해서 어떤 측면에서든 간에 그리고 어떤 형태로든 간에 주류 철학에서 이어야 할 것과 넘어서야 할 것이 무엇이며 어떻게 그렇게 할 수 있는지에 대해 사유하는 방향으로 나아가야 한다. 이러한 점은 포스트철학이 그 방향 측면에서는 어느 정도 제약되어 있지만, 그 대상이나 방법 측면에서는 무한하게 열려 있음을 의미한다. 이러한 상황에서 포스트철학의 제안자로서 감당해야 할 최소한의 소임은 그 한 가지 시론(試論)을 개진하는 것뿐이다.

2. 포스트철학은 진리보다는 일리를 추구한다

2.1. 독단의 문제

앞 절에서 언급했듯이 존재자의 존재 근거, 인식의 의미와 조건, 좋음 혹은 아름다움의 개념 등과 같은 철학의 주요 문제들을 해명하는 것은 여전히 우리가 스스로 지혜롭게 되기 위한 하나의 조건이다. 따라서 포스트철학도 저 철학의 문제들을 새로운 시각으로 다시 해명해야 할 필요가 있다. 그렇다면 포스트철학도 경험적인 방법으로 탐구할 수 없는 문제들을 탐구한다는 의미에서 기본적으로 형이상학적인 학문이라고 할 수 있다.

그런데 앞 장의 3.2.에서 보았듯이 형이상학은 적어도 두 가지 측면에서 난점을 드러낸다. 하나는 형이상학적 명제들이 어떻게 정당화될 수 있는가 하는 문제이고, 다른 하나는 형이상학 이론이 지배 권력의 이데올로기로서 기능할 수 있다는 문제이다. 형식적인 측면에서 본다면 이데올로기는 정당화되지 않은 명제들을 제1명제로 삼아 논리적으로 구축되는 사상 체계이므로, 후자의 문제는 결국 전자의 문제에서 파생되는 것이다.

따라서 우선 전자의 문제부터 생각해보자.

　형이상학적 명제들은 경험 불가능한 명제들이므로 그것이 정당화되어야 한다면 경험에 의해서가 아니라 논증에 의해 정당화되어야 할 것이다. 그런데 논증의 연쇄는 제1명제에 이르러 종결되고, 그 제1명제는 경험적으로 정당화될 수 있는 명제가 아니므로, 형이상학적 명제들로 이루어지는 지식 체계는 연역적인 지식 체계일 것이다. 따라서 형이상학적 명제들이 어떻게 정당화될 수 있는가 하는 문제는 결국 연역적 지식 체계의 제1명제들이 어떻게 정당화될 수 있는가 하는 문제로 환원된다.

　하나의 연역적 지식 체계에서 제1명제에 해당하는 정의들과 공리들은 '진리로 가정되는' 명제들이다. 그런데 어떤 측면에서 이 명제들은, 그것들이 진리가 아닐 경우 그것들을 전제로 하여 정당화된 수많은 제2, 제3의 명제들의 정당성을 확보할 수 없기 때문에, 진리로 '요청'되는 명제이기도 하다.[255] 예컨대 칸트는 『순수이성비판』에서는 "인간에게는 자유의지가 있다.", "신은 현존한다.", "불멸적인 영혼이 있다."라는 세 가지 명제의 진위를 논리적으로 증명하는 것이 불가능하다고 했지만, 『실천이성비판』에서는 자신의 윤리학 사상을 정당화하기 위해서 저 세 가지 명제가 진리로서 요청되지 않으면 안 된다고 주장한 것이다.

　그런데 이와 같이 제1명제를 '요청된 것'이라고 한다면, 확실히 본말이 전도되었다고 할 수 있다. 말하자면 그것은 제1명제를 근거로 하여 제2, 제3의 명제를 정당화하는 것이 아니라 제2, 제3의 명제를 정당화하기 위해서 제1명제를 진리로 가정해야만 한다고 주장하는 셈이다. 이런 식의 주장이 그 제1명제가 참으로 정당한 것이라는 확신을 주지 못함은 분명

---

255) 실제로 유클리드 기하학에서는 기하학 체계의 제1명제를 지칭하기 위해서 '요청하다'를 뜻하는 라틴어 동사 postulare에서 유래한 명사 postulate라는 용어를 사용하기도 한다. 현재 우리나라에서 이 용어는 '공준(公準)'으로 번역한다.

하다. 이와 같이 제1명제의 정당성이 의심스러움에도 불구하고 그것이 진리라고 '선포'한다면 그것을 근거로 하는 연역적 지식 체계는, 제2부 5장의 2.1.에서 보았듯이, 독단주의적일 수밖에 없다.

2.2. 탈독단의 실마리: 일리

지금까지의 형이상학적 이론들은 대부분 독단주의의 혐의에서 벗어날 수 없었다. 포스트철학도 일종의 형이상학적 학문이므로 동일한 난제를 떠안고 있다. 따라서 포스트철학이 유의미한 학문으로서 자리 잡기 위해서는 무엇보다도 먼저 독단주의의 혐의를 벗을 필요가 있다. 문제는 어떻게 그 혐의를 벗을 것인가 하는 것이다.

소박하게 접근해보자. 만약 어떤 명제를 '진리'로 단언하지 않더라도 누구도 그것의 '틀리지 않음'을 부정하지 않는다면 그러한 명제들을 제1명제로 하는 연역적 지식 체계는 독단주의라고 할 수 없을 것이다. 그렇다면 진리가 아님에도 불구하고 누구도 그것의 '틀리지 않음'을 부정할 수 없는 그러한 명제들을 어떻게 확보할 수 있는지가 문제이다. 여기서 필자는 '일리(一理)'에 주목한다.[256]

한자어 의미를 고려하면 '일리'는 "한 가지 이치"로도 또 "하나의 이치"로도 풀이될 수 있다. 표준국어대사전에는 "어떤 면에서 그런대로 타당하다고 생각되는 이치"와 "같은 이치"로 풀이되어 있다. 여기서 필자가 주목하는 것은 '한 가지 이치'로서의 일리로서, "자네 말에도 일리가 있네."라고 할 때의 바로 그 일리이다.

---

256) 필자가 '일리' 개념에 주목하게 된 직접적인 계기는 김영민의 저서 『진리·일리·무리』(서울: 철학과현실, 1998), 그중에서도 특히 이 저서에 수록된 논문 「진리·일리·무리: 인문학의 일리지평(一理地平)」이다. 그러나 이어지는 논의에서 확인하게 되겠지만, 이 논저에서 말하는 '일리'와 필자가 사용하는 '일리'의 기본적인 의미는 동일하나 그 세부적인 의미는 다소 상이하며, 특히 이 개념을 둘러싸고 전개되는 사유의 의미와 지향점에서는 상당한 차이를 드러낸다.

여기서 어떤 사람의 말에 일리가 있다고 판정하는 것은 적어도 그 말의 '틀리지 않음'을 승인하는 것이다. 그런데 "자네 말에도 일리가 있네."라는 식으로 말하는 경우에는, 다른 사람이 하는 다른 말에 대해서도 '일리가 있다'고 판정하는 것이 암묵적으로 승인된다. 결국 '한 가지 이치'로서의 일리는 서로 다른 주장을 담고 있는 두 가지 이상의 말이 각각 '틀리지 않음'을 승인할 수 있는 근거가 될 수 있는 것이다.

이러한 점에서 '한 가지 이치'로서의 일리는 우선 '진리'와 확연하게 구별된다. 제1부 2장에서 보았듯이 서양의 주류 철학에서 진리는 그것이 상대적이어서는 안 된다는 의미에서 절대적이다. 이것은 어떤 판단이 진리일 경우 그것과 반대 관계나 모순 관계에 있는 다른 판단은 결코 진리일 수 없음을 의미한다. 예컨대 "모든 S는 P이다."가 진리일 경우 "모든 S는 P가 아니다." 또는 "약간의 S는 P가 아니다."는 결코 진리일 수 없다. 이에 반해 일리는 서로 반대 관계나 모순 관계에 있는 판단 모두에 해당할 수 있다. 말하자면 "모든 S는 P이다."는 말도 일리가 있다고 하면서 동시에 "모든 S는 P가 아니다."라는 말도 일리가 있다고 할 수 있다(이런 일이 어떻게 가능한지는 차차 해명할 것이다).

이런 점에서 일리는 상대주의로 귀결되는 것처럼 보인다. 그러나 일리는 통상적으로 그 상대성이 인정되는 '의견'과도 다르다. 2장 4절에서 보았듯이 플라톤은 지식(epistēmē) 내지 진리(alētheia)와 의견(doxa)을 구별했다. 전자는 이성 능력을 통해 이데아를 인식한 것(지식), 따라서 참된 것(진리)을 뜻하고, 후자는 감각 능력을 통해 현실 세계의 대상을 감각한 것, 따라서 불확실하며 사람마다 다를 수 있는 것(의견)을 뜻한다. 그러나 지식 내지 진리와 의견을 대상 및 인식 능력 측면에서 형식적으로 대조를 이루는 개념 쌍으로만 이해해서는 안 된다. 지식 내지 진리는 이데아를 기준으로 해서 평가되기 때문에 절대적이고 불변적이지만, 의견은 주관적으로 표명되기 때문에 상대적이고 가변적이다. 말하자면 내가 알고 있는 것이 진리인지 아닌지는 그것이 이데아를 올바르게 반영하고 있는지 아닌지에 따라 결정되지만, 내가 표명하는 의견은 이데아와 무관하게 오직 자신의 느낌에 따라 표명될 수 있다.

요컨대 의견은 주관적으로 표명되는 것이지만, 일리는 주관적으로 표명되는 것이 아니다. 이러한 점은 진리나 일리라고 할 때의 '이(理)'라는 말의 의미를 통해서도 설명될 수 있다. '이'는 '이치'를 뜻하며, '이법' 내지 '법칙'을 뜻하는 서양의 로고스(logos)와도 비슷한 것이다. 마음 바깥에 있는 것이든 마음 안에 있는 것이든 간에 이치나 로고스는 내 마음대로 어떻게 할 수 있는 것이 아니다. 이와 같이 일리가 어쨌든 이치와 연관된다면, 어떤 주장이 일리가 있다거나 없다는 것은 주관적으로 표명되는 것이 아니라 이치에 준해서 평가되어야 한다. 말하자면 어떤 주장이 일리가 있다거나 없다는 것은 자의적으로 결정할 수 있는 것이 아니라 그 주장이 이치에 맞는지 그렇지 않은지에 따라 결정할 문제이다.

이 때문에 우리는 어떤 말이나 행위에 대해 일리 있다거나 무리(無理, 이치에 맞지 않음)라고 평가하는 사람에게 그 이유 내지 근거가 무엇인지 설명하라고 요구할 수 있다. 물론 우리가 행하는 모든 종류의 평가가 반드시 그 이유를 설명해야 할 요구를 받는 것은 아니다. 예컨대 어떤 무엇을 좋아하는 사람에게 그것을 왜 좋아하냐고 물을 때 아무 이유가 없다거나 좋으니까 좋다는 식의 대답을 듣는 경우가 많은데, 대부분 사람은 그런 식의 대답을 용인한다. 그것은 무엇을 좋아하거나 좋아하지 않는 것이 전적으로 그 사람의 주관적인 선호도에 달려 있다는 것을 모두가 승인하기 때문이다. 이와 달리 '일리'나 '무리'라는 말은 이치에 맞거나 맞지 않는다는 것을 함축하기 때문에, 따라서 주관적인 선호도나 의견에 따라 평가할 수 있는 것이 아니기 때문에, 어떤 말이나 행위가 일리 있다거나 무리라는 평가는 그 평가의 이유에 대한 설명을 요구받는 그러한 종류의 평가라고 할 수 있다. 따라서 만약 누군가가 내 말에 대해 무리라고 평가한다면, 나는 그에게 그 이유가 무엇인지 물을 수 있고, 그도 이 물음에 대답해야 할 의무를 부여받고 있는 셈이다.

이와 같이 우리가 어떤 말이나 행위가 일리 있다거나 무리라고 평가할 경우에는 그렇게 평가할 만한 분명한 이유가 있기 때문일 것이다. 그런데 우리가 분명한 이유에 입각하여 어떤 말이 일리가 있다거나 무리라고 평가할 때, 평가를 나타내는 언명과 그 이유를 나타내는 언명은 후자를 전제(논거)로 하고 전자를 결론(주장)으로 하는 하나의 논리적인 관계를 형성한다. 이때 이유를 나타내는 언명이 정당화되기 위해서는 그것을 정당화하는 또 다른 이유 언명을 찾아야 할 것이고, 이러한 논리적 연쇄는 제1명제에 이를 때까지 이어질 것이다. 결국 어떤 말이나 행위가 일리 있다거나 무리라는 평가는 하나의 연역적 지식 체계를 기반으로 해서 이루어지는 것이라고 할 수 있다.

여기서 주의할 점은 어떤 말이 일리 있다는 평가의 근거가 되는 연역적 지식 체계가 하나뿐인 것이 아니라 다수일 수 있다는 것이다. (이 때문에 그 말에 대한 평가는 '진리이다'라는 평가가 아니라 '일리 있다'는 평가가 된다.) 이것은 곧 서로 다른, 심지어 서로 반대되거나 모순되는 다수의 제1명제들에서 출발하는 다수의 연역 체계가 가능하다는 것을 의미한다. 이 경우에 우리는 각각의 연역 체계에 근거하여 타당하게 도출된 평가들이라면 서로 다른 다수의 평가 각각에 대해서도 '틀리지 않다'고 말할 수 있다. 이 경우에 각각의 평가는 '진리'라고 하는 것 아니라 '일리 있다'고 하는 것이다.

예컨대 "두 점 사이를 잇는 최단 거리 선은 직선이다."라는 언명과 "두 점 사이를 잇는 최단 거리 선은 직선이 아니다."라는 언명은 서로 반대되는 언명들이다. 만약 이 두 언명이 하나의 단일한 연역 체계에 근거하여 단언된 것들이라면 적어도 둘 중 하나는 참이라고 할 수 없을 것이다. 그러나 만약 이 두 언명이 서로 다른 연역 체계에 근거하여 단언되는 것이라면, 즉 전자는 공간이 평평하다는 것을 제1명제로 포함하는 연역 체계에 근거하여 단언된 것이고 후자는 공간이 휘어져 있다는 것을 제1명제로 포함하는 연역 체계에 근거하여 단언된 것이라면, 누구도 양자 각각을 절대적 진리라고 하지는 않겠지만 동시에 누구도 양자 모두의 '틀리지 않음'을 부정할 수도 없을 것이다.

따라서 어떤 언명이 일리 있다는 것은 그 언명의 '내용'에 달린 것이 아니라 그 언명의 근거가 되는 연역 체계의 제1명제들이 각각 정당한 것으로 승인되는가, 그리고 그러한 제1명제로부터 논리적으로 타당하게 추론된 것인가의 여부에 달린 것이다. 그렇다면 이제 우리는 어떤 말에 대해 무리(無理)라고 평가한다면, 그 이유가 어떤 것인지도 분명하게 말할 수 있다. 예컨대 어떤 말이 논리적으로 부당한 추론을 통해 정당화되는 경우이거나, 타당한 추론을 통해 정당화된다고 하더라도 그 제1명제가 일리 있다고 승인받지 못한 경우라면 그 말은 무리하다고 평가될 수 있는 것이다.

논리적으로 부당한 추론에 근거한 말은 확실히 무리한 것이다. 그러나 그것은 언제라도 교정 가능하다. 따라서 어떤 말이 무리라고 평가할 경우 그 결정적인 요인은 그 평가의 근거가 되는 연역 체계의 제1명제들이 일리 있다고 승인받지 못한다는 데 있다. 그렇다면 다양한 연역 체계의 제1명제들이 일리 있다거나 무리라고 평가하는 근거는 무엇인가 하는 문제가 남는다.

연역 체계의 제1명제들에 해당하는 것은 공리 혹은 공준과 정의(定義)이다. 공리나 공준은 그 일리 있음이 그렇게 어렵지 않게 확인될 수 있는 명제들이므로 여기서는 우선 정의에 대해서만 생각해보자.

2.3 정의와 알레테이아

정의는 개념의 의미를 규정하는 것이다. 1장 3절에서 보았듯이 정의를 표현하는 일반적인 문장형식은 "A는 B이다."이다. 여기서 피정의항인 주어 A는 정의의 대상인 개념에 해당하는 것이고, 정의항인 술어 B는 개념 A의 의미에 해당하는 것이다. 이때 개념은 사물을 지시하기 위한 이름이고, 개념의 의미는 그 개념으로 지시되는 사물이 무엇인가 하는 것, 즉 그 사물의 '무엇임(whatness, being)'을 나타낸다. 사물의 '무엇임'을 통상 '본질'이라고도 하므로, 결국 정의는 사물의 본질을 드러내는 것이다.

그런데 본질에 해당하는 유럽의 언어들은 모두 '[무엇]이다' 혹은 '있다'를 의미하는 be동사의 과거분사에서 비롯된 것이라는 특징이 있다.[257] 예컨대 영어와 불어의 essence는 라틴어 essentia에서 유래했는데, 이것은 be동사에 해당하는 라틴어 esse의 3인칭 복수 과거분사 essent에서 비롯된 명사이다. 또 독어의 Wesen도 be동사에 해당하는 sein의 과거분사 gewesen에서 비롯된 부정법 명사이다. 따라서 essence나 Wesen의 문자적 의미는 '[무엇]이었던 것' 혹은 '있었던 것'이라고 할 수 있다.

이러한 측면에서 본다면, 정의가 사물의 본질을 '드러낸다'는 것은 '이미 있던 것'을 드러나게 한다는 것, 다시 말해서 이미 있던 그것이 지금까지는 드러나지 않았지만 이제 드러나게 한다는 것을 함축한다. 정의를 이런 식으로 이해하는 관점의 기원은 플라톤 사상이다. 1장 3절과 2장 4절에서 보았듯이 플라톤 사상에서 '이데아'는 '형상'이나 '본질'을 의미한

---

257) Cf. 오용득, 「우콘토로지: 온토로지의 계보학과 질료로서의 인간 사유」, 연세대 인문학연구원 편, 『인문과학』 제102집 (2014), pp. 133-134.

다. 어떤 사물의 이데아를 인식한다는 것은 그것의 본질이 무엇인지를 안다는 것이고, 이것은 다시 그 사물의 이름에 해당하는 개념을 정의할 수 있다는 것이다.

아직 남은 문제는 우리 인간이 어떻게 이데아를 인식할 수 있느냐, 다시 말해서 어떻게 개념을 정의할 수 있느냐이다. 이에 대해 플라톤은 한편의 우화를 통해 대답해준다. 이 우화는 앞의 2장 4절에서 이미 소개한 것이지만 여기서 다시 한번 살펴본다.

> 영혼이 아직 육체 속으로 들어오기 전에 두 마리 말이 끄는 마차를 타고 하늘 저편의 세계를 여행하고 있었다. 이 여행의 목적은 이데아 세계를 관람하는 것이다. 그런데 이데아 세계에 가까이 도달할 즈음 하늘길의 오르막에서 말들을 잘 조종하지 못하면 마차가 뒤집히면서 그 영혼은 지상으로 떨어져 육체 속에 갇혀버린다. 그렇게 거꾸로 떨어지는 긴박한 상황에서도 영혼은 저 멀리 이데아 세계를 보긴 하지만, 육체 속에 갇히는 순간 그렇게 본 이데아 세계를 기억해내지 못한다, 기억 저장고에는 분명히 이데아에 대한 기억이 있지만 육체가 영혼의 기억인출 활동을 방해하기 때문이다. 그러나 이데아의 기억이 영원히 인출되지 않는 것은 아니다. 영혼 활동에 대한 육체의 간섭이 없다면 언제든지 기억인출이 가능해진다. 육체의 간섭을 없애기 위해서는 영혼이 육체에서 비롯되는 욕구에 휘둘리지 않아야 한다. 영혼이 욕구를 적절하게 제어하면서 자유로워질 때 비로소 영혼은 이데아의 기억을 인출할 수 있는 것이다.

이 우화에서 나타나듯이 플라톤은 이데아의 인식을 '이미 있던 기억 내용을 인출하는 것'과 같은 것으로 설명한다. 고대 그리스어에는 이와 같은 '기억인출'을 의미하는 유명한 단어가 있는데, 'alētheia'가 바로 그것이다. 알레테이아는 문자적으로 a + lēthē로 분석되는데, 이는 '레테가 아닌 것'이라는 뜻이다. 여기서 레테는 그리스신화에 등장하는 '망각의 강'으로서, 죽은 자의 영혼이 지하의 세계로 들어갈 때 이승에서의 모든 기억을 잊어버리게 만드는 강이다. 따라서 레테가 아닌 것으로서 알레테이아는 '망각이 아닌 것', 따라서 '기억인출'이라는 의미를 지닌 것이다.

나중에 20세기 독일의 철학자 하이데거는 이 '알레테이아'라는 용어를 '비은폐성(숨겨져 있지 않음)'이라는 의미의 독어 'Unverborgenheit'라는 말로 풀이했다.[258] 이는 고대 그리스 사람들이 망각과 기억인출을 기억 내용의 은폐함과 탈은폐함으로 이해했다는 점에서 착안된 것으로 보인다. 말하자면 고대 그리스인들은 망각을 영혼 속의 기억 내용이 가림막 같은 것으로 가려져 있어서 밖으로 표출되지 않는 것으로, 반대로 기억인출을 그 가림막이 걷혀서 비로소 기억 내용이 밖으로 표출되는 것으로 이해했다.

그런데 하이데거는 이 비은폐성이라는 용어를 자연적이든 인공적이든 간에 모든 존재자의 생성 과정을 설명하는 것으로 전유(專有)했다. 우선 자연의 생성 과정, 즉 퓌시스(physis)는 탈은폐의 과정이다. 그에 따르면, 퓌시스의 근원적인 의미는 "자기 자신으로부터 솟아 나오는 것(예컨대 장미꽃의 피어남), 스스로 열려 펼쳐짐, 그러한 펼쳐짐을 통해 자신을 나타나게 함, 그리고 자신을 그러한 펼쳐짐 속에 계속 있도록 함"[259]이다.

예컨대 장미꽃이 피어나는 과정을 보자. 장미나무의 뿌리에서 흡수된 물질이 바깥으로 배출되지 않고 나무속에 축적될 때 나무의 크기가 더 커지는 것은 양적으로 부풀어 오름으로서의 생장이다. 그러나 그 나무의 줄기에서 장미꽃이 피어나는 것은 단순히 그 나무가 양적으로 부풀어 오르는 것이 아니라 질적으로 다른 새로운 차원의 생장이다. 그런데 나무에서 어떻게 질적으로 다른 꽃이 피어나는 것일까?

물론 그것은 장미의 DNA에 프로그램된 생장의 메커니즘에 따른 것이다. 말하자면 뿌리를 통해 흡수된 물질을 분해한 다음 어떤 재료를 만들어 어디에

258) M. Heidegger, "Vom Wesen der Wahrheit", *Wegmerken*, <Martin Heidegger Gesamtausgabe> Bd. 9, (Frankfurt a. M.: Vittorio Klostermann, 1979), p. 188.
259) M. Heidegger, *Einführung in die Metaphysik*, <Martin Heidegger Gesamtausgabe> Bd. 40, (Frankfurt a. M.: Vittorio Klostermann, 1983), p. 16.

얼마만큼 언제까지 보낼 것인지를 미리 결정해둔 DNA라는 일종의 설계도 덕분에, 일정한 시간이 되면 특정한 곳에서 장미꽃이 피어나는 것이다. 이때 장미꽃이 피어나는 것을 주재하는 다른 어떤 힘이 작용하는 것이 아니라 장미그 자체 속에 그러한 힘이 있다는 것이 중요하다. 이러한 점에서 장미꽃의 피어남은 장미꽃 '스스로-자기-밖으로-나섬(In-sich-aus-sich-Hinausstehen)'[260]이며, 따라서 장미꽃은 스스로 자기 자신을 탈은폐하는 것이라고 할 수 있다.

하이데거는 자연적 생성뿐만 아니라 예술작품이나 기술적인 제작품과 같은 인공물의 생성도 모두 자기 자신의 탈은폐함이라고 한다. 그에 따르면, 예술의 본질은 어떤 존재자가 무엇인가를 작품의 형태로 나타나게 하는 것이다.[261] 또한 기술도 "일종의 탈은폐함"이다.[262] 이는 예술과 기술의 '술(術)'을 뜻하는 고대 그리스어 테크네(technē)의 근원적인 의미에서 비롯된 것이다. "테크테는 알레테우에인(alētheuein)의 한 가지 형식이다."[263] 알레테우에인은 알레테이아의 동사 형태로서, '기억인출하다', 따라서 '탈은폐하다'를 의미한다.

이러한 점에서 예술과 기술도 자연과 마찬가지로 스스로 자기 자신을 탈은폐하는 과정이다. 다만 자연과 달리 예술과 기술의 자기 탈은폐 과정에는 인간이 개입하는데, 이때 인간이 행사하는 힘은 탈은폐되는 그것이 자신을 탈은폐하는 과정에서 사용하는 수단과 같은 것이다. 예컨대 예술작가는 스스로 구상하고 그 구상한 것을 자신의 계획에 따라 작품으로 실현하는 것이 아니라 탈은폐되어야 할 그것이 스스로 자신을 탈은폐하는 방식에 따라 그것을 탈은폐시켜주는 자이다.

---

260) *ibid.*, p. 17.
261) "예술의 본질은 존재자의 진리를 작품으로 정립하는 것이다."(M. Heidegger, "Der Ursprung des Werkes", in *Holzwege*, <Martin Heidegger Gesamtausgabe> Bd. 5, (Frankfurt a. M.: Vittorio Klostermann, 1977), p. 21.
262) M. Heidegger, "Die Frage nach der Technik", in *Vorträge und Aufsätze*, 4te Aufl. (Tübingen: Neske, 1978), p. 16.
263) *ibid.*, p. 17.

석불상을 만드는 제작자가 좋은 예일 것이다. 석불상 제작자는 자신의 구상과 계획에 따라 불상을 창조하는 자가 아니라 바위 안에 앉아 있으면서 밖으로 나가고자 하는 부처를 그 나가고자 하는 부처 자신의 방식에 따라 밖으로 꺼내주는 조력자이다. 밖으로 나가고자 하는 부처가 불상 제작자의 도움을 받아, 더 적나라하게 말하자면 불상 제작자를 이용하여 스스로 밖으로 나오는 것이다.

2.4. 알레티아아와 일리

20세기 후반에 활동한 독일의 철학자 한스 게오르크 가다머는 하이데거가 분석한 알레테이아의 의미를 계승한다. 가다머는 예술작품의 존재 방식이 놀이의 존재 방식과 같다고 보고, 놀이의 존재 방식을 세밀하게 분석함으로써 예술이 일종의 알레테이아임을 보여준다.

우선 놀이는 놀이하는 사람을 통해서만 존재할 수 있다. 예컨대 야구선수들이 없다면 야구는 존재할 수 없다. 그러나 놀이하는 사람은 그 놀이의 주체가 아니다.[264] 야구선수는 마음 내키는 대로 자유롭게 움직임을 취할 수 없다. 주자가 없는 상황이라면 유격수는 자신 앞으로 굴러오는 타구를 잡아 '반드시' 1루수 쪽을 공을 던져야 한다. 만약 1루에 주자가 있는 상황에서 유격수 쪽으로 타구가 굴러가면, 2루수는 2루 베이스로 이동해야 하고 유격수는 타구를 잡아 2루수 쪽으로 던져야 한다. 이와 같이 야구선수는 그때그때 상황에 따라 자신이 어떻게 움직여야 할지를 자기 자신이 자유롭게 결정하는 것이 아니다. 이러한 점에서 놀이하는 사람은 그 놀이를 자신의 의도대로 만들어가는 주체가 아닌 것이다.

---

264) H. G. Gadamer, *Wahrheit und Methode - Grundzüge einer philosophischen Hermeneutik*, 3., erweiterte Aufl. (Tübingen: J. C. B. Mohr, 1972), p. 98

그렇다면 야구선수를 특정한 방식으로 움직이게 만드는 그 힘은 도대체 무엇인가? 이에 대해 가다머는 "놀이의 존재 방식은 자기표현이다."[265]라고 주장한다. 말하자면 놀이 자체가 놀이하는 사람을 이리저리로 움직이게 함으로써 그 놀이가 무엇인지를 표현하는 것이다. 예컨대 야구는 야구선수들을 이리저리로 움직이게 함으로써 야구가 무엇인지(야구의 무엇임)를 표현하는 것이다. 이 때문에 우리는 특정한 하나의 야구경기를 보면서 "이건 야구가 아니야!" 혹은 "그래 이게 바로 야구지!"라고 말할 수 있다. 말하자면 우리는 '특정한' 야구경기를 보기도 하지만 동시에 '야구 자체' 혹은 '야구가 무엇인가 하는 것'을 보기도 하는 것이다.

여기까지만 보면 가다머의 예술 사상은 하이데거의 그것을 다른 방식으로 재구성한 것일 뿐이라고 볼 수도 있다. 그러나 반드시 그렇지만은 않다. 예컨대 하이데거는 플라톤의 이데아처럼 영원하고 불변적인 '무엇임 자체(Sein selbst)'의 탈은폐를 주장하고 있는 것처럼 보인다. 이러한 점에서 하이데거는 여전히 전통적인 의미에서의 '본질'과 그것의 인식으로서의 '진리'를 중요하게 생각하는 것처럼 보인다. 그러나 가다머는 여기서 한 걸음 더 나아간다.

앞에서 보았듯이, 가다머는 예술작품의 존재 방식이 놀이와 같다고 했다. 이 때문에 놀이가 놀이하는 사람에 의해 놀이됨으로써 비로소 존재하듯이 예술작품은 공연되거나 관람됨으로써 비로소 존재하게 된다. 이런 점에서 예술작품은 '이미 형성되어 있는 것'이 아니라 '형성되[고 있는 것'이라고 할 수 있다. 이와 같이 예술작품이 '형성되[고 있]는 것'이라면, 그것은 그 자체로 존재할 수 없고 반드시 그것이 형성되도록 해주는 어떤 매개체를 필요로 한다.[266] 예컨대 놀이하는 사람, 연주자나 연기자, 관람

---

265) *ibid.*. p. 103.

자 등이 바로 그러한 매개체이다.

그런데 공연이나 연주는 항상 해석을 수반한다. 예컨대 희곡작품「로미오와 줄리엣」은 '이미 형성되어 있는 것'이 아니라 그때그때의 공연을 통해서 '형성되[고 있는 것'이다. 그러나 이 작품은 언제 어디서나 똑같은 모습으로 공연되지 않는다. 말하자면 그 희곡작품이 갑이라는 연출자에 의해 연출되어 A 극단에 의해 공연된다는 것은 그 작품이 연출자 갑과 A 극단의 배우들에 의해 해석됨으로써 하나의「로미오와 줄리엣」으로 존재한다는 것을 의미하고, 같은 그 희곡작품이 을이라는 연출자에 의해 연출되어 B 극단에 의해 공연된다는 것은 그 작품이 연출자 을과 B 극단의 배우들에 의해 해석됨으로써 다른 하나의「로미오와 줄리엣」으로 존재한다는 것을 의미한다.

그렇다면 이것은 일종의 상대주의가 아닌가? 하나의 작품을 해석자마다 각각 자의적으로 다르게 해석할 수 있다는 식의 상대주의가 아닌가? 이에 대해 가다머는 자신의 사상이 그러한 의미의 상대주의가 아님을 주장하기 위해서 자신이 염두에 둔 해석의 의미가 어떤 것인지를 분명하게 밝힌다. 그것은 이른바 '작품 그 자체로부터 오는 해석'이라고 명명해볼 수 있는 종류의 해석이다.

> 예술작품의 연주나 공연의 다양성이 놀이하는 사람의 주관적인 해석 때문인 것으로 소급될 수 있다 하더라도, 그러한 다양성은 놀이하는 사람의 개인적인 의견이라는 주관성에 사로잡혀 있는 것이 아니라 살아서 현존하고 있다. 그러므로 단순한 주관적 해석들에 따른 다양성이 아니라 작품 자체가 그 다양한 국면들로 해석될 가능성을 가지고 있다는 이른바 작품 자체의 고유한 존재 가능성들이 문제시된다.[267]

하나의 작품은 분명히 다양하게 해석될 수 있지만, 그것은 해석자가 저

---

266) *ibid.*, p. 112.
267) *ibid.*, p. 112.

마다 주관적으로 해석해도 좋기 때문에 다양한 해석이 가능한 것이 아니라, 작품 자체가 그때마다 다르게 존재할 수 있기 때문에 해석 역시 그때마다 달라질 수밖에 없다는 것이다.

위에서 예로 든 「로미오와 줄리엣」의 경우를 다시 보자. A 극단과 B 극단은 「로미오와 줄리엣」을 서로 다르게 해석했지만, 야구선수가 자의적으로 자신의 움직임을 취할 수 없듯이 두 극단도 그것을 자의적으로 해석한 것은 아니다. 말하자면 야구선수가 야구 자체를 나타내기 위해서 몸을 적절하게 움직이듯이 두 극단 모두 작품 자체를 탈은폐하기 위해서 작품 자체로부터 오는 해석을 한 것이다. 결국 A극단에 의해 공연된 「로미오와 줄리엣」과 B극단에 의해 공연된 「로미오와 줄리엣」은 두 가지 다른 작품이 아니라 '두 가지 다른 모습으로 나타난 동일한 작품'이라고 할 수 있는 것이다.

이러한 맥락에서 본다면, 다양하게 해석된 작품이라도 그것이 해석자의 주관적인 해석이 아니라 작품 그 자체를 탈은폐하는 해석이라면 사실상 그 모두가 '올바른(틀리지 않은)' 해석이라고 할 수 있다. 이것은 '유일하게 올바른' 해석이란 있을 수 없다는 것을 의미한다.[268] 그렇다고 해서 장님 코끼리 만지기 식의 다양한 해석이 가능하다는 것은 아니다. 이것은 여러 해석자가 하나의 작품을 이루는 부분 중의 한 가지씩만 보고 각자 자신이 본 것만이 그 작품의 유일하게 올바른 해석이라고 주장하는 것으로서, 사실상 유일하게 올바른 해석을 지향하는 해석이다. 그러나 가다머의 해석이론에서는 작품 자체가 다양한 모습으로 존재하기 때문에 해석도 다양하게 이루어질 수밖에 없다는 것이 중요하다.

이러한 점에서 가다머의 알레테이아는 '진리'를 드러내는 것보다는 '일

---

268) "우리 역사적 현존재의 유한성이라는 측면에서 볼 때, 유일하게 올바른 이념이라는 표현은 대체로 이치에 맞지 않는 것처럼 보인다."(*ibid.*, p. 114.)

리'를 드러내는 것에 더 가깝다. 말하자면 가다머의 사상에서 해석은 절대적인 것이 아니라 다양한 것일 수 있기 때문에 전통적인 의미에서의 '진리'(유일하게 올바른 것)라고 할 수 없고, 또 그 다양한 해석들은 모두 작품 자체로부터 오는 해석들이기 때문에 각각 '일리 있다'(각각 모두 틀리지 않다 혹은 올바르다)고 평가될 수 있는 것이다.

2.5. 정의의 일리성과 탈독단

이러한 가다머의 해석이론은 개념 정의의 문제로서 알레테이아 개념에 녹아 있는 새로운 특성을 찾아낸 것이라고 할 수 있다. 요컨대 개념 정의를 알레테이아로 이해한다면, 사물의 의미는 사물 자체로부터 탈은폐되는 것이다. 그런데 문제는 사물이 어떻게 자신의 의미를 탈은폐하는가이다. 우리는 하이데거가 『존재와 시간』 15-16절에서 시도한 사물의 근원적 의미에 대한 분석에서 이 문제를 풀어낼 수 있는 하나의 실마리를 발견할 수 있다.

하이데거에 따르면, 우선 우리가 통상적으로 '사물(Ding)'이라는 용어로 나타내고자 하는 것은 '주어져 있는 것', '규정되지 않은 것'이다.[269] 다른 용어로 말하자면 그것은 '질료'와 같은 것이다. 그런데 '질료'라는 말의 의미에서 드러나듯이, 규정되지 않은 것으로서의 사물은 우리에게 '아무것도 아닌 것(not to be anything) = 존재하지 않는 것(nothing)'이다. 그렇다면 우리에게 '무엇인 것(to be anything) = 존재하는 것(being)'으로서의 사물은 어떤 것인가?

하이데거는 고대 그리스인들이 사물을 '프라그마타(pragmata)'라고 지

---

269) M. Heidegger, *Zein unt Zeit*, Zwölfte, unveränderte Aufl. (Tübingen: Max Niemeyer, 1972), p. 68.

칭했다는 것에 주목한다. 프라그마타는 '행하다'를 뜻하는 prassein 혹은 praxein에서 파생된 명사로, 어떤 의미에서든 '행위'와 연결된다. 행위는 일정한 목적을 성취하기 위한 것이다. 그리하여 하이데거는 프라그마타에 "무엇을 하기 위한 어떤 것(etwas, um zu …)"[270]이라는 의미가 함축되어 있다는 점을 간파하면서 '우리에게 존재하는 것으로서의 사물'이란 기본적으로 '도구'로서의 사물이라고 주장한다.

이어서 하이데거는 도구의 비은폐성에 대해 논한다. 그에 따르면, "도구는 자기 자신으로부터 그 자신을 나타나게 한다."[271] 이때 도구가 자신을 탈은폐하는 방식은 '사용'이다. 말하자면 도구는 무엇을 하기 위해 사용되면서 비로소 도구로서 자기 자신을 탈은폐한다. 예컨대 하나의 돌조각은 단단한 물건이나 달군 쇠 따위를 두드리기 위해 사용되면서 비로소 '망치'로서 존재하게 되고, 물건을 베거나 깎거나 썰기 위해서 사용되면서 비로소 '칼'로서 존재하게 된다.

여기서 중요한 것은 그 돌조각을 망치로 사용할 것인지 칼로 사용할 것인지를 우리가 '자의적으로' 결정하는 것이 아니라는 점이다. 우리가 그것을 아무리 망치나 칼로 사용하고자 하더라도 그것이 그 용도에 적합하지 않다면 우리는 그것을 결코 망치나 칼로 사용할 수 없다. 말하자면 그 돌 자체 속에 망치나 칼로 사용될 수 있는 '가능성'이 은폐되어 있기 때문에 우리는 그것을 망치나 칼로 사용할 수 있는 것이다. 이러한 점에서 '사용' 여부는 사용하는 사람이 결정하는 게 아니다. 사용되는 그것은 그 자신 속에 이미 사용 가능성을 가지고 있었다. 사용하는 사람이 사용되는 그것 속에 이미 있는 방식에 따라 그것을 사용할 때, 사용되는 그것은 사용하는 사람의 사용을 통해 비로소 자기 자신을 탈은폐한다.

---

270) *ibid.*, p. 68.
271) *ibid.*, p. 69.

이러한 도구의 비은폐성 논제에서 '사용'은 가다머 사상에서의 '해석'과 다르지 않다. 하나의 돌조각을 어떤 사람은 망치로 해석하고 다른 어떤 사람은 칼로 해석할 수 있다. 물론 그 돌조각에는 이와 같이 다양하게 해석될 수 있는 가능성들, 즉 그것의 고유한 존재 가능성들이 내재해 있다. 따라서 그 각각의 가능성을 탈은폐하는 해석들은 모두 자의적인 것이 아니라 그 돌조각 자체로부터 오는 해석이며, 따라서 모두 '올바른' 해석이다. 그러나 각각의 해석들이 모두 올바른 해석이긴 하지만 그 어떤 것도 '유일하게 올바른' 해석은 아니기 때문에 그 하나하나 모두를 '진리'인 해석이라고 할 수는 없고 각각 '일리 있는' 해석이라고 할 수 있는 것이다.

그렇다면 일정한 정의에 따라 만들어진 인공물의 경우는 어떨까? 예컨대 망치의 정의에 준해서 만들어진 무쇠 망치를 보자. 기존 망치의 정의는 "단단한 물건이나 달군 쇠 따위를 두드리기 위해 사용되는 연장"이다. 여기에는 '무기(武器)'라는 의미가 들어 있지 않다. 그러나 우리는 그 무쇠 망치를 얼마든지 무기로 사용할 수 있다. 이 경우 우리는 망치를 '잘못' 사용한 것인가?

망치 그 자체에 그것이 무기로 사용될 가능성이 없었다면, 다시 말해서 망치가 무기로 사용되기에 결코 적합하지 않은 것이었다면, 그것은 결코 무기로 사용될 수 없을 것이다. 바꾸어 말하자면, 망치 자체에 무기로 사용될 가능성이 내재해 있었기 때문에 그것이 무기로 사용될 수 있었다. 그렇다면 망치를 무기로 사용하는 것은 결코 '잘못' 사용한 것이 아니며, 오히려 그것은 분명히 망치 자체로부터 오는 해석에 따른 사용이기 때문에 '올바른' 사용이고, '일리 있는' 사용인 것이다.

이 경우 우리의 사용이 잘못된 것이 아니라면, 기존의 정의가 잘못된 것이라고 해야 할 것이다. 말하자면 기존의 정의는 그것의 다른 사용 가능성을 포괄하지 못하는 '편협한 정의'이다. 어떤 정의가 이와 같은 편협한 정의임에도 불구하고 보편적이고 절대적인 진리라고 주장하는 것이 바로 독단이다. 또한 앞 장에서 논의한 정의의 폭력성, 말하자면 정의가 정의된 그것의 다른 사용을 금지한다는 폭력성도 바로 편협한 정의에서 비롯한다.

그러나 개념의 정의 혹은 사물의 의미는 결코 영원하거나 불변적인 것이 아니다. 새롭고 참신한 다른 사용을 통해서 그것은 얼마든지 변경되거나 확장될 수 있다. 물론 그러한 변경이나 확장은 어디까지나 사물 그 자체로부터 오는 해석에 준하는 한에서만, 따라서 일리가 있는 한에서만 그렇다. 이러한 정의의 일리성을 해명함으로써 이제 우리는 독단과 정의의 폭력성을 벗어날 수 있는 실마리를 가지게 된 셈이다.

3. 포스트철학은 일리의 진리화를 경계한다

진리보다는 일리를 중시하는 포스트철학은 기본적으로 다른 주장들에 대해서도 그 일리 여부를 따져 승인함으로써 일리에 근거하는 다양한 입장이 상호 인정을 통해서 공존하는 문화를 지향한다 이를 위해서는 자기의 주장이 어디까지나 일리 있는 것 중 한 가지일 뿐임을 망각하지 않으며, 그것만이 유일하고 절대적인 진리라고 고집하는 태도를 지양하는 것이 중요하다. 단적으로 말해서 포스트철학은 단지 일리일 뿐인 것을 진리로 우기는 것, 즉 '일리의 진리화'를 경계한다.

그러나 일리의 진리화는 이와 같이 각각 일리 있는 서로 다른 다양한 입장 중에서 하나의 입장만을 진리로 여기는 형식으로만 이루어지는 것이 아니다. 앞에서 보았듯이 무엇임 그 자체는 그때마다 다른 모습으로 자신을 탈은폐한다. 이러한 점에서 보자면 무엇임 그 자체가 이번에 나에게 드러나는 모습과 다음번에 나에게 드러나는 모습이 얼마든지 다를 수 있다. 그럼에도 불구하고 나의 관심이 그중 하나의 모습에만 사로잡혀 그것을 '유일한' 모습으로 여긴다면, 이것도 또 다른 형식의 일리의 진리화일 것이다.

첫 번째 형식의 일리의 진리화는 독단의 전형이다. 예부터 줄곧 독단은 제거되어야 할 악으로 가르쳤고, 따라서 이를 경계해야 한다는 생각 또한 오늘날까지 널리 수용된다. 그러나 두 번째 형식의 일리의 진리화에 대한 우리의 경계심은 사실상 그렇게 단단하지 못하다. 왜냐하면 지금까지 이 두 번째 형식의 일리의 진리화 자체가 명확하게 인식되지 못했으며, 그것이 인식되었다고 하더라도 그것의 폐해가 선명하게 드러나지 않았기 때문이다.

개인적 습관이나 사회적 관습이 형성되는 것처럼 우리 인간에게는, 여러 번의 시행착오 끝에 주어진 문제를 일단 무리 없이 성공적으로 해결했다고 여겨지는 한 가지 해결 방안이 있다면, 그것이 비록 가능한 모든 해결 방안 가운데 최선의 해결 방안이 아니라고 하더라도, 그것을 '유일한' 해결 방안으로 간주하고 새로운 해결 방안을 더 이상 탐색하지 않으려는 성향이 있다.[272] 그러나 주어진 문제에 대해 지금까지는 성공적이었다고 여겨지는 해결 방안이라고 하더라도, 문제를 둘러싼 상황이 바뀌면 그 해결 방안이 무효하게 되어버릴 수도 있다. 예컨대 외적이 침입할 때 지금까지 성공적인 것으로 여겨지는 방어 전략이라고 하더라도 그것은 언젠가는 무효하게 되어버린다. 왜냐하면 외적의 입장에서는 지금까지 실패한 침략 전략을 계속 다시 쓰지는 않을 것이기 때문이다. 말하자면 지금까지 성공적이었던 방어 전략이 새로운 형태의 공격도 막아낼 수 있다는 보장은 없는 것이다.

---

272) 제1부 3장 3.2.의 습관과 관습의 형성 과정과 특성에 관한 사항을 참조하라.

이러한 점에서 두 번째 형식의 일리의 진리화는 지금까지 성공했던 한 가지의 방어 전략을 유일하고 절대적인 방어 전략이라고 여기는 것과 같다. 이러한 태도의 심각한 난점은, 그 방어 전략이 더 이상 유효하지 못하다는 것을 알아챘을 때는 이미 외적에게 침략을 당해 모든 것을 잃고 난 다음이라는 것이다. 이 때문에 우리는 이 두 번째 형식의 일리의 진리화를 특히 경계하지 않으면 안 된다.

다행히도 이미 우리에게는 이 두 번째 형식의 진리의 일리화를 인식하고 경계하며 포스트철학적 사유를 실천하는 데 참조할 수 있는 많은 사유 모델이 주어져 있다. 물론 여기서 포스트철학적 사유의 모델로 거론되는 사유들이 모두 필자가 말하는 포스트철학을 염두에 두고 개진된 것은 아니겠지만, 그것들 모두가 적어도 부분적으로는 포스트철학의 면모를 가진다는 것은 분명하다. 이제 그중에서 몇 가지만 살펴보기로 한다.

3.1. 기호 깨뜨리기

언어학을 기호학의 한 분과로 정초한 소쉬르(F. de Saussure, 1857-1913)는 언어를 기호의 체계로 보았다. 그에 따르면, 기호(signe)는 "개념과 청각 이미지가 결합된 것"이다.[273] 여기서 개념은 그 개념으로 지칭되는 사물들의 공통적 특성으로 이루어지는 의미적 구성물을 뜻하고, 청각 이미지는 특정한 음파가 우리의 청각기관을 자극했을 때 마음 안에 남는 물리적인 흔적을 뜻한다. 예컨대 당신이 '개'라는 소리를 듣는다면, 즉시 당신 마음 안에는 한 마리(혹은 몇 마리) 개의 시각 이미지가 떠오를 것이다. 여기서 '개'라는 소리가 당신의 마음에 남긴 흔적이 청각 이미지이다. 이 청각 이미지는 '개' 혹은 'gae'라는 문자로 표기될 수 있다. 따라서 청각

---

273) F. de Saussure, *Cours de linguistique générale*, (Paris: Éditions Payot, 2016) p. 153.

이미지는 항구적인 시각 이미지로 표현될 수 있다.[274] 한편, '개'라는 소리를 듣거나 '개'라는 글자를 보는 순간 당신의 마음 안에 떠오른 개의 시각 이미지가 개념이다. 물론 그 특정한 한 마리 개의 이미지 자체를 개념이라고 할 수는 없다. 그러나 '개'라는 소리를 듣고 떠올린 그 특정한 한 마리 개의 이미지는 단지 특정한 한 마리 개의 겉모습을 시각적으로 반영한 이미지라기보다는 당신이 염두에 두고 있는 개의 전형적인 특성을 두루 갖추고 있는 '대표적인 개'의 이미지라고 할 수 있다. 말하자면 당신에게 그 개의 이미지는 '개'라는 개념의 의미를 충실하게 담고 있는 이미지이기 때문에 '개념'이라고 하는 것이다.

개념과 청각 이미지에 대한 이러한 설명이 쉽게 이해되지 않을 수도 있을 것이다. 그래서 그런지 소쉬르도 '표시하다'를 의미하는 불어 동사 signifier의 과거분사와 현재분사를 명사화한 'signifié'와 'signifiant'이라는 용어를 '개념'과 '청각 이미지'의 대체용어로 사용할 것을 제안했다.[275] signifié는 '표시되는 것'을 의미하고, signifiant은 '표시하는 것'을 의미한다. 그래서 전자는 '소기(所記)'로, 후자는 '능기(能記)'로 번역된다. 이 용어 쌍은 한문 문법에 따라 적합하게 만들어진 것이긴 하지만, 한문 문법에 익숙하지 않은 사람들에게는 '기호 의미'를 뜻하는 '기의(記意)'와 '기호 표시'를 의미하는 '기표(記標)'라는 용어 쌍이 더 쉽게 여겨질 수도 있을 것이다. 그러나 최근에는 이러한 번역어들 대신에 불어를 발음 그대로 표기한 '시니피에'와 '시니피앙'이라는 용어 쌍을 점점 더 많이 사용하는 추세이다.

이와 같이 기호를 구성하는 개념과 청각 이미지를 각각 시니피에와 시니피앙으로 바꾸어 쓴다면, 기호는 시니피에와 시니피앙의 결합체로서 "signe = signifié + signifiant"과 같은 정식으로 표현될 수 있다. 이는 하

---

274) *ibid.*, p. 81.
275) *ibid.*, p. 153. 불어를 모국어로 하는 사람들에게는 알기 쉬운 용어일 수도 있겠으나, 우리에게는 오히려 더 어려운 용어일 수도 있겠다.

나의 기호란 반드시 하나의 시니피에와 하나의 시니피앙이 짝을 이루고 있는 것이어야 한다는 사실을 드러낸다. 예컨대 '개'라는 소리를 듣거나 글자를 보는 순간 우리 마음에는 즉각적으로 한 마리 개의 이미지가 떠오르는데, 이때 그 소리나 글자(시니피앙)와 그 이미지(시니피에)는 마치 바늘과 실의 관계처럼 항상 대응하고 있다.

이와 같이 기호는 항상 하나의 시니피에와 하나의 시니피앙이 대응하고 있는 모양을 띠지만, 이 양자의 대응은 자의적인 것이다.[276] 예컨대 '개'라는 소리나 글자가 현재 우리가 '개'라고 부르는 동물들과 짝을 이루게 된 것은 순전히 우연적이다. 그러한 종류의 동물들에 맨 처음에 '개'라는 이름을 붙인 사람이 있었다고 가정하면, 그는 '소'라고 이름 붙일 수도 있었던 것을 '개'라고 이름 붙였을 따름인 것이다. 만약 그가 그 동물들에 '소'라는 이름을 붙였다면 어쩌면 우리는 지금도 그 동물들을 '소'라고 부르고 있을 것이다.

또한 기호의 자의성은 하나의 시니피앙에 대응하는 시니피에가 사람마다 혹은 문화권마다 다를 수 있다는 것을 나타내기도 한다. 예컨대 **'OH'**라는 시니피앙에 대해 한국어 사용자라면 '아이'나 '사랑(愛)'이라는 시니피에를 결합시키겠지만, 영어 사용자라면 '오!'라는 감탄사를 결합시킬 것이다. 또 '소'에 해당하는 시니피앙에 대해 한국인들은 누른색의 한우를 떠올리겠지만, 인도인들은 어깨 부위에 큰 혹이 붙어 있는 희거나 검은 혹소를 떠올릴 것이다. 그뿐만 아니라 한국인이라고 하더라도 하나의 시니피앙에 대한 의미작용[277]이 서로 다를 수 있다. '시골'이라는 시니피앙에 대해 어떤 사람은 목가적인 풍경을 떠올리지만, 어떤 사람은 고된

---

276) *ibid.*, p. 154.
277) 기호학에서 하나의 시니피앙과 하나의 시니피에를 대응시키는 심적 작용을 '의미작용(signification)'이라고 한다. 이는 의미가 확정되지 않은 시니피앙이 일정한 의미를 갖도록 하는 작용이기 때문에 '의미화'라고도 한다.

노동을 떠올릴 것이다. '사랑'이나 '행복'과 같은 추상적인 개념을 표시하는 시니피앙들의 경우라면 더욱 그럴 것이다. 심지어 더 극단적인 경우도 있다. '개새끼'라는 시니피앙에 대해 어떤 사람은 '강아지'를 떠올리고 다른 어떤 사람은 '특정한 종류의 인간'을 떠올리는 것이 그런 경우이다.

이러한 점은 의미작용이 전통과 문화의 한계 내에서 이루어진다는 것을 드러내지만, 더 궁극적으로는 특정한 시니피에 특정한 시니피앙이 대응해야 할 필연적인 이유가 없다는 것을 드러낸다. 그렇다면 현재 하나의 기호를 이루고 있는 시니피에와 시니피앙의 결합은 우연적인 결합이고, 따라서 언제든지 깨어질 수 있으며, 그 결합이 깨어질 때까지만 임시로 존속하는 것이다.

그럼에도 불구하고 현실에서는 현재 하나의 기호를 이루고 있는 시니피에와 시니피앙의 대응 관계가 필연적이고 자연적인 것처럼 여겨지는 경향이 있다. 이는 어떤 시니피앙이 주어질 때 사람들이 '무의식적으로(기계적으로)' 그것에 대응하는 시니피에를 떠올린다는 점, 그리고 그러한 의미작용이 다른 사람들과의 의사소통에 큰 지장이 없다는 것을 확인함으로써 자신의 의미작용이 틀리지 않았다고 생각한다는 점 때문일 것이다. 이와 같이 한 시대, 한 문화권에서 살아가는 사람들이 당대에 통용되고 있는 말과 그 의미 사이의 대응 관계를 자연적인 것처럼 여기는 경향은 '언어적 관습'을 형성한다. 사회적 규범으로서의 관습과 마찬가지로 언어적 관습도 하나의 시니피앙에 대응 가능한 무수한 시니피에 중 한 가지일 뿐인 것을 유일한 것으로 고정한 것이다. 말하자면 의미작용에서의 '일리의 진리화'이다.

이와 같이 진리화된 기호는 대체로 우리의 언어생활에 어느 정도의 편리함을 주지만, 경우에 따라서는 우리가 말에 기만당할 수 있는 빌미 혹은 누군가가 말로써 우리를 기만할 수 있는 빌미가 되기도 한다. 다소 진부한 예가 되겠지만, 세계의 주요 주류 문화권에서 '남자'와 '여자'라는 시니피앙들이 각각 '강인함'과 '연약함'으로 의미화되어 온 것은 그러한 기호작용(semiosis)[278]의 기만성을 뚜렷하게 보여준다. '남자'와 '여자'의 여러 가지 특성 중 한 가지를 부각하여 각각 '강인함'과 '연약함'으로 의미화하는 것은 어떤 점에서 '일리 있는' 것이기는 하다. 그러나 일리 있는 것일 뿐인 것이 진리인 것으로 고착될 때 얼마나 심각한 성 차별적인 문화가 만들어지는지는 우리가 모두 잘 알고 있는 사실이다.

20세기 후반에 활동한 프랑스의 철학자 자크 데리다는 우리가 이러한 의미작용에서의 일리의 진리화를 경계하는 데 참조할 만한 흥미로운 사유를 개진했다. 그것은 이른바 '시니피앙의 해방'이라는 것인데, 데리다는 "'문자'는 원래 로고스와 진리에 예속되어 있지 않다."[279]는 니체의 사상에서 그 단초를 찾아내었다.

니체의 저서에서 인용한 이 말을 이해하기 위해서는 우선 '문자'가 무엇인지부터 알아둘 필요가 있다. 여기서 '문자'는 불어 écriture의 번역어인데, 데리다는 이 용어를 lettre(글자)와 구별하여 사용한다.[280] 이는 무엇보다도 『그라마톨로지에 대하여』의 제1부 제목이 "글자 이전의 문자(l'écriture avant la lettre)"라는 데서 분명하게 드러난다. 이 제목의 문구

---

278) '기호작용'이란 기호가 인간의 심리에 일으키는 작용을 말한다.
279) J. Derrida, *De la grammatologie*, (Paris: Les Éditions de Mnuit, 1967), p. 33.
280) écriture를 '문자'로 번역했기에 lettre를 '글자'로 번역하는 것은 그럴듯해 보인다. '글자'가 언어적인 시니피앙에 한정되는 것임에 비해 '문자'는 비언어적인 시니피앙까지 포함할 수 있다. 이는 '文'이 본래 '무늬'를 지시하는 글자였지만 어느 시점부터 '글'과 '월'을 지시하는 글자로 전용되고 그 대신 무늬를 지시하는 紋이 새로 만들어졌다는 사실과도 통한다. 이러한 의미를 고려하여 '글자'와 '문자'를 구분한다면 이 양자는 데리다가 염두에 둔 lettre와 écriture의 의미와도 잘 어울린다. 이는 데리다가 자신의 저서 표제어로 내건 '그라마톨로지(grammatologie)'라는 학명의 의미에서도 확인된다. 그는 '문자'의 모델을 글자뿐만 아니라 그림까지도 지칭하는 그리스어 'gramma'에서 찾고, 기존의 'grammatologie'라는 학명을 자신이 개척한 '문자에 대한 학문(grammato+logia, la science de l'écriture)'을 지칭하는 것으로 전유했다(Cf. *ibid*., p. 13.). 실제로 그는 그리스어 gramma의 불어식 표기인 gramme을 écriture와 교환 가능한 용어로 사용한다.

는 말 그대로 문자가 글자보다 시간상으로 먼저 존재했다는 것을 드러낸다. 예컨대 하나의 시니피앙이 주어지면 하나의 시니피에가 대응한다. 이러한 대응은 본래 자의적이지만, 시간이 지남에 따라 자연적인 것으로 고착되는 경향이 있다. 이처럼 시니피앙과 시니피에의 대응이 자연적인 것처럼 고착된 경우의 시니피앙, 다시 말하자면 특정한 시니피에에 사로잡힌 시니피앙을 '글자'라고 하고, 아직 특정한 시니피에에 사로잡히지 않은 시니피앙을 '문자'라고 한다. 이와 같이 애초에 문자로 존재하던 것이 시간이 지남에 따라 글자로 존재하게 된다는 점에서 시간적인 순서로 본다면 글자보다 문자가 먼저이다.

그런데 글자 이전에 문자가 먼저 있었다는 것은 문자가 더 이전에 존재하는 특정한 피지시체를 지시하는 표시가 아니라는 것이다. 그렇다면 문자는 무엇이고, 무엇을 위한 것인가? 이 물음에 대답하는 데리다의 전략은 어떤 표시에 의해 지시되는 특정한 피지시체와 같은 것이 애초부터 '실체로서' 존재하지 않는다는 것을 밝히는 것이다.

만약 어떤 표시에 의해 지시되는 특정한 피지시체가 있다고 가정해보자. 이 피지시체가 특정한 표시에 의해 지시되기 위해서는 시간의 경과에도 불변적이라는 '동일성'이 확보되어야 한다. 왜냐하면 하나의 표시가 이번에는 이것을 지시했다가 다음번에는 다른 것을 지시한다면 그것은 특정한 피지시체를 지시하는 표시로서의 자격을 상실할 것이기 때문이다. 그런데 현실적으로 시간의 경과에도 변하지 않는 것이 있을까? 만약 그러한 것이 있다면 그것은 무시간적인 이데아 세계 혹은 관념의 세계에 있는 이데아들이나 관념들일 뿐이다.

그렇다면 어떤 표시에 의해 지시되는 특정한 피지시체는 현실의 사물이 아니라 이데아나 관념이라고 간주해볼 수 있을 것이다. 그런데 우리는 이데아나 관념을 어떻게 가지게 되었는가? 통상적으로 이데아나 관념을 지시하는 명칭(표시)을 개념이라고 한다. 제1부 1장 3절에서 본 개념의 형성 과정을 참조하면, 우리가 이데아나 관념을 가지는 과정을 이해할 수 있을 것이다.

개념은 추상과 개괄을 통해 구성된 의미적 구성물을 지칭하는 명칭이다. 고유명사로 언표되는 개념은 특정한 사물의 시간적 변형태 중에서 공통적인 특성을 추상하여 개괄한 의미적 구성물을 지칭하는 명칭이고, 일반명사로 언표되는 개념은 개별적인 사물들의 공통적 속성을 추상하여 개괄한 의미적 구성물을 지칭하는 명칭이다. 그런데 이 후자의 개념은, 더 엄밀하게 말하자면, 고유명사로 언표되는 개념들의 내포 중에서 공통적인 것을 개괄한 의미적 구성물을 지칭하는 명칭이라고 해야 할 것이다. 따라서 개념이 형성되기 위한 원재료는 특정한 사물의 시간적 변형태들이라고 해야 할 것이다. 요컨대 먼저 특정한 사물의 시간적 변형태들이 있고, 그다음에 이 변형태들의 공통점을 추상하여 개괄한 의미적 구성물(이데아 혹은 관념)이 있으며, 마지막으로 이 의미적 구성물을 지시하는 표시(개념)가 있는 것이다.

이러한 구도로 글자와 문자의 문제를 설명할 수도 있다. 개념은 글자이고, 이데아나 관념은 그 글자를 사로잡고 있는 시니피에이다. 그러나 이 시니피에가 근원적인 것이 아니다. 이 시니피에를 존재할 수 있게 하는 원재료인 특정한 사물의 시간적 변형태들이 더 근원적이다. 어쨌든 이 시간적 변형태들과 관련되는 것이 바로 문자이다. 그렇다고 해서 문자가 그 시간적 변형태들의 하나하나를 지시하는 하나하나의 표시는 아니다. 이 경우라면 문자도 결국 글자와 다르지 않을 것이다. 여기서 우리는 데리다가 그 시간적 변형태들을 시간의 한 단위마다 존재하는 실체들이 아니라 '흔적'이라고 한다는 점을 주목하지 않으면 안 된다.

생생한 현재는 그것이 그 자신과 동일한 것이 아니라는 사실로부터, 그리고 보존되는 특성을 가진 흔적의 가능성으로부터 솟아 나온다. 생생한 현재는 이미 항상 흔적이다. 이러한 흔적은 그 자신 속에서만 살아있다고 할 수 있을 단순한 현재에 기초해서는 생각해낼 수 없는 것이다. 이런 식으로 보자면, 생생한 현재의 자기는 처음부터 하나의 흔적이다. 흔적은 속성이 아니다. 따라서 우리는 생생한 현재의 자기가 '처음부터 존재하는' 자기라고 말할 수 없다. 흔적에 기초하여 '처음부터-존재하는 것'을 생각해가야 하는 것이지, 그 역이 아니다.[281]

실제로 생물이건 무생물이건 모든 사물은 '끊임없이' 변한다. 우리는 이 끊임없이 변하는 것을 한순간 끊어 고정시켜서 하나의 사물로 볼 수는 있다. 예컨대 끊임없이 변하는 피사체의 한 순간적인 모습을 찍어놓은 사진을 그 피사체 자체라고 볼 수도 있다는 것이다. 그러나 이 한순간에 고정된 그것은 '처음부터-존재하는 것'으로서의 '실체'가 아니라 '흔적'일 뿐이다. 피사체의 한순간을 찍은 사진은 처음부터 변함없이 그 모습 그대로 존재하는 그 피사체 자체가 아니라 '그 사진이 찍힌 다음 순간에는 존재하지 않는' 그 피사체의 흔적일 뿐이다. 우리는 다름 아니라 이 흔적들을 모아서 하나의 관념적인 존재자를 생각해내는 것이다.

글자가 이 관념적인 존재자를 지시하는 표시라면, 문자는 그 존재자를 생각해내도록 할 수 있었던 원재료로서의 흔적들을 지시하는 것이다. 그러나 더 정확하게 말하자면 흔적은 지시되는 어떤 것이 아니라 지시하는 어떤 것이다. 예컨대 사진은 그 속의 피사체가 그때 그런 모습으로 존재했었다는 것을 지시하는 표시이고, 모래사장의 발자국은 누군가가 지나갔다는 것을 지시하는 표시이다. 이러한 점에서 흔적이 곧 문자이고 문자가 곧 흔적이다.

이러한 흔적으로서의 문자는 분명히 어떤 것을 지시하는 표시라고 할 수 있지만, 그것에 의해 지시되는 것은 지금은 존재하지 않는다. 그렇다

---

281) J. Derrida, D. B. Allison (tr.), *Speech and Phenomena*, (Evanston: Northwestern Univ. Press, 1973), p. 85.

면 흔적으로서의 문자는 존재하지 않는 것을 지시하는 표시라고 해야 할 것이다. 이러한 점은 모든 시니피앙이 특정한 시니피에에 사로잡혀 있는 것이 아니라는 것을 말해준다. 이와 같이 특정한 시니피에에 사로잡히지 않은 시니피앙을 데리다는 '문자'라고 한 것이다. 니체가 '문자'란 로고스와 진리에 예속되지 않는 것이라고 했던 것도 이와 같은 맥락에서 이해할 수 있다.

이는 서구문화의 오랜 전통인 이른바 로고스중심주의(logocentrisme)에 대한 정면 도전이다. 로고스중심주의는 자연(혹은 신)의 언어이자 자연적(신적) 질서로서의 로고스가 있고, 그 로고스를 음성이 반영하고, 다시 이 음성을 문자가 반영한다는 생각이다. 이러한 관점에서 특정한 문자는 가까이는 특정한 음성을, 멀리는 그 특정한 음성의 원본인 로고스를 지시하기 위해 사로잡혀 있는 것이고, 그 사로잡힌 상태로부터 일탈하지 않을 때 참된 것(진리)으로 간주된다. 그러나 데리다의 그라마톨로지의 관점에서 다시 생각하면 이러한 로고스와 진리에 사로잡혀 있는 것은 문자가 아니라 글자이다. 이러한 점에서 글자와 달리 문자는 로고스와 진리에 사로잡혀 있지 않다.

그럼에도 불구하고 오늘날 문자 대부분은 특정한 시니피에에 사로잡혀 있다. 예컨대 위에서 보았듯이 '남자'라는 문자는 '강인함'이라는 시니피에에, '여자'라는 문자는 '연약함'이라는 시니피에에 사로잡혀 있다. 그러나 니체는 이러한 사로잡힘이 특정한 시대의 산물이라고 보았다.[282] 실제로 '남자'와 '여자'가 각각 '강인함'과 '연약함'에 사로잡힌 것은 남성우월주의가 지배적이었던 시대의 산물이다. 지금도 여전히 저 두 문자가 각각 이 두 시니피에에 사로잡혀 있다면, 지금을 남성우월주의 문화가 여전히 잔존하는 시대로 해석해도 좋을 것이다.

---

282) J. Derrida, *De la grammatologie*, p. 33.

그러나 본래 남자와 여자라는 두 문자는 특정한 시니피에에 사로잡힌 글자가 아니라 말 그대로 자유롭게 놓여있는 문자이다. 이 때문에 니체는 문자를 글자로 만들어버린 그 시대의 의미 체계를 해체해야 한다고 주장했던 것이다. 이러한 점에서 데리다는 "니체는 … 시니피앙이 로고스 및 로고스와 연계된 개념이라고 할 수 있는 진리나 원초적 시니피에와 같은 개념에 종속된 상태로부터 그 시니피앙을 해방시키는 데 크게 기여했다."[283]고 평가한다.

이러한 시니피앙의 해방은 이른바 '책(livre)의 종언'으로 이어진다. 책의 종언이란 문자들이 적혀 있는 종이 혹은 그 대용품들의 묶음을 '책'으로 간주하고 읽는 것을 끝장내자는 것이다. 그렇다면 당연히 그가 말하는 책이란 무엇인가, 그가 왜 책의 종언을 주장하는가 하는 질문이 던져질 것이다.

> 책이라는 것에 대해 우리가 가지는 생각은 유한하거나 무한하거나 간에 시니피앙들로 이루어지는 하나의 총체라는 것이다. 그런데 시니피앙들로 이루어지는 총체에 앞서 시니피에들로 이루어지는 총체가 먼저 존재하지 않는다면, 시니피앙들로 이루어지는 총체가 기호를 기입하는 방식 및 그 기호들을 시니피에들로 이루어지는 총체가 감독하지 않는다면, … 시니피앙의 총체는 하나의 총체라고 할 수 없다.[284]

이는 『그라마톨로지에 대하여』에서 개진된 '책'에 대한 데리다의 생각이다. 우선 책은 시니피앙들로 이루어진 하나의 총체이다. 여기서 총체(totalité)라는 말은 부분들을 단순히 모아놓은 전체가 아니라 '부분들이 유기적으로 결합한 전체'를 의미한다. 이것은 모래알들이 모여 있는 모래더미와 같은 것 아니라 여러 조직과 기관들이 유기적으로 결합한 하나의

---

283) *ibid.*, pp. 31-32.
284) *ibid.*, p. 30.

신체와 같은 것이다. 따라서 책은 문자들을 모아놓은 것이긴 하지만 그 문자들이 단순히 나열되어 있는 것이 아니라 주변의 다른 문자들과 의미적으로 일정한 관계를 유지하면서 명료하고 일관적인 의미를 드러내는 하나의 문장으로, 하나의 문단으로, 한 권의 책으로 누적된 것이라고 할 수 있다.

이러한 점에서 데리다는 먼저 존재하는 시니피에들의 총체가 시니피앙들의 총체를 감시·감독하지 않는다면 시니피앙들의 총체라는 것이 성립할 수 없다고 부연한다. 여기서 우선 시니피앙들의 총체가 성립하기 위해서는 그 이전에 시니피에들의 총체가 존재했어야 한다. 그리고 이와 같이 하나의 총체를 이루고 있는 시니피에들 하나하나에 적합하게 대응하는 시니피앙들을 선택하고, 이렇게 선택된 시니피앙들을 이미 하나의 총체를 이루고 있는 시니피에들의 결합 방식에 따라 적합하게 배열하면, 결과적으로 그 시니피앙들은 하나의 총체를 이루게 되는 것이다.

요컨대 한 권의 책에 적힌 문자들은 이미 하나의 총체를 이루고 있는 시니피에들을 충실하게 표시해주는 표시들(시니피앙들)이다. 이러한 점에서 한 권의 책을 이루고 있는 모든 시니피앙은 그 하나하나에 대응하는 시니피에들에 사로잡혀 있다고 할 수 있다. 그러나 이와 같이 하나의 시니피앙이 특정한 하나의 시니피에에 사로잡혀 있는 상황, 하나의 시니피앙과 하나의 시니피에가 절대적으로 결합해 있는 상황에서는 이른바 '문자의 글자화'가 이루어진다. 이 때문에 데리다는 '책의 종언' 혹은 좀 더 적극적인 의미로 '책의 해체'를 주장한다.

책의 해체는 곧 특정한 시니피에에 사로잡혀 있는 시니피앙의 해방이자 글자화된 문자의 해방이다. 책의 해체를 위한 구체적인 실천 방안은 '글자를 해체하는 읽기'라고 할 수 있다. 앞에서 계속 말해왔듯이 글자는 특정한 시니피에에 사로잡혀 있는 시니피앙이다. 따라서 글자를 해체한다는 것은 그 글자를 이루는 시니피앙과 시니피에의 대응을 해체한다는 것이다. 그리고 글자를 해체하는 읽기는 책을 구성하고 있는 글자들의 시니피앙-시니피에 대응을 해체하면서 읽는 것이다.

물론 우리가 이러한 읽기를 해야 할 이유는 앞에서 보았던 니체의 말에서 알 수 있다. 문자를 글자로 만들어버린 어떤 시대, 하나의 시니피앙에 특정한 시니피에를 마치 자연스러운 결합인 양 선전하면서 유포한 그 시대의 의미 체계를 해체해야 한다는 것이 그것이다. 바로 이러한 점에서 글자를 해체하는 읽기는 일리의 진리화를 경계하는 포스트철학적 사유의 한 가지 모델이 될 수 있다.

3.2. 일상적인 것의 변용

프랑스 정부가 후원하는 프랑스 미술가협회(SAF, Société des Artistes Français)에 저항하는 인상주의 화가 조르주-피에르 쇠라(Georges-Pierre Seurat)는 1884년 5월 파리에서 '독립 미술가협회(Société des Artistes Indépendants, 일명 '앵데팡당')'의 창립을 주도했다. 이 협회는 보수적인 아카데미즘을 표방하는 미술가협회의 연례 전람회(Salon des artistes français)에 대항하여 그해 7월 제1회 연례 독립파 전람회(Salon des Indépendants)를 개최했는데, 이 전람회의 모토는 그 유명한 "심사도 없고 상금도 없음(sans jury ni récompense)."이었다. 이 전람회의 운영진은 소정의 참가비만 내면 누구나 작품을 전시할 수 있도록 허용했는데, 이는 무엇보다도 기존의 예술계와 예술 개념으로부터의 작가의 독립성을 중시하는 독립파의 정신을 고스란히 드러내는 것이었다.

30여 년이 지난 1916년 가을, 미국 뉴욕에서는 월터 아렌스버그(W. Arensberg), 존 코버트(J. Covert) 등의 주도로 프랑스의 독립 미술가협회를 본뜬 '독립 미술가협회(Society of Independent Artists)'가 창설되었다. 이듬해인 1917년 4월 이 협회가 주최하는 제1회 연례 전람회가 열렸는데, 이 전람회도 작가의 독립성을 중시하는 형식으로 기획되었다. 우선 이 전람회 운영진은 1달러의 입회비와 5달러의 연회비를 납부하는 작가라면 누구라도 작품을 전시할 수 있도록 했고, 전시장에 작품을 배치할 때도 작가의 독립성을 침해하는 주최 측의 어떤 기획의도도 없음을 표방하여 오직 작가명의 알파벳 순서에 따라 작품을 나열하는 방식을 채택했다.

제1회 전람회는 1,200명의 작가가 2,125점의 작품을 전시한 거대한 규모의 행사였다. 그러나 이 전람회 운영진은 전람회의 기본 정신과 달리 단 하나의 작품에 대해서만 전시를 불허했는데, 나중에 마르셀 뒤샹(M. Duchamp)의 기념비적인 작품으로 남게 될 <샘(Fountain)>이 바로 그것이었다.

당시 독립 미술가협회의 전람회 운영진으로 참여했던 뒤샹은 리처드 머트(R. Mutt)라는 가명으로 입회비와 회비 6달러를 동봉한 하나의 작품을 전람회장으로 배달시켰다. 그것은 흰색 사기(沙器) 재질로 제작된 평범한 남성용 소변기였는데, 특이한 점이 있다면 "R. Mutt 1917"이라는 검은색 서명이 적혀 있다는 것뿐이었다. 다만 그 서명의 방향은 그 소변기를 뒤집어 세워서 전시하도록 요구하고 있었다. 그러나 전람회의 운영진이었던 조지 벨로스(G. Bellows)는 그 작품을 전시하는 데 강하게 반대했고, 그 작품의 전시 여부를 결정하기 위한 운영진 회의에서 최종적으로 해당 작품의 전시를 불허하기로 했다.

벨로스가 그 작품의 전시에 반대했던 이유는 여러 가지이지만, 결정적인 이유라고 할 만한 것은 그 작품이 자신들의 전람회를 조롱하기 위한 장난으로 보인다는 것이었다.[285] 기존의 소변기에 서명만 해서 출품한 형

---

285) Cf. B. Marcadé, 김계영 등 옮김, 『마르셀 뒤샹: 현대 미학의 창시자』(서울: 을유문화사,

식도 그렇지만, 특히 'R. Mutt'라는 출품자의 이름도 그렇게 생각할 수 있는 충분한 여지를 주었다. 당시 미국에서는 유명한 만화가 해리 콘웨이 피셔(H. C. Fisher, 일명 버드 피셔(Bud Fisher))의 인기 만화영화 <머트와 제프(Mutt and Jéff)>가 상연되고 있었는데, 출품자의 이름 '머트'는 다름 아닌 이 만화의 한 주인공인 머저리 같은 키다리 머트를 연상할 만한 이름이었다.

그러나 뒤샹은 자신의 새로운 시도가 가진 의미가 무시되고 사장되는 것을 그냥 넘길 수 없었다. 마침 제1회 독립전람회의 개막에 맞추어 뒤샹은 베아트리스 우드(B. Wood), 피에르-앙리 로셰(P.-H. Roché)와 함께 1917년 4월 10일『맹인(The Blind Man)』이라는 팸플릿을 창간했는데, 다음 달 발행된『맹인』제2호에서 그는 독립 미술가협회가 리처드 머트의 작품을 전시 거부한 사건을 하나의 이슈로 부각하고자 했다.

『맹인』제2호의 4쪽에 머트가 출품한 그 뒤집어 세운 소변기의 전면 사진을 싣고, 사진의 상단 왼쪽에는 '알. 머트 작 샘(Fountain by R. Mutt)'이라는 작품 소개를, 상단 오른쪽에는 '알프레드 스티글리츠의 사진(Photograph by Alfred Stieglitz)'이라는 사진 소개를, 하단 중앙에는 '독립전람회에 거부된 전시물(The Exhibit refused by the Independents)'이라는 정황 소개를 붙였다. 5쪽 상단에는 필자의 이름이 없는 "리처드 머트 사건(The Richard Mutt Case)"이라는 제목의 짧막한 글을, 그 아래부터 6쪽 상단까지에는 <샘>을 선입견이 없는 순수한 눈으로 보면 마치 붓다처럼 보인다는 루이즈 노턴(L. Norton)의 감상문 "욕실의 붓다(Buddha of the Bathroom)"를, 6쪽 하단에는 데머스(C. Demuth)의 "리처드 머트를 위하여(For Richard Mutt)"라는 제목이 붙은 한 편의 시를 실었다.[286] 이 중에서 "리처드 머트 사건"이

2010), pp. 223ff.
286) *The Blind Man*, No. 2, (1917. 5.), pp. 4-6.

라는 필자불명의 글은 뒤샹이(적어도 뒤샹이 주도하여) 쓴 것으로 추측되므로 <샘>에 대한 그의 입장을 살펴볼 수 있는 중요한 자료일 것이다. 그 핵심 부분은 다음과 같다.

> 머트 씨가 자신의 손으로 <샘>을 만들었는지 그렇지 않은지는 중요하지 않다. 그는 그것을 **선택했다**. 그는 하나의 일상적인 생활용품을 고른 다음, 그것의 사용과 관련된 의미(useful significance)가 사라지고 새로운 제목과 새로운 접근 방식(new tittle and point of view)이 드러나도록 그것을 배치했다. 말하자면 그는 그 대상과 관련된 하나의 새로운 사상을 창조한 것이다.[287]

이 문구는 미술사조의 흐름에서 뒤샹이 창안한 레디메이드(Ready-made) 작품의 기본 의미를 집약적으로 드러낸다. 물론 뒤샹은 이미 1913년에 주방용 목조의자에 자전거 바퀴를 거꾸로 세워 붙인 <자전거 바퀴(Roue de bicyclette)>라는 레디메이드 작품을 제작했었다. 그러나 그 자신은 이 작품이 진정한 의미의 레디메이드 작품이라고는 생각하지 않았다. 그것은 단지 우연한 착상에서 비롯된 것이었고, 단지 재미나 기분전환을 위해 만든 것이었지 어떤 의미에서든 예술작품으로 창작한 것이 아니었다.[288] 이러한 점에서 본다면 <샘>이야말로 그가 생각하는 본격적인 레디메이드 작품이고, 위에서 인용한 <샘>의 의미가 레디메이드의 실질적인 의미라고 할 수 있는 것이다.

실제로 <자전거 바퀴>와 <샘>은 세부적인 측면에서 뚜렷한 차이를 드러낸다. 전자는 두 개 이상의 기성품들[의 부분들]을 결합하여 새로운 하나의 사물로 만들어낸 것이지만, 후자는 하나의 온전한 기성품을 취하여 그 겉모습은 그대로 두고 그것에 새로운 명칭과 새로운 접근 방식을 제시함으로써 그 기성품을 완전히 새로운 사물로 존재하도록 한 것이다. 따라

---

287) *ibid.*, p. 5.
288) Cf. B. Marcadé, *op. cit.*, p. 122, 180.

서 전자보다는 후자가 문자 그대로의 '레디메이드'에 더 잘 어울리는 작품이라고 할 수 있다.

뒤샹에서 시작된 레디메이드는 1960년대 앤디 워홀(A. Warhol)의 작업을 통해 그 시대의 대표적 미술 양식이 되었는데, 이는 미국의 철학자 아서 단토에게 하나의 중요한 철학적 문제를 던져주었다. 그것은 다름 아니라 워홀의 <브릴로 상자(Brillo Box)>와 그것과 똑같이 생긴 실제의 '브릴로'라는 상품명의 비누를 담는 포장용 상자의 관계처럼 지각적으로 식별 불가능한 두 개의 사물을 두고 하나는 예술작품이고 다른 하나는 예술작품이 아니라고 할 때 그 두 사물 사이의 차이는 어디에 있는가 하는 문제이다. 다른 식으로 말하자면, 식별 불가능한 두 개의 사물을 두고 하나는 예술작품이고 다른 하나는 예술작품이 아니라고 한다면 분명히 예술작품은 예술작품이 아닌 것이 가지지 못한 그 어떤 것을 가지고 있다는 것인데, 바로 그 어떤 것이 무엇이냐는 문제이다.[289]

이는 예술철학의 근본 문제라고 할 수 있는 '예술의 정의' 문제를 다시 불러낸다. 여기서 예술의 정의 문제를 "다시 불러낸다."라고 말한 것은 이와 관련된 역사적 맥락 때문이다. 말하자면 예술의 정의 문제가 과거의 어느 시점에 주요한 이슈였었는데, 이제 와서 그 문제가 다시 부상했다는 것이다.

서양에서 예술의 정의 문제가 처음으로 부상한 것은 르네상스 시대였다. 중세 시대까지 오늘날 우리가 이해하는 '예술(fine art)'에 해당하는

---

289) A. Danto, 김혜련 옮김, 『일상적인 것의 변용』(파주: 한길사, 2008), p. 75. 이 저서는 1981년에 출판된 것이지만, 1960년대부터 발표해온 예술철학 분야의 논문들에서 제기한 문제들과 그 해명들을 수용하고 있다(Cf. ibid., '감사의 글', pp. 63f.). 실제로 이 문제는 1964년에 발표된 「예술계(The artworld)」라는 논문에서 처음으로 제기되었고, 1973년에 발표된 「예술작품과 실재 사물들(Artworks and real things)」과 1974년에 발표된 「일상적인 것의 변용(The Transfiguration of the commonplace)」에서도 유지되었던 문제이다.

개념이 없었으나 르네상스 시대에 이르러 소득과 사회적 지위가 높아진 몇몇 '탁월한' 장인들이 자신들을 '평범한' 장인들로부터 구별하려는 욕망에서 '예술의 정의'를 요구하게 되었다.[290] 오늘날의 통상적인 용어로 말하자면 전자는 '예술작품'을 창작하는 '예술가'이고 후자는 '공예품'을 제작하는 '장인'이다. 장인들이 제작하는 공예품이 일상생활에서 도구로 사용되는 생활용품이라는 것은 분명하기에 르네상스 시대의 예술가들은 자신들이 만드는 예술작품이 공예품과 어떤 점에서 다른지를 규정함으로써 자신들을 장인들과 구별하려고 했던 것이다.

이러한 예술가들의 요구에 부응하여 15세기 이래로 많은 예술사상가가 예술의 정의를 시도했다. 그러나 그 어떤 정의도 예술의 모든 하위부문을 포괄하기에는 충분하지 못했다. 말하자면 어떤 정의에서는 무용이 빠지고, 다른 어떤 정의에서는 건축이 빠지는 식이었다. 이러한 사정은 예술에 대한 보편적인 정의 자체를 회의적으로 바라보는 견해를 낳기도 했는데, 그 대표적인 예가 20세기 중후반에 활동한 미국의 철학자 모리스 웨이츠의 이른바 '예술 정의 불가론'이다.

웨이츠는 1956년에 발표한 「미학에서의 이론의 역할」이라는 논문에서 예술을 정의할 수 없는 두 가지 이유를 제시했다. 첫째, 어떤 것을 정의한다는 것은 그 어떤 것을 그 밖의 다른 것들과 구별할 수 있도록 하기에 필수적이고 충분한 속성들을 진술한다는 것인데, 예술은 그러한 속성들을 가지지 않기 때문에 정의 불가능하다. 따라서 "미학 이론은 원리적으로 정의할 수 없을 것을 정의하려고 애쓰고 있다."[291] 둘째, 예술을 정의한다는 것은 어떤 것을 '예술'이라고 부를 수 있는 조건들을 모두 열거한다는 것인데, 예술에서는 새로운 조건들이 끊임없이 생겨나기 때문에 예술

---

290) Cf. L. E. Shiner, 조주연 옮김, 『순수예술의 발명』(구리: 인간의기쁨, 2015), pp. 92ff.
291) M. Weitz, "The role of theory in aesthetics", *The Journal of Aesthetics and Art Criticism*, Vol. 15, No. 1 (1956), pp. 27-35, p. 28.

의 조건들을 하나도 빠뜨리지 않고 모두 열거하는 것이 불가능하며, 따라서 예술은 정의 불가능하다. 말하자면 '예술'은 그 자체로 열린 개념(open concept)이기 때문에 정의 불가능하다.[292]

그러나 이러한 예술 정의 불가론은 예술을 정의하려는 시도를 종결시킨 것이 아니라 오히려 새로운 시도를 부추기기도 했다. 이러한 점에서 예술 정의 불가론은 예술의 정의 문제를 다시 불러내는 하나의 촉매제가 되었다. 아서 단토도 어떻게든 예술을 정의해야 한다는 쪽에 서 있었는데, 이를 구체적으로 실행할 수 있는 계기가 된 것이 바로 워홀의 <브릴로 상자>였다.

> 정의(定義)라는 것은 너무나 모호하기 때문에 예술의 철학적 정의들이 거의 우스울 정도로 실제 예술 사례에는 적용될 수 없는데, 그 이유는 정의 불가능성을 '문제'로 인식한 몇몇 사람에 의해 예술이 근본적으로 정의될 수 없다는 사실에 기인하는 것으로 설명되었다. … 그러나 워홀의 상자들은 이 정의 불가능성까지도 문제화했는데, 왜냐하면 그 상자들은 공동의 합의에 의해 예술작품이 '아닌 것'으로 인준된 것들과 너무나 닮았고, 따라서 아이러니하게도 정의의 문제를 시급한 일로 만들었기 때문이다.[293]

이러한 맥락에서 단토는 레디메이드 작품들에서 볼 수 있는 것과 같은 식별 불가능한 두 사물의 결정적 차이를 찾아내는 것이 예술의 정의를 위한 확실한 실마리가 될 수 있으리라 생각했다. 단토가 찾아낸 첫 번째 실마리는 '해석'이다.

> 우리에게 당면한 문제는 예술작품과 그 물리적 상대역 사이에 어떤 연관성이 있는가 하는 것이다. … 그것은 분명히 내가 '해석'이라고 부르는 것을 포함하며, 감상이 어떻게 귀결되든 간에 그것은 어떤 의미에서 해석의 함수라는 것이 나의 견해이다. … 해석 없는 감상은 없다. 해석은 예술작품과 그 물리적 상대역의 관계를 결정한다.[294]

---

292) *ibid.*, p. 32.
293) A. Danto, *op. cit.*, pp. 59-60.
294) *ibid.*, p. 258.

단토에 따르면, 어떤 대상을 예술작품으로 만드는 것은 그 대상의 물리적 성질이 아니라 그 대상을 바라보는 사람의 '감성적 반응'에 달려 있다. 실제로 예술작품에 대한 우리의 반응과 단지 사물일 뿐인 것에 대한 우리의 반응은 분명히 서로 다르다. 그런데 과연 지각적으로 식별 불가능한 두 개의 대상을 볼 때도 우리의 반응은 다를까? 아마도 그렇지는 않을 것이다. 그런데 만약 식별 불가능한 두 대상 중 하나에 그 대상의 '이름'이 아닌 '제목'이 붙어 있다면 어떨까?

실제로 필자가 뒤샹의 <샘>을 처음 보았던 때가 생각난다. 뒤집어 세운 남성용 소변기에 '소변기'라는 이름이 아닌 '샘'이라는 제목을 보았을 때, 필자는 화장실의 소변기를 볼 때와는 확실히 다른 어떤 느낌을 받았었다. 이 특별한 느낌의 이유가 될 만한 것이라고는 '제목' 말고는 다른 어떤 것도 없다. 그런데 통상적으로 제목은 "해석을 위한 지침이 된다."[295] 결국 식별 불가능한 두 대상을 볼 때 나타나는 우리의 반응 차이를 야기하는 것은 제목으로부터 비롯되는 '해석'인 것이다.

그렇다면 '해석'이야말로 예술작품의 존재 조건이라고 할 수 있다. 예술작품은 '해석을 통해서' 비로소 예술작품으로서 존재하게 된다는 것이다. 이를 단토는 버클리(G. Berkeley)를 벤치마킹하여 "존재한다는 것은 곧 해석된다는 것이다(esse est interpretari)."[296]라는 말로 다시 표현한다. "존재한다는 것은 곧 지각된다는 것이다(esse est percipi)."라는 버클리의 말이 "지각되지 않는 한, 어떤 것도 존재하지 않는다."를 표명하듯이, "존재한다는 것은 곧 해석된다는 것이다."라는 단토의 말은 "해석되지 않는 한, 어떤 것도 예술작품으로서 존재하지 않는다."를 표명하는 것이다.

그런데 '해석'이란 어떤 것인가? 무엇을 어떻게 해석한다는 것인가? 우

---

295) *ibid.*, p. 71.
296) *ibid.*, p. 278.

선 단토는 "세계를 표상하는 것 자체"보다는 "어떤 태도나 어떤 특별한 비전(vision)을 갖고 세계를 보도록 이끌기 위해 특정한 방식으로 세계를 표상하는 것"이 예부터 오늘에 이르기까지의 모든 예술에서 보이는 한 가지 중요한 특징이라는 점을 강조한다.[297] 예컨대 르네상스 시대의 원근법에 근거한 풍경화는 세계를 기하학적으로 완전한 비례를 갖춘 세계로 이해하도록 우리를 이끌고, 19세기의 인상주의 풍경화는 세계를 객관적 실재로서 이해하기보다는 주관적 인상으로 이해하도록 우리를 이끌며, 피카소의 인물화는 대상의 여러 측면을 동시에 봄으로써 그 대상을 입체적인 것으로 이해하도록 우리를 이끈다.

물론 예술은 세계를 보는 방식에 대해서만 말하는 것이 아니다. 예술은 어떤 시대의 시대상이나 제왕들의 의식을 보는 방식을 보여주기도 한다. 그뿐만 아니라 예술은 예술 자신에 대해서도 말한다. 예컨대 워홀의 <브릴로 상자>는 "'예술작품으로서의-브릴로-상자(Brillo-Box-as-the-Artwork)'를 제시함으로써 그것이 예술이라는 주장을 확증했다."[298] 뒤샹의 <샘>도 그렇다. 장 보드리야르가 분석하듯이, 이들은 레디메이드를 통해 예술과 예술이 아닌 것의 경계를 지워버림으로써 사람들이 '미학적인 것으로부터 벗어난 예술'이라는 자신들의 새로운 예술 개념에 대해 생각해보도록 이끌고 있는지도 모를 일이다.[299]

그렇다면 이제 우리는 단토가 염두에 두고 있는 해석이 어떤 것인지 이해할 수 있다. 단토는 "예술작품을 이해한다는 것은 항상 그것이 갖고 있는 은유를 파악하는 것이다."[300]라고 말한다. 일반적으로 은유는 여러 가지 '표현 방식' 중의 한 가지이다. 마찬가지로 예술작품이 가진 은유도 그 작

---

297) *ibid.*, p. 352.
298) *ibid.*, p. 423.
299) J. Baudrillard, 「예술의 음모」, 배영달 엮음, 『예술의 음모』(서울: 백의, 2000), p. 8.
300) A. Danto, *op. cit.*, p. 361.

품이 세계, 인간, 시대, 문화, 예술 등에 대해 표현하는 여러 방식 중 한 가지이다. 따라서 예술작품을 이해한다는 것은 그 예술작품이(혹은 작가가) 보여주는 세계 등을 그것이 보여주는 그대로 본다는 것이 아니라, 그 예술작품이 가진 은유를 통해 세계 등을 볼 수 있게 된다는 것이다.

예술에 대한 이러한 식의 정의는 이른바 예술의 '본질'을 제시함으로써 예술과 비예술을 구분하려는 이른바 '본질주의적' 정의이다. 실제로 단토 자신도 『일상적인 것의 변용』까지의 작업에서 개진한 예술의 정의 시도가 예술의 본질을 그려 보이고자 하는 것이었다고 고백한다.[301] 그러나 앞에서 보았듯이 르네상스 시대부터 다양하게 제안되었던 본질주의적 정의들은 모두 성공적이지 못했고, 앞으로도 모리스 웨이츠의 예술 정의 불가론을 극복하기는 어려워 보인다.

이러한 사정을 의식했던지, 『일상적인 것의 변용』 이후 단토는 본질주의와 역사주의의 결합을 시도한다. 여기서 말하는 역사주의는 '예술'과 '예술작품'의 의미가 시대와 문화권에 따라 다르게 규정될 수 있다는 관점이다. 이러한 관점에서는 뒤샹의 <샘>이나 워홀의 <브릴로 상자>가 다른 시대 혹은 다른 문화권에서 발표되었다면 예술작품으로 평가되지 못했을 수도 있다는 말이 성립한다.

그런데 통상적으로 서로 모순 관계에 있다고 이해되는 본질주의와 역사주의를 결합하는 것이 어떻게 가능한가? 예술과 비예술을 구분하는 기준으로서 예술의 보편적이고 불변적인 본질이 있다는 본질주의와 예술의 기준이 시대나 문화권에 따라 다를 수 있다는 역사주의가 어떻게 결합할 수 있는가?

이에 단토는 예술의 역사에서 도래한 현대의 시대상에 주목한다. 그에 따르면 우리는 '예술작품'의 외연이 완전히 열려 있는 시대, 예술가에게

---

301) A. Danto, 이성훈·김광우 옮김, 『예술의 종말 이후』(서울: 미술문화, 2004), pp. 353ff.

모든 것이 가능한 시대, 헤겔의 표현을 쓰자면 '역사의 울타리'가 더 이상 존재하지 않는 시대, 단적으로 말해서 '탈역사적' 시대에 살고 있다. 이러한 탈역사적 시대에는 "모든 것이 가능하다."라는 말이 진실이라고 하더라도 "모든 것이 가능한 것은 아니다."라는 말과 모순을 빚어서는 안 된다는 것이 단토의 생각이다.302) 그렇다면 단토는 이 두 말의 모순을 어떻게 피하는가?

먼저, 단토는 그 두 말의 의미를 명료하게 구분한다.303) 한편으로, "모든 것이 가능하다."라는 말은 그 어떤 것도 예술작품이 될 수 있으므로, 예술가들이 과거의 예술형식들을 차용해서 자신들의 목적에 맞게 이용하는 것도 전적으로 가능하다는 것이다. 다른 한편으로, "모든 것이 가능한 것은 아니다."라는 말은 현재의 예술가들이 과거의 작품들을 이용하는 것이 가능하다고 하더라도, 그 과거의 작품들이 그 당시의 생활 방식 속에서 담당했던 것과 똑같은 역할을 현재의 생활 방식 속에서도 담당하도록 할 수는 없다는 것이다.

예컨대 우리는 중세 시대의 장인들이 그린 교회의 벽화를 우리 자신의 목적을 위하여 자유롭게 이용할 수 있다. 즉 "모든 것이 가능하다." 그런데 그 당시 교회의 벽화는 문자해독능력이 없는 신도들에게 성서의 이야기들을 보여주는 이른바 '문맹자들을 위한 성서'의 역할을 담당했었다. 그러나 오늘날 우리가 그 벽화를 이용한다고 하더라도 그 벽화가 오늘날에도 문맹자들을 위한 성서로서의 역할을 담당하도록 할 수 없다. 즉 "모든 것이 가능한 것은 아니다."

다음으로, 단토는 이 두 말이 모순 없이 결합하는 하나의 사례를 보여준다.304) 렘브란트의 그림이 전하는 '메시지'는 그 시대와 우리 시대를 모

---

302) *ibid.*, p. 359.
303) *ibid.*, pp. 360f.
304) *ibid.*, pp. 379ff.

두 뛰어넘는 어떤 고귀한 인간성에 관한 것이다. 그러나 이 말은 렘브란트의 '그림'이 그 시대와 우리 시대를 모두 뛰어넘는다는 것까지 의미하지는 않는다. 렘브란트의 그림은 그것 자체의 시간과 공간의 소산이다. 따라서 그의 양식은 그 자신 및 그의 시대와 너무 밀접하게 결부되어 있기 때문에 오늘날 우리가 이용하기에는 거리가 너무 멀다. 이 때문에 시공간을 뛰어넘어 타당한 그의 메시지를 전달하려면 우리는 그가 사용했던 것과는 다른 수단을 발견해내야만 한다. 그러한 수단을 발견하는 것은 우리에게 무한하게 열려 있다. 그러나 그러한 방법을 찾아내더라도 그것은 우리 시대에 적합한 방법이어야 한다.

여기서 비로소 예술의 본질주의적 정의와 역사주의적 정의가 만난다. 우선 본질주의적 정의에 따르면, 감상자들로 하여금 세계와 인간과 문화와 예술에 대해 그 작품이 전달하고자 하는 어떤 메시지를 해석하도록 유도하는 것이면 무엇이라도 예술작품이 될 수 있다. 그러나 역사주의적 정의에 따르면, 그 메시지를 전달하는 방법은 우리 시대에 적합한 방법이어야 한다. 그러므로 예술은 시대와 문화권을 넘어서 '해석에 근거한 감상을 일으키는 것'이라는 본질적 의미를 지니면서, 동시에 그 본질적 의미가 시대와 문화권에 따라 다르게 구현된다는 역사적 의미를 지닌 것이다. 요컨대 "예술 개념은 본질주의적이기 때문에 무시간적이다. 그러나 이 용어의 외연은 역사적으로 지표화된다. 다시 말해, 예술의 본질은 역사를 통해 드러난다."[305]

단토의 예술철학에 대한 논의가 생각보다 길어져 우리의 본래 논지에서 다소 멀어졌다. 그러나 단토의 예술 개념은 우리가 뒤샹의 <샘>과 같은 레디메이드 작품이 어떤 이론적 근거에서 예술작품으로서 존재할 수

---

305) *ibid.*, p. 355.

있는지를 이해하는 데 확실히 도움을 준다. 단토의 관점에 따르면, <샘>이라는 제목으로 존재하는 그 대상은 '남성용 소변기'라는 지극히 일상적인(평범한) 것이 그 의미를 변경함으로써 하나의 예술작품으로서 새롭게 탄생한 것이다. 이것이 이른바 '일상적인 것의 변용(transfiguration of the commonplace)'이다.306)

'변용(變容)'이라는 말은 문자적 의미로 "사물의 형태나 모습(figuration, 容)의 변화(trans-, 變)"를 뜻하는 일반명사이다. 통상적으로 '형태'나 '모습'은 겉으로 드러나는 사물의 특징을 지칭한다. 이에 해당하는 영어 figuration도 마찬가지다. 그러나 영어에서 이 명사는 또 다른 한 가지 용법이 있다. 일반명사에 정관사를 붙여서 특정한 하나의 대상이나 사건을 지칭하는 고유명사로 사용하는 관용적 용법에 따라, 영어 'the Transfiguration'은 『성서』에 기록된 '예수의 변용' 혹은 그 사건을 기념하는 '기념일'을 지칭하는 고유명사로 통용된다.307) 이러한 점에서 예수의 변용은 '변용'이라는 말의 독특한 의미를 살펴볼 수 있는 자료가 될 수 있다.

> 예수가 3명의 제자 베드로와 야고보와 요한을 데리고 높은 산에 올라갔을 때, 그 제자들 앞에서 예수의 모습이 변화되는데, 그 얼굴에 광채가 나며, 그 옷이 세상의 어떤 세탁부도 그렇게 하얗게 할 수 없을 만큼 하얗게 변화되었다. 어느 순간 엘리야와 모세가 나타나 예수와 더불어 이야기를 나누었다. … 홀연히 나타나 그 제자들을 엄습한 밝은 구름 속에서 어떤 소리가 울려 퍼지는데, 그것은 "이는 내가 사랑하는 나의 아들이니, 너희는 그의 말을 들어야만 할 것이니라!"라는 신의 음성이었다.308)

---

306) 이 문구는 영국의 작가 뮤리엘 스파크(M. Spark, 1918-2006)의 소설 <미스 진 브로디의 전성기(The Prime of Miss Jean Brodie)>(1961)에서 헬레나 수녀라는 인물이 쓴 책의 제목으로 제시된 것이다. 단토는 그 문구에 매료되어 언젠가 그것에 어울리는 책을 쓴다면 그 문구를 제목으로 달겠다고 마음먹었었는데, 마침 1981년에 『일상적인 것의 변용』을 출판함으로써 그 결심을 실행한 셈이 되었다(Cf. A. Danto, 『일상적인 것의 변용』, 「서문」, pp. 55ff.).

307) 우리나라의 가톨릭교회에서는 예수의 변용을 '현성용(顯聖容, 신성한 용모로 변화되어 나타남)'이라고 하고, 그 기념일을 '현성용 축일'(8월6일)이라고 한다.

308) 이 글은 대한성서공회에서 간행한 『성경전서』(40판, 1981)의 「마태복음」 17장 1-5절, 「마가복음」 9장 2-7절, 「누가복음」 9장 28-35절을 참조하여 필자가 재구성한 것이다.

이 이야기에서 '변용'은 우선 얼굴이나 옷의 빛깔과 같은 겉모습의 변화를 의미하는 것으로 사용된다. 그러나 구름 속에서 들려오는 신의 음성은 예수를 '단지 인간일 뿐인 존재'에서 '신의 아들로서의 신성한 존재'로 변화됨을 선포한다. 이것은 예수의 변용이 단지 겉모습의 변화가 아니라 자신의 누구임(whatness) 내지 존재(being)의 변화, 말하자면 개념 혹은 의미의 변화임을 드러낸다.

일상적인 것의 예술작품으로의 변용도 예수의 변용과 마찬가지로 단지 겉모습의 변화라기보다는 개념 혹은 의미의 변화로 이해할 수 있다. 실제로 뒤샹의 <샘>은 평범한 사물로서의 남성용 소변기와 비교할 때 그 겉모습에서는 아무런 변화가 없지만 그 개념 혹은 의미에서의 변화가 일어났기 때문에 하나의 예술작품이 될 수 있었다.

그런데 예수의 변용에서 변용의 주체가 예수 자신이듯이, 일상적인 것의 변용에서 변용의 주체는 일상적인 것 그 자신이다. 뒤샹이 남성용 소변기를 <샘>으로 변경시킨 것이 아니라 남성용 소변기 자신이 스스로 <샘>으로 변화한 것이다. 다만 다른 사람들에게는 보이지 않았던 남성용 소변기의 변화 가능성이 뒤샹에게는 보였고, 그는 자신에게 보이는 남성용 소변기 자체의 변용이 실제로 일어나도록 했을 뿐이다. 이러한 점에서 뒤샹의 작업은 그 남성용 소변기의 변용을 '탈은폐한' 것이다. 물론 뒤샹의 탈은폐가 그 남성용 소변기의 변용의 '유일한' 탈은폐는 아니다. 그 남성용 소변기는 얼마든지 또 다른 것으로 변용할 수 있기 때문이다.

실제로 모든 일상적인 것은 무한한 변용 가능성을 가진다. 그렇다면 일상적인 것의 변용을 탈은폐한 뒤샹의 작업은 어떤 일상적인 것의 개념 혹은 의미가 지금의 개념 혹은 의미 그대로 영구히 고착되는 것을 거부하는 것이기도 하다. 이러한 점에서 일상적인 것의 변용은 '일리의 진리화'에 반대하는 포스트철학적 전략의 한 가지 모델이 될 수 있다. 제2부 5장

3.1.1.에서 보았듯이 사물에 대한 정의는 그 사물의 다른 사용을 금지한다. 그러나 사실상 모든 사물은 얼마든지 다르게 사용될 수 있다. 그럼에도 불구하고 그 사물의 사용을 한 가지로만 제한하는 것은, 그 사물을 사용하는 우리에게도 불편함을 줄 수 있지만, 무한하게 변용 가능한 그 사물 자체의 존재에 대해서도 예의가 아닐 것이다.

무한한 변용 가능성을 가지는 사물에서 지금 실현된 한 가지 개념 혹은 의미는 그 사물의 '진리'가 아니라 '일리'일 뿐이다. 그렇다면 지금 실현된 그 사물의 개념 혹은 의미를 영구하게 고착시키는 것은 '일리를 진리화하는 것'이다. 이러한 일리의 진리화에 반대하기 위해서는 사물들을 현재 일상화된 사용 방식과 다르게 사용해보려는 의식적이고 적극적인 '변용(變用)'을 감행할 필요가 있다. 다만 우리의 변용(變用)이 사물 자체의 변용(變容)을 탈은폐하는 것이 아니라면 즉각 중단하고 다른 변용(變用)을 모색해야 하겠지만 말이다.

3.3 탈주와 위반의 감행

제1부 3장 3절에서 보았듯이, 사회적 규범이란 한 사회가 그 구성원들에게 특정한 행위를 금지하는 명령과 같은 것이다. 일종의 금지명령이라는 점에서 사회적 규범은 본질적으로 개인의 욕구를 억압할 수밖에 없다. 개인의 측면에서 보자면 욕구의 억압은 좋지 않은 것이다. 그럼에도 불구하고 대체로 사람들은 자신이 사회적 존재로서 한 사회 내에서 살아갈 수밖에 없음을 인식하기 때문에 자신의 욕구를 억압하더라도 사회적 규범을 폐기해야 한다고는 생각하진 않는다. 결과적으로 사람들은 사회적 규범에 의한 욕구의 억압을 스스로 감내해야만 할 불가피한 억압이라고 생각하는 것이다.

그런데 모든 종류의 사회적 규범이 사회적 존재로서의 인간의 삶을 위한 필수적인 규범이라고 할 수 있을까? 우리는 모든 종류의 사회적 규범에 의한 억압을 불가피한 억압으로 용인하고 기꺼이 감내해야 할까?

앞의 제1부 4장에서도 소개한 바 있는 1세대 프랑크푸르트학파의 철학자 헤르베르트 마르쿠제는 이 문제를 풀어갈 수 있는 하나의 실마리를 제공해준다. 1955년에 발표한 『에로스와 문명』은 충동을 억압함으로써 문명의 발생과 발전이 가능했다는 프로이트의 '억압가설'[309]을 사회비판철학의 관점에서 재조명한 저서이다. 이 저서에서 마르쿠제는 충동의 억압을 '기본억압(basic repression)'과 '과잉억압(surplus-repression)'으로 구분했다.[310] 전자는 "문명 속에서 인간 종족이 존속하기 위해서 충동을 제한하는 것"이다. 이것은 사회적 존재로서의 인간의 삶을 위해 필요한 억압이라고 할 수 있으며, 따라서 우리가 기꺼이 감내해야 할 억압이라고 볼 수 있다. 반면 후자는 "사회적 지배에 의해서 불가피한 것으로 만들어진 제한들"이다. 여기서 '지배(domination)'란 "특정한 집단이나 개인이 특권적인 지위를 누리고 있는 상황을 유지하고 강화하기 위해서 행사하는 것"[311]을 의미한다. 따라서 과잉억압은 지배자들이 자신의 특권을 유지하거나 강화하기 위해서 특정한 사회적 규범들을 통해 피지배자들의 충동을 억압하는 것이라고 할 수 있다.

이와 같이 과잉억압이 사회적 지배에 의해 만들어진 억압이라면, 그것은 현재의 지배체제에서 특권을 누리는 사람이 아닌 경우에는 어떠한 유의미성도 갖지 못하는, 따라서 굳이 감내할 필요가 없는 그러한 억압이라고 할 수 있다. 그렇다면 현실에서 과잉억압을 당하고 있는 사람들은 그

---

309) Cf. S. Freud, 김석희 옮김, 「<문명적> 성 도덕과 현대인의 신경병」, 『문명 속의 불만』(서울: 열린책들, 1997), p. 16.
310) H. Marcuse, *Eros and Civilization: A Philosophical Inquiry into Freud*, Beacon Paperback, (Boston: The Beacon Press, 1974), p. 35.
311) *ibid.*, p. 36.

러한 과잉억압으로부터 해방될 방안을 모색해야 할 것이다.

이를 위해서는 우선 어떤 규범에 의한 억압이 기본억압이고 어떤 규범에 의한 억압이 과잉억압인지 식별할 수 있어야 한다. 그러나 마르쿠제는 프로이트의 심리분석 사상에 따르면 그러한 식별이 결코 쉽지 않다고 주장한다. 프로이트에 따르면, 자아는 발달과정에서 오이디푸스 콤플렉스를 겪는 동안 아버지와 같은 외부의 권위를 자기 마음속에 투입하여 '자아 이상(ego ideal)' 혹은 '초자아(super ego)'를 형성한다. 이 자아 이상의 기능은 자기 성찰, 도덕적 양심, 꿈의 검열, 억압적인 영향력 행사 등이다.312) 마르쿠제는 이러한 심리적 특성 때문에 사람들이 사회적 제도나 규범들을 외적 강제로서 의식하기보다는 자신의 마음속에 투입하여 '내면적인 규제원리'로 자리 잡게 하는 경향이 있다고 본다.

[최초의 지배가 형성된 이래] 자유롭지 않게 된 개인은 자신을 지배하는 사람들과 그들의 명령들을 자신의 마음(mental apparatus) 안으로 투입한다(introject). 자유에 대한 투쟁은 억압된 개인의 자기-억압으로서 재생산되고, 나아가 억압된 개인의 자기-억압은 지배자들과 그 지배자들이 만들어 운용하는 제도들을 지지한다.313)

이 주장에 따르면, 사회적 지배에 의해 억압된 개인들은 자신을 억압하는 사회제도나 규범들을 자신의 마음 안으로 투입하여 자신의 충동을 스스로 억압하는 '자기-억압적' 태도를 보이게 된다. 어떤 사람에게 이러한 자기-억압적 태도가 나타난다면, 그것은 그 사람의 마음 안에 특정한 종류의 충동을 규제하는 어떤 내면적인 원리가 형성되어 그 원리에 따라 스스로 특정한 충동을 억압한 결과라고 볼 수 있다.

그런데 이와 같이 내면적인 규제원리에 따라 자기-억압적 태도로 살아

---

312) S. Freud, 「집단심리학과 자아 분석」, 『문명 속의 불만』, p. 126.
313) H. Marcuse, op. cit., p. 16. '투입(introjection)'은 자아가 자기 외부의 어떤 특성을 자기 자신의 심적 특성으로 삼는 일을 뜻한다.

가는 개인들은 자신이 억압당하고 있다는 것을 결코 의식하지 못한다. 어떤 종류의 충동을 억제하려는 태도가 자신의 마음 안에 형성된 내면적 규제원리에 따른 것이라고 인식하는 사람은 자기 자신을 '자율적인' 주체로 오인(誤認)할 수밖에 없기 때문에 자신이 타율에 의해 억압당한다고는 생각하지 못하는 것이다.

이와 같이 우리가 사회적 제도나 규범들 때문에 억압당하고 있음에도 불구하고 그것이 억압이라는 사실을 의식하지 못한다면, 기본억압과 과잉억압을 분별하는 것도 사실상 불가능하다고 해야 할 것이다. 그렇다면 우리는 굳이 감내하지 않아도 될 과잉억압조차도 묵묵히 감내하며 살 수밖에 없다.

이러한 상황은 우선 사회적 제도나 규범을 마음 안으로 투입하여 내면적 규제원리로 자리 잡게 만드는 인간의 일반적인 심리적 특성 때문일 것이다. 이런 심리적 특성 때문에 나타나는 또 하나의 현상은 우리 인간이 사회적 제도나 규범들을 그 자체로 정당한 것으로 평가하는 경향성을 가지게 된다는 것이다. 초자아의 양심 작용이 무의식적으로 일어나듯이 내면적 규제원리도 무의식적으로 작동하기 때문에 우리는 우리 자신의 내면적 규제원리로 자리 잡게 된 사회적 제도나 규범들에 대해서는 그 정당성 근거를 요구하지 않는 것이다.

그러나 사실상 그 자체로 정당한 사회적 제도나 규범이란 있을 수 없다. 사회적 제도나 규범은 자연적으로 주어지는 것이 아니라 필요에 따라 만들어지는 것이기 때문이다. 따라서 사회적 제도나 규범은, 그 필요성이 변경되거나 사라진다면, 언제든지 변경되거나 제거될 수 있다. 그럼에도 불구하고 특정한 사회적 제도나 규범을 그 자체로 정당하다고 생각하는 것은 그 필요성에 대해 더 이상 의심하지 않는다는 것이다. 말하자면 특정한 사회적 제도나 규범이 그 필요성과 무관하게 그 사회에서 필수적인 제도나 규범인 것처럼 자리 잡게 된다.

이러한 현상은 '사회적 제도나 규범의 관습화'라고 할 수 있다. 제1부 3장 3.2.에서 관습의 기본 특성이 어떤 것인지 논의한 바 있는데, 여기서 그대로 다시 인용해보자.

> 관습의 핵심적 특성은 '반사적'이라는 것, 말하자면 그 사회의 구성원들이 그 근거에 대해 무의식적이라는 것이다. 예컨대 "마땅히~해야만 한다." 혹은 "결코~해서는 안 된다."라는 명령문 형식의 규범적 판단이 주어질 때 사람들이 그 판단의 정당성 근거에 대해 의식하지 않는다면 그것은 곧 관습이라고 할 수 있다. 이러한 점에서 관습은 '뮈토스' 형식의 규범이라고 할 수 있을 것이다.

경우에 따라 얼마든지 교정되거나 제거될 수 있는 사회적 제도나 규범이 그 정당성 근거에 대해 무의식적인 관습과 같은 것으로 고착되는 것은 일종의 '일리의 진리화'라고 할 수 있다. 사회적 제도나 규범의 내용이 시대나 문화권에 따라 다를 수 있음은 그것의 일리성을 드러낸다. 이와 같이 일리 있을 뿐인 사회적 제도나 규범을 보편적이고 불변적인 진리로 확립하는 것은, 제거하거나 교정할 필요가 있는 제도나 규범에 의한 억압까지도 감내해야 하는 상황을 초래할 수 있다. 그러므로 일리의 진리화에 반대하는 포스트철학의 입장에서는 사회적 제도나 규범의 관습화를 어떻게 타파할 것인지 숙고할 필요가 있다.

사회적 제도나 규범의 관습화를 타파하기 위해서는 무엇보다도 먼저 그 일차적 원인이라고 할 수 있는 저 내면적인 규제원리부터 타파해야 할 것이다. 이러한 포스트철학적 사유에서 참조할 수 있는 다양한 착상이 개진되어 있지만, 여기서는 대표적으로 세 가지만 살펴보기로 한다.

[1] 프로이트는 인간의 무의식에 현실원칙을 무시하고 오직 쾌락원칙에 따라서만 행동할 수 있는 심적 능력이 있다고 주장한다. 여기서 '쾌락

원칙'은 내외적 자극이 발생할 때 오직 고통을 피하고 쾌락을 추구하는 무의식적인 이드(id)의 행동원칙이고, '현실원칙'은 현실의 여건들을 고려하여 실현 불가능한 쾌락 추구를 억압하고 실현 가능한 쾌락만을 추구하는 의식적인 자아(ego)의 행동원칙이다. 예컨대 외적인 강제력으로서의 사회적 제도나 규범이 특정한 쾌락을 금지하는 경우, 자아는 그러한 쾌락을 실현 불가능한 것으로 확정하고 그러한 쾌락 추구를 스스로 억제하는 행동원칙을 마음에 새겨 넣어 현실원칙으로 삼는다. 이러한 점에서 현실원칙은 외적인 강제력으로서의 사회적 제도나 규범이 내면화된 규제원리라고 할 수 있다. 따라서 현실원칙을 무시하고 오직 쾌락원칙에 따라서만 행동할 수 있다는 것은 곧 우리의 마음에 새겨져 있는 내면적인 규제원리를 타파할 수 있다는 것을 의미한다.

프로이트는 현실원칙을 무시하고 쾌락원칙에만 따르는 심적 활동의 구체적인 사례로 아이들의 놀이, 성인들의 꿈(밤 꿈과 낮 꿈), 예술가들의 창작활동 등을 든다. 우선 아이들의 놀이는 오직 쾌락을 추구하는 것이다. 어린 시절에 놀이를 하지 않은 사람이 없듯이 본래 쾌락원리에만 따르는 심적 활동은 인간에게 보편적인 능력이었다. 그러나 자아가 현실원칙의 지배를 받기 시작하면서 그러한 능력은 무의식의 영역으로 추방되었다. 그럼에도 불구하고 그러한 능력은 의식이 빈틈을 보일 때마다 자신을 현실에 드러내려고 하는데, 꿈이 바로 그러한 현상이다. 이러한 꿈을 약간 변형시켜서 꿈의 성격을 약화시키고 그 대신 순수한 미학적 형식에 따라 가공한 것이 예술작품이다.[314] 현실원칙이 지배하는 상황에서도 우리는 꿈을 꿀 수 있고 예술적 상상력을 펼칠 수 있다. 꿈과 예술적 상상력 속에서나마 우리는 저 내면적인 규제원리를 타파할 수 있는 것이다.

---

314) S. Freud, 정장진 옮김, 「작가와 몽상」, 『예술, 문학, 정신분석』, 재간, (서울: 열린책들, 2003), pp. 156f.

[2] 들뢰즈와 가타리는 우리의 내면에 유목민의 면모가 숨겨져 있다는 점에 주목한다. 그들이 말하는 유목민의 생활 방식을 이해하기 위해서는 지도를 펼쳐보는 것도 좋다. 유목민들에게 지도상의 모든 지점은 그 지점에서 그 어떤 방향으로도 나아갈 수 있는 중계 지점이다.315) 그러므로 유목민들에게는 미리 닦여있는 고정된 도로가 필요 없다. 그들이 지나가는 궤적이 오히려 도로가 된다. 그렇다고 해서 그 궤적이 도로로 고정되지는 않는다. 그들이 항상 다시 그 궤적을 되밟아가는 것은 아니기 때문이다. 따라서 그들의 궤적은 자신들이 이동해감과 동시에 지워지고 희미한 윤곽선으로만 흔적을 남길 뿐이다. 이런 점에서 그들의 공간은 지도에서 선명한 실선으로 표시된 도로가 지워진 공간, 이른바 매끈한 공간이다.316)

유목민은 이미 닦여있는 길을 무시한다. 이러한 무시는 주체적 선택이 아니라 자신의 삶에 충실한 결과이다. 잘 닦인 도로는 유목 생활을 위한 것이 아니라 정주민에게 필요한 행정과 전쟁과 교역을 위한 것이다. 정주민은 언제나 다시 자신의 고정된 거주지로 되돌아와야 하기 때문에 잘 닦인 도로가 필요하다. 그러나 유목민은 가축들이 먹을 수 있는 풀을 좇아 이동해야 하므로 이미 닦여있는 길에만 의존하다가는 큰 낭패를 볼 수도 있다. 이 때문에 유목 생활에 충실한 유목민에게는 잘 닦여진 도로가 아닌 다른 이동선이 보일 것이다.

본래 인간은 유목민이었다. 그러므로 우리 모두에게는 유목민의 안목이 내재해 있다. 다만 특정 사회체에 포획317)되면서 유목민의 안목은 묻혀버리고, 대신 그 사회체가 닦아놓은 도로를 벗어나지 않는 것이 더 좋

---

315) G. Deleuze & F. Guattari, *Mille plateaux*, (Paris: Minuit, 1980) p. 471.
316) *ibid.*, p. 472.
317) 들뢰즈와 가타리의 사상에서 '포획'은 야생의 동물을 사로잡아 가축으로 길들이는 일과 같다. 이때 포획되는 동물은 자신의 본성을 버리고 포획자의 길들임에 순응한다. 들뢰즈와 가타리는 인간도 오래전부터 포획되어 왔다고 본다. 예전에는 '토지'라는 사회체가, 그다음에는 '국가'라는 사회체가 인간을 포획했으며, 오늘날에는 '자본'이라는 사회체가 인간을 포획하고 있다는 것이다(Cf. G. Deleuze & F. Guattari, *L'anti-Œdipe*, (Paris: Minuit, 1972), chap. III, pp. 163ff.).

다는 믿음이 형성되었다. 그 사회체가 닦아놓은 도로를 사회적 제도와 규범이라고 본다면, 그 도로를 벗어나지 않는 것이 더 좋다는 믿음은 앞에서 언급한 내면적인 규제원리라고 할 수 있을 것이다.

이러한 내면적인 규제원리를 타파하기 위해서는 포획되면서 묻혀버린 유목민의 안목을 다시 끄집어내어야 한다. 포획자의 도로에 집착하는 포획된 인간의 일반 성향을 '편집증(paranoïa)'이라고 한다면, 그 도로에서 어떻게든 벗어나려는 유목민의 일반 성향은 '분열증(schizophrénie)'이라고 할 수 있을 것이다. 이러한 점에서 분열증은 묻혀있던 유목민의 안목이 터져 나오는 현상이라고 할 수 있다.

실제로 우리는 살아가는 동안 문득문득 기존의 질서(도로)가 갑갑하다고 느껴지거나 그 질서로부터 탈주(脫走)하고 싶다거나 심지어 그 질서를 타파하고 싶다는 충동이 일어나는 것을 경험하곤 한다. 사실상 이 모두는 심층의 심리에 묻혀있던 분열증적 성향이 솟구치는 현상이다. 이때 그것을 무시하거나 억압하지 않는다면 언젠가는 우리에게 기존의 도로 이외의 새로운 이동선이 보일 것이며, 그 이동선을 따라가는 유목민으로서의 삶을 시작할 수 있을 것이다. 이것은 기존의 질서만이 절대적인 질서가 아니라는 것, 따라서 다른 질서도 얼마든지 가능하다는 것을 예시하는 삶일 것이다.

[3] '금기'는 신앙심이나 관습에 따라 '어떤 행동을 억누르거나(禁) 꺼려(忌)함' 혹은 '어떤 행동을 억누르거나 꺼리게 하는 지침'을 의미한다. 우선 금기는 사회적 제도나 규범과 같이 외부에서 주어지는 강제가 아니라 일종의 내면적인 규제원리이다. 그러나 더 중요한 것은 내면적인 규제원리로서의 금기가 그 금기를 가진 사람 자신에게는 무의식적이라는 점이다. 앞에서 보았듯이 신앙심이나 관습은 뮈토스 형식으로 마음에 작용하기 때문에 그 근거에 대해 무의식적일 수밖에 없기 때문이다.

금기의 이러한 특징은 금기의 형태로 내면화되어 있는 특정한 규범을 일리가 아닌 진리로 수용하도록 작용한다. 조르주 바타유의 '금기와 위반'에 대한 연구는 이러한 금기 형태의 규범이 일리임에도 불구하고 진리화되는 것에 반대하는 포스트철학적 사유의 한 사례가 될 수 있다.

바타유도 금기가 외부에서 병원균이 우리 몸에 침입해오듯이 외부에서 우리의 의식에 침입해오는 어떤 것이 아니라는 점에 주목한다.[318] 그러나 더 중요한 문제는 우리가 내면적 규제원리로서의 금기를 어떻게 의식할 수 있느냐 하는 것이다. 이에 대해 바타유는 금기란 오직 위반을 통해서만 의식될 수 있다고 주장한다.

> 우리가 금기를 **위반**하는 순간에, 특히 금기가 여전히 작용하고 있음에도 불구하고 우리가 그 금기에 저항하고자 하는 충동에 굴복하는 불안정한 순간에, 우리는 확실히 번민에 사로잡힌다. 우리가 금기를 준수하고 금기에 복종하면, 우리는 더 이상 그것을 의식할 수 없다. 그러나 위반의 순간에 우리는 번민을 느끼는데, 이러한 번민이 없다면 금기도 있을 수 없다. 이것은 곧 죄책감의 경험이다. 이러한 죄책감의 경험이 위반을 성취하고 완수하도록 이끄는 것이다.[319]

그런데 우리는 금기를 어떻게 위반할 수 있을까? 다시 말해서 금기는 뮈토스 형식으로 정당화되는 것이므로 근본적으로 위반될 수 없다는 것을 함축하는데, 우리는 어떻게 그것을 위반할 수 있는가? 이에 대해 바타유는 인간에게 '금기 충동(le mouvement des interdits, 어떤 행위를 억누르고 꺼리는 무의식적인 움직임)'뿐만 아니라 '위반 충동(le mouvement de la transgression, 금기사항을 위반하려는 무의식적인 움직임)'도 내재해 있음을 논증한다.

---

318) Cf. G. Bataille, *L'Érotisme*, (Paris: Les Éditions de Minuit, 2011), p. 40.
319) *ibid.*, pp. 41-42.

금기 충동에서 인간은 동물과 구별된다. … 그러나 위반 충동이라는 제2의 충동에서 인간은 동물에 가깝다. 동물에게는 금기 규칙으로부터 벗어나는 성향이 있고, 죽음과 생식의 세계를 지배하는 폭력(과격행동)에 자신을 열어놓는 성향이 있다. 확실히 인간과 동물의 제2의 일치, 말하자면 새로운 인간 역사의 전개는 동굴벽화를 그렸던 사람들, 즉 아직 유인원에 가깝다고 할 만한 **네안데르탈인** 다음에 나타난 현생인류와 같은 완벽한 인간에게 어울리는 일이다. … 통상적으로 말하듯이 동굴벽화를 그린 사냥꾼들이 공감주술을 염두에 두고 그러한 그림을 그렸다면, 그때 그들은 동물적인 신성성의 감정을 품었을 것이다. … 어떤 의미에서 인간이 동물성을 가졌을 때 우리는 위반의 세계에 들어서며, 금기를 유지하면서 동물성과 인간성의 통합이 이루어질 때 우리는 **신의** 세계(**신성한** 세계)에 들어선다.[320]

이러한 위반 충동이 있기 때문에 우리는 금기의 위반을 감행할 수 있다. 그러나 여기서 또 하나의 문제가 제기된다. 금기의 형식으로 내면화되어 있는 사회적 제도나 규범이 모두 과잉억압을 행사하는 것일까? 그중에는 사회 내에서의 삶을 위해 우리가 기꺼이 감내해야 할 기본억압을 행사하는 것은 없을까?

앞에서 보았듯이 외부적 강제를 행사하는 사회적 제도나 법이 우리의 심층 심리에 내면화된 규제원리로 자리 잡았을 경우 무엇이 기본억압이고 무엇이 과잉억압인지를 분별하기가 쉽지 않다. 그러므로 무엇이 기본억압이고 무엇이 과잉억압인지 먼저 분별한 다음 그중에서 과잉억압을 행사하는 금기만 제거하겠다는 접근법은 필연적으로 실패할 수밖에 없다.

이러한 상황에서 바타유는 그것이 과잉억압을 행사하는 것이든 기본억압을 행사하는 것이든 간에 모든 종류의 금기를 우선 위반하는 것이 중요하다고 본다. 왜냐하면 위반이란 금기를 폐기하지 않은 채 그것의 가면을 벗기는 것이기 때문이다.[321]

"손대서는 안 되는 금기가 간혹 한 번씩 침해된다고 해서 그 금기가 더 이상 손대서는 안 되는 것이 아니라고 주장할 수는 없다." … 부정적인 감정이 치밀어오를 때 우리는 금기에 복종하지 않으면 안 된다. 감정이 긍정적인 경우에 우리는 금기를 침범한다. 그와 같은 침범은 상반된 감정의 가능성과 의미를 본연적으로 폐기하

---

320) *ibid.*, pp. 88-89.
321) *ibid.*, p. 39.

는 것이 아니다. 즉 그러한 침범은 그 자체로 정당한 것이고 본원적인 것이다.[322]

> … 위반은 동물의 활동에서 보이는 원초적인 자유와는 무관하다. 위반은 일상적으로 준수되던 한계의 저편으로 나아가는 통로를 열어 제치기는 하지만, 그러한 한계를 남겨둔다. 위반은 **세속의** 세계를 파괴하지 않은 채 넘어선다.[323]

이 인용문들에서 알 수 있듯이 바타유는 금기의 위반이 우리로 하여금 금기를 의식하도록 할 수 있는 촉매제라는 것을 다시 한번 강조한다. 이러한 위반을 통해 우리가 금기를 의식하게 되면, 우리는 그 금기를 무의식적으로 수용하지 않을 수 있다. 말하자면 금기의 의식을 통해서 우리는 특정한 금기가 우리의 사회적 삶을 위해서 불가피한 것인지 과잉억압을 행사하는 것인지에 대해 의식적으로 검토할 수 있게 된다. 이러한 점에서 금기의 위반은 특정한 금기가 절대적인 것으로 고착되는 것, 특정한 규범의 진리화에 반대할 수 있는 결정적인 실마리라고 할 수 있다.

---

322) *ibid.*, p. 68.
323) *ibid.*, p. 71.

참고문헌

김영민, 『진리·일리·무리』, 서울: 철학과현실, 1998.

김응종, 『서양의 역사에는 초야권이 없다』, 서울: 푸른역사, 2005.

김태수 (엮음), 『구조주의의 이론』, 서울: 인간사랑, 1990.

박규철, 『역사적 소크라테스와 등장인물 소크라테스』, 고양: 동과서, 2003.

백기수, 『미학』, 10판, 서울: 서울대출판부, 1987.

오용득, 「문화와 문화적 삶의 해석학」, 제주문화포럼 편, 『문화와 현실』 제3호, 2000.

오용득, 『고전논리의 형식적 원리』, 2판, 부산: 열린시, 2005.

오용득, 「우콘토로지: 온토로지의 계보학과 질료로서의 인간 사유」, 연세대 인문학연구원 편, 『인문과학』 제102집, 2014.

임승휘, 『절대왕정의 탄생』, 서울: 살림, 2004.

장휘옥, 『불교학 개론 강의실 2』, 서울: 장승, 1994.

하순애·오용득, 『세상은 왜? - 세상을 보는 10가지 철학적 주제』, 파주: 한울, 2011.

小林昭七, 원대연 옮김, 『유클리드 기하에서 현대 기하로』, 서울: 청문각, 2004.

Althusser L., "Idélogie et Appareils Idéologiques d'État", *Sur la reproduction*, Paris: PUF, 1995.

Althusser L., *Pour Marx*, Paris: La Découverte, 2005.

Aristotle, H. Tredennick (tr.), *The Metaphysics I*, Book Ⅰ-Ⅸ, Massachusetts: Harvard Univ. Press, 1933.

Aristotle, H. Rackham (tr.), *The Nicomachean Ethics*, Massachusetts: Harvard Univ. Press, 1934.

Aristotle, H. Rackham (tr.), *Politics*, Massachusetts: Harvard Univ. Press, 1944.

Aristoteles, W. S. Hett (tr.), *On the Soul*, Massachusetts: Harvard Univ. Press, 1957.

Bataille G., *L'Érotisme*, Paris: Les Éditions de Minuit, 2011.

Baudrillard J., 「예술의 음모」, 배영달 엮음, 『예술의 음모』, 서울: 백의, 2000.

Beardsley M. C., 이성훈·안원현 옮김, 『미학사』, 서울: 이론과실천, 1987.

Bentham J., *An Introduction to the Principles of Morals and Legislation*, London: Lincoln's - INN Fields, 1823.

Cassirer E., 박완규 옮김, 『계몽주의 철학』, 서울: 민음사, 1995.

Copleston F. C., 강성위 옮김, 『토마스 아퀴나스』, 2판, 서울: 성바오로출판사, 1993.

Danto A., 이성훈·김광우 옮김, 『예술의 종말 이후』, 서울: 미술문화, 2004.

Danto A., 김혜련 옮김, 『일상적인 것의 변용』, 파주: 한길사, 2008.

Deleuze G. & F. Guattari, *L'anti-Œdipe*, (Paris: Minuit, 1972.

Deleuze G. & F. Guattari, *Mille plateaux*, Paris: Minuit, 1980.

Derrida J., *De la grammatologie*, Paris: Les Éditions de Mnuit, 1967.

Derrida J., D. B. Allison (tr.), *Speech and Phenomena*, Evanston: Northwestern Univ. Press, 1973.

Descartes R., John Veitch (tr.), "Letter of the Author to the French Translator of the Principles of Philosophy serving for a preface", Available from http://www.classicallibrary.org/descartes/principles/ preface.htm

Dilthey W., *Einleitung in die Geisteswissenschaften*, Stuttgart: B. G. Teubner, 1959.

Dilthey W., *Der Aufbau der geschichtlichen Welt in den Geisteswissenschaften*, Stuttgart: B. G. Teubner, 1964.

Diogenes Läertios, 전양범 옮김, 『그리스 철학자 열전』, 서울: 동서문화사, 2008.

Ferry L., 방미경 옮김, 『미학적 인간』, 서울: 고려원, 1994.

Foucault M., *Maladie mentale et psychologie*, Paris: Presses Universitaires de France, 1962.

Foucault M., *L'archéologie du savoir*, Paris: Gallimard, 1969.

Foucault M., *Histoire de la folie à l'âge classique*, Paris: Gallimard, 1972.

Foucault M., *Surveiller et Punir*, Paris: Gallimard, 1975.

Foucault M., *Histoire de la sexualité I: La volonté de savoir*, Paris: Gallimard, 1976.

Freud S., 김석희 옮김, 『문명 속의 불만』, 서울: 열린책들, 1997.

Freud S., 이규환 옮김, 『정신분석입문』, 서울: 육문사, 2000.

Freud S., 정장진 옮김, 『예술, 문학, 정신분석』, 재간, 서울: 열린책들, 2003.

Gadamer H.-G., *Wahrheit und Methode - Grundzüge einer philosophischen Hermeneutik*, 3., erweiterte Aufl. Tübingen: J. C. B. Mohr, 1972.

Gadamer H.-G., "Das Erbe Hegels", <Hans-Georg Gadamer Gesammelte Werke> Bd. 4, Tübingen: J. C. B. Mohr, 1987.

Hegel G. W. F., *Phänomenologie des Geistes*, Frankfurt a. M.: Suhrkamp, 1986.

Hegel G. W. F., *Grundlinien der Philosophie des Recht oder Naturrecht und Staatwissenschaft im Grundrisse*, Frankfurt a. M.: Suhrkamp, 1986.

Hegel G. W. F., *Vorlesungen über die Philosophie der Geschichte*, (Frankfurt a. M.: SuhrKamp Verlag, 1986.

Heidegger M., *Zein unt Zeit*, Zwölfte, unveränderte Aufl. Tübingen: Max Niemeyer, 1972.

Heidegger M., "Der Ursprung des Werkes", in *Holzwege*, <Martin Heidegger Gesamtausgabe> Bd. 5, Frankfurt a. M.: Vittorio Klostermann, 1977.

Heidegger M., "Vom Wesen der Wahrheit", *Wegmerken*, <Martin Heidegger Gesamtausgabe> Bd. 9, Frankfurt a. M.: Vittorio Klostermann, 1979.

Heidegger M., *Einführung in die Metaphysik*, <Martin Heidegger Gesamtausgabe> Bd. 40, Frankfurt a. M.: Vittorio Klostermann, 1983.

Heidegger, "Die Frage nach der Technik", in *Vorträge und Aufsätze*, 4te Aufl. Tübingen: Neske, 1978.

Horkheimer M. & T. Adorno, *Dialektik der Aufklärung*, Neuausgabe, Frankfurt a. M.: S. Fischer Verlag, 1969.

James W., 정해창 옮김, 「실용주의가 의미하는 것」, 정해창 편역, 『실용주의』, 서울: 아카넷, 2008.

Kant I., hg. von R. Schmidt, *Kritik der reinen Vervunft*, 14. Auflagen, Hamburg: Felix Meiner, 1971.

Kant I., hg. von K. Vorländer, *Kritik der Urteilskraft*, 7. Auflagen, Hamburg: Felix Meiner, 1974.

Kant, I., *Grundlegung zur Metaphysik der Sitten*, Hrsg. von W. Weischedel, <Immanuel Kant Werke in zehn Bänden>, Band 6, Darmstadt: Wissenschaftliche Buchgesellschaft, 1983.

Kant I., *Kritik der praktischen Vernunft*, Hrsg. von W. Weischedel, <Immanuel Kant Werke in zehn Bänden>, Band 6, Darmstadt: Wissenschaftliche Buchgesellschaft, 1983.

Larrain J., 한상진·심영희 옮김, 『현대 사회이론과 이데올로기』, 서울: 한울, 1984.

Liessmann K. P.·G. Schildhammer, 최성욱 옮김, 『행복 - 유럽 정신사의 기본 개념 1』, 서울: 이론과실천, 2014.

Locke J., C. B. Macpherson (ed.), *Second Treatise of Government*, Indianapolis: Hackett Publishing, 1980.

Locke J., *An Essay Concerning Human Understanding*, London: Penguin Books, 2004.

Marcadé B., 김계영 등 옮김, 『마르셀 뒤샹: 현대 미학의 창시자』, 서울: 을유문화사, 2010.

Marcuse H., *Eros and Civilization: A Philosophical Inquiry into Freud*, Beacon Paperback, Boston: The Beacon Press, 1974.

Marcuse H., *One-Dimensional Man*, (London: Routledge & Kegan Paul, 1986.

Marx K. & F. Engels, *Deutsche Ideologie*, <Karl Marx - Friedrich Engels Werke> Bd. 3, Berlin: Dietz Verlag, 1969

Marx K., "Der Bürgerkrieg in Frankreich", <Karl Marx - Friedrich Engels Werke> Bd. 17, Berlin: Dietz Verlag, 1973.

Marx K., *Zur Kritik der Politischen Ökonomie*, <Karl Marx - Friedrich Engels Werke> Bd. 13, Berlin: Dietz Verlag, 1974

Marx K., *Das Kapital*, Buch I, <Karl Marx - Friedrich Engels Werke> Bd. 23, Berlin: Dietz Verlag, 1975.

Marx K., *Lohnarbeit und Kapital*, <Karl Marx - Friedrich Engels Werke> Bd. 6, Berlin: Dietz Verlag, 1982.

Marx K., *Ökonomisch-philosophische Manuskripte aus dem Jahre 1844*, <Karl Marx - Friedrich Engels Werke> Ergänzungsband. Schriften · Manuskripte · Briefe bis 1844, Erster Teil, Berlin: Dietz Verlag, 1985.

NcMahon D., 윤인숙 옮김, 『행복의 역사』, 파주: 살림, 2008.

Nietzsche F., *Also Sprache Zarathustra*, <Nietzsche Werke - Kritische Gesamtausgabe> Bd. VI-1, Berlin: Walter de Gruyter & Co, 1968.

Nietzsche F., *Jenseits von Gut und Böse*, <Nietzsche Werke - Kritische Gesmtausgabe>, Bd. VI-2, Berlin: Walter de Gruyter, 1968.

Nietzsche F., *Zur Genalogie der Moral*, <Nietzsche Werke - Kritische Gesmtausgabe>, Bd. VI-2, Berlin: Walter de Gruyter, 1968.

Plato, H. N. Fowler (tr.), *Phaedrus*, in *Euthyphro · Apology · Crito · Phaedo · Phaedrus*, Massachusetts: Harvard Univ. Press, 1925.

Plato, P. Shorey (tr.), *The Republic I*, Massachusetts: Harvard Univ. Press, 1937.

Plato, H. N. Fowler (tr.), *Cratyylus · Parmesnides · Greater Hippias · Lesser Hippias*, Massachusetts: Harvard Univ. Press, 1939.

Plato, P. Shorey (tr.), *The Republic II*, Massachusetts: Harvard Univ. Press, 1946.

Plato, E. H. Warmington (tr.), *Theaetetus · Sophist*, Massachusetts: Harvard Univ. Press, 1967.

Rorty R., *Philosophy and the Mirror of Nature*, 2nd printing, with correction, Princeton: Princeton University Press, 1980.

Rorty R., *Consequences of Pragmatism*, 4th printing, Minneapolis: University of Minnesota Press, 1989.

Rousseau J. J., *Le Contrat Social ou Principes du Droit Politique*, Paris: P. Pourrat Fréres, 1839.

Saussure F. de, *Cours de linguistique générale*, Paris: Éditions Payot, 2016.

Schrift A. D., 박규현 옮김, 『니체와 해석의 문제』, 서울: 푸른숲, 1997.

Schulz K., 박흥식 옮김, 『중세 유럽의 코뮌 운동과 시민의 형성』, 서울: 도서출판 길, 2013.

Seiffert H., 전영삼 옮김 『학의 방법론 입문 I』, 서울: 교보문고, 1992.

Shiner L. E., 조주연 옮김, 『순수예술의 발명』, 구리: 인간의기쁨, 2015.

Spinoza B. de, R. H. M. Elwes (tr.), *Ethics* (Kindle Edition), Available from
https://www.amazon.com/Ethics-Baruch-Spinoza-ebook/

Tatarkiewicz W., 손효주 옮김, 『미학의 기본개념사』, 중판, 서울: 미진사, 1997.

Thomas Aquinas, *Summa Theologiae*, Available from
http://www.logicmuseum.com/

Weitz M., "The role of theory in aesthetics", *The Journal of Aesthetics and Art Criticism*, Vol. 15, No. 1, 1956.

Whewell W., *The Philosophy of the Inductive Sciences,* Vol. 1, Cambridge: J. & J. J. Deighton, 1840. Available from
http://books.googleusercontent.com/

Wilson E., *Sociobiology: the New Synthesis*, 25th Anniversary Ed., Cambridge: The Belknap Press of Harvard Univ. Press, 2000.

Wilson E., *The Social Conquest of Earth*, New York: Liveright Publishing, 2012.

http://stdweb2.korean.go.kr/

https://dictionary.goo.ne.jp/

https://www.oxfordlearnersdictionaries.com/

https://www.duden.de/

https://www.larousse.fr/